Waldtraut Lewin

Herr Lucius und sein Schwarzer Schwan

Roman

Deutscher
Taschenbuch
Verlag

dtv

Von Waldtraut Lewin
sind im Deutschen Taschenbuch Verlag erschienen:
Federico (11946)
Die Ärztin von Lakros (12023)

Ungekürzte Ausgabe
März 1996

Erstveröffentlichung: Berlin 1973
Umschlaggestaltung: Dieter Brumshagen
Gesetzt aus der Garamond 10/11'
Gedruckt auf säurefreiem, chlorfrei gebleichtem Papier
Satz: KCS GmbH, Buchholz/Hamburg
Druck und Bindung: Presse-Druck, Augsburg
Printed in Germany · ISBN 3-423-12146-7

1. Teil: Teiche voll Lotos

Einholung eines Schwarzen Schwans

Diese Torheit, einmal angefangen, muß wohl auch zu Ende geführt werden – oder weitergeführt, wenn schon nicht zu Ende.

Wie die Leute hier in den Gassen seine große Sänfte anstarren, Sänfte mit Trägern und Vorläufern und Troddeln aus Purpurwolle. Bemerkungen fallen. Lucius will sie nicht hören, er schließt die Vorhänge. Damit es denn zu Ende geführt wird, hier, in den sonnenlosen, nach Fäulnis stinkenden Gassen der Subura.

Man hätte ja auch jemanden anders schicken können. Man muß ja nicht selbst aufbrechen hierher in diese Unterwelt der Stadt Rom. Aber nun ist es einmal im Gange.

Allein das Gesicht dieses Bücherverkäufers, als er die von Feuchtigkeit verwüsteten Zeilen der kostspieligen Epikur-Kopie sah, die er, der Verleger, ihm, dem angesehenen Herrn Lucius, angeblich in diesem Zustand verkauft hatte – das Gesicht allein sollte einen vernünftigen erwachsenen Menschen zur Aufgabe dieses Vorhabens zwingen. Und mit welcher Sorgfalt hatte er, Lucius, das Glas Wasser über den Seiten ausgeschüttet in seiner Bibliothek und dann die Nässe mit dem Ärmel verrieben, um die Schrift zu verwischen – diese einmalige Schrift, klein wie die Zähne eines Kindes, maßvoll, klar, ach, unverkennbar, diese Schrift, die ihn so in Aufregung versetzt hatte, daß er nun hier war, einen ungesitteten Plan auszuführen.

Die Frage ist, wie man einen Kopisten findet. Ein so renommierter Verleger wie der, bei dem Herr Lucius kauft, hat selbstverständlich zahlreiche und wird sich hüten, sie seinen Kunden zu nennen. Es ist billiger, wenn auch unseriöser, bei einem Kopisten direkt arbeiten zu lassen – und jeder Kopist hat mehrere Schreiber, Sklaven natürlich, deren Ruhm er sich anzieht wie ein Hemd, das ihm gehört, und das ist ja auch ganz in der Ordnung. Nur, wie finde ich, Lucius, den Schreiber? Wasserglas und Ärmel her, damit ich sein Manuskript tadeln kann. Die Methode hat sogar Erfolg.

Aber nun ist einem nicht mehr wohl bei der Sache – es wird wohl auch noch schlimmer werden. Ein alter Mann in der Subura also, immer dieselbe Schrift seit zwei Jahren, sehr unglaubwürdig, daß er einen Sklaven beschäftigt – alles scheint überhaupt unglaubwürdig. Vor allem, daß man eine Buchrolle öffnet, an einem lauen Abend in seiner Bibliothek, und die griechischen Buchstaben sieht, und plötzlich schlägt einem das Herz laut und dumpf im Hals: eine einmalige Schrift, klein wie die Zähne eines Kindes, maßvoll, unverkennbar.

Auletes heißt Flötenspieler, erklärt der Vater, aber Flötespielen gehört zu den wenigen Dingen, die er nicht kann, der neue Sklave. Der Name will schließlich nichts besagen, selbst Tyrannen von Syrakus und Statthalter Bythiniens haben schon Auletes geheißen. Dieser also ist ein Sklave, Kind eines Sklaven, in Sklaverei geboren, das heißt sehr fügsam und sorgfältig gebildet und erzogen.

Zweifellos war er ein unansehnliches Kind, denn wenn seine Herren geahnt hätten, wie er mit Siebzehn, Achtzehn aussehen würde, hätten sie viel Kosten gespart. Nun aber sieht er so aus, wie er aussieht, und kann außerdem noch vielerlei, wie der Vater darlegt (vergnügt dozierend, während er seiner familia die Neuerwerbung vorstellt), zum Beispiel: eine schöne Schrift schreiben, ein reines Griechisch sprechen, die Klassiker interpretieren und sehr gut rechnen. (Was den Preis natürlich in die Höhe getrieben hat. Das Konto bei dem alexandrinischen Geschäftsfreund wurde stark überzogen.) Die Bildung seiner Kinder, sagt Lucius, der Vater, fröhlich, ginge ihm über alles.

Für die Kinder also, für wen sonst, wurde er gekauft. Als Erzieher, erfährt man. Der Kinder sind drei, sie halten sich an den Händen und stehen allein in der Mitte des Raumes (etwas weiter hinten, mit Abstand, folgt dann die familia, die Haussklaven des Herrn Lucius). Der Jüngste braucht noch keine Klassiker und keine Mathematik. Das Mädchen braucht nie Klassiker und Mathematik – es ist schließlich ein Mädchen. Bleibt Lucius, der Sohn des Hauses. Filius herilis heißt es bei so berühmten Häusern wie dem des Lucius. Man wird sogar so angeredet: filius herilis, Erbsohn.

So stehst du denn und siehst ihn an, den eigens für dich Gekauften – er dich freilich nicht; er hat die Augen sittsam niedergeschlagen, außerdem steht er halb abgewandt. Du wirst dies eigenwillige Profil nicht so bald vergessen, die gerade Nase, die hohen Backenknochen, den Schatten der Wimpern, der sich schon mit dem langen Haar mischt, das er trägt. Wenn du dich erinnerst, wird immer dies dunkle Profil zuerst dasein mit seinem Zauber aus Kühle und Fremdartigkeit, der lange Hals auf den schmalen Schultern – ein anderes Wesen als die, die dich umgeben, zu Herzen gehend.

Die familia allerdings ist sich über die Art dieser Neuanschaffung da, dieses Erziehers, der ein halb Dutzend Jahre älter ist als sein Zögling, keinen Moment im Zweifel. Die Sklaven des Hauses sind nicht entzückt. Derart Jungen können zum Fluch werden, sie sind launisch, boshaft, bringen alles durcheinander. Dieser hier scheint von der hochmütigen Sorte, steht da in seinen weißen Schuhen und mit Haaren bis auf die Schultern und geruht nicht, jemanden zu beachten.

Keiner kann sich vorstellen, daß der Gnädige ihn

nicht schon auf der Schiffsreise gründlich ausprobiert hat – was in Wahrheit nicht stimmt, denn Lucius der Ältere, ein Kenner, verachtet überstürzte Mahlzeiten, er liebt gut vorbereitete Gerichte, zumal so köstliche wie dies.

»Sieh ihn dir an«, sagt er zu Lucius, seinem Sohn, als hätte der das nicht schon getan wie für ewige Zeiten. »Und jetzt kommt die Überraschung«, meint der Vater, und der Sklave Auletes muß die Lider heben, und seine Augen sind grün wie edle Steine in seinem dunklen Gesicht. »Schwarzer Schwan« nennt ihn der Vater, und Lucius wird sich nichts dabei denken und es ebenfalls sagen, so daß es fast zu einer Art Rufnamen wird, den ihm Herr und Erbsohn allein verleihen dürfen: Schwarzer Schwan.

Schwarze Schwäne fliegen einem nicht alle Tage ins Haus, und der Herr wird nicht viel fragen, wenn es darum geht, seinen Besitz zu beanspruchen – aber das kommt alles später. Für Lucius, den Knaben, ist dies fremde Wesen sein Erzieher, zu Herzen gehend und vom ersten Lidschlag an geliebt.

Die Welt war geordnet, alles hell, jedes Ding an seinem Platz und hübsch bunt dazu. Und dann plötzlich dies – Unordnung, Wirrnis, Nichtverstehen. Verrücktes. Eine Schlucht klafft. Leid und Fremdheit, seitdem nie wieder verspürt, weil man ganz schnell das Verrückte wieder geraderichtete. Die anderen taten es, auch man selbst. Wer springt freiwillig ins Nichts? Den Gegenstand des Anstoßes beiseite geräumt, die Welt wächst wieder zu.

Später, als Herr im Haus, fragt man wohl bei Emilia nach, wo er geblieben ist – der mit Handschrift, der mit den Augen. Emilia schweigt, man ahnt ihre Gründe. Ein solches Geschenk verkauft man nicht, auch wenn das Geld ausgeht. Ganz einfach – sie schämt sich.

Die Sänfte hat längst alles Bekannte hinter sich gelassen. Lucius war noch nie in der Subura – er haßt diese engen stickigen Gassen, er fürchtet sie. Zudem ist es schwül, ein Gewitter kommt, das Herz schlägt so dumpf im Hals.

Der Vorläufer muß das Haus suchen, die Wohnung, vielleicht wohnt er hier gar nicht mehr, der alte Mann, vielleicht kann man noch vor dem Gewitter nach Hause, das ganze unwürdige Abenteuer vergessen.

Aber er ist da. Ja, sein Sklave hat es geschrieben. Nein, dieser Sklave sei nicht zu Hause. Ja, er komme wieder. Der Herr solle warten. Es gibt nur ein einziges Zimmer mit einem einzigen Bett – wo schläft der Sklave? Hinter dem Vorhang, und um was es ginge.

Sein Gesicht verzerrt sich vor Wut. Wasserflecke? Seine Epikur-Kopie? Seine? Dieser alte Mann ist jähzornig, und natürlich, es geht um sein Geld. Sein Sklave, wenn der sich blicken lasse, oh! Lucius schickt seine Sänfte zur nächsten Pinte, dort sollen die Träger das Gewitter abwarten. Er also bleibt hier. Es wird immer unwirklicher.

Erst kommt Donner und Regen, dann der Sklave, der es geschrieben hat und der es nicht sein kann.

Er schließt die Tür, ohne dich zu sehen – oder zu beachten, er macht sie langsam zu, fest, wegen des Sturmes, er dreht sich langsam um. Alles geschieht überhaupt so langsam wie in einem Traum. Sein Haar tropft, es regnet schließlich, seine verschlissene Tunika klebt am Leib, es ist eine Flortunika. Dieser Sklave, der es geschrieben hat, hat zerflossene Schminke auf dem Gesicht – ein absurdes Gespenst.

Und wenn das Herz dir nicht so dumpf im Hals schlüge, könntest du auch meinen, es sei hier die Unterwelt, und alle seien gestorben.

Keiner sagt ein Wort. Das bemalte Gespenst geht an den Tisch und legt eine Handvoll kleiner Münzen vor seinen Herrn, langsam (man will es alles nicht wahrhaben, diese Flortunika nicht und nicht die Münzen, und am liebsten würde man das ganze Gespenst mit einem Zauberwort wieder in den Orkus, aus dem es zweifellos kommt, zurückbefördern). O Gott, mir wird übel.

Der Alte, sein Herr, zählt das Geld, langsam, es ist auch dämmrig im Raum von dem Gewitter, und dann befiehlt er seinem Gespenst etwas, du kannst es nicht verstehen in dem Donner und hörst auch nicht hin. –

Angst, immer wieder diese Angst. Man kann nichts dagegen tun. Dir ist schwindlig, Sklave, aber das kann auch Hunger sein. Es ist natürlich Lucius, und du solltest versuchen, nicht zu schreien – aber was geht dich Lucius an? Deine Lenden brennen in Erwartung der Schmerzen, dein Leib krampft sich zusammen, deine Hand zittert, wenn du deinem Herrn das gibst, was er dir befohlen hat. Oh, hinter den Vorhang, wie gnädig. –

Die Tänzer dieses Traumes verschwinden nun, eines Traumes, in dem es eigentlich nur einen gibt, der andere ist eine lachhafte Zutat, ein schlechter Statist. Steh auf, Lucius, und sieh zu, was hinter dem Vorhang geschieht.

Man kann nichts sagen, wegen des Donners, und wegen des Regens hört man die Schläge nicht. Es ist wie eine Zeremonie. Man sieht nur die Striemen, sie blühen auf wie feurige Rosen auf der braunen Haut, Lucius starrt ganz gebannt.

Das heißt: eine Züchtigung. Du bist schuld daran, Lucius, als Regisseur dieses Balletts solltest du dich jetzt verständlich machen, aber wie, da man taub und stumm ist?

Auf einmal sagt dieser Sklave etwas, hinter seinen Armen, die er vor das Gesicht hält, sagt er: »Wofür strafen Sie mich, Herr?« –

Du hättest wissen müssen, daß es ihn noch mehr reizt, nun zieht er deine Arme herunter; zwinge dich, sie nicht wieder zu heben, Sklave, alles dauert sonst noch länger. Feuriger Riß über deinem Gesicht, ah, noch einer, ah, du schreist. Nein, heb die Hände nicht, du wirst gleich das Bewußtsein verlieren, das ist gut, es ist gleich vorbei. –

Lucius gewinnt über der fremden Stimme die eigene zurück, ja, er spricht, er hört sich sprechen. Endlich, endlich läßt dieser Alte von ihm ab, der Sklave stöhnt, zwei der Feuerrosen blühen auf seinem Gesicht, voll von Tränen, Schminke und Speichel – was hat dies bemalte, verprügelte, rotzende, heulende Wesen eigentlich mit einem Menschen gemein? Und Lucius spricht, hört sich sprechen: »Ich will ihn kaufen.« –

Die Schmerzen sind wie ein Kleid über den ganzen Körper, wie das Hemd des Nessus – muß dir noch Bildung einfallen, Sklavenluder, Lustkadaver, kannst du es nicht lassen? Die Schmerzen sind schlimm, die Angst vorher ist schlimmer. Zweimal ins Gesicht, das raubt dir die Besinnung, immer, das andere geht hin. Wenn du wüßtest, warum, das Geld war reichlich, und was will Lucius dabei? Es ist dir gleich. Du mußt jetzt den Stock wieder an seinen Platz tragen, ohne die Herren zu stören in dem, was sie über dich verhandeln. –

Lucius muß sich nicht wundern, wenn der Alte denkt, er habe den Verstand verloren; wer kauft schon so was. Ein Wrack, und nur wegen der Schrift. Für das Geld gibt es zwei von der Sorte.

Das Gewitter ist vorbei, es wird dunkel, der Regen rauscht, in diesem Traum wird dem Sklaven befohlen, einen Kienspan anzuzünden, damit sein Herr das Geld zählen kann, reines Gold. Jener hebt nicht die Augen, er sieht niemanden an, man weiß immer noch nicht, wer dies Gespenst ist.

Torheit, ungesittete Torheit, teuer zudem. Auf was laß ich mich ein. Der Alte will ihn, den da, schicken, die Sänfte zu holen, aber Lucius sagt, er, sie ..., also sie gingen zu Fuß zur Schenke. Und sie gehen, der Sklave, wie er ist, keinen Blick für seinen alten Herrn, ein Tier, trottet dir nach. Dunkel und strömender Regen, welche Befreiung.

Nun im Schutz von Nacht und Wasser beginnt man und sagt probeweise einmal: »Auletes«. Und die Stimme antwortet ganz gleichmütig: »Sie befehlen, domine Luci?« So hebt nun ein Gespräch an zwischen beiden.

Der Herr sagt: »Hast du mich gleich erkannt?«

Der Sklave: »Ja, domine.«

Der Herr: »Ich wußte bis eben nicht, ob du es bist, Auletes.« Darauf schweigt der Sklave, der Herr muß also fortfahren: »Macht es dir nichts aus, durch den Regen zu gehen?«

Der Sklave: »Nein, domine.«

Der Herr: »Ich glaube, mir tut es gut. Verzeih, wenn du naß wirst.«

Der Sklave: »Ich bin ohnedies naß.«

Der Herr: »Ich bin sehr froh, daß ich dich gefunden habe, Auletes, durch deine Schrift. Ich bin froh.« Der Sklave schweigt wieder, und der Herr sagt: »Was hattest du dort alles zu tun, bei dem alten Mann?«

Der Sklave: »Das wissen Sie doch bereits.«

Der Herr geht etwas schneller und sagt hastig: »Das ist alles vorbei. Welch Glück, daß ich dich kaufen konnte.« Und da der Sklave wieder schweigt, sagt er, schon ganz verzweifelt: »Sag etwas. Es ist doch gut, nicht wahr?«

Der Sklave sagt: »Wenn Sie der gleiche Herr Lucius sind, der Sie vor fünfzehn Jahren waren, denke ich, daß ich wahrheitsgemäß antworten kann, ohne Prügel zu bekommen.«

Der Herr ruft: »Nie werde ich dich schlagen!«

Aber der Sklave sagt ruhig: »Ich würde es nicht beschwören, Herr. Um aber auf Ihre Frage zu kommen, so glaube ich, es war eine Torheit, diesen Sklaven zu kaufen. Denn er taugt nichts mehr, war in schlechter Gesellschaft und wird Sie so an die alten Zeiten erinnern, wie jemanden eine Scherbe an einen Topf erinnert. Domine Luci, Sie sind kein Knabe mehr, sondern ein Herr, wie es sich gehört – warum spielen Sie Kinderspiele?«

Jedes seiner Worte, kälter als dieser Regen, bestätigt mir, daß es Torheit war. Man sollte ihm die Kehle zudrücken. Das ist nicht der, den ich meinte.

»Auletes – ich habe dich gefunden. Versuche, mein Freund zu sein, wenn du mit mir sprichst.«

»Domine, die Tracht Prügel, die ich heute in Ihrem Beisein erhielt, hat mich aufs neue darüber belehrt, was ich bin, nämlich ein Sklave. Und jeder dieser Striemen erinnert mich heute und morgen und immer daran, daß ich preisgegeben bin und käuflich für jedermann.«

»Ich könnte dich freilassen.«

»Ein nutzloses Geschenk für jemanden, der als Sklave geboren ist. Außerdem haben Sie mich nicht deshalb gekauft.«

»Nein, aber ich habe dich auch nicht gekauft, damals – es war mein Vater.«

»Jetzt sitzen Sie auf seinem Platz in seinem Haus.«

»Sollte ich es verschenken und mich in Sklaverei begeben?«

»Sie sollten nicht versuchen, so zu tun, als sei es nicht wahr, daß Sie dies Haus und diesen Platz haben.«

Er haßt dich. – Der Regen, diese Nässe auf dem Gesicht, wohltuend nach dem heißen Tag. Gleich kehren wir in die bekannte Welt zurück, da sind die Schenke, die Sänfte, deine Träger, Fackeln. Wie entrinnt man ihm, den man nicht wieder zurückschicken kann in die Nacht, in die er gehört?

Einst geliebt, vom ersten Lidschlag an geliebt. Gespenst, gib dich zu erkennen oder zerstieb! »Schwarzer Schwan«, sagt Lucius leise und bleibt stehen. Sein Herz schlägt dumpf im Hals.

Das Gespenst rennt fast gegen ihn in der Dunkelheit, es riecht nach Schweiß und Blut, und es lacht – ein wissendes, hämisches Lachen, wie über einen obszönen Witz. »Domine«, sagt der Sklave, und er lacht nun nicht mehr, er spricht deutlich und leise, dicht bei Lucius, »domine, ich hieß ›Schwarzer Schwan‹, als mich Ihr Herr Vater auf seiner Seidendecke vögelte. Die unter der Tiberbrücke, die bloß fünf Sesterzen gaben, sagten einfach ›Heda‹, und es hat auch genügt. Haben Sie mich etwa für Ihr Bett gekauft, Luci mi? Das wäre schlechter Geschmack ...«

Lucius schreit unterdrückt auf vor Empörung, das ist ein Stück Schmutz, das da – bin ich es, der in die Dunkelheit hinein zuschlägt?

»Bitte, Herr, hören Sie auf. Nicht mehr. Verzeihen Sie. Es ist, wenn man Schmerzen hat, und ich bin auch hungrig. Man weiß da nicht immer, was man redet.« –

Sehr gut, die Weltordnung wiederherzustellen durch ein paar Ohrfeigen, sehr einfach. Sehr gut ist das in der Tat, wenn dir jetzt auch das Blut in den Mundwinkel läuft, wohlbekannter Geschmack. Menschenfreundlichkeit vergeht schnell, wenn man sie mit Zynismus vergilt, sie zieht sich beleidigt zurück, und Herr ist wieder Herr, Sklave wieder Sklave. Wahrlich, es schmerzt nicht tief, und das Herz fühlt keine Betrübnis – muß dir Homer einfallen, wo du gehst und stehst, wie ein Fluch? –

»Das wollte ich nicht«, sagt Lucius, als sie in den Fackelschein kommen. Erbarmende Götter, er sagt es wie ein verstörtes Kind, und er würde wieder zuschlagen, mit seiner Hand da und dem schweren Ring daran, dieser Sklave brauchte nur den Mund aufzutun und zwei ähnliche Sätze zu sagen wie eben; aber dem ist es genug, er schweigt. Und die Träger sehen mit Erstaunen, daß der Herr den da einsteigen heißt in die Sänfte. So etwas stößt man mit dem Fuß weg, wenn es einem auf der Straße begegnet.

Die Meinung der familia I

Klar ist die ganze Geschichte eigentlich nur bei der familia des Herrn Lucius. Sie erfährt immer schnell alles, denn sie muß alles wissen, das ist eine Notwendigkeit für sie.

Einige kennen ihn auch noch von damals, den der Herr jetzt in das große Seitenzimmer einquartiert hat und der zu bedienen ist. Vor zehn, fünfzehn Jahren war er Beischläfer des vorigen Herrn, als Vorwand für die Herrin hieß es, er solle den Kindern dies und das beibringen (na, das tat er sicher auch!). Als die Gnädigste es herausfand, wurde er verkauft, nein, erst verschenkt an Emilia. Dann verkauft. Die Kinder hatten geheult, vor allem der jetzige Herr. Hochmütig war er, der da, sprach mit keinem, weiße Tunika und lange Haare, benahm sich wie ein Herr. Unter der Tiberbrücke, heißt es, hat ihn der Gnädige jetzt aufgegabelt, so herunter wie ein räudiger Hund.

Geschieht ihm recht, dem, wenn er hochmütig war, heißt es, und: Unser Herr muß närrisch sein.

Jedenfalls wird Lucius nicht beliebter durch dergleichen und macht auch nicht den da auf dem Bett beliebter, wenn er alle zu seiner Bedienung kommandiert, als sei der Prätor eingezogen und habe Halsweh.

Der ist fertig, sagen die, die drin waren in dem großen Zimmer, der pfeift auf dem letzten Loch, den haben sie halb zu Tode geprügelt und geliebt, und zu fressen hat er auch nichts gekriegt.

Gut, das geht vielen so, aber das ist noch lange kein Grund für so viel Aufhebens, denkt die familia. Und damit hat sie denn ja auch recht.

Sich zu erinnern hat eigentlich keiner Lust. Wie aber darüber berichten oder gar Geschichten erzählen, wenn sich keiner erinnern mag?

Bei Auletes ist wohl nichts zu holen. Versteckt hinter dem Schild seiner Gleichgültigkeit, wird er nicht bereit sein, Hilfe zu leisten. Im Gegenteil.

Vieles wurde vergessen. Wunsch, daß alles zu vergessen sei. Möglich, es wird später wieder zur Pflicht, sich zu erinnern, denn Lotos kauen und alles auslöschen ist allzu billig, und Leben, damit eingekauft, könnte fehlerhafte Ware sein.

So werden denn Lucius' Erinnerungen herhalten müssen, sie quellen ungewollt, aber reichlich, nicht ohne Sentimentalität und mit Vorsicht zu benutzen. Kinderträume gibt es da, ganze Teiche voll seltsamer Rosen, und die Träume von damals und die von heute, ob das alles etwas taugt für die Zukunft, wer sollte das wissen. Ja, wer will sich überhaupt anmaßen, hier etwas genau zu wissen und daherzuschwatzen von der Wahrheit? Die Wahrheit ist vielleicht das alles zusammen. Und wenn wir hier überhaupt etwas erfahren können, dann doch wohl nur das, was man uns mitzuteilen geruht. Und wer uns nicht alles sagt oder etwas anderes, wird schon seine Gründe dafür haben. Gute oder, wie man sagt, triftige Gründe.

Versuchen wir's also mit Lucius.

All diese alten Geschichten

All das stellt sich gleichsam unter Zwang ein, Erinnerungen, bedrängende, wie die mit dem Bogenschießen, aber von der will nun wirklich keiner etwas wissen, sie gehört zu den ganz schlimmen für Lucius.

Oder auch: Man kommt in das Zimmer, diesen Arbeitsraum von einst, und findet ihn schon vor, aber es ist etwas ganz Erstaunliches dabei, denn er sitzt zwar an seinem Tisch, bei seinen Schriftstücken, aber die Schultern sind seltsam verkrümmt, der ganze Auletes, Schwarzer Schwan, sitzt verbogen und verschoben da und ist aus den Fugen (jetzt sagst du »aus den Fugen«, Lucius, aber belüg dich doch nicht und behaupte, das sei Erinnerung). Er sitzt also seltsam da, aber vielleicht hast du dir auch das nur später ausgedacht von dem her, was er dann tat, denn das war nun wirklich erstaunlich.

Inmitten eurer Arbeit, du übersetzt gerade einen Text, und gut, sinkt der Kopf deines Gegenübers plötzlich auf den Tisch (es ist nichts Bedrohliches dabei, er fällt nicht, es stimmt auch nicht, daß er sinkt, er wird vielmehr gesenkt auf dem langen Hals), der dunkle verwirrte Haarwust verbirgt dir das zur Seite gewendete Gesicht. Du sprichst leer und sinnlos deinen Satz weiter, dann hörst du auf, und schließlich fragst du: »Geht es dir schlecht, Auletes?« Und dein Sklave (der deines Vaters damals, um korrekt zu sein) hebt den Kopf und schenkt dir die Gunst seines Blickes. Er sieht dich großäugig an, großäugig, grün und klar, der Blick ist vieldeutig oder auch nichtssagend. Wenn du heute behauptest, er wäre vieldeutig oder gar voll Trauer oder dergleichen gewesen, fabulierst du einfach etwas dazu. Er sieht dich also an und sagt: »Ja, Luci mi, es geht mir schlecht.«

Du fühlst dich in deiner kindischen Zärtlichkeit bemüßigt, den Arm um seine Schulter zu legen, aber damit kommst du schlecht an, er entzieht sich, schüttelt dich einfach ab mit einer abrupten Bewegung und sagt: »Bitte berühren Sie mich nicht.«

Und dann: »Mir ist besser.«

Und dann: »Wollen wir bitte weitermachen. Den nächsten Satz.«

Und tut auch niemals wieder etwas derartig Seltsames.

Vom Bogenschießen hat Lucius zuerst einen Traum – die Wahrheit, er hatte die ganze Sache vergessen, gern und willig vergessen. Aber nun, da er nachts schweißgebadet aufwacht und nach seinen Leibsklaven ruft und man ihn trocknet, massiert, ihm beruhigende Getränke einflößt, das Zimmer lüftet und sein Nachtkleid wechselt, nun ist sie leider ganz gegenwärtig und nicht etwa vor dem Einschlafen wegzuwischen, sondern man muß erst, nachdem man seine Diener wieder entlassen hat (schlaftrunken und eilig entfliehn sie, froh, daß es weiter nichts war), muß man nun erst die ganze Geschichte noch einmal hervorholen, ob man will oder nicht.

Lucius, begeisterter Liebhaber körperlicher Spiele, hat damals gerade das Bogenschießen entdeckt. Er übertreibt es, wie alles, was er damals unternimmt, er ist ständig draußen an jener Stelle des Gartens mit den günstigen Lichtverhältnissen, windgeschützt, wo sein Ziel im Baum hängt: auf der Höhe eines menschlichen Kopfes angebracht ein straff gespanntes Lammfell.

Ihm schmerzt die Schulter, das Handgelenk, die Hand, aber er ist nun mal besessen und nutzt jeden freien Augenblick, und er hat Geschick, man bestätigt es allgemein.

Eines Tages überredet er Auletes, ihn zu seinem Schießstand zu begleiten. Auletes kommt mit (ungern, die Finger im zugeschlagenen Buch), er hockt sich in den Schatten, er liest, blickt lächelnd über den Rand seiner Lektüre, schließlich, auf Lucius' wildes Betteln, läßt er sich überreden, einen Schuß zu versuchen. (»Ich kann dergleichen nicht, fili herilis. Ich habe es noch nie versucht.«)

Bezwungen von der Dringlichkeit des patrizischen Knaben, dem er sich unterzuordnen hat, ergreift er den Bogen, Lucius erklärt ihm alles, korrigiert die Haltung. Auletes zieht die Sehne ans Ohr, seine hellen Augen bekommen einen fahlen Schimmer, sie werden schmal, unverwandt aufs Ziel gerichtet, der Pfeil pfeift, es ist sofort ein Treffer.

Lucius, atemlos vor Glück und Bewunderung, hüpft

vor Jubel, er klatscht in die Hände, beklatscht das Talent seines Schwarzen Schwans. Das alles ist sehr aufregend. Ein fremder, ihm völlig unbekannter Auletes, die schlanken braunen Beine gegrätscht, die Augen verengt, eine Falte zwischen den Brauen, placiert zu seines Schülers Entzücken Pfeil auf Pfeil in dem gespannten Schaffell.

Seine Schüsse bekommen noch von anderer Seite Applaus: Aus dem Schatten tritt Lucius, der Herr, er lobt ihrer beider Beschäftigung: »Sieh an, worin du nicht alles begabt bist. Ich habe dich überall gesucht, ich verlangte nach dir.«

Auletes will den Bogen beiseite legen und stehenden Fußes seinem Herren folgen, wie der befiehlt, aber Lucius nimmt ihm die Waffe aus der Hand und betrachtet sie: ein leichter, geschwungener Bogen für Jagd auf niederes Wild, einem Kind wie Lucius angemessen oder einer Amazone, »ein richtiger Dianabogen«, und er hat einen Einfall und sagt: »Ich fordere euch zum Wettkampf im Bogenschießen heraus.«

Lucius, der Sohn, kennt den Vater, er ist nicht sehr gut in sportlichen Dingen, nur seine Pferde und seine Bauwerke treiben ihn aus dem Haus, und Lucius frohlockt und sieht sie beide schon gewinnen, ihn und seinen jungen Lehrer.

»Vater, willst du es wirklich wagen? Wir sind sehr gute Schützen.« Aber der Vater behauptet ganz ernsthaft, er sei fest entschlossen, und umwickelt sich das Handgelenk, bemerkt danach, wie wenig zweckmäßig für einen solchen Kampf Auletes aussehe, ist heiter empört und bandagiert seinem Sklaven selbst die Hand. Auch löst er ihm den Gürtel, indes Lucius die Pfeile einsammelt und eine frische Sehne aufzieht.

Er ist siegesgewiß, aber nun kommt es anders, da sein Kampfgenosse ihn unseligerweise im Stich läßt. Seit der Herr da ist, gelingt Auletes kein einziger Schuß mehr. Seine Pfeile schwirren wild in den Park, Lucius muß sie suchen, und da sein Vater passabler schießt, als er dachte, bleiben seine eigenen verärgerten Schüsse auch recht mäßig.

Lucius, der Herr, zieht sie auf: was sie für Traumschützen seien, untauglich zum Kampf. Der Knabe Lucius ist den Tränen nah, und Auletes springt die Sehne vom Bogen …

»He, du«, sagt der Herr vergnügt, »so ein Schießgerät ist nicht ganz so kostbar wie du, aber darum mußt du es nicht ganz verderben.« Wenn er nicht mit eigenen Augen gesehen hätte, wie dieser orientalische Granatapfel geschossen hat, dem Apollo gleich, er würde es jetzt kaum glauben. Dann scheint er selbst in die schwarzmarkierte Fellmitte getroffen zu haben, so was kann Zufall sein, der Sohn des Hauses will es überhaupt nicht glauben, der Herr geht zum Ziel, um nachzuschauen; schließlich ist es sein Treffer. Lucius, der Knabe, mißmutig über diesen Ausgang des Spieles, zornig auf Auletes, wendet sich gerade ab, um seine Enttäuschung zu verbergen, als es geschieht.

Er hört den leisen Schrei seines Vaters, der vorn an der Scheibe steht, und dann sein unbändiges Lachen und begreift zunächst gar nichts. Auletes läßt gerade die Arme sinken, der Bogen fällt zu Boden, er streift sich die Bandagierung vom Gelenk über die Hand, die Lederbänder fallen ebenfalls zu Boden.

Im Ziel stecken zwei Pfeile dicht nebeneinander, der Schaft des einen zittert noch. Lucius, der Herr, kommt auf sie zu, er lacht schallend, an seinem Hals ist ein schmaler roter Strich. »Sieh mal, Lucius«, sagt er, sobald er wieder zu Atem gekommen ist, und deutet auf den zarten Streifen, »das war die Kante der Pfeilspitze. Dein Lehrer vollführt artistische Kunststücke. Zwei Fingerbreit weiter rechts, und du wärest jetzt Herr im Haus.« Und er beginnt, den Auletes derb mit beiden Händen im Haar zu zausen, offenbar amüsiert er sich sehr gut. »Wolltest du mich erschießen? Triffst du dein Ziel nur, wenn ein Mann davorsteht? Ein Meisterschuß, mein Schatz, wahrhaftig!« Nun zaust er das Haar nicht mehr, sondern wickelt eine Locke um seinen Finger und sagt beiläufig, er werde sich zu revanchieren wissen.

Langsam begreift Lucius, daß sein einziger Freund beinahe seinen Vater erschossen hätte.

Während all dem steht Auletes da, gerade in den Schultern, die Lider gesenkt, und läßt alles mit sich geschehen. Der Herr ergreift den Gürtel, den er vorhin selbst entfernt hat, schlingt ihn verspielt seinem Sklaven um den Hals, winkt seinem Sohn zu und geht, ein Liedchen pfeifend, davon; seine Laune ist wundervoll.

So hätte das alles sein können, aber auch ganz anders. Erinnerungen sind das verlogenste Zeug von der Welt, man biegt sie sich zurecht, wie sie einem gerade passen, keiner gebietet da Einhalt. Und das alles hast du dir, lieber Lucius, sehr hübsch ausgedacht, aber willst du wirklich jemandem vormachen, du wüßtest noch, was vor zehn, zwölf Jahren dein Vater zu deinem Griechischlehrer gesagt hat, wörtlich oder auch nur dem Sinn nach?

Es ist unwahrscheinlich, daß die Sache überhaupt stattgefunden hat – einmal ganz abgesehen davon, wie sie vielleicht, hätte sie stattgefunden, abgelaufen wäre …

Du hast es damals, als deine Mutter schreiend durchs Haus lief, geträumt und träumst es nun wieder, schlafend und wachend, es gibt so plastische Träume, besonders in der Jugend oder in Verwirrung, und man hält sie später für wahr.

Es war nicht die Art deines Vaters, seitlich aus den Büschen zu treten, er liebte mehr die pompösen Auftritte, und auch, daß dieser orientalische Bücherwurm, Rechner und Stubenhocker solche ungewöhnlichen Gaben als Kunstschütze entfaltete, klingt nicht sehr glaubhaft.

Abgesehen davon, daß ja eigentlich nur ein Irrsinniger diesen Schuß hätte abgeben können oder ein Schlafwandler, und beides war der nun ganz und gar nicht, er war stets hellwach und bei ausgezeichnetem Verstand, immer.

Meinst du wirklich, er habe nicht gewußt, was es für einen Sklaven bedeutet, seinen Herrn zufällig oder absichtlich verletzt oder gar getötet zu haben? Doch nicht Auletes. Es wäre allen aus der familia des Hauses an den Kragen gegangen.

Und so beschließt du, das Traumgebilde ein für allemal zu verbannen aus deinem Hirn. Das muß ja wohl möglich sein.

Mit äußerster Unruhe erfüllte Tage, Nächte, in denen du aufstehst, zum Fenster gehst, in die Dunkelheit starrst, als fände sich da irgend etwas Hilfreiches, dich wieder legst, schläfst und träumst.

Gesteh dir's ein, Lucius, du bereust es. Vor Reue und Unbehagen weißt du nicht aus noch ein.

Du bist nicht irgendwer, du hast Rang und Namen; deine Stellung in diesem Rom ist geachteter als die deines Vaters, du willst demnächst heiraten, du bist heraus aus dem Alter der Abenteuer. Das alles ist ein Knabenstreich, und die Folgen liegen dir nun im Haus, da hinten in dem großen Zimmer für einen lieben Gast – ein Alptraum aus den vergangenen Zeiten, den verhungerten Körper voll Striemen und mit einer aufgerissenen Lippe (die ist von dir, Lucius, von deinem sehr schönen Ring, einem Meisterwerk der Goldschmiedekunst) –, vorerst für nichts verwendbar.

Der Herr hat also nach wie vor schlechte Träume, und am Tage spinnt er Erinnerungen, die, wenn nicht alles täuscht, zum Teil recht geschmacklos sind.

Aufsuchen – nein, aufsuchen wollen wir das Gespenst vorerst nicht, wozu auch. Die Verwirrung ist groß genug, versuch sie zunächst allein zu lösen.

Lucius durchstreift sein Haus voll Unrast; immerhin, es fällt ihm ein, die Spuren von einst zu erforschen, so wie man die Gräber Verstorbener ausfindig macht; viel ist das nicht. Das Zimmer, in dem sie damals zusammen rechneten und die Klassiker studierten, ein kleiner schattiger Raum in der oberen Etage – gar nicht mehr wiederzuerkennen, er steht, wie sich herausstellt, voll alter Möbel. Der Sandkasten ist da, in den sie ihre geometrischen Figuren einzeichneten, ekelhaft verrottet, von Katzen beschissen und nicht mehr anzusehen; überhaupt ist das eine Rumpelkammer. Daneben der Raum, in dem er schlief, der, den sie Schwarzer Schwan nannten (er hat sich wohl nicht allzu viele Nächte darin aufgehalten, nach dem, was man später erfuhr); er ist ganz leer, dieser Raum, einfach vier nackte Wände ohne jeden Geschmack und Geruch.

Dann das Zimmer von Lucius, dem Vater (nach dem Tod des Herrn von seinem Sohn nicht wieder betreten), ein Zimmer ebenfalls im oberen Stockwerk (Lucius verstand solche Dinge sehr geschickt zu disponieren), Studierzimmer genannt, in das er ging, wenn er ungestört sein wollte, das hieß: allein und vor allem ohne die Herrin Julia. Lucius öffnet es zögernd. Es springt ihn an, so unheimlich lebendig ist der tote Lucius (wie der lebendige Auletes unheimlich tot ist); hier ist der alte verruchte Geist des Vaters noch wohnhaft, dieses Vaters, der alles beherrschte, tolerant und nichts neben sich duldend, lachend, mit beredtem Munde alle bezaubernd, laut, alles verstehend, alles unterdrückend, leichtsinnig, pervers, ein Lüstling und ein urbaner Geist, äußerst verehrt und gehaßt.

Alles ist noch da, wie es war: die Sammlung kostbarer Gläser, die verrückt bemalten Wände mit ihren windigen und kecken Theaterszenen in wildem Ocker und Blutfarbe und mit pastoral-lasziven Landschaften, mit verwirrender Perspektive, fremd und anziehend (schnäbelnde Tauben neben verblutenden Hirschen);

Musikinstrumente; in der Mitte des Raumes ein breites Bett mit einer orientalischen Decke, über und über bestickt mit den Bildern erotischer Mythologie, mit Priapus und den Fruchtbarkeitssymbolen fremder Völker, in Blau und Rot. Lucius glaubt das schwere ausländische Parfüm, das sein Vater immer benutzte, in der Nase zu spüren, ihm wird schlecht. Er gibt Befehl, das Zimmer auszuräumen und diese Dinge aus seinen Augen zu schaffen, und für den Tag ist er kuriert vom Aufsuchen der Gedenkstätten.

Dann wieder kommt ihm in den Sinn: Es muß Schriftliches vorhanden sein. Er vergräbt sich in die Bibliothek, sucht seine alten Aufgabenrollen vor, läßt sich die Hausarchive aus jener Zeit vorführen. Die Schulhefte geben nichts her oder kaum was. Da ist in seine Kinderhandschrift öfter hineinverbessert von jener anderen Schrift, maßvoll, klein, deutlich – mehr nicht. Einmal steht da: »Sie sollten versuchen, weniger oft zum Hunderennen zu gehen.« (Ich muß ihn sehr erzürnt haben.)

Aber dann diese Hausarchive. Lucius erinnert sich: Es ging damals alles sehr überstürzt vonstatten, als man den Stein des Anstoßes entfernte, blieben seine Sachen zurück, ein Schreibtisch wurde geleert, sein Inhalt unbesehen irgendwo verkramt, keiner hatte Lust, wieder danach zu fragen. Lucius, als er es nun findet, glüht ihm das Gesicht. Also wieder mitten im Abenteuer, in dieser Torheit (voll Unbehagen, und doch, es ist auch Süße dabei), obwohl, es sind zunächst nur Berechnungen. Blätter über Blätter voller Zahlen, Lucius versteht nichts davon, ihm dreht sich der Kopf. Es war wohl eine Art Vergnügen für den Schwan zu rechnen, denn das reißt hier nicht ab. Am Ende kompliziertester Operationen steht immer: Null gleich Null.

Es steht inmitten von freiem Raum, es steht gewissermaßen ästhetisch da, schwebend für sich, in der Mitte, es triumphiert in der kleinen, klaren und sauberen Schrift; und es heißt natürlich auch, sieht man einmal von diesen irren Berechnungen ab (sie werden schon stimmen, Auletes verstand sich darauf), es heißt auch: Nichts ist nichts. Nihil par nihilo.

Das erschreckt den Lesenden, hält ihn aber nicht ab weiterzustöbern, trotz des Gefühls, etwas ganz und gar Verbotenes zu tun.

Dann gibt es da ein Büchlein, mehrere zusammengeheftete Schreibtafeln. (Man hätte den Inhalt zweifellos gelöscht, wenn nicht alles so schnell gegangen wäre damals.) Das Büchlein ist sehr elegant, und leider fühlt Lucius plötzlich sein Herz wieder so dumpf schlagen wie auf der Suche nach dem, den er nun unseligerweise gefunden hat, fühlt es, weil da auf dem Deckel eine zarte Gravüre besagt, daß Lucius dies seinem Schwarzen Schwan schenke, und zwar: »in Liebe«. Es brennt in den Händen, er wäre es gern (wie dies alles) los, aber nun ist es schon geöffnet, und weiter geht's im Verbotenen und Ungesitteten.

Da steht zunächst in jener Schrift der alte Gladiatorenspruch: »Dum vivimus, vivamus.« Solange wir leben, leben wir. Und dann eine Weile, mehrere Seiten nichts. Dann, wieder sehr schön in die Mitte der Seite gesetzt: »Ich kann nicht denken, sondern nur zitieren.« Es folgen ein halbes Dutzend Klassikerzitate (er zitierte nie, nicht, daß ich wüßte).

Dann (du bist drauf und dran, das alles hinzuwerfen und fortzulaufen und deine Torheit auf der nächsten Auktion feilzubieten, ohne noch einen weiteren Blick in das Gastzimmer im anderen Flügel zu werfen), sauber untereinander geschrieben eine Reihe äußerst obszöner lateinischer Ausdrücke nebst ihrer Übersetzung ins Griechische.

Danach (eigentlich kannst du schon nicht mehr recht folgen) zwei längere Schriftsätze.

Der eine heißt:

»Ich weiß nicht, wie ich heiße. Ich lüge den ganzen

Tag. Ich spreche verschiedene Sprachen und kann in keiner denken. Künste und Wissenschaften sind mir gleichgültig. Ich liebe niemanden. Was ist Wahrheit? Ich lebe und bin ein Sklave. Das ist Wahrheit.«

Der andere:

»Morgens durch einen Pinienwald zu fahren. Bei geschlossenen Augen wechselt die Farbe von Schwarz nach Rot und so fort. Das Rote wird zu feurigen Bällen, die das Lid von innen färben. Bei geöffneten Augen gleiten dichte Schatten und streifiges Licht nacheinander über das Gefährt. Sind die Schatten dichter, nehmen Gerüche und Gesang der Vögel zu. Werden sie noch dichter, so bleibt beides aus, dafür erhebt sich ein leichter Wind. Nebel wirkt zuerst auf den Händen und der Haut des Halses. Am Haar wird er zu Nässe.«

Damit endet das Büchlein, und du gehst aus deiner Bibliothek, badest, trinkst zwei Becher Wein und legst dich zu Bett.

Bei Licht besehen, muß man sich durch dergleichen mystifiziert fühlen, unbehaglicher denn je; aber langsam wächst eine Art Wut über diese Manier, die Leute zum Narren zu halten: nichts gleich nichts, Schweinereien, Pinienwälder (hier gibt es keine, er war nie in einem zu jener Zeit), Zitate, die nie gebraucht werden, Rechnungen und Gemeinplätze, eine üble Mischung, nicht wert, sich damit zu befassen, außer wenn man sich mit Fleiß ärgern will.

Man kann den Tag verbringen wie eh und je. Alle Beschäftigungen, denen man sich unterzieht, sind eigentlich völlig überflüssig, Sklaven erledigen jede Angelegenheit bestens für dich, du kannst ja und nein sagen zu Taten, die andere längst vollbracht haben, und natürlich geht dir dabei dieses widerliche Schreibtafel-Heft nicht aus dem Sinn (»in Liebe«), dies höchst zwielichtige, gar nicht geheure und alles verzerrende Konglomerat von unverständlichen Dingen, die dir einen fremden Auletes vorführen, ganz und gar unähnlich dem, den du zu Herzen gehend fandest, einmalig und liebenswert.

Lucius, wenn er sich heute zwischen Unbehagen und Bangigkeit diese Art Liebe klarzumachen versucht, weiß, daß er damals sehr allein war, vorher eigentlich immer allein, und daß er im Umgang mit Auletes erwachsen wurde.

Vielleicht ist es das überhaupt. Dies war der Mensch, durch den er erwachsen wurde. Erwachsen werden, das heißt, Rechenaufgaben allein entwickeln, den Sinn einer Sprache erfassen und lieben lernen, einen lang bekannten Text plötzlich richtig verstehen. Dann, auf einmal, nach dem fragen, was unter der Oberfläche steckt – die Antwort, damals so greifbar nahe, bleibt bis heute aus.

Derjenige, mit dem zusammen das alles geschieht, kann fragen und erklären. Er hockt mit dir vor dem Sandkasten und zeichnet seine geometrischen Figuren wieder und wieder, bis ihr beide glühende Wangen bekommt darüber. Ihr lacht, wenn du endlich die Lösung findest.

Lucius hat bisher immer geglaubt, der Schwarze Schwan sei glücklich gewesen, ihn zu lehren. Nun ist das, scheint's, einer von vielen Irrtümern, denn: »Ich liebe niemanden« steht in dem Buch, und: »Wissenschaften und Künste sind mir gleichgültig«. Und Lucius verflucht sich, jemals einen Blick in diese Hausarchive getan zu haben.

Er war glücklich, ich weiß es. Glück ist ansteckend, Unglück auch. Wäre er gleichgültig oder unlustig zu mir gekommen, ich hätte es gespürt. Aber wie wir uns freuten auf die vier, fünf Stunden des Tages, in denen wir zusammen waren!

Erzieher hatten bisher, gesteh's ein, nicht gerade einen leichten Stand bei dir gehabt, noch auch bei deinen Geschwistern. Ihr pflegtet kurzen Prozeß zu machen, erledigtet diese Herren in einem halben Jahr. Graubärtige Philosophen wurden zur Strecke gebracht mit allen Mitteln wild aufwachsender Nobilitätskinder, und deren gab es viele. Du liest gern, bist versessen darauf, aber sowie sie beginnen, es dir zu erklären, was du gelesen hast, verlierst du die Lust. Da muß erst so einer kommen, kaum älter als sein Schüler, mit kühlen hellen Augen im dunklen Gesicht, Abstand haltend (hochmütig? oder schüchtern?), so einer, der glücklich ist, lehren zu können, um dein rotznasiges Gemüt zu fangen, Luci mi, zu fangen, wie er es denn auch zugab am Ende der Debatten, in denen er dich behutsam und listig in die Falle seiner Argumente lockte. »Gefangen«, sagt er, sitzt mit geraden Schultern dir gegenüber am Tisch und läßt die Augen einmal aus den Wimpern hervorglänzen, und schon bist du besiegt.

Ihr spielt das sokratische Spiel, er beherrscht es meisterhaft. Am Ende des mathematisch-philosophischen Kapitels, des Textabschnittes fragt er ganz gleichgültig: »Haben Sie Fragen, fili herilis?« – womit es dann in der Regel beginnt, denn darauf hast du ja die ganze Zeit gewartet, und wenn du überhaupt auf etwas vorbereitet bist, dann auf Fragen.

Auletes spannt sich auf seinem Stuhl, er wächst, unvergeßlich das, wie er auf dem Sprung sitzt, wenn das Spiel beginnt, und dann tut er beiläufig, fängt mit dem Nebensächlichsten an, er baut geschickt die Leimruten für deinen ungeschulten Verstand auf, früher oder später heißt es »gefangen«, und das alles – in die tiefste Unterwelt mit allen anderen Meinungen zu diesem Thema! –, das alles ist Glück.

Einmal, da du begierig bist, die Welt zu erkennen, bittest du ihn, dir den Sternenhimmel zu erklären, mit Erlaubnis von Lucius, dem Vater. Es ist eine warme Nacht, die Sterne hast du so groß nie gesehen, es sind wahre Behausungen der unsterblichen Götter. Ihr sitzt beide auf der Steinbalustrade des Gartens, sie strömt die Hitze des Tages aus, ein leichter Wind weht, zwischen euch steht der schöne metallene Mischkrug mit dem Wein, den euch der Vater gestiftet hat zu eurem nächtlichen Unternehmen.

Ihr habt beide den Kopf im Nacken und seht nach oben. »Aldebaran«, hörst du, »Altair« und »die Spange des Orion«, Namen ferner Heroen und Symbole reiner Liebe. Ihr wechselt die Plätze, da du an seinem ausgestreckten Arm nicht vorbeisiehst, dabei wird der Krug umgestoßen, tönend rollt er über die Steine des Hanges. Ihr lauft ihm beide nach und erreicht ihn gleichzeitig, und du, selig, lachst und rufst: »Wer zuerst oben ist«. Erst seid ihr gleich, dann prellst du vor, bist als erster oben, er folgt dir, lachend wie du selbst, sein langes Haar hüpft auf seinen Schultern, er schwingt sich zu dir hinauf, atemlos, ihr seht euch an. Ihr seid beide glücklich.

»Was meinst du«, fragst du, »ob sie von Göttern bewohnt sind, die Gestirne?« Und er, nach seiner Weise, fragt zurück: »Was meinen Sie selbst?« Und du: »Es ist vielleicht nicht wichtig.« Und er: »Nein, es ist nicht wichtig. Sie müßten versuchen, auf alle Fälle so zu leben, als wenn dort oben Götter wären.«

Somit mutig geworden, beschließt der Herr, weiter die verhängnisvollen Hausarchive zu durchstöbern. Er findet da nichts Nennenswertes mehr, außer Briefentwürfen seines Vaters.

Lucius pflegte Briefe nicht zu diktieren, bevor er sie handschriftlich konzipiert hatte, dieser Unsitte verdankt das Archiv dies und das. Beruhigenderweise war der verstorbene Herr kein großer Briefschreiber, manches wird wohl auch auf Schreibtafeln notiert worden sein und danach gelöscht, es bleibt also bei ein paar Fetzen – ein wahrer Segen für den Seelenfrieden seines Sohnes.

Da ist nun aber immerhin der Brief an Ursa.

Ursa heißt natürlich nicht Ursa, wer heißt schon »Bärin«, sie heißt ganz schlicht Emilia und ist Lucius' Tante, die Schwester von Lucius, dem Älteren, und als solche eine äußerst wichtige Person; wie überhaupt zwei Frauen wichtig waren für die Knabenzeit des heutigen Herrn – Ursa und Julia, die Mutter.

Gefragt, welche von beiden eigentlich seine Mutter sei, wäre Lucius als Kind wahrscheinlich in ernste Verlegenheit geraten und hätte sich wohl eher für Ursa-Emilia entschieden (beide waren nur selten da, wofür gibt es Ammen, Kindermädchen und Pädagogen); obwohl auch das keine leichte Entscheidung ist, denn Ursa gilt allgemein, das hört man als Kind heraus, schlechtweg als verrückt. Es gehört also eine Portion Mut dazu. Aber Mutter sagt Lucius zu keiner, nur zu seiner Amme und hat also damit, genaugenommen, keine Mutter.

Geht es nach mütterlicher Sorge, gewinnt sicher Ursa die Palme. Trotzdem bleibt es eine Tatsache, daß Lucius und seine Geschwister eine leibliche Mutter haben, und das ist und bleibt Julia, die Frau des Hausherrn, die Gnädige, die Herrin.

Lucius' Gefühle für diese große Dame sind leider heut noch genauso eindeutig wie damals: Er haßt sie, obwohl sie nun schon lange genug tot ist, um vergessen zu werden, er haßt sie schlicht und ehrlich, und wohl auch immer noch darum, weil Auletes damals fortgeschickt wurde um ihretwillen, um ihrer hohen Schecks und ihrer Weinkrämpfe willen, so daß sie also das Glück jener zwei, drei Jahre zerstört hat ...

Aber war es nicht schon lange zerstört vor jenem grausigen Morgen, an dem Julia, von ihren verängstigten Sklavinnen kaum gehalten, schreiend durchs Haus lief und ihren Mann, sich selbst, diesen Hurenbengel und alle Welt umbringen wollte? (Sie wollte das häufiger, und sie erreichte immer viel mit diesen Drohungen, ganz abgesehen davon, daß sie von Zeit zu Zeit wirklich jemanden umbrachte, allerdings nur Sklaven.)

War es alles nicht längst, längst vorher zerstört, von dem Tag an, wo du wußtest? Oder wurde es erst zerstört, als du alles wieder vergrubst unter dem Alltag Roms?

All das ist müßig, und, Lucius, gesteh dir's ein, du haßtest deine Mutter schon vorher.

Alles kommt daher, daß Julia bei ihrer Eheschließung mit Lucius eine Klausel in den Vertrag aufnehmen ließ, dergestalt, daß sie ihr nicht unbeträchtliches Vermögen selbst verwalte. Julia besucht die Bäder, ihre Gesundheit leidet, sie unternimmt weite Reisen, ihr Hausstand ist ihr so fremd wie ihre Kinder (man muß sie immer an ihre Namen erinnern, wenn sie einmal heimkommt). Sie ist selten in Rom, aber wenn sie dann da ist, kümmert sie sich um ihren Mann, und das sehr.

Man könnte sagen, sie liebt ihren Mann (wenn Lucius dies Wort nicht mit Verachtung beiseite schieben würde als unanwendbar auf eine solche Frau wie seine Mutter), zumindest wünscht sie, einmal bei ihm, ihn ganz für sich zu haben, sie ist eifersüchtig darauf bedacht, als einziges Wesen der Welt seine Zärtlichkeiten zu genießen, die Zärtlichkeiten dieses einmaligen, aufregenden und männlichen Lucius, der ihr Geld in seiner Rennbahn verbaut und von dem sie schließlich dafür auch einige Gegenleistungen erwarten kann.

Lucius baut immer, und er braucht immer Geld – so daß alle häuslichen Gastspiele der Gnädigen unfehlbar mit zwei Dingen enden: mit einem Krach und einer mehr oder weniger großen Geldüberweisung, je nach dem, wie es Lucius gelungen ist, seine Frau von seiner Liebe zu ihr zu überzeugen.

Wenn sie da ist, ist das Haus verwandelt. Wie ein Kreisel rotiert die familia um die Gnädige, deren helle klagende Stimme überall vernehmbar ist und die wieder und wieder nach Lucius, ihrem rechtmäßig erkauften und legalen Besitz und Gatten verlangt, denn sie kann ihn, wenn sie schon einmal daheim ist, keine Stunde missen, sie braucht ihn früh, mittags und abends, von der Nacht ganz zu schweigen. Sie ist auf alle und auf alles eifersüchtig, auf die Masseure und auf ihre Kinder, auf den Senat, die Reitpferde und das stets verschlossene Studierzimmer.

Beginnt sie zu schreien, hält das Haus den Atem an. Die Kinder verbergen sich ängstlich in ihren Zimmern, die Sklavenschaft zittert. Weh, wer ihr über den Weg läuft. Ein einziger Mensch auf der Welt geht dann zu ihr – lächelnd, nachlässig, wie man zu einem trotzigen Kind geht, in der Hand eine Rose –, ihr Mann Lucius, der sie zu beruhigen vermag und sie daran hindert, ihren Friseusen mit einer Nadel die Augen auszustechen.

Irgendwann, meist sehr schnell, gibt es die Szene mit den Tränen. Die Tränen hören nicht auf, man beansprucht die Hilfe mehrerer angesehener Ärzte, Julias Tränen zu stillen. Meist erkennen diese Herren, daß Julias Nerven angegriffen sind und sie unbedingt für ein halbes Jahr verreisen muß, nach Baiae oder noch weiter fort, andernfalls sie nicht mehr lange zu leben habe. Ihr zärtlich besorgter Ehemann entschließt sich daraufhin unter unsäglicher Selbstüberwindung, der Gesundheit seiner Frau dies Opfer zu bringen und in eine Trennung einzuwilligen (da er selbst seiner Geschäfte und des Baus seiner Rennbahn wegen bedauerlicherweise in Rom zurückbleiben müsse).

Lucius, der Sohn, erinnert sich mit unvermindertem Grauen des Augenblicks, in dem man ihn in das Halbdunkel des großen Reisewagens hebt, damit er seine Mutter zum Abschied küsse. Es riecht nach Salben und Arzneien, ihre weichen Arme umwinden ihn, er muß seine Lippen auf ihre heiße tränenfeuchte Wange drücken und fühlt sich der Umschlingung der Hydra entronnen, wenn er wieder festen Boden unter den Füßen hat und frische Luft atmet. Und sie fährt wieder fort, endlich; Lucius, der Vater, legt aufgeräumt den Arm um Lucius, den Sohn, vergewissert sich, daß er die

Bankanweisung im Bausch seiner Tunika hat, summt irgendwas vor sich hin, lächelt seinen Sohn erlöst an und geht mit ihm die Pferde besichtigen oder einen neuen Koch kaufen oder ins Bad. Das also ist Julia.

Damit ist Lucius an einer Stelle angelangt, an der ihm das Weiterdenken überhaupt keinen Spaß mehr macht, der Tag ist verdorben, er legt den Brief aus der Hand, nachdem er kaum die ersten Zeilen überflogen hat, und läßt Ursa Ursa sein, Lucius Lucius und vor allem Auletes Auletes, um sich den Aufgaben des Tages zu widmen. Erst viel später findet er Gelegenheit, seinen Arzt zu befragen, wie es denn nun jenem ginge, den er da ins Haus gebracht habe.

Der sagt mit großer Mißbilligung: »Er ißt ständig.«

Lucius' Arzt ist sehr gut, ein Modearzt, nicht irgendso ein quacksalbernder Sklave, er wird von angesehenen Familien konsultiert und ist nicht erbaut von dem hier vorliegenden Fall – was er sich anmerken läßt.

Sonst ginge es, den Umständen gemäß, ganz gut. Und er zuckt die Schultern. (Sein Honorar ist eigentlich hoch genug, daß er ohne Schulternzucken antwortet, findet Lucius.)

Lucius wird ärgerlich, so läßt er sich nicht abspeisen, er will eine exakte Antwort hören und nichts von Umständen und dergleichen.

Der berühmte Mann läßt sich endlich zu Auskünften herab. Das sei nichts als ein schlecht gehaltener Sklave, sagt er und verzieht die Mundwinkel. Innere Schäden seien nicht vorhanden, soweit er sähe, aber sein Magen sei geschwächt durch zu geringe und zu üble Nahrung. »Darum soll er nicht ständig sinnlos fressen und es dann wieder herausbringen«, sagt er mit ungeheurer Verachtung, als er aber Lucius' Miene bemerkt, fügt er sauer »Verzeihung« hinzu. Er huste, das sei eine schlichte Erkältung, er sei etwas schwach, sicher. »Und mit der Heilung von Züchtigungsmalen gebe ich mich das erstemal in meiner Praxis ab, so daß mir da leider die Erfahrung fehlt. Ich behandle diese …, diese Striemen wie Wunden.« Im allgemeinen heile dergleichen bei Sklaven von selbst wieder zu. Wenn man ihn frage, er könne längst wieder leichte Arbeiten verrichten.

Man frage ihn nicht, erklärt Lucius, vielmehr wolle er genaue Auskunft auch über das Verhalten und den seelischen Zustand dieses Sklaven haben.

Kaum dergleichen gesagt, ist ihm klar, daß, wenn der agile Gelehrte diese seine Frage in der Stadt verbreitet (was er zweifellos tun wird, wenn man nichts dagegen unternimmt), ganz Rom ihn morgen zu einem Narren erklären wird.

»Sagten Sie seelischer Zustand, mein Herr Lucius?« fragt er schon.

Ja, bestätigt Lucius, er habe es gesagt.

Der Arzt macht eine beziehungsvolle Pause, ehe er bemerkt, daß er dergleichen bei Tieren und Sklaven nicht zu beobachten pflege. Lucius steigt das Blut zu Kopfe, hitzig verlangt er für sein Geld sachgemäße und genaue Informationen zumindest über das Verhalten des Patienten, die er denn auch folgendermaßen, wenn auch unwillig, erhält: Er äße unmäßig, was immer er erhalte, und zu schnell. Er schlafe viel, tags wie nachts. Seine Umwelt sei ihm gleichgültig. Er rede mit keinem. Gestern sei er zwei Stunden aufgestanden. Auf Fragen antworte er gar nicht oder ungebührlich kurz und frech. Er beschäftige sich mit nichts.

Lucius, so informiert, wird nun seiner Freunde und Feinde in Der Stadt eingedenk, lenkt ein, bittet, dies Gespräch als vertraulich zu behandeln, erhöht das Honorar und verabschiedet den bedeutenden Mann, im Innersten überzeugt, sein Geld umsonst ausgegeben zu haben. Womit nun alles nichts mehr hilft. Die Angst, der eigenen Torheit ins Auge zu schauen, wird ja wohl überwindbar sein, und Lucius – es ist immerhin Auletes, wie er auch reden und erscheinen mag – geh nun zu ihm.

Krankenbesuch

Fünfzehn Jahre sind eine lange Zeit. Lucius hat keine Ahnung mehr, auf welche Weise er in diesem Wesen den Schwarzen Schwan von einst erkannt hat, es muß eine Art Eingebung gewesen sein. Hohe Backenknochen, ja, eine gerade Nase, ja, und gewiß, diese hellen Augen (einst so beeindruckend in dem dunklen Gesicht, jetzt öde Monde, Lichter ohne Wärme, die unverwandt durch dich hindurchschauen). Aber damit hört es dann auch schon auf. Dieser verkrümmte Mund, die harten Falten von der Nase zu seinen Winkeln, Falten seitlich der Gespenster-Augen, steil eingekerbte Falten über der Nasenwurzel – das sind sie, die fünfzehn Jahre, und was für Jahre. Eine Braue ist von einer Narbe gespalten, die sich schräg und farblos durch die bronzene Haut der Stirn zieht. Natürlich, auch diese Rutenstriemen entstellen, sie sind jetzt schwarz auf den Wangen, und die zerrissene Lippe ... Wie sehr sind wir einander unterlegen, Auletes!

Da der Sklave auf seinem Lager vorläufig überhaupt keine Anstalten macht, dich zu begrüßen, ja, nicht einmal zu erkennen gibt, ob er dich überhaupt bemerkt hat, sagst du schließlich: »Auletes, dein Herr ist im Zimmer.« Es soll leichthin klingen, nur leider gelingt dir »leichthin« im Moment ganz und gar nicht, und es war falsch, genauso grausig falsch wie alles, was in den letzten Tagen unternommen wurde.

Der Sklave, ohne daß irgendein anderer Ausdruck in sein gezeichnetes Gesicht käme, erhebt sich langsam und gleichsam schlafwandlerisch, er erhebt sich, wie es sich gebührt, wirft seine Decke von sich und steht vor dir, er ist nackt, seltsam verzogen steht er da ..., die Schultern schief, den langen Hals nach vorn geneigt, als horche er auf etwas. Die Scherbe, die an den Topf erinnert. Die Ware präsentiert sich: knochig, dunkel, zerschlagen und verhungert.

Lucius klopft das Herz dumpf im Hals. Was kann ich denn dafür. Elendes Gespenst. Verflucht sei der Arzt, der sich nicht mit dem seelischen Zustand von Sklaven und Tieren abgibt, denn, hilf Himmel, ich hab es hoffentlich nicht mit einem Verrückten zu tun. Endlich senkt er die Lider, ein wahres Glück, dem kalten Feuer dieser steingrünen Augen zu entrinnen, und man kann etwas sagen, zum Beispiel: »Sei mir in meinem Haus willkommen«, und kann sich so weit überwinden, ihn umarmen zu wollen, aber er hatte schon damals die Gabe, unter demütig gesenkten Wimpern alles und jedes zu beobachten, und so hast du dich umsonst überwunden; er kommt dir zuvor, indem er aufs Knie geht, den Saum deines Kleides ergreift, unmöglich, sich dagegen zu verwahren, und ihn küßt – eine normale Sklavenbegrüßung, nichts Besonderes; keine Ahnung, warum es dir so unerträglich vorkommt, du schämst dich fast zu Tode bei diesem Theater, es ist zum Fortlaufen.

Und Auletes sagt mit seiner ganz unveränderten Stimme, die so unverkennbar ist wie seine Schrift, klar, deutlich, verständlich bei aller Dezenz: »Ich begrüße meinen Herrn in Ergebung.«

Ich muß verrückt sein, daß ich denke, er verhöhnt mich – ich muß verrückt sein oder er.

Indem er aufsteht, machst du die Entdeckung, daß ihr gleich groß seid, das irritiert dich noch mehr, denn in der Erinnerung ist er einen halben Kopf größer und nicht in der Lage und auch nicht gewillt, dir so unverhohlen und schamlos in die Augen zu starren, wie er es jetzt tut, um seinen neuen Herrn zur Kenntnis zu nehmen: einen gutaussehenden Römer in eleganter griechischer Haustracht, am Finger den kostbaren Ring, von dem der Riß an der Lippe zeugt, ein Mann, der bei aller Jugend schon etwas ist, man hat Vermögen, Namen, Bildung, Gesittung und Prinzipien; ein sympathischer junger Mann, alles in allem, der eigentlich keinerlei Grund hat, vor diesem Wrack von Sklaven so ungemein unsicher, ja schuldbewußt dazustehen, daß es sogar dies asketische Gespenst zu dauern beginnt, wie es scheint, denn der Sklave beendet die schon unerträgliche Situation gnädig, indem er beiläufig sagt: »Sie erlauben, domine, daß ich mich wieder lege, ich bin noch unsicher auf den Beinen. Welche Wünsche haben Sie an mich?«

Hiermit könnte nun ein Gespräch zwischen Herrn und Sklaven beginnen. Sie könnten sich möglicherweise mit sehr viel Scharfsinn austauschen über das Wesen der Sklaverei und die Wahrscheinlichkeit – oder Unwahrscheinlichkeit –, dieses Wesen durch die Lehren der Menschlichkeit zu beeinflussen, zu bessern oder gar zu wandeln. Zweifellos hat der zwar jetzt etwas derangierte, aber ansonsten gescheite und belesene Auletes auf Anhieb eine Reihe sehr schöner Klassikerzitate bei der Hand, als da ist zum Beispiel Herakleitos oder auch Epikur, mit denen er seinem einstigen Schüler seinen Standpunkt klarmachen könnte – und ohne weiteres weiß Lucius darauf manches Durchdachte und von seiner Warte aus Zutreffende zu sagen. Leider, es kommt nicht dazu. Denn beide beginnen einen Zank.

Schuld ist Auletes, der sich nach seiner seltsam zwielichtigen Begrüßung als unduldsam, bissig und unfreundlich erweist. Lucius' Bemerkung, der Arzt halte ihn fast für genesen, quittiert er mit einem hämischen Lachen. Was dieser Arzt denn von ihm wisse, der ihn betrachtet habe wie einen in Seide verpackten räudigen Hund. Lucius entschuldigt sich und den gelehrten Mann, der wohl noch zu keinem solchen Fall gerufen worden sei.

»Es war auch unnötig«, sagt Auletes schroff. Das Ganze sei grotesk (er spricht das Wort auf eine unangenehm scharfe Weise aus, es steht mit einem Ausrufezeichen versehen im Raum), und dieser Herr, der ja offenbar ein berühmter Mann sei, habe recht. Man berufe keine Modeärzte zu ausgepeitschten Sklaven, wenn diese Sitte einrisse, würde wohl die Ärzteschaft des Ewigen Rom an Überarbeitung zugrunde gehen.

Auf dieses Verdikt hin gelingt es Lucius immer noch, ruhig zu bleiben (dergleichen ist ihm noch nie gesagt worden, wie überhaupt dieser Ton etwas ganz Neues für ihn ist) und darauf hinzuweisen, daß jener Arzt ihn bäte (er sagt: »er bittet dich«), vernünftiger zu essen.

Nun allerdings wird Auletes unangenehm. Er erklärt geradezu, das sei ja wohl ausschließlich Sache seines Herrn, der dann eben anordnen müsse, ihm weniger zu geben. Er habe lange genug hungern müssen und denke nicht daran, es weiter zu tun, wenn er nicht müsse.

Es ginge nicht ums Hungern, sondern um vernünftiges Essen, meint Lucius verstört, aber da hat er nun gerade das Rechte gesagt, sein Gespenst beginnt wieder zu lachen (er lacht dich aus, Lucius, offen ins Gesicht!).

»Was, im Namen aller Götter, hat die Vernunft mit dieser ganzen Sache zu tun, domine?«

Dem jungen Herrn steigt es heiß die Kehle herauf, er erhebt sich von dem Stuhl, den er an das Bett seines Dieners gezogen hatte, und starrt ihn an, und der sagt: »Wenn Sie wieder zuschlagen wollen, könnten Sie vielleicht die Linke nehmen, wegen des Ringes? Aber ich will Ihnen da natürlich keine Vorschriften machen.«

Mit dem Fuß aufstampfen und brüllen sind Schulbubenmanieren, aber wie soll man sich helfen? »Ich verbitte mir deine Unverschämtheiten!« ist auch nicht gerade geistvoll, aber gesteh dir's ein, er hat dich mattgesetzt. (Es ist seltsam, wie dieser Mensch ihn reizt. Wie er ihn um alles in der Welt zum Schweigen bringen möchte oder verletzen. Ich schlage mein Lebtag keinen Sklaven, sie interessieren mich zuwenig. Bei ihm jedoch ... Damals, als der Vater ihn schlug, welch Entsetzen!)

Sie sind gemeinsam ausgefahren, eins von Lucius' zahlreichen Baugeländen zu besichtigen, draußen am Marsfeld. Lucius kutschiert seinen schönen Viererzug selbst, die Knaben (sein Sohn und dessen Lehrer) sitzen links und rechts von ihm.

Auletes bleibt mit dem Pferdewärter beim Wagen, und als sie zurückkommen vom Klettern über Steinbrocken, sitzt er auf der Wegböschung im Gespräch mit einem Mädchen, einem gewöhnlichen Ding vom Lande, mit einem Korb voll Feigen, von denen sie ihm wohl verkaufen wollte, einer rundlichen kleinen Italikerin.

Sie unterhalten sich beide gut, man kann zwar nicht verstehen, was sie sprechen, aber ihre Stimmen sind anmutig wie Musik in der abendlichen Landschaft, sie lachen, die Bäuerin quietscht, und Auletes redet lauter, als seine Römer an ihm gewohnt sind, und wie er dasitzt, ist zumindest neu: locker, vornübergebeugt, die Beine übereinandergeschlagen, das alles ist fast ein kleiner abendlicher Flirt, bis Lucius ihn anruft.

Die Stimme geht seinem Sklaven durch den Körper wie ein Peitschenhieb, er springt auf, auch das Mädchen, das »ui je« sagt und »na dann« und »du liebe Zeit« und ihren Korb nimmt und achselzuckend weiterschlendert; was gehen sie schließlich die Leute aus Rom an, mit deren nettem Sklaven sie ein bißchen geplaudert hat? Indessen Lucius schon mit langen Schritten heran ist (sein Sohn bleibt zurück hinter seiner Eile), den Auletes an der Schulter faßt und ihn ohrfeigt.

»Vater, was hat Auletes getan?« rufst du, und er wendet dir sein gerötetes, erregtes Gesicht zu mit der Entgegnung, daß dich das alles ja wohl nichts angehe und du dich nicht in die Erziehung seiner Sklaven mischen sollest.

Worauf ihr bei der Heimfahrt alle miteinander kein Wort mehr redet, die Plätze sind gewechselt, du selbst in der Mitte, außer dir vor Verwirrung und Ärger. Auletes sitzt abgewandt und beugt sich aus dem Wagen, sein

Haar verdeckt dir sein Gesicht, man sieht eigentlich nur seine Nasenspitze und schließlich, auf der Hälfte des Weges zwischen dem Marsfeld und eurem Haus (verstohlen zu ihm schielend) diese Nasenspitze eine Träne entlangrollen. Diese Erinnerung ist nun vollends dazu angetan, dein Herz zu rühren, und du sagst: »Auletes. Auletes, ich will nicht mit dir streiten. Ich will dein Freund sein. Kannst du nicht ein einziges Mal versuchen, mit mir so zu reden wie damals?«

»Ich fürchte, das wird nicht gehen«, sagt der Sklave kalt. »Wir haben uns doch etwas verändert, scheint mir. Sie trugen damals noch nicht diesen schönen Siegelring.«

Lucius wendet sich, wie er da steht, auf dem Absatz um und geht hinaus.

Es erweist sich, daß diese zwar etwas brutale Art, seinen Herrn zu behandeln, zumindest den gewünschten Erfolg bringt, den nämlich, in Ruhe gelassen zu werden, vorsichtig seine schmerzenden Schultern anders betten zu können und zu versuchen, wieder einzuschlafen, was im Augenblick das wichtigste ist. Wichtiger als die Kindereien gewisser junger Herren, deren Reden die Welt kaum verändern werden.

Lucius, vor seinem Sklaven davongelaufen, fühlt sich äußerst beschämt. Wenigstens hätte er ja noch etwas sagen können wie: »Du bist der hochmütigste und ungerechteste Mensch, der mir je vorgekommen ist ...«, aber nicht einmal dazu hat es mehr gereicht.

Vielleicht muß man ihm mehr Zeit lassen. Und Lucius kommt sich äußerst großmütig vor, aber im Grunde schenkt er diese Zeit wohl mehr sich als dem da.

Die aufrichtige Bärin

Mit unverminderter Begierde begibt er sich zu den fatalen Hausarchiven zurück, anstatt, wie es eigentlich an der Tagesordnung wäre, seiner Verlobten einen Besuch abzustatten in der Villa nördlich des Tiber. Nein, er hat nichts Eiligeres zu tun, als nun den Brief seines Vaters zu lesen, diesen Brief an seine Tante Ursa – überschwemmt dabei von Erinnerungen an alte Zeiten, als sei er ein Greis, dessen Gedächtnis von Erlebtem zehrt.

»Meine aufrichtige Ursa, Unvergleichliche«, schreibt Lucius, und schon ist er wieder lebendig, sein Briefstil hat ihn getreulich konserviert. Das ist sein Atem, sein Geist, seine warme, ausdrucksvolle Stimme, fröhlich und mit gelassener Frivolität: »Meine aufrichtige Ursa, Unvergleichliche«. Selbst seine herbe Schwester, die ihn so streng mißbilligt, kann sich dem Bann nicht entziehen.

Die Aufrichtige. Die Unvergleichliche. Die Bärin – auch dieser Übername stammt von ihm. Er versteht es, jemanden schmeichelnd zu benennen und seine Umgebung mit Rosenknospen, Sternen, Schwarzen Schwänen und Bärinnen zu bevölkern. Namen, die Lucius gibt, bleiben, weil sie treffen. So auch »Ursa«. Ja, so ist, so steht sie im Raum, groß, laut, rechthaberisch und stürmisch. Wenn sie und Lucius in einem Zimmer sind, ist eigentlich für keinen weiter Platz (und meistens auch nicht einmal für sie beide); zum Glück kommen sie selten zusammen, denn Emilia meidet ihren Bruder, wo sie nur kann, diesen verlorenen Sohn und entarteten Quiriten, denn sie hält's mit Moral und altrömischer Lebensart, zum Gaudium Der Stadt.

»Die verrückte Schwester des Lucius« heißt sie (verrückt ist zwar auch die Frau Gemahlin dieses Herrn, aber deren Verrücktheit ist von gängiger, gleichsam modischer Art und damit entschuldbar, während diese

Variante ungewöhnlich und leicht ridikül ist). Bekleidet mit irgendeinem Gewand in klassischem Faltenwurf, mit den nötigen Attributen versehen, könnte sie ausgezeichnet die Göttin Roma darstellen, wie man sie hundertfünfzig Jahre zuvor bildete: ein starkknochiges, gesundes, bäurisches Weib mit grobem, nicht unhübschem Gesicht, wachen großen Augen, aus denen die Gesinnung einer Juno spricht, und einem üppigen Mund. Das Verrückte an ihr ist nicht, daß sie Prinzipien hat (die hat irgendwo jeder), sondern, daß sie sie befolgt.

Mit sechzehn Jahren heiratete sie, gegen den Willen ihrer patrizischen Familie, irgendeinen windigen Demagogen der Popularenpartei, der die Ideen der Gracchen ein Jahrhundert zu spät in die Tat umsetzen wollte – es heißt, seine von unverdauten demokratischen Phrasen strotzenden Ansprachen arbeitete sie ihm aus. Zum Glück kam der Senat noch rechtzeitig auf die Idee, den jungen Mann, ehe größeres Unheil geschehen konnte, nach Hispania abzuschieben, wo er im Kampf gegen barbarische Stämme, die da bekanntlich stets ihr Wesen treiben, den Heldentod starb.

Emilia, hoch in anderen Umständen, betrauerte ihren Gatten wie eine Andromache und ging zwei Jahre in Schwarz. Sie gebar einen Sohn, der nach seiner Geburt starb und auf dessen Grabmal sie pathetische Ennius-Verse einritzen ließ, und verkündete ihren Entschluß, sich nicht wieder zu vermählen. Ganz Rom wartete auf den Wortbruch der Ehernen Witwe – man wußte damals noch nicht, daß Emilia ihre Entschlüsse durchzuführen pflegte. Sie blieb eine univira, eine Frau, die nur einem Mann gehört hatte; ein Wundertier von exemplarischer Größe in dieser Stadt, von ganz Rom bestaunt und hinter vorgehaltener Hand bekichert.

Die junge Witwe kehrte ins Haus ihres Bruders zurück – fest entschlossen, die lässige Moral ihres geliebten Lucius zu heben und seine alexandrinischen

Sitten auf den Pfad altrömischer Tugend zurückzuführen. Das Haus hallte wider von den Auseinandersetzungen der Geschwister, von Lucius lachend, wenn auch verärgert, von der Bärin mit der erbitterten Energie einer Prophetin geführt. Zunächst hatte sie eine Verbündete in Julia, der Schwägerin. Julia hoffte, der Pfad der Tugend führe geradenwegs zu ihrem Bett, war ihrerseits von den Vorzügen ehelicher Liebe vor denen der Libertinage felsenfest überzeugt und zog eifervoll gegen die Verderbnis der Lebensführung und Luxus und Verschwendung zu Feld, solange es nicht ihr Luxus war, sondern der ihres Mannes – bis Emilia, die Aufrichtige, die Unvergleichliche, ihren heiligen Zorn auch über sie ausschüttete, weil sie ungeschickte Sklavinnen beim Frisieren folterte und für ein Kleid mehr ausgab, als ein italischer Kleinbauer mit seiner jährlichen Olivenernte verdiente (Julia hatte von der Existenz dieser Leute noch nie gehört). Nun schien es erst richtig zu beginnen, war aber leider auch sofort zu Ende. Julia, im Rücken ihre zehn Millionen, forderte stürmisch die Entfernung dieser »impertinenten Volkstribunin, dieser altrömischen Trulle ohne Taille und Manieren«.

Zu Lucius' Leidwesen. Er liebt sie zärtlich, mit großer Nachsicht für ihre Verdrehtheiten, und vor allem, er braucht sie, diese Bärin, die als einzige imstande ist, mit männlichem Geist und planender Strenge Ordnung in sein lässiges Hauswesen und seine unübersichtlichen Finanzen zu bringen. Natürlich ist es Irrsinn, wenn jemand fordert, die großen Latifundien aufzulösen, aufs Land zu gehen und den Anbau von Kohl selbst zu überwachen, wie einst Cincinnatus, oder die Würde Roms in hausgewebten Togen am flackernden Herdfeuer zu vertreten – aber hinter diesem Irrsinn wohnt der ungenutzte Intellekt eines begabten Logikers, den der Zufall in Weiberröcke gesteckt hat, und diesen in Emilia versteckten Feldherrn, Redner und Prätor muß und kann man nutzen.

Nur Langeweile läßt Emilia zur Politikerin und Sittenrichterin werden, meint Lucius und hat zum Glück einen Plan, dem abzuhelfen.

Er hat in den Sabinerbergen ein kleines verlottertes Landgut, das sich gerade selbst erhält, eine Wirtschaft von dreißig Sklaven, übel verwaltet – genau die richtige Größe für ein altrömisches Mustergütchen im Geschmack des alten Cato, dessen Werke die Kopfkissenlektüre Emilias darstellen.

Lucius ist bereit, das Stückchen Land da seiner Schwester zu schenken, mit allem, was drauf steht und geht, aber er kommt übel an, wenn er denkt, sie nähme von ihm ein Geschenk. Und so geht sie denn als Pächterin mit gewissenhaft ausgearbeiteten Verträgen aus dem Haus. Noch einmal lacht Rom über die vilica aus dem Patrizierstande, dann ist sie aus den Augen und damit aus dem Sinn – auch aus der Welt, aber nicht zu weit, so daß man sie von Zeit zu Zeit um dies und jenes bitten kann: zum Beispiel, das Haus zu betreuen, wenn Julia in den Bädern ist und Lucius Gott weiß wo. Und dann sind da die Kinder, erst der kleine Lucius, dann die beiden anderen, denen sie nun mit Leidenschaft die humanitas Romana einpflanzen kann, da es bei Lucius dem Älteren doch verlorene Mühe ist.

»Meine aufrichtige Ursa, Unvergleichliche«, liest Lucius, »ich küsse Deine Athena-Augen« (schmeichlerisch und heiter in jedem Augenblick), »denn welch ein Hauswesen hinterließest Du mir, wie so ganz Deine Hand! Und nun dies! Wir sind verstört, und Julia ist erfinderischer denn je, mich zu quälen. Einsiedlerin, zürne mir nicht. Laß Dich anflehen und hilf Deinem ganz und gar unwürdigen Bruder. Ja, um der Kinder willen ...« Hier bricht der Entwurf ab und wird neu begonnen:

»Meine aufrichtige Ursa, Unvergleichliche. Welch ein Hauswesen ...« und dann: »Meine Bärin, hilf doch Deinem Bruder, und vor allem, hilf den Kindern, Deinen Kindern, Unvergleichliche. Ich bekenne, daß ich an allem selbst schuld bin, wie sollte es anders sein, ich schlage mich an die Brust. Aber Julia foltert mich unsäglich. Hilf mir. Ein paar schlanke braune Beine haben die Gattin in eine Furie verwandelt. Aus mancherlei Gründen vermag ich mich nicht ganz von dem Gegenstand zu trennen, der sie erzürnt – auch weil Lucilius« (das bin ich!), »sehr an ihm zu hängen scheint und viel profitiert. Mach mir Deine Vorwürfe erst, wenn Du mir geholfen hast, und hole ihn für eine Zeit auf Dein Gut, damit die Gattin alles vergißt. Brauchst Du nicht einen Sekretär für Schreibarbeiten? Einen Rechnungsführer? Einen Vorleser? Alles hast Du an ihm. Du liebst uns, ich weiß es. Rette uns. Ich küsse jedes Deiner Athena-Augen. Ich werde Dich wieder von ihm erlösen, sobald ich kann und Du willst. Nur müssen sich die Wogen hier glätten. Vale.«

Was dann wohl abgeschickt wurde. Zumindest kam sie, ihn zu holen. (Und es war nur für eine kurze Zeit gedacht. Trotzdem wurde er von ihr weg verkauft.)

Welche Leichtigkeit. Welche Leichtfertigkeit: »Weil Lucilius sehr an ihm zu hängen scheint ...« Dir stürzte die Welt ein, und er kokettiert mit Ursa, dein Kummer wird ihm noch zum Vorwand: »Hilf Deinen Kindern ...« Das war *ihm* doch gleich. Wie ich ihn hasse. Hasse ich ihn wirklich? Haßte ich ihn damals? Dieser Vater, habe ich ihn nicht eigentlich immer nur fassungslos bewundert, selbst dann, wenn er uns alle spielend, lächelnd verletzte? Wir alle haben ihn bewundert – sogar Emilia. Alle, außer Auletes. Ich weiß nicht, was für Gefühle er für ihn hatte. Gar keine, wahrscheinlich (lassen wir diese ungewisse Sache mit dem Bogenschießen einmal aus), außer dem Wunsch, ihn los zu sein. Aber den hatten wir alle, geheim oder offen.

Emilia, seine Briefe lesend, wenn sie in seiner Abwesenheit das Haus hütet. Es ist ein Erlebnis, ihr dabei zuzusehen. Die Kinder umstehen sie neugierig und vergnügt, die sie da mit gespreizten Beinen, einen Sessel ganz und gar ausfüllend, sitzt. Sie liest nichts vor, sie denkt nicht daran. Manchmal teilt sie euch einen Brocken mit, wie »es geht ihm gut« oder »er war da und da« oder (seufzend) »er hat viel Geld ausgegeben«.

Aufregend ist es, ihre Meinung über das Gelesene zu erfahren, und man erfährt sie, wenn man Emilia betrachtet. Sie beginnt grundsätzlich mit gerunzelter Stirn (wie kann man einen Brief von Lucius schon anders lesen!), aber meist bekommt sie dann gute Laune, denn bei Lucius' Briefen kann man lachen (laut, schallend und ungeniert wie ihr Bruder); sie stößt kleine Schreie und Rufe aus, sie kichert, sie stampft mit dem Fuß, beißt sich auf die Lippen. Die ganze große Frauensperson agiert einen Dialog mit ihrem abwesenden Bruder, und am Schluß angelangt, starrt sie abwesend vor sich hin, zerknüllt den Brief in der Hand (sie hat große Männerhände, starkknochig am Gelenk), murmelt unwillig etwas und schickt die Kinder fort: »Verschwindet, naseweises Volk! Euer Vater lebt und läßt euch grüßen – der Strolch«, fügt sie halblaut und zärtlich hinzu.

Danach ist sie einen ganzen Tag unbrauchbar. Sie schreit die Sklaven an und verhängt Strafen, rechnet mit dem Hausmeister und bezichtigt ihn des Unterschleifs, singt lauthals im Atrium und fährt mit den Kindern zum Hunderennen, wo sie unsachgemäße Wetten abschließt. Füllt ihr Wesen sonst schon alle Räume des Hauses aus, so wird es dann fast zu einem peinlichen Alptraum für alle. Am nächsten Morgen ist der Rausch verweht, ihr Bruder plaudert nicht mehr mit ihr und aus ihr, wir haben unsere liebevolle und heitere, stürmische, strenge und offene Ursa zurück, unsere Mutter, die Königin des Hauses, eine Matrona, ihr fehlt nur die Mauerkrone, um die Göttin Roma darzustellen – das alles aber ohne Lucius und seine Briefe, wohlverstanden.

Kündigt er seine Rückkehr an, so packt Emilia ihre

Sachen, eine Zeitlang verläßt sie das Haus sogar vor ihres Bruders Ankunft.

Du erinnerst dich noch gut eines Morgens, Emilias Reisewagen steht vor der Tür, wir in liebevollem Abschied mit ihr begriffen, deine kleinen Geschwister an ihrem Hals, Gaius heult ein bißchen. Du als einziger bemerkst den Reiter hinten in der Allee (dein Vater ist ein schneller und ungeduldiger Reisender, der Wagen und Gepäck stets weit hinter sich läßt), und eh sich's Emilia versieht, ist er heran, springt vom galoppierenden Pferd wie ein Thraker. In einer Staubwolke fällt er zu Boden, erhebt sich, ganz schwarz an Gesicht und Händen, stürzt auf die Schwester zu, die ist zur Bildsäule der Göttin Roma erstarrt: die männlich gespreizten Beine mit der Erde verwurzelt, den erhobenen Kopf seitlich gedreht, mit strengen wachen Augen den Ankömmling musternd, die Kinder umkränzen ihren Rock wirkungsvoll, und sie sagt: »Schrecklicher Mensch du, muß ich dir unbedingt begegnen?« (Die Augen voll Tränen.)

»Ursula, meine Göttliche«, schnurrt Lucius und macht seine Stimme so biegsam und weich, wie er nur kann, küßt ihr die Hände, was sie ihm verwehrt mit einem leichten Schlag auf die Wange, »mein Haus ist das deine, ob ich nah bin oder fern« (auch ihr werdet mit spöttischer Zärtlichkeit begrüßt), und dann muß er entdecken (etwas spät), daß er sich bei seinem Sprung vom Pferd den Fuß verstaucht hat, und beginnt zu jammern, und Ursa sagt: »Du tust ständig unvernünftige Dinge«, aber natürlich bleibt sie nun da, um seine Pflege zu überwachen.

Seitdem reist sie stets erst einen Tag nach seiner Ankunft ab – sie fürchtet, er falle sonst vom Pferd, um sie zu begrüßen, und muß das natürlich verhindern. Sie führt ihm an diesem Tag ihre Rechnungen vor, was er mit gelangweilter Ironie über sich ergehen läßt, aber dann beginnt die Unvergleichliche leider fast immer, die Ideale des alten Cato über die virtus Romana im allgemeinen und das Verhalten ihres Bruders im besonderen darzulegen, und das gibt Streit – von Lucius beiläufig, von seiner tugendstarken Schwester aber mit aller Leidenschaft geführt, und sie verläßt »dies Haus« einmal mehr im Zorn.

Emilia hat große Zuneigung zu Lucius, ihrem ältesten Neffen – wie er zu ihr. (Wie es ihn schmerzt, wenn seine patrizischen Altersgenossen sie eine Verrückte nennen!)

Sie reden nie über Lucius, obwohl Zurückhaltung sonst nicht Emilias starke Seite ist; sie reden über alles, den Stadtklatsch, die Mathematik und das Pferderennen, nur nicht über das alles beherrschende Thema, den Vater. Bis auf jenes einzige Mal, und später dann beim ungeheuerlichen Tod des Hausherrn, dieser obszönen Maßlosigkeit, noch heute nach vier Jahren ein unvergeßliches Grauen.

Damals, in jenen heillosen finsteren Tagen, ist sie die einzige, die mit dir darüber spricht – das wirst du ihr ewig danken müssen. Sie kommt (wie du nun weißt, auf jenen Brief hin), kommt wie ein stürmischer Wind in euer dumpfes trübes Haus, ihr Erscheinen liefert zwar noch nicht die Antwort auf alle Fragen, aber erleichtert sie. (Die Herrin bietet dem Herrn und dem Gesinde eine furchtbare Szene nach der anderen, der Herr ist gereizt und unansprechbar, du selbst schleichst verstört und heimatlos durch die Gänge; der Gegenstand des Anstoßes ist in sein Zimmer eingeschlossen, schon um weitere Versuche der Gnädigen zu unterbinden, ihn umzubringen, der Unterricht natürlich ausgesetzt.)

Emilia betritt das Atrium, in dem seit Tagen kein lautes Wort mehr zu hören ist, nur Julias hysterische Schreie, in dem man nur noch auf Zehen geht, sie also betritt's mit ihrem festen unweiblichen Gang, bei dem sich die Beine unterm Kleid abzeichnen, ruft He und Holla, und ihr stürzt aus verschiedenen Türen auf sie zu, während sich Julias Zimmerflucht schließt – du und der Vater, die ihr auch noch kein Wort wieder miteinander gewechselt habt. Lucius errötet vor seinem Sohn und du vor dem Vater. Aber zum Glück ist da Emilia, die Bärin, die lautstark und schonungslos fragt, wo das Fellchen sei, das sie zu holen gekommen sei. »Scortillum«, sagt sie, ein zweideutiges Diminutiv, denn scortum heißt Fell, aber auch Hure.

»Vor dem Kind!« ruft Lucius, was er nicht hätte tun sollen, seine Schwester beginnt schallend zu lachen (das hat man hier schon lange nicht mehr gehört) und ist der Meinung, was andere vor Kindern täten, könne sie wohl, bitte sehr, auch vor Kindern aussprechen, und in einer Stunde führe sie zurück mit der Ware, weiter wolle sie nichts wissen von der ganzen Geschichte – womit sie dich, ihren Jungen, am Arm nimmt, denn, meint sie, du hast sie nötiger. Und geht mit dir in den Garten – deinen Vater läßt sie stehen wie den Garniemand.

Jenes Gespräch zwischen euch könnte damals folgendermaßen geführt worden sein:

Lucius: »Tante Emilia, er ist nicht schuld.«

Darauf sie (scharf): »Wer?«, und du: »Auletes«.

Sie murmelt: »Erfahr ich doch wenigstens mal den Namen ...«, und dann: »Folglich ist jemand anders schuld? Ich vermute, du hast keine Lust, auszusprechen, wer.«

Ihr schweigt. Sie sitzt auf der Bank (oder war es woanders?), du kniest zwischen ihren gespreizten Beinen, den Kopf an ihrer Brust, sie streichelt dich sacht, du bist ganz eingeschlossen in ihre herbe Wärme und den fremdartigen Geruch des Frauenkörpers, befremdet und doch geborgen wie nie. Ihre prallen Schenkel, ihr Bauch, die üppigen Brüste sind dir wie die Säulen, auf denen die Welt ruht – etwas, das bestehen bleibt, und nicht das Schlechteste auf dieser Erde. Irgendwie ist schon alles halb so schlimm, du bist eingeschlossen in die Wärme der kuhäugigen Juno, und außerdem kannst du mit ihr über alles sprechen.

»Ich weiß schon«, sagt sie. »Wir haben alle einmal diese Erkenntnis, früher oder später.« Sie redet einfach, klar und vernünftig, Umschweife kennt sie nicht. »Man liebt etwas, und es ist anders, als man denkt. Man liebt es trotzdem, bloß nun tut es weh, und auf einmal ist man erwachsen. Schluck's runter. Eigentlich bist du noch ein bißchen jung dafür.« Sie schluckt selbst. »Dein Vater ist ein gewissenloser Mensch, mein Junge. Er denkt nur an sich und kennt keinerlei Treue gegen irgendwen. Verdammte Narren, die wir ihn lieben.«

»Das ist es nicht allein«, sagst du, ein bißchen benommen vom Streicheln ihrer warmen Hände und eigentlich ganz getrost. »Es ist auch die andere Seite.«

»Aha«, sagt darauf Ursa. Und dann: »Schieß los! Aber ohne Sentiments, wenn es geht.«

Und damals, oder jetzt, formulierst du es nun: »Dieser Junge ist mein Freund. Wir denken das gleiche und meinen das gleiche. Könnte ... hätte es nicht auch mir zustoßen können?«

»Nein«, entscheidet Emilia ruhig.

»Du verstehst mich falsch«, sagst du. »Hätte es mir zustoßen können, wenn ich, so alt oder jung wie jetzt, ein Sklave wäre?«

»Mein Herzchen«, sagt Ursa. »Was sind das für seltsame Wenn und Aber? Die Antwort ist Nein. Du bist ein römischer Nobilis und kein Sklave, nicht einmal ein Wenn-Sklave. Sklaven haben die Natur von Sklaven und Römerkinder die von Römern – noch dazu eines wie du, Luci mi! Meinst du, dein Volk hätte die Welt erobern können, wenn es aus möglichen Sklaven und pathici bestünde? Die Frage steht nicht, auch wenn du dich noch so sehr anstrengst, sie zu stellen. Versuch, die Dinge zu begreifen, wie sie sind, und nicht, wie sie wären, wenn ... Und wenn du weißt, wie sie sind, dann sieh zu, was man verändern kann. Nicht vorher. Einverstanden?«

So oder ähnlich das Gespräch damals. Jedenfalls ist das das beste aller möglichen Gespräche, die er mit Ursa über diesen Gegenstand hätte führen können.

Das zweite (zwischen Lucius und seiner Schwester) ist zweifellos anders, von prägnanter Kürze. Emilia sehr überlegen, Herrin der Situation, sie versteht dergleichen für sich auszunutzen, und Lucius ist sowieso nicht in Form, durch die ständigen Auftritte mit der Gnädigen zermürbt, er will es nur alles bald hinter sich haben und bleibt so höflich, wie er kann, schließlich fordert er ja von ihr einen Dienst, nicht wahr? Sie stellt ihre Fragen: Auf wie lange? – Das sei noch nicht abzusehen, aber sicher mehr als ein halbes Jahr. – Mit welchen Vollmachten? – Mit jeder, liebste Ursa. – Und daß er hernach nicht klage, sein scortillum sei schlecht behandelt worden! Und sie kann's natürlich nicht lassen zu bemerken, sie würde dem da alle Ohrfeigen geben, die sie eigentlich ihm, ihrem Herrn Bruder, zudenken würde. Was er sich nur einbilde! Den Lehrer seiner Kinder! – Lucius lächelt gequält und versichert, sie könne tun, was sie wolle, und lobt die (geistigen) Vorzüge des scortillum, aber sie hört wohl nicht so recht hin …

Das war das einzige Mal, daß sie sich umarmten, er und jener, fällt Lucius jetzt ein (wird auch aller Wahrscheinlichkeit nach nicht wieder vorkommen), damals, als ihn Emilia holte. Nur ausgeborgt, hieß es, dann doch für immer, von da fort, verkauft irgendwohin, schlimmer als irgendwohin: an einen Händler verkauft.

Es gibt nichts, was einem Abschied ähnlich wäre. Der Vater ist nicht zugegen, Emilias Wagen wartet (gerade Zeit genug, die Pferde zu füttern und mit dir zu reden). Du hast ihn seit dem Morgen mit Julia, deiner Mutter, nicht mehr gesehen. Er kommt die Treppe herunter, leichtfüßig und sehr leise, sein Gepäck besteht aus Schreibgeräten. Haare bis auf die Schultern, gesenkte Augenlider, schmale unvergeßliche Gestalt, geliebt, vom ersten Lidschlag an geliebt. Bei dir und Emilia angelangt, zögert er, wirft ihr einen Blick von der Seite zu und sagt dann: »Leben Sie wohl, fili herilis.« Er ergreift deine Hand und beugt sich über sie, um sie zu küssen, aber da verlierst du deine kindliche Fassung, plötzlich, der Himmel weiß wie, hast du die Arme um seinen Hals geschlungen, zitternd spürst du, daß er deine Umarmung erwidert – für die Länge eines Wimpernschlages, für einen kurzen stockenden Atemzug (Emilia wendet sich brüsk ab und geht). Und auch er hat sich schon von dir entfernt, entfernt sich immer weiter von da an und verläßt mit Emilia gemeinsam deine Welt.

Und daraus glaubst du nun ableiten zu können, er habe dich gern gehabt. Ist das nicht etwas unzureichend als Beweis, Lucius?

Emilia sahst du damals nicht wieder, bis zum Tod deines Vaters. Sie kam immer seltener, sie war zerstrittener denn je mit ihrem Bruder. Und du selbst warst auf deiner großen Zerstreuungs- und Bildungsreise in Griechenland, die dir Lucius konzediert hatte, als Ersatz für den verlorenen Griechischlehrer.

Vor seinem Tod war Lucius ein reicher Mann geworden, dank dem Tatbestande, daß während der Sullanischen Proskriptionen Julia, die Gnädige, seine Gattin, deine Mutter, als Marius-Anhängerin denunziert worden war. Kein Mensch weiß, wer die Anzeige erstattet hatte, und noch viel weniger weiß irgend jemand, ob sie wahrhaftig etwas mit Politik zu tun hatte. Lucius, ihr Sohn, hält es für möglich und unmöglich – ihm ist diese Frau, die seine Mutter war, unbekannt und gleichgültig. Fest steht nur, daß Lucius, der glänzend seine Loyalität, unter welcher Regierung auch immer, zu beweisen vermag, gemeinsam mit dem Staat erbt – die Hälfte ihres Vermögens, nachdem man sie auf unschöne Weise ums Leben gebracht hat – aber wen interessiert das schon …

Lucius also partizipiert mit Dank an ihrem Geld, kommt aber nicht mehr dazu, es nach Herzenslust auszugeben, da er stirbt und damit seine erzürnte Schwester Emilia an sein Bett zitiert, wo sie nun steht, gemeinsam mit ihrem gerade von seinen Studienreisen zurückgekehrten Neffen, und miterlebt, wie Lucius seinen Sohn mit »domine« anredet.

Es ist das scheußlichste (und stadtbekannt scheußlichste) Sterbebett ganz Roms, man redet noch heute davon. Leider versteht es Lucius nicht, mit Würde zu sterben. »Domine«, begrüßt er seinen Sohn, gehalten von seinen Ärzten, wölfisch die Zähne gefletscht, »ich grüße dich, Hausherr. Dir geht es großartig, wie? Das viele Geld zu erben, das ich dir da hinterlasse! Du kannst sparsam leben, meine Bauten einreißen, meine Pferde verkaufen und deine Philosophen lesen, ja, du kannst sogar heiraten, wen du willst, und dir deine Tischgenossen selbst aussuchen. Ich beglückwünsche dich, domine.«

Er schluchzt laut, er wirft sich in seinen zerwühlten Kissen herum (er ist der einzige im Raum, der weint).

»Ja, stolze Dame Lucretia«, spricht er nun höhnisch seine Schwester an, »ich weiß, was du denkst. Er lebte wie ein Fürst und krepiert wie ein Hund, denkst du, so geht es nun mal, wenn einem alles gleich gilt, gut oder böse, und man es nur benutzt. Und dabei wunderst du dich noch im stillen, daß ich nicht an der alexandrinischen Lustseuche eingehe, wie du erwartet hättest, wenn es nach Fug und Recht zuginge auf der Welt, nicht wahr? Ja, ja, ich krepiere wie ein Hund, aber es tut mir um keinen Tag meines Lebens leid.«

Emilia und Lucius stehen still da und wagen weder ihn anzusehen noch einander, indes er weiterlästert, bis Emilia stürmisch ausbricht, er solle lieber an die Dinge denken, die das Leben wert machen …

»Du hast recht«, entscheidet der Sterbende und befiehlt stöhnend aus seinen Kissen, ihm Chione aus der Subura zu holen und Afra ...

»Nein«, sagt da sein Sohn, und die Sklaven zögern, aber der Vater lacht atemlos, und: »Brav, domine«, sagt er, aber der Sohn sei es erst in zwei Stunden, frühestens, und noch habe er, wenn auch halbtot, hier zu befehlen, und da ihn seine liebe Schwester billigerweise gemahnt habe an die Dinge, die das Leben wert machen, wolle er diese zwei Stunden nutzen.

Und so kommen denn an das Sterbebett des patrizischen Herrn Lucius eine knochige fieberbleiche Vorstadtdirne und eine alte afrikanische Kupplerin, ihm die Angst vorm Tode zu vertreiben mit Kastagnettengeklapper, lasziven, heiser gesungenen Versen und Tanzschritten, wie es der reiche sterbende Mann verlangt (die Tür schließt sich hinter seinen fliehenden nächsten Verwandten).

Diese Vorgänge sind ungeheuerlich. Anstand und Würde derart mit Füßen getreten zu sehen, erfüllt Sohn und Schwester mit abergläubischer Furcht und verzweifeltem Haß auf ihn, dessen Leiche sie erst nach ein paar Stunden wiedersehen (aufgerissener Mund, zerwühltes Bett, seitwärts schleichen die beiden Hexen aus der Subura weg). Sie sind nicht imstand zu weinen.

»Er ist nicht wie ein Römer gestorben«, sagt Ursa. Der Geschmack dieser Schande erfüllt ihre Münder mit eherner Bitternis und ihre Augen mit trockenem Salz. Sie schlingt die Arme um ihren Neffen, und sie sprechen nicht weiter über das, was geschehen ist – weder an diesem furchtbaren Tag noch jemals danach.

Um so mehr sagt Die Stadt darüber. Ganz Rom ist voll von dem schamlosen, aller Gesittung hohnsprechenden Sterben des reichen, stolzen und bekannten Herrn Lucius, des vornehmen und faszinierenden Nichtstuers.

Lucius glaubt zunächst, bei Tag nicht mehr über das

forum gehen zu können. Aber es ist ganz anders. Man hat Mitleid mit ihm. »Der arme Sohn dieses Na-ihr-wißt-schon«, heißt es und: »Wie vorteilhaft heben sich seine guten Sitten, seine Bescheidenheit und seine Ruhe von den exzentrischen Eskapaden des Verstorbenen ab; ein ernsthafter, freundlicher junger Mann, der weiß, was er will.« Es stellt sich heraus, daß sich in Rom gut leben läßt als Sohn des wüsten Lucius. Der Tod seines Vaters hat damit einen gewissen Nutzen. Und von Zeit zu Zeit besucht ihn Ursa-Emilia von ihrer Mustervilla aus (etwa, wenn es gilt, seinen Garten in Ordnung zu bringen oder die Bücher des Verwalters zu überprüfen, oder zu Festtagen oder auch nur aus Sehnsucht nach ihm), und sie mischt sich mit der ganzen stürmischen, heiteren Leidenschaft ihres Wesens in alle Dinge, die sie nichts angehen – eine gemilderte Erinnerung an den Vater, mit seinen leuchtenden Augen und seinem ansteckenden Lachen, aber doch, zum Glück, sehr, sehr anders – eine Römerin. Und von Vergangenem sprechen sie nie.

Es ist nun genug mit dieser Art Erinnerungen. Sie taugen nichts. Unversehens sind daraus Erinnerungen an den toten Lucius geworden, der freilich wohl untrennbar ist von Auletes, aber doch unser Denken nicht so beherrschen sollte, wie er es im Moment tut. Man kommt nicht von ihm los und merkt auf einmal, daß ihm eine abscheuliche Art Unsterblichkeit verliehen ist, eine unterweltliche Spielart sozusagen.

Es hört nicht auf mit den alten Geschichten

Er erinnert sich genau. Es war damals seine Schwester. Findig, wie Weiber sind, und viel geweckter als er, beobachtete sie Dinge, an die er gar nicht dachte, darum sah er sie auch nicht. Eines Tages beim Ballspiel (da sie verlor, hatte sie Lust, ihn zu verletzen) fragte sie, ob er sich eigentlich was dabei denke, daß ihr Vater seinen Auletes (sie sagte: »deinen Auletes«) zu küssen pflegte.

»Er küßt ihn«, wiederholt sie boshaft und lüstern, »wenn sie denken, daß sie allein sind. Er küßt ihn auf den Mund. Manchmal auch auf den Hals oder hierhin«, und sie hebt ihren Arm und zeigt ihm die feuchte, gerade erst beflaumte Achselhöhle.

»Du bist blöd«, sagt er, während ihm die Tränen in die Augen schießen.

Sie sieht, daß sie ihn getroffen hat, und lenkt nun ein, weil er im Zorn leicht zuschlägt. Sie wolle nichts gesagt haben. Diese Haussklaven quatschten allerlei, dies und das, lauter solchen Unfug. Wenn er es nicht wisse, der er doch ständig mit denen zusammen sei …

Seitdem beobachtet er die beiden.

Am Tag, als er die Entdeckung macht, sitzen sie zu dritt um den Tisch. Auletes, in der Mitte am schmalen Ende, rezitiert ihnen Homer. Du wirst aufmerksam durch ein Stocken in seinem Vortrag, ein leichtes Schwanken seiner Stimme, ein Vibrieren, das du gar nicht bemerken würdest, hätte nicht diese dumme Gans den Argwohn in dir geweckt. Der Vater sitzt unverändert da, leger, ein leichtes Lächeln im Gesicht, den Blick unverwandt auf den Lesenden gerichtet, der, die Augen gesenkt, gerade aufgerichtet, seinen Klassiker vorträgt. Es ist alles wie immer. Vorsichtig lehnst du dich in deinem Stuhl zurück und belauerst sie aus den Augenwinkeln. Du hast so die ganze Gestalt des

Schwarzen Schwans im Blick, und da siehst du es denn. Du bist wie benommen.

Deines Vaters Hand liegt auf dem Schenkel des Auletes, unter dessen Gewand.

Mit einem Schlag ist alles verwandelt. Die unverdächtige Mimik der beiden hat sich zu diabolischer Zweideutigkeit verzerrt: Lucius' lächelnde Beobachtermiene ist kein Interesse an Homer, sondern zynische Lüsternheit, und des Schwarzen Schwans gesenkte Lider verhehlen hämisch Geheimnisse, an denen du sowieso keinen Anteil hast. Sie lachen dich aus. Dir wird schwarz vor Augen.

In dem Moment springt Auletes auf und bricht ab.

»Was fällt dir ein?« sagt Lucius und runzelt die Brauen.

Auletes erklärt, er habe sich in der Zeile vertan und überhaupt den Faden verloren.

»Geh, Lucili«, sagt der Vater, »ich habe mit Auletes zu reden. Geh, mein Herz.«

Und du gehst, und nun, natürlich, bleibst du stehen, um zu horchen, und horchst mit der schamlosen, fiebrigen Begier eines, der Gift trinkt, auf das Gespräch da drinnen.

Der Herr: »Nochmals, was fällt dir ein?«

Der Sklave: »Herr, Ihr Sohn hat es gesehen.«

Lucius: »Was? Was soll er gesehen haben?«

Der Sklave: »Er hat gesehen, wo Ihre Hand war, domine.«

Der Herr verärgert: »Was schwatzt du da?«

Der Sklave: »Ich habe es an seinen Augen gemerkt.«

Der Herr und Vater: »An seinen Augen! Lucilius ist ein Kind. Du mußt träumen oder an Einbildungen leiden. Außerdem geht es dich nichts an, das wäre eine Sache zwischen ihm und mir, mein Schatz. Du hast mir deinen Körper entzogen. Du weißt genau, daß es dir verboten ist. War ich dir lästig?«

Schweigen.

»Antworte. War ich dir lästig?«

Die kühle, leise Stimme sagt darauf: »Ich bin immer bereit, Ihnen zu dienen.« Und die des Lucius, mit einem Lachen: »Das ist ein Angebot, auf das ich immer bereit bin einzugehen, wie du sicher weißt. Komm her. Ja, so. Du brauchst dich nicht auszuziehen.«

Dich packt eine wilde Begier, die Tür aufzustoßen und es zu sehen, deinen Vater zu sehen und den Schwarzen Schwan da über dem Tisch, wie Atellanen-Clowns aus der erotischen Jahrmarktsposse. Eine mörderische Hand preßt dich am Hals, du ballst die Fäuste, du kneifst die Augen zusammen, dieses Würgen loszuwerden, und horchst nach drinnen, aber es ist alles still, bis auf ein gedämpftes Tropfen wie von Wasser auf Stoff – erst als du die Augen öffnest, wird dir klar, daß es das Geräusch deiner Tränen ist, die eilig auf die Tunika laufen, dicke Kindertränen, Tränen stromweise, lächerlich.

Mit vierzehn Jahren ist man in Rom erwachsen, zumindest weiß man Bescheid.

Lucius kennt seinen Vater, den Emilia »pedicator« schimpft, eine überaus drastische Bezeichnung für einen Knabenfreund; er kennt zumindest vom Hörensagen die Affären des älteren Lucius in Der Stadt, sowohl was die Subura als auch was die Häuser der Nobilität angeht – der Herr ist da nicht wählerisch. Der Sohn hat das zur Kenntnis genommen, ohne daß sein Verhältnis zum Vater dadurch Schaden gelitten hätte; in dieser Stadt ist man nicht prüde.

Es gab einen recht schillernden Rahmen ab, das Anekdötchen-Geflecht: faszinierend, daß unser Lucius auch jener Lucius ist, prickelnd, erstaunlich – fern. Man erfuhr es mehr wie von einem Fremden.

Auf einmal hat das ferne Bild einen grotesken Sprung gemacht und hockt im Zimmer zur gefälligen Betrachtung: unser Herr Vater, der tolle Lucius – ein pedicator, und der Schwarze Schwan, mein Schwarzer Schwan, vielmehr seiner, wie sich herausstellt, ein pedicatus. Die Hand unterm Hemd, Locken um den Finger wickeln, unterm Tisch Bein an Bein. Und vielleicht ist der Knabe Lucilius auch nur eifersüchtig, wie? Die Frage ist, auf wen. Das ist das Verwirrende daran. Abends in seinem Bett liegen, in ohnmächtiger Wut die Fäuste ballen, die Zähne zusammenbeißen, bloß nicht heulen!

Immer erneute Kränkung, sowie man für sich ist; ständiges Spähen, wenn sie zusammen sind, peinliche Verlegenheit, mit einem von beiden allein zu sein.

Es dauerte dann nicht mehr allzu lange – oder kommt es dir jetzt nur so vor? Die Chronologie gerät bei diesen alten Geschichten im nachhinein in heilloses Durcheinander; ob es sich da um Wochen oder Monate oder gar Jahre handelte, ist nicht auszumachen, jedenfalls war es ein reißender Sog, der nach unten führte, nichts war mehr am rechten Fleck.

Das einzige, was man begriff: Der Schwarze Schwan war das Opfer. Und auch, um das voll zu erfassen, bedurfte es noch jenes grauenvollen Tages, bis an den Rand gefüllt von Julias, der Mutter, fürchterlichen Schreien.

Von jenem Tag sind nur seltsame Bruchstücke vorhanden in deiner Erinnerung, Fetzen von Geschehnissen grotesker Art, mehr Posse, besiehst du's bei Licht, als Tragödie, aber das merken ja nur die Zuschauer, während den Agierenden der saure Schweiß ausbricht ob ihres Leidens.

Lucius an der Tür des bewußten Raumes mit dem breiten Bett. In seinen Armen die schreiende, heulende Julia, zerrauft und ungeschminkt. Er liebkost sie und versperrt ihr zugleich den Eingang, sie schlägt ihn, er fängt ihre Hand und küßt sie, kämpft mit ihr, indem er sie streichelt, und fordert irgendwann den Schwarzen Schwan auf, ihm unterm Arm durchzukriechen und zu flüchten. Keine Ahnung, was dann war. Der Faden reißt ab. Das seltsame ist, daß du die ganze Zeit das Bild – die kämpfende Julia in den Armen des Lucius – vom Innern des verpönten Zimmers her zu sehen meinst, also den Rücken des Vaters, seine Arme, einer um Julia gelegt, der andere gegen den Türpfosten gestemmt, neben seinem Nacken Julias verzerrtes Gesicht. Aber du warst nicht drinnen. Er war drinnen, saß auf dem Bett und sah vor sich hin. Und hinderte Lucius seine Gemahlin eigentlich am Eintreten, oder hatte er sie hinausgedrängt?

Das nächste Stück Erinnerung: Du sitzt in eurem gemeinsamen Arbeitsraum, und er kommt herein. Kommt herein, ohne dich anzusehen, ja ohne dich überhaupt zu bemerken, wie es scheint. Geht wie ein Blinder durch das kleine Zimmer, gerade auf die gegenüberliegende Wand zu. In der einen Hand hält er seinen Gürtel, der schleift auf der Erde nach, die andere hat er am Hals, sein Gesicht ist blaß und irgendwie gedunsen (später erfährst du, Julia hat ihn gewürgt). Wo das Zimmer aufhört, bleibt er stehen, wie überrascht, nicht weiter zu können, das Gesicht zur Wand, lehnt sich an die Mauer, preßt seine Wange und seitlich die Lippen an den Stein. Und verharrt so – fast ohne zu atmen, erstarrt.

Weiter geschieht nichts. Bis Lucius hereinkommt, hastig und leise, und, das ist das tollste, auch er beachtet dich nicht, als habest du ein Zauberkraut gegessen, das unsichtbar macht.

Lucius also, der folgendermaßen redet: »Sie schläft. Schließ dich in dein Zimmer ein und geh ihr nicht unter die Augen, das ist das beste. Meine Hausgenossen scheinen alle Veranlagung zu Tragöden großen Stils zu haben. So beruhige dich doch. Zieh dich an, kämm dich, leg ein bißchen Farbe auf ausnahmsweise, wie siehst du aus! So was kann nun mal vorkommen. Sei du wenigstens leidlich normal.« Und ist wieder fort (offenbar, ohne dich gesehen zu haben).

Und, da er gegangen ist, dreht sich dieser dein Lehrer, des Vaters Schwarzer Schwan, um (er hat also doch von dir gewußt!) und sagt sanft, die Stimme unverändert: »Sie müssen mich jetzt allein lassen, fili herilis, wenn ich Sie bitten darf.«

In diesem Moment bist du bereit, ihn an der Hand zu nehmen und mit ihm bis ans Ende der Welt zu laufen oder wohin immer er will, aber vorher Rom an allen vier Ecken in Brand zu setzen und deinen Vater (von der Mutter ganz zu schweigen) vom Tarpejischen Felsen zu stürzen. Zum erstenmal in deinem Leben fühlst du dein Herz so dumpf im Hals klopfen wie jetzt fast immer, wenn er mit dir redet – du entsinnst dich genau, es war damals das erstemal.

Aber du bist nicht in der Lage, etwas zu sagen, von tun ganz zu schweigen. Was auch? Was könntest du sagen oder tun? Du bist ein Knabe von vierzehn Jahren. Du stehst auf und gehst, verläßt diesen Raum, hinter dir hörst du den Riegel.

Du wirst nie wieder dahin zurückkehren, auch nicht das Capitol anzünden noch irgend jemanden bestrafen. Du wirst überhaupt nichts zerstören. Auch nichts erbaun. Du wirst auf Bildungsreise nach Griechenland gehen, und wenn du zurückkommst, dauert es nicht mehr lange, und du bist ein römischer pater familias. –

Ganz zum Schluß, er hat nun wirklich genug von diesem Zeug, findet Lucius noch, eingeklemmt zwischen Rechnungen, zwei zerknitterte, dann wieder geglättete Wische, eingerissen und verdreckt, unwillig behandelt zumindest, der eine von den großen, steil nach links kippenden Buchstaben seiner Tante Emilia bedeckt; die üblichen Floskeln, dann: »Da hast du für dein Fellchen Drehdichrum den Kaufvertrag, den kein Mensch je verstehen wird, außer um dich zu verfluchen. Was du an dem jungen Menschen tust, ist viehisch. Aber das ist deine Sache. Rechne nicht mehr mit mir und sieh zu, wer dir in Zukunft die Ärgernisse deines Schwanzes aus dem Weg räumt. Leb wohl.« Daran befestigt der Kaufvertrag des mango, also des Sklavenhändlers, C. Lentulus Licinius, der sich verpflichtet, den für soundso viel (eine anständige Summe) erstandenen Auletes ohne nähere Erläuterung seiner Vorzüge und Kenntnisse zu verkaufen, nur unter der Angabe: Schreiber, und sehr schnell. Die Differenz zum Einkaufspreis sowie die Vermittlungsspanne verpflichte sich der hochgeachtete nobilis Lucius usw. usw. dem mango zu zahlen, sobald der Wiederverkauf getätigt sei.

Das ist nun wahrhaftig das Undurchschaubarste, was es je gegeben hat, und verschlägt Lucius, dem Sohn und Erben, die Rede, aber es kühlt ihn auch ab. Er hat dies alles unternommen, einige Aufschlüsse zu erhalten, nicht, die Rätsel der Sphinx zu lösen. Schluß damit.

Die Meinung der familia II

Die familia des Herrn Lucius hat inzwischen Zeit, ihre Beobachtungen anzustellen. Der Herr geht um die Neuerwerbung herum wie die Katze um den heißen Brei, und die Dienerschaft kann sich des Vergnügens darüber nicht enthalten. »Er hat Angst vor dem.« Kann man ja auch haben, wie er da in dem großen Zimmer liegt und außer Fressen und Schlafen gar nichts tut. Zugegeben, das Fell voll Schläge, das er mit ins Haus gebracht hat, sieht übel aus, aber es ist nicht gerecht, daß sich der deshalb vierzehn Tage hinlegen darf und unsereiner nicht.

Wie er daliegt und ißt und schläft, als wären alle Tage Saturnalien, und ist doch einer der ihren, hassen sie ihn. Er ist ihnen nicht nur unsympathisch, sie hassen ihn.

Und er liegt und ißt und schläft wie eine Spinne in ihrem Netz oder ein Gott auf seiner Wolke und kann Löcher in die Decke starren und sich die Schorfe von den Narben kratzen und sich jeden Morgen selbst befriedigen, falls ihm danach sein sollte.

Wir spucken auf ihn. Verfaulen und verrecken soll er. Wir gehen zu ihm und rasieren und waschen ihn, wie man uns befohlen hat, und geben ihm jeden Morgen frische Wäsche und füttern ihn, bis er genug hat, und würden ihm auch beim Pissen helfen, wenn er es verlangen würde, denn wir sind angehalten, bei seinen Wünschen zu springen wie bei einem Herrn. Manchmal sagt er danke, aber das suchen wir zu vermeiden, wir sind immer rasch weg und überhören es.

Ganz unleidlich ist es, wenn er einen ansieht, was aber nicht allzu häufig geschieht, meist starrt er eben die besagten Löcher in die Decke. Vor seinen Augen, die familia findet es übereinstimmend, kann man Angst bekommen.

Und er liegt und ißt und schläft, und nach zwei Wochen fängt er plötzlich an und will lesen, dies und das aus der Bibliothek. Um sein Bett (ein breites schönes Bett in einem großen schönen Zimmer) türmen sich bald die Buchrollen, über die man vorsichtig steigen muß, wenn man ihn bedienen will. Zum Ausgleich frißt er dafür nicht mehr soviel. Aber dann verlangt er Schreibzeug. Und geometrische Geräte. Alles wird an sein Bett geschafft und um ihn herum aufgebaut.

Solange er nicht aufsteht, hegen manche Teile der familia die Hoffnung, er könne doch noch eines Tages verrecken. Aber dann steht er auf, und damit muß man sich wohl abfinden, er lebt und ist ein unwillkommener Hausgenosse mehr. Und läßt sich weite lange wollene Kleidung bringen, dunkel gestreift, wie man sie im Orient trägt. Die Haare liegen ihm über den Ohren, sehr schwarz und auch schon ein bißchen grau, vom Gesicht mal ganz zu schweigen und allem übrigen, und läuft nun rum, eine armselige Erscheinung. Redet mit dem Herrn, und der ist ganz beglückt, daß dieses Gerippe wandelt. Und nun darf er alles, was er will, und er kümmert sich ein bißchen um die Bücher. Sein Arbeitsplatz – nur wenn er Lust hat zu arbeiten, wohlgemerkt! – ist in der Bibliothek. Da läßt er sich ein schönes, großes, weißes und kostbares Stück Papyrus geben und schreibt sauber und ordentlich in die Mitte:

»Kein Hauch von Täuschung dringt jemals in die Zahl, denn ihrer Natur ist die Täuschung feindlich und verhaßt; die Wahrheit aber ist dem Wesen der Zahl eigen und damit verwachsen. Philolaos.« Dies heftet er sich an die Wand neben besagtem Arbeitsplatz. Und rechnet sehr viel.

Den behalten wir. Kein Gedanke, daß er verreckt, das Miststück.

Die Meinung dieses Gespenstes

Nun ist es beschlossene Sache – du sollst noch einmal leben. So, als wäre es ganz von vorn.

Das wenigste wäre nun, daß du Lucius, diesem verwirrten Jungen, dafür dankbar bist. Das wäre natürlich und, da er dich sogar um deine Freundschaft gebeten hat, auch sehr einfach. Er also der befehlende, du der dienende Freund, womit deine Rolle für das neue Leben festgelegt und – ist das nicht wunderbar? – die Verantwortung für alles, was in Zukunft geschieht, ein für allemal, und zwar endgültig, von dir genommen ist.

Deine ständigen Bemühungen um seine Gunst, die damit verbunden sein werden – eigentlich bist du für sie gar nicht mehr verantwortlich, auch wenn sie jede Stunde deines Tages prägen würden –, und die kleinen Lügen ab und zu, zu euer beider Wohl, sind im Preis mit eingeschlossen. Überhaupt kein Vergleich übrigens zu all den faustdicken und leider meist allzu durchschaubaren Lügereien aus Hunger und Angst, die in der Vergangenheit deinen Weg begleiteten, so daß ich wirklich nicht weiß, was du eigentlich hast.

Unverständlich. Eine solche Entscheidung sollte einem wie dir ja wohl nicht allzu schwerfallen, es erweckt Mißbilligung, dich so lange zögern zu sehen. Wenn man weiß, was du für einer bist und woher du kommst, kann man über soviel Torheit und Hochmut nur den Kopf schütteln.

Es ist nur die Endgültigkeit, die einen abschreckt, und so sollte man dir noch etwas Zeit zugestehen, damit du nachdenken kannst, ob es für dich vielleicht noch andere Arten zu leben gibt – aber welche?

In dieser Bedenkzeit aber erwachst du zwischen den reinen Tüchern eines Bettes, das dir allein gehört, wäschst dich mit klarem und eisigem Wasser, atmest morgens ruhig am Fenster, gehst durch das große schlafende Haus (im Sklaventrakt ist man natürlich schon auf) und findest in der sonnendurchfluteten Bibliothek deine stummen Freunde in den Regalen – tröstliche Sicherheit, sie da zu wissen. Lesen, in Ruhe lesen, lesen.

Später ein leichtes Frühstück, Obst, weißes Brot, parfümiertes Wasser. Keinen Hunger haben.

Man braucht nur die Kugel in die Metallschale zu werfen, der Ton ruft sofort jemanden herbei; man ist angewiesen, dir zu gehorchen und dich zu bedienen. Lieber gehst du allerdings in den winzigen Aufenthaltsraum für die Sklaven, die für die angrenzenden Räume zugeteilt sind, sagst ihnen, was du möchtest (obwohl du das Gefühl nicht los wirst, sie zu stören) und wartest darauf, es in Empfang zu nehmen (allerdings spricht niemand mit dir).

Immerhin, du hast sehr viel Zeit. Manchmal siehst du den Herrn, manchmal nicht. Er läßt dir Zeit. Du hast freie Hand.

Über Mittag ruhst du, dann ein Stück Fleisch, hellen gemischten Wein (du liebst den herben nördlichen Gebirgswein aus den Tälern, die du nie gesehen hast), einfache Köstlichkeiten. Dann könntest du, beispielsweise, in den Garten gehen oder auch spazieren (die Sänfte steht zu deiner Verfügung, wenn dein Herr sie nicht braucht), oder du könntest auch einfach auf die Stille horchen und den eigenen Atem. Leben, atmen, welch ein Geschenk der Götter (oder des Herrn Lucius – sei vorsichtig mit Überschwenglichkeiten, bleibe beim Nächstliegenden).

Und abends strömt die Kühle zu dir in den Raum, und diesen Raum macht dir niemand streitig, auch nicht die Luft aus den Gärten.

So könntest du versuchen, eine Zeitlang zu leben.

Schiffe im Nebel

Der Bibliothekar Ascanius ist ein unglückseliger Mensch. (Sicher nicht der einzige in diesem Haus.) Vor zwei, drei Jahren hat ihn Lucius gekauft, durch Vermittlung seiner Buchhändler, bei denen er als Abschreiber nur mäßig brauchbare Dienste tat wegen einer äußerst flüchtigen Handschrift. Gekauft, in der Hoffnung, in seine von Lucius, dem Vater, zwar um wertvolle Bestände vermehrten, aber ansonsten recht verwahrlosten Bücher Ordnung zu bringen. Leider hat sich diese Anschaffung nicht bewährt. Ascanius ist belesen und weiß Bescheid, kann aber sein Wissen nicht zur Tat werden lassen. Irgend etwas hindert ihn daran. Die meiste Zeit hockt er auf einem Schreibtisch oder auch oben auf einem Regal oder an der Erde und brütet mit abwesendem Lächeln über einer Buchrolle. Fordert man etwas von ihm, dauert es so lange, bis er es bringt, daß man schließlich die Geduld verliert und es lieber selbst sucht.

Es kann auch vorkommen, daß der Herr seine Bibliothek betritt, und der Bibliothekar sitzt da und tut nichts als ihn offenen Mundes anzustarren, er macht keinerlei Miene aufzustehen und zu grüßen, geschweige denn, nach den Befehlen zu fragen. So daß ihm Lucius verboten hat zu lesen, in der Hoffnung, daß sich diese seltsame Zerstreutheit nun lege. Statt dessen wird es schlimmer. Ascanius (er stotterte schon vorher leicht) bringt jetzt keine Antwort mehr heraus, es ist vollends vorbei; und wenn Lucius ärgerlich mit dem Fuß aufstampft, verstummt er gänzlich und schnappt wie ein Fisch, den man an Land gesetzt hat. Der Herr ist äußerst unzufrieden. Strafen nutzen nichts. Man wird ihn verkaufen müssen oder aber, da man ja niemanden übers Ohr hauen will, zu anderen Arbeiten im Haus verwenden.

Gleichzeitig ist der arme Ascanius (ein Mensch mit massigem grauem Gesicht, unbestimmbaren Alters, das Haar stets, als sei er gerade aus dem Bett gefallen) auch bei der familia unbeliebt.

Die familia, bedauerlicherweise muß das festgestellt werden, ist ziemlich rasch mit dem Urteil bei der Hand, jemand sei hochmütig. Es ist so ziemlich das beliebteste Verdikt, das über einen Mitsklaven gefällt wird, und jedermann möge sich hüten, es auf sich zu ziehen, denn dann hat er verspielt, es ist vorbei – schließlich sind sie ja auch keine Seelenkundigen und haben wahrhaftig ihre Sorgen, das sollte man ihnen zugute halten.

Von Ascanius' Marotten hätte *eine* genügt, sich alles zu verscherzen im Haus, nun aber hat er deren viele. (Wie zum Beispiel: Er grüßt keinen. Er räumt nie Dinge auf, die er in Unordnung gebracht hat. Beim Essen knetet er aus Brot Figuren, die er liegen läßt. Er verfügt über eine schlafwandlerische Kunst, quer über frischgescheuerte Böden, gerade geharkte Wege, eben geschnittene Grasflächen, kunstvoll angelegte Beete zu latschen.) Kurz, er ist für die familia ein Ekel.

Sind die Sachen so bestellt, ist man als Sklave eigentlich gar nicht mehr am Leben, vielmehr ein wandelnder Schatten, allein auf der Welt.

So wird die Bibliothek des Herrn Lucius zu einem Raum für Geisterbegegnungen. In einer Zone völligen Schweigens laufen der verfemte Auletes und der nicht beachtete Ascanius aneinander vorbei, mit Buchrollen beladen, wie zwei hochbefrachtete Schiffe, deren Wege sich im Nebel auf dem Meer kreuzen. Manchmal braucht Auletes die Hilfe des Bibliothekars. Er bittet höflich und wartet geduldig, bis das Gewünschte gefunden wird – das geht bis zu einer halben Stunde.

Ascanius richtet nie das Wort an den anderen. Er sieht ihn auch nicht an. Ein abwesendes Lächeln auf dem Gesicht, hockt er irgendwo im Raum, ohne daß man eigentlich wüßte, warum.

Das geht so ein paar Wochen, bis Auletes sich an eine alte Thukydides-Ausgabe erinnert, die er damals benutzte, und Ascanius danach fragt. Dieser schüttelt den Kopf, was soviel heißt wie: nicht vorhanden. Der einstige praeceptor beharrt sanft: doch, ganz gewiß. Sie sehen im Verzeichnis nach – nichts. »Aber«, sagt Auletes, den sein Gedächtnis auch hier nicht im Stich läßt, »ich weiß es genau. Vielleicht hast du sie nicht katalogisiert. Ich stellte sie damals zwischen Kratippos und Herodot, weil ich eigentlich meine, daß man Bücher nach ihrem Inhalt ordnen soll. Vielleicht werden wir davon irritiert.«

Hierauf geschieht es, daß Ascanius anfängt zu reden. Obwohl, reden ist eigentlich nicht das richtige Wort. Er explodiert wie ein Faß, das schlecht vergoren ist. Sein schnelles und abgehacktes Gestammel bleibt zunächst unverständlich. Schließlich kommt Auletes dahinter. Das eben sei auch seine, des Ascanius Meinung: Bücher nach ihren Inhalten zu ordnen, nicht nach den toten

Buchstaben. Dies alles hier sei veraltet! Veraltet und lächerlich! – Und so weiter.

Auletes, nach einer Weile, fragt ruhig, ob er denn das dem Herrn schon einmal unterbreitet habe.

Dem Herrn? Ascanius verstummt so abrupt, wie er zu reden angefangen hat. Aber das nun nicht. Alles, nur das nicht.

Erzähle, Ascanius, stottere noch unverständlicher, verschlucke deine Zunge, sprich von Tod und Teufel, von mir aus erzähl Anekdoten aus Hafenkneipen oder die Magistratsnachrichten des vorigen Jahres, nur erzähl weiter. Du bist nämlich der einzige, der mit mir spricht.

Und sie entwickeln gemeinsam einen Plan, der dicke unglückliche Bibliothekar und der nicht gerade glückliche Auletes. Vielleicht, daß ihnen beiden dadurch geholfen wird.

Man spricht miteinander

Als er von irgendeiner bedeutungslosen Angelegenheit spät nach Hause kommt, findet Lucius seine Bibliothek taghell erleuchtet. Auletes und dieser unfähige Bibliothekar Ascanius sind zunächst gar nicht sichtbar; schließlich entdeckst du den einen hoch oben auf der Leiter vor einem Regal schwebend, während dir der andere, dein Auletes, von irgendwoher, jedenfalls aber auch von oben, vor die Füße fällt, seine Kleider rafft und dir erklärt, Ascanius habe einen Einfall. Du bist völlig verdutzt, denn das hält nun schlechterdings jedermann für unmöglich. Indessen, so erfährst du weiter, falls du zustimmst, hättest du schon in ein paar Tagen eine sinnvoller geordnete Büchersammlung als irgendwer in Rom, »dank der Belesenheit, der Umsicht und des Scharfblicks Ihres Bibliothekars, domine«.

Dieser, inzwischen näher gekommen, scheint genauso perplex über diese Lobeshymnen wie sein Herr, sein dickes schläfriges Gesicht mit den wirren Locken wirkt heute abwesender denn je.

Auletes jedoch, um deine Verwunderung voll zu machen, ermuntert diesen Menschen wie einen Bruder, Bericht zu erstatten. Ascanius, wir sind es so gewohnt, sagt zunächst einmal gar nichts, er hat den Mund offen wie eine tote Muräne und glotzt vor sich hin. Abscheulich.

Schon will der Herr aufbrausen, als ihm sein Auletes mitteilt, er möge sich zurückhalten. Mitteilt mit einer kleinen Kopfbewegung, einem Ruck zur Seite, höchst bekanntes Signal, sogleich wieder verstanden, einst angewendet im Schulzimmer in der ersten Etage: Warnung vor einer unüberlegten Antwort. Unfaßbar. Auletes erinnert sich. Er gibt zu, sich zu erinnern.

Kann sein, daß dein Gesicht jetzt nicht viel intelligenter aussieht als das des Ascanius, dieser aber tut nun – o Tag, rot im Kalender zu vermerken – seinen Mund zum Reden auf, redet, das heißt, er stottert, aber auch das nur zu Anfang. Nachdem Auletes seine ersten Worte lobend bestätigt hat, vergißt er das Stammeln und erzählt ganz flüssig, was er sich ausgedacht hat: Bücher nicht mehr alphabetisch aufzustellen, das sei »veraltet und barbarisch«, sondern nach dem Inhalt zu ordnen, Kopien und Originale zu scheiden und dergleichen mehr. Es ist ein ganzes System und, wie's scheint, nicht einmal schlecht. Auletes jedenfalls reißt es zur Emphase hin. Er geruht auszurufen, es sei wirklich großartig!

Sein Herr und sein Mitsklave starren ihn gleichermaßen töricht an. Schließlich kann Lucius, ganz verwirrt, nicht umhin, seinen Bibliothekar zu loben, was diesen sofort ins Stottern zurückversetzt. Blöd wie eh und je, setzt er dreimal an, um sich zu bedanken, und bringt doch nichts Gescheites heraus. Man schickt ihn am besten zu Bett.

Die Zahl der Lampen reduziert, bleibst du mit deinem trotz der vorgerückten Stunde ganz munteren und heute so ausnehmend wohlgelaunten Sklaven noch etwas zusammen. Was dir da vorgetragen wurde, war ja recht gut und schön, aber nicht das versetzt dich in jene frohe Stimmung. Es ist, weil dein Auletes anders ist. Er sieht dich an, Lucius. Er starrt dir nicht mit öden kalten Monden ins Gesicht, sondern er sieht dich an. Man kann sich mit ihm unterhalten, und das heißt, er antwortet dir als einem Menschen, nicht ausschließlich als einem Herren. Ihr sitzt zusammen an dem Kohlenbecken und unterhaltet euch.

Er, die Arme verschränkt in den weiten Ärmeln, erklärt dir ungezwungen, dieser Ascanius sei in seinem Fach ganz erstaunlich. Als interessiere dich Ascanius. Du wolltest ihn bereits verkaufen oder in den Weinberg schaffen – was grundfalsch gewesen wäre, wie du nun erfährst. Du hörst von diesem gesprächigen Schwarzen Schwan noch eine Menge über Ascanius, das ist offenbar nicht zu ändern. Daß er keinen Anschluß an die Sklavenschaft habe, weil er schüchtern sei. Daß er nur deshalb soviel Fehler mache, weil er fürchte, Fehler zu machen (ein echt Auletessches Paradoxon). Daß er Zuspruch brauche, um arbeiten zu können. Und mehr dergleichen. Alles in allem zweitrangige Dinge, die keinerlei Erklärung bieten für die Verwandlung des Gespenstes Auletes in einen Orator. –

Denn er ist der einzige, der mit mir spricht, dieser Ascanius. Der mich nicht meidet. Ein menschliches Wesen, das mir gleich ist. Ein Bruder, mit dem ich reden kann. Der einzige in diesem Haus. Unmöglich, daß Lucius auch nur das Geringste davon begriffe, sagte ich es ihm. Er würde meinen, seine Gegenwart sei ja doch genügend, dazu fällt ihm der Haarwirbel in die Augen wie vor einem runden Dutzend Jahren, und so benimmt er sich auch.

Unmöglich, dies hier zu beschreiben. Fast eine Art Glück. Einer, der mit mir redet. Ein Loch in der Glaswand.

»Wenn Sie Ihre Zustimmung erteilen zur Neuordnung der Bibliothek, würden Sie nicht nur eine ausgezeichnete Verbesserung in Ihrem Haus haben, sondern auch Ascanius sehr helfen. Er war fast am Ende.« –

Ascanius! Fast am Ende! Die Welt von unten gesehen. Natürlich gibst du deine Zustimmung, schon um die gute Laune dieses Unbegreiflichen zu erhalten.

»Mag sein, er war am Ende«, sagst du, mit einer gutherzigen und ungeschickten Wendung, »du aber, mein Auletes, scheinst am Anfang zu sein, oder vielmehr wir beide.« Und das ausgesprochen, hast du bereits Angst, daß nun die Schnecke wieder in ihr Haus zurückkriecht, aber zum Glück bleiben die Türen offen. Der Sklave antwortet zwar nichts darauf, aber er lächelt dich an. Wirklich, er lächelt. Und dann fragt er dich, was du liest. »Was lesen Sie eigentlich, domine?« –

Er tat mir leid in seinem Bemühen, alte Zeiten heraufzubeschwören und anderes, das ihm nicht paßte, auszulöschen. Mich rührte dieser Versuch, wider alle Ordnung ein Kind zu bleiben. Und so plump. Und so liebenswürdig. Ach, Lucili mi. –

Womit denn endlich das Gespräch eröffnet wäre. Am liebsten hättest du gerade irgendeine Lektüre bei der Hand, die euch damals gemeinsam war, so ein »Weißt du noch?«, »Erinnerst du dich?«, aber der Wahrheit die Ehre: Es fällt dir gar nichts ein. Also Alkidamas, fast muß man sich genieren, so unbedeutend vor sich hinzulesen; aber ihm – gibt es etwas, was er nicht kennt? – fällt auch zu Alkidamas gleich wieder ein Zitat ein, und über das Zitat hinaus ist es eine sentenziöse

Festlegung des Themas (das Herz klopft dir im Hals, es mußte ja kommen), eine Herausforderung.

»Gott hat alle Menschen freigelassen; die Natur hat niemanden zum Sklaven gemacht.« Dann fügt er hinzu: »Sagt Alkidamas.« Dann sieht er dich an und lächelt.

Ansehn, lächeln. Das ist entwaffnend, obwohl es nicht nur eine Herausforderung ist, eigentlich schon eine nackte Unverschämtheit. Oder ein Beweis von Vertrauen. Oder beides. Da kenne man sich aus, bei so schwierigen Leuten, bei so verwickelten Vorgängen.

»Ich kannte das Zitat nicht«, sagt der Herr.

»Man erwartet es auch nicht bei Alkidamas«, sagt der Sklave, »aber es ist trotzdem authentisch. Ja.« Und lächelt. Und sieht den Herrn an, wie damals, wenn er vom filius herilis eine Interpretation erwartete.

Und da diese Art zu blicken auch nach fünfzehn Jahren noch ihre Wirkung hat (die Methode ist eben intakt), beginnt der Herr ganz folgsam, es sei eine ziemlich utopische Ansicht, die Alkidamas da ausspreche. Utopisch im höchsten Grade.

»Wie gelangen Sie zu dieser Meinung?« fragt der praeceptor gemäß den Spielregeln, senkt die Augen und wartet.

Nun beginnt der Herr die Notwendigkeit der Sklaverei für den Fortbestand der menschlichen Gesellschaft zu erläutern, ein Thema, das er geläufig beherrscht, da er schon immer das Gefühl hatte, bald danach gefragt zu werden. Diverse griechische und römische Autoren liefern ihm stichhaltige Argumente. Er peroriert geschickt und lebhaft, indes sein einstiger Lehrer, die Hände kreuzweise in den Ärmeln verborgen, ihm verbindlich und aufmerksam lauscht. Lucius schließt mit dem Hinweis, daß wohl kein Denkender die Einrichtung der Sklaverei (vor allem mit ihren vielen üblen Seiten, die er sehr wohl kenne!) als den idealen menschlichen Zustand empfände. Aber es sei nun einmal so, und wer käme anders aus?

»Sklaven zum Beispiel«, sagt Auletes leise und schnell, fährt dann aber sogleich fort, so daß der Herr gar keine Zeit hat, darüber nachzudenken: Bei den bemerkenswerten und bündigen Ausführungen des Herrn Lucius sei dieser leider ständig davon ausgegangen, wie es in der Gemeinschaft der Menschen, vor allem aber in Rom, aussähe. Alkidamas aber spricht von der »Natur« des Menschen.

Also hab ich das Thema verfehlt. Lucius ist mal wieder ziemlich verwirrt. Er fängt einen schrägen Blick des Auletes auf. Plötzlich lachen sie beide, das ist für Lucius sehr befreiend.

»Ich hab mir umsonst solche Mühe gegeben, etwas zu verteidigen, für das ich nichts übrig habe«, sagt der Herr und errötet über dem Wagnis, so zu sprechen.

Auletes aber belehrt ihn ganz sachlich; das sei häufig der Fall – man fasse ein Thema gar nicht richtig auf, da man schon Partei nehme, eh man gedacht habe – da man sich persönlich beteiligt fühle ... Es stünde ja schließlich nur zur Debatte, ob man als Sklave geboren werde, ob es einem sozusagen auf der Stirn stehe.

»Natürlich nicht«, erwidert Lucius impulsiv (was könnte er auch anderes sagen, vor ihm hier, schon um das Gespräch nicht abreißen zu lassen).

»Es freut mich, daß Sie diese Meinung auch heute noch vertreten«, sagt Auletes gelassen. –

Diese furchtbaren Gedankenlosigkeiten beseitigen. Den Zustand für alle, wenn nicht menschlich, so doch erträglicher gestalten. Es wäre doch etwas. Zumindest besser, als so zu leben, so wie tot. Was aber kann man ihm davon verraten? Nichts, zunächst. Auf der Hut sein. –

»Vor längerer Zeit«, sagt Auletes (spricht er tatsächlich darüber? Über das vor längerer Zeit? Ja, Lucius, du traust deinen Ohren nicht), »vor längerer Zeit also, daran kann sich Ihr Sklave erinnern, erzielten Sie bei Ihrer Lektüre Übereinstimmung mit äußerst unorthodoxen Ansichten griechischer Schriftsteller, und diese Übereinstimmung prägte sehr stark, was Sie dachten. Natürlich ist inzwischen mancherlei geschehen, und die Ansichten, die man mit Vierzehn hat, brauchen selbstverständlich nicht diejenigen zu sein, die einem als Mann, pater familias und römischen Bürger zu eigen sind – es wäre ja töricht, so etwas anzunehmen.«

Es wird griechisch gesprochen. Sätze wie diese hier, geschliffen und gleich architektonischen Gebilden gegliedert, berauben dich des Atems, Lucius (um im Stil zu bleiben), das also erstens. Andererseits provozieren sie dich. Sie provozieren dich unglaublich. Sie machen dir klar, daß du ein schlichtes und gerades römisches Gemüt bist, nicht gewachsen der Sophisterei dieses Alexandriners, der bei allem so vorsichtig ist, so auf Distanz, so bereit, gleich zu verstummen.

»Beim Herkules«, flucht der Herr unfein und ehrlich, ohne den Versuch, sich ähnlich zu verklausulieren (sein Griechisch reicht auch gar nicht im Augenblick), »so rede doch nicht zu mir wie in der Rhetorikschule zwischen den Säulen. Ich bin so froh, einmal mit dir sprechen zu können, ohne mir den Mund zu verrenken. Laß uns gut Lateinisch sprechen. Dreimal nein, warum sollte ich's vergessen haben, das von damals? Meinst du, es war zu undeutlich? Himmel, laß uns doch einmal in dieser Nacht, von der das Beste ja schon vorbei ist, beieinander sitzen wie zwei alte Freunde und reden, was uns beliebt, bei unserem Kohlenbecken und dem heißen Honigwein, den ich uns jetzt kommen lasse.«

(Dabei sieht er eigentlich nun wieder gar nicht wie dein Freund aus, der Einstige, das erwachte Gespenst da in der Verhüllung seines wollenen Burnus, die Augen gesenkt – und verdammt, vielleicht war das auch alles schon wieder zuviel gesagt.)

Lucius greift nach der Metallkugel, um jemanden

zur Bedienung herbeizurufen, als Auletes sagt: »Das Beste der Nacht ist ja wohl vorbei, lassen Sie bitte«, und: »Sie trinken öfters heißen Honigwein des Abends, nicht wahr?« Und da Lucius, ohne die Zusammenhänge zu verstehen, bejaht, wird ihm nun erklärt, daß man deswegen nicht einen Sklaven wecken brauche, so spät. »Man ist hier bestimmt den ganzen Tag nicht müßig gegangen, und nun wartet man schon sehr lange auf Sie. Wenn Sie erlauben, werde ich Ihnen Ihren conditum zubereiten.«

Die Welt von unten gesehen. »Man wartet so lange auf Sie« – ist das alles vielleicht nur eine Lektion – diese Sache mit Ascanius, das Alkidamas-Zitat, jetzt dies hier –, eine Lektion zum Thema: Wie behandle ich meine Sklaven?

Verwirrt besieht Lucius das leise Hin und Her des dunklen langgliedrigen Menschen mit dem viel zu weiten Kleid.

(In dem engen Sklavenkämmerchen zwischen den Räumen schläft der »Diener des Abends« auf der Erde, den Kopf zwischen den Armen vergraben. Man findet die Zutaten zu dem oft verlangten heißen Honigwein nebeneinander vorbereitet auf einem Wandbrett bei der Öllampe.)

»Wieso kannst du das?« fragt er und dämpft unwillkürlich die Stimme, da Auletes so leise macht – warum eigentlich? (Solange die Tür zu dem Schlafenden offen ist.) Denn es ist ein außergewöhnliches Bild und bewegend, dies Wesen aus einer anderen Welt ab und zu gehen und mit kupfernem Geschirr über der Glut hantieren zu sehen.

Auletes lacht ein bißchen und rührt die brausende Mischung über dem Feuer um. »Halten Sie es tatsächlich für schwieriger, als eine gut aussehende Platon-Kopie schnell und sachgemäß anzufertigen?«

»Ich dachte …«, sagt der Herr, der heute wahrhaftig aus dem Staunen nicht herauskommt.

»Oh, Sie unterschätzen mich, domine. Was Sie da gesehen haben bei meinem vorigen Herrn, war bei weitem nicht das einzige, was ich zu tun hatte. Ich kann auch Stuben auskehren und Schuhe flicken. Ja, und Fischsuppe kochen. Conditum zubereiten ist noch die geringste von meinen Künsten.«

Da ist sie wieder, die böse alte Ironie, aber heut abend beißt sie nicht, ihr Zähnefletschen verwandelt sich in ein Lächeln. Der Sklave ist guter Laune.

»Wenn ich von Ihnen erführe, ob Sie viel Honig nehmen oder wenig, würde mir das sehr weiterhelfen, aber das wissen Sie natürlich nicht. Sie wissen nur, wie es schmeckt.«

Ihr sprecht freundlich zueinander und mit halber Stimme, um diese kleine vertrauliche Zeremonie nicht zu stören, begleitet von dem gedämpften Klirren von Löffeln und Tiegeln. Seine Hantierungen sind angenehm zu sehen, es ist ein bißchen wie Zauberei. Schließlich füllt er zwei schön bemalte Tassen mit dem duftenden Würzwein, rückt ein Tischchen heran, stellt deinen Anteil darauf, indes er selbst seinen Becher mit den Händen umspannt, sich daran zu wärmen, und sein Gesicht darüber beugt wie über eine Opferschale. Schwarzer Schwan. Einst geliebt, wer bist du heute? Das zu erforschen wird wohl Lucius, der Herr, an diesem Abend weniger Gelegenheit haben, als er denkt, da denn alles darauf hinausläuft, daß vielmehr der Sklave den Herrn auszuforschen entschlossen ist, mit allen Mitteln, süßen und harten, unversehens – aber nie, indem er ihm zu nahe tritt und ihn etwa unklugerweise wie den Knaben Lucius behandelt, denn so etwas geht nie gut aus.

So daß der junge Römer sehr bald an dem Angelhaken der eigenen Argumente zappelt, denn wenn ich mich nun im Prinzip dazu bereit finde zu bestätigen, daß die Natur keinen Menschen zum Sklaven vorherbestimmt (und dies, mit viel Feuer beteuere), bin ich hoffnungslos verloren, werde ich darauf hingewiesen, daß also meine Diener solches nicht durch Geburt und Art sind, sondern durch Zufall. Denn was tue ich nun, um meinen Mitmenschen, als solchen erkannt, meinen dienenden Mitmenschen also, ihr Los zu erleichtern? Hier angekommen, bin ich so in der Klemme, daß ich am liebsten meine Prämisse, das heißt, die des Alkidamas, als Kinderschwärmerei über den Haufen werfen möchte, kann's aber nicht, in Schach gehalten durch die grünen Augen und den schlichten Wunsch, ihrem Besitzer nach dem Mund zu reden aus Sentiment.

Schließlich sage ich ganz mutig und direkt: »Ich kaufe mir zum Beispiel jemanden, dem es schlecht geht, und lasse es ihm bei mir bessergehen – ist das nichts?«

Sagt darauf der Sklave: »Spekulation auf Dankbarkeit ist kein Ersatz für Beweise.« Er sagt es nicht bösartig, aber es trifft dich doch sehr.

»Bin ich nicht bemüht, ein milder und gerechter Herr zu sein! Was soll ich denn tun, soll ich den Bettelsack nehmen und unter die Kyniker gehen?«

»Damit wäre wenig getan, domine, ein Narr mehr auf der Welt hilft ihr kein Stückchen fort.«

»Was also, verflucht?«

»Sie könnten zum Beispiel die Augen aufmachen in Ihrem eigenen Hause, Luci mi.«

Ernüchterung. Also doch eine Lektion über Sklavenbehandlung. Statt weltanschaulicher Prinzipien die Stalltür. Und deshalb dieses ganze Brimborium. Lucius setzt seine Weintasse ruhig ab, der Rest ist kalt geworden, das Kohlenbecken am Erlöschen, er fühlt sich plötzlich, Dank den Göttern, wieder sehr überlegen. »Auletes, mein Lieber«, sagt er freundlich, »wir wollen viel zusammensein. Arithmetik und Poetik und viel, viel Literatur. Ich freue mich von Herzen darauf. Aber verschone mich mit Philosophemen, wenn du nur etwas von mir erbitten willst.«

Mein Gott, welch Kindskopf, da war er vor fünfzehn

Jahren weise. Wie hat man ihn verdorben, dies eigensinnige, beeinflußbare und aufbrausende Kind mit dem Wirbel über der Stirn. Also gut, domine, direkt, wenn Sie es so haben wollen und darüber nicht rot werden.

Es sei schon richtig, er wolle etwas erbitten. Ob der Herr häufiger seinen Weinberg besuche? Ob er von den Arbeitern dort wisse? Also er erbitte denn, falls der dominus Zeit habe, möge er einmal hinausgehen und danach mit ihm reden.

»Du machst es spannend«, sagt Lucius. Und wenn es weiter nichts sei, sehr gern.

Und sie trennen sich in freundlicher Aufmerksamkeit an diesem außerordentlich späten Abend; genaugenommen ist es schon Morgen, von der entfernten Heiligen Straße dringt ein dumpfes Donnern herüber – die Ochsenkarren vom Lande, die in langen Kolonnen Fleisch, Obst und Gemüse zur Versorgung Der Stadt herbeibringen.

Sie wünschen sich gute Nacht und reichen sich dabei die Hand und sehen sich lächelnd in die Augen, und beide meinen, einen Schritt vorwärtsgekommen zu sein. Was sich erweisen wird.

Die jungfräuliche Caelia

So bald allerdings ist es Lucius nicht möglich, die Arbeiter seines Weinberges zu besichtigen, denn kurze Zeit nach dieser denkwürdigen Unterredung schwebt eine Mischung aus Götterbotin und Vogel Phönix ins Haus, läßt sich im Garten nieder und erfüllt denselben mit Düften, gegen die keine Blume ankommt. Man könnte annehmen, es sei Aphrodite, es ist indessen, wie Auletes von Ascanius erfährt, die sponsa, das heißt die verlobte Braut des Hausherrn.

»Die jungfräuliche Caelia«, sagt der Bibliothekar und stottert heftiger als je, »eine berühmte Schönheit.«

Auf die Entfernung ist das allerdings nicht feststellbar. Sie sitzt im Garten neben Lucius und verkündet durch ihre Erscheinung die Kunstfertigkeit und den Geschmack von ungefähr fünfzig Sklaven, die ihre in Rottönen schillernde Perücke geknüpft, frisiert und geputzt, ihren Leib gesalbt, ihren Teint präpariert, ihre Augen gemalt, ihre Nägel lackiert, ihre Parfüms komponiert, ihre Kleider gewebt, gestickt, zugeschnitten und entworfen, ihren Schmuck geschliffen und gefaßt, ihre Schuhe genäht und gefärbt, kurz, ihre ganze Person hergestellt haben.

»Eine modische Puppe«, sagt Auletes, aber Ascanius widerspricht heftig. Sie sei schön, reich, adlig, jung und klug.

Ascanius ist offensichtlich beeindruckt von Caelia, der sponsa des Hausherrn. Während der vormittäglichen Arbeit (sie ordnen bekanntlich die Bibliothek nach neuen Gesichtspunkten) erfährt Auletes so ziemlich alles über die junge Dame, und auch eine ganze Menge, was man nicht unbedingt wissen muß. Aber dem dicken, unglücklichen Ascanius scheint es ein Bedürfnis zu sein, von ihr zu erzählen, was immer er weiß; und er weiß viel, denn ihr Anblick bedeutet ihm – was ahnen wir denn davon! – jedenfalls mehr, als er wert ist.

So hört man beispielsweise, daß sie fünfzehn Jahre alt sei und einzige Tochter aus der steinreichen Patrizierfamilie der Caelier (»die, nach denen der mons Caelius, der siebente Hügel der Stadt, heißt, und da wohnt sie natürlich auch, in den Gärten jenseits des Tiber«). Das bedeutet, daß sie adlig ist wie kaum jemand in Der Stadt (zweifellos sind ihre Ahnen schon in der Gefolgschaft des Äneas aus Troja gekommen), und das angesehene Geschlecht des Lucius ist ein Volk von Emporkömmlingen, verglichen mit Caelia. Zudem hat ihre Familie den Etruskischen Tick, der jetzt in die Mode kommt, da ihre Mutter aus einer alten Etruskerfamilie stamme, ist sie überzeugt, daß dies Volk überhaupt der Sauerteig des Römischen Reiches gewesen und daß das Ewige Rom nur durch seine Etrusker eine Weltmacht geworden sei.

Nach der Heraldik berührt Ascanius die Rubrik »gesellschaftliche Stellung«. Danach ist Caelia eine der meistbesprochenen jungen Damen Der Stadt, ihre Toiletten machen Mode, ihre Bildung ist sprichwörtlich, sie ist die Zierde mehrerer feiner, aber leicht frivoler Salons (was nach Ascanius' ekstatisch gestotterter Meinung weder ihrer Tugend noch ihrem Ruf Abbruch tut). Außerdem trainiert sie auf dem Marsfeld eine Quadriga und geht zu allen Wagenrennen.

Da es Auletes nicht übers Herz bringt, die Begeisterung des armen Ascanius durch seine begründete Skepsis über diese Sorte römischer Damen (mit denen er seine Erfahrungen hat) zu verwässern, wird er bis Mittag noch reichlich mit derartigen Details versorgt, die er aber alle wieder vergißt, weil er gar nicht richtig zuhört. Darüber, wie sie ihre Dienerschaft behandelt, weiß Ascanius allerdings nichts. (Ich könnte mir vorstellen, daß sie ihre Zofen drangsaliert und schon beim Frühstück die erste Tracht Schläge anordnet – aber vielleicht habe ich unrecht.)

Jedenfalls: Lucius besucht sie jede Woche einmal, und von Zeit zu Zeit kommt sie auch zu ihm in sein Haus, um mit ihm zu dinieren, was ja früher unmöglich gewesen wäre, aber die Sitten sind jetzt freier, und natürlich in allen Ehren, denn außer auf Geld und ihren alten Adel hat ihr Bräutigam auch ein Recht auf ihre integre Jungfräulichkeit, sie gehört gleichsam zur Mitgift.

Die Nebenabsicht ihres Besuches offenbart sich sehr bald, als nämlich Lucius seinen Auletes in den Garten zitieren läßt. Der junge Herr will wissen, wie seiner Braut sein Sklave und seinem Sklaven seine Braut gefällt.

Alles läßt sich so gut an, daß Lucius ganz beglückt ist, Auletes küßt der künftigen Herrin des Hauses das falbelbesetzte Kleid und darf darauf auch ihre Hand mit den Lippen berühren (eine kleine rundliche Hand, die Fingerspitzen nach oben gebogen und vergoldet; undenkbar, daß er noch vor Ablauf eines Jahres mit der metallenen Kante seiner Schreibtafel auf diese Hand schlagen wird). Unter gesenkten Lidern beobachtet er sie auf seine sattsam bekannte, infame Weise, aber diesmal soll er's ja.

Die junge Person ist, aus der Nähe betrachtet, das sei zugestanden hiermit, also sie ist nicht nur ein Produkt ihrer Sklavenschaft, sondern hat auch einiges beizusteuern, was ihren Ruf als (wie sagte Ascanius doch gleich) »berühmte Schönheit« rechtfertigt. Als da ist: ein sanfter Honigton der Haut, der nicht nur ein Triumph ihres Kosmetikers sein kann, schräge Samtaugen, deren Schnitt und Farbe schließlich nicht am Schminktisch bestimmt werden, eine klare runde Kinderstirn unter den üppigen falschen Locken. Ihr Mund steht offen wie eine reife Frucht, hinter den Lippen schimmern bläulichweiße Zähne, und wenn sie etwas interessiert betrachtet, wie jetzt dich, fährt ihre vibrierende Zungenspitze über die Oberlippe hin wie bei einem genäschigen Tier. Dazu hat sie – so lassen ihre teils schleierigen, teils gestickten und sehr unübersichtlichen Stolen, Tücher, Tüchlein und Gewänder vermuten – einen festen zierlichen Körper und hohe Brüste. Lucius entwickelt keinen schlechten Geschmack; wie dies exotische Fabelwesen allerdings ihr Viergespann auf dem Marsfeld fährt, ist nicht ganz ersichtlich.

(Ich bin entschlossen, äußerst vorsichtig zu sein. Die künftige Herrin.)

»Was ist denn das für einer«, sagt die schöne (also gut: schöne) und geputzte Person. Ihre Zunge bringt sie immer noch nicht zurück hinter die Zähne. (Sie ist neugierig. Neugierig auf alles. Sie gefällt mir ganz und gar nicht, domine Luci, wenn Sie es wissen wollen – aber ich werde mich hüten, es Ihnen zu sagen. Fünf Jahre, und sie hat alle Reize, die das Ewige Rom bietet, durchgekostet und wird dann entweder mit ihren Haustieren schlafen oder im Circus auftreten oder eine große politische Intrige anzetteln oder alles das zusammen. Aber was geht mich das an. Heute jedenfalls ist sie fünfzehn und die süße Caelia vom mons Caelius.)

Lucius also erklärt in kurzen Worten, was das für einer sei, wobei er die Ecken der Erzählung natürlich abschleift für die Ohren des Persönchens. Sein ehemaliger Lehrer also, gut.

»Du kannst dich setzen«, erlaubt die Braut huldvoll.

Lucius' Blicke gehen befriedigt zwischen euch beiden hin und her. Sein Sklave benimmt sich gesittet. Sie scheint den Herrn sehr zu kitzeln, diese Begegnung – was den Sklaven wieder reizt, ihm seinen Standpunkt nachdrücklich klarzumachen, aber er wird ja wohl Selbsterhaltungstrieb genug haben, den Mund zu halten beziehungsweise ihn nur aufzumachen, um ehrfurchtsvoll mit der Schönen zu plaudern.

Die Unterhaltung (es geht um griechische und ägyptische Malerei) ist übrigens keineswegs uninteressant, das Persönchen hat eine Meinung und versteht sie auszudrücken (wozu besucht sie schließlich die eleganten Salons), zudem hat sie Witz, man lacht gemeinsam. Zwischendurch fällt sie, an Lucius gerichtet, ihre Urteile über Auletes, als sei der gar nicht anwesend, wie zum Beispiel: »Der spricht ein gutes Griechisch«, oder: »Der hat eine tolle Hautfarbe«, oder: »Ein rassiger Typ, direkt etruskisch« (die Angaben zu Familie und Person, die Ascanius machte, scheinen zu stimmen).

Bei der Gelegenheit entdeckt Lucius, daß Auletes gern Süßigkeiten ißt. »Du darfst hiervon nehmen«, sagt die reizende junge Dame und schiebt dem Sklaven eine Schale mit Mandelkonfekt über den Tisch. Im Verlauf einer Viertelstunde ist die Schale leer, worüber sich das römische Paar ausschütten will vor Lachen, und Lucius verkündet wohlgelaunt, er könne sich, wenn er wolle, ausschließlich von diesem Zeug (pemmata – süße Nichtigkeiten) ernähren.

Dann allerdings fällt die Braut aus der Rolle, indem sie ganz schlicht mit ihrem süßen Mündchen verkündet: »Solche wie der sollen erstklassig im Bett sein.« Lucius errötet, Auletes erstarrt, die entgleiste römische Jungfrau schlägt sich auf den Mund, lacht und ruft aus: »Da haben wir's! Die verfluchten Salons! Kannst du mir wohl verzeihen? Aber heutzutage ist man ja nicht mehr aktuell, wenn man nicht redet wie die Straßenhuren. O Himmel, jetzt hab ich schon wieder was Falsches gesagt.«

Und sie fällt ihrem Verlobten um den Hals und küßt ihn stürmisch, wovon er sich aber, das sei zu seiner Ehre gesagt, trotz seiner offensichtlichen Verliebtheit nicht beeindrucken läßt, er schiebt sie vielmehr von sich und sagt streng: »Du mußt dir dergleichen abgewöhnen. Das ist unmöglich.«

Die reizende Person verspricht's reumütig.

Das ist alles äußerst beunruhigend. Dies kapriziöse und zu allem entschlossene Wesen soll immerhin in ein paar Monaten hier die domina sein. Und noch ein Stückchen weiter, so kennt sie ihren Lucius und er sie, seine Zärtlichkeit wird nachlassen, sie wird sich immer mehr langweilen, dir Süßigkeiten geben, mit dir diskutieren und eines Tages erfahren wollen, ob du, um ihre Mischung aus Rennstalljargon und Salonfrivolität zu benutzen, tatsächlich so erstklassig im Bett bist. Und alles ist auf einmal wie vor fünfzehn Jahren, die Unterschiede sind minimal.

Hier fällt dir auf, was du bisher noch niemals sahst: die Ähnlichkeit, die Lucius mit seinem Vater hat. Diese dichten ausdrucksvollen Brauen, die sich an der Nasenwurzel treffen, das feste Kinn, die gleiche gutaussehende römische Männlichkeit. O daß sie alle beim

Teufel wären, die Herren Lucius und die übrigen Männer und Weiber dieser Familie nebst ihren seidenüberzogenen und allzu breiten Betten!

Das alles wäre zum Aufunddavongehen, wenn man sich in einem Sklavendasein nicht dazu gezwungen hätte, nie über den gegenwärtigen Tag hinauszudenken, andernfalls man schon längst tot oder verrückt wäre. Schweigen ist die Ehre des Sklaven und vor allem seine Möglichkeit, am Leben zu bleiben.

Lucius sieht wohl, was die kleine Caelia da angerichtet hat – sein ganzer mühsam erkämpfter Schwarzer Schwan verwandelt sich da vor seinen Augen in ein Gespenst zurück, er vereist von Kopf bis Fuß, und wir können so gut sein und morgen wieder von vorn anfangen.

Er schickt ihn weg und betäubt seinen Unmut in den Zärtlichkeiten seiner Braut.

Dies Haus soll verflucht sein. Man muß ja wohl höllisch aufpassen, um hier nicht auf Schritt und Tritt die Vergangenheit aufzustöbern. Sie liegt gleich eine Handbreit unter dem Boden und wartet darauf, daß man sie ein bißchen mit dem Fuß anstößt, schon ist sie – hoppla – wach und reckt ihr Köpfchen hervor, ein reizendes Köpfchen, das dieser jungen Person, mit falschen Locken wie das Haupt der Medusa. Dazu noch dieser Lucius, der gleichzeitig auch jener Lucius ist ...

Aber was hat dich das alles zu berühren? Lang vergessene Kindereien. Und gehörst du nicht vielleicht doch hierher? Paßt du nicht ganz gut? Mach dir nichts vor.

Damals freilich, welch Grauen, hier zu leben. Heute – was bedeutet dir schon jene Tür, hinter der das Bett mit der buntgestickten Decke stand – eine Erinnerung unter vielen. Dies Bett, auf dem er lag und dir befahl, er, dein Herr, Lehrmeister in allen Künsten. Ausgeliefert den unstillbaren Begierden dieses weltmännischen Viehs (er selbst nannte es wohl Verliebtheit) und den subtilen Formen geistigen und physischen Zwangs, mit denen er sich, erfinderisch und unermüdlich, deiner Abhängigkeit stets aufs neue versicherte, war ich krank damals vor Angst und Haß (ein halbes Kind). Sicher, so war es. Dabei verdient er, der Herr, eigentlich Dank, nüchtern und jetzt betrachtet. Gegen das, was mir später so begegnete, hatte er ja ausgezeichnete erotische Manieren, und was er lehrte, hatte stets einen gewissen Kunstcharakter, der die nackte Geilheit milderte. Priapus mit einem Blumenkranz, sozusagen, für den Anfang gar nicht schlecht. So konnte mich eigentlich nichts mehr von dem, was unter der Tiberbrücke kam, überraschen.

Er tut alles, sich verhaßt zu machen. Am peinvollsten für die beiden Knaben sind bestimmte Späße, Anspielungen, die er in ihrer beider Gegenwart macht (unwissend oder unbekümmert darum, daß sein Sohn längst die Zusammenhänge kennt), Späße, die ihm offenbar prickelndes Vergnügen bereiten (wir heben unsere Augen nicht vom Buch, aus Angst, seinen Blicken zu begegnen).

Einmal, ein einziges Mal, redet er ihn darauf an, den Herrn, nimmt all seinen Mut zusammen und redet ihn an. Bittet ihn, einem dergleichen Reden zu erlassen.

So schnell schenkt einem allerdings Lucius nichts. Zunächst einmal zwingt er einen, sich gänzlich auszusprechen, und je stockender die Antworten kommen, um so vergnügter wird er. Was für Reden er denn meine? Diejenigen, in denen er auf gewisse Dinge anspiele. Was für Dinge denn? Die zwischen dem Herrn und ihm … Was er denn meine? Er wisse schon. Er wisse gar nichts, erklärt der Herr, und daraufhin verstummt der Sklave (weiß aber auch, natürlich, kennt ihn ja, daß dem Herrn diese Unterhaltung viel zuviel Kitzel bereitet, als daß er sie aufgäbe, und kennt auch das Mittel, das man jetzt nutzen muß: ganz langsam die Wimpern heben, und hat auch den gewünschten Erfolg).

Und der Herr setzt die Unterhaltung mit Zärtlichkeiten fort: Ob er etwa das meine? Und fragt dann gutgelaunt, was er wolle? Sein delicatus erklärt ihm nun, daß er um nichts so sehr besorgt sei wie um den Ruf seines Freundes und Herrn und um dessen Bild in den Augen seines Sohnes, des filius herilis. Denn der junge Sohn des Hauses beobachte sie (er sagt: »uns beide«). Er, sein Gebieter, möge ihm die Kühnheit verzeihen, die ihm die Sorge um ihn eingebe ...

Er spricht geschickt, schmeichlerisch und ohne sich etwas zu vergeben, er ist ja schlau, und sein Herr stellt denn auch fest, er habe die Rhetorikschule nicht vergeblich absolviert. Und er nennt ihn einen liebenswürdigen Lügner.

Natürlich muß man protestieren, nein sagen, demütig und betrübt tun. »Mein Schwarzer Schwan«, sagt der Herr mit seiner schönen ausdrucksvollen Stimme, »nicht wahr, das alles sagst du nur aus Sorge um mich? Soll ich dir sagen, wem deine Sorge eigentlich gilt? Nicht meinem Sohn und mir, sondern meinem Sohn und dir. Denn ihn willst du schonen und dich bei ihm; deine ganze Angst geht nur um ihn, denn ihn, ihn liebst du, nicht wahr? Und ich werde zierlich und geschickt belogen, einmal mehr. Nämlich, du lügst immer, meinst du, ich weiß das nicht? Du lügst, wo du gehst und stehst – sogar im Bett. Aber du sollst schon noch Farbe bekennen, mein Kleiner, verlaß dich darauf, daß ich hinter deine Gedanken kommen werde. Das nur nebenbei. Was deine Bitte angeht, so muß ich sie dir abschlagen. Diese Reden gehören zu meinem Vergnügen mit dir, verstehst du? Und sind nicht abkaufbar. Schon gar nicht durch Lügen.«

So sprechend, hat er schon längst wieder seine Hände an dem glatten und willfährigen, ihm gehörenden Leib, und man läßt ihn gehorsam gewähren, den Kopf gesenkt.

Natürlich log ich. Ich log so, daß ich nicht mehr wußte, wo die Wahrheit anfängt und die Lüge aufhört. Und vieles, was er und ich für Lüge hielten, wird eigentlich Wahrheit gewesen sein. Sicher, ich haßte ihn, aber ich war auch mit ihm vertraut wie mit keinem Menschen. Ich kannte ihn, jede Schattierung seiner Stimme, die Bedeutung jedes Stirnrunzelns. Ich kannte ihn besser, als eine Ehefrau (um dies naheliegende Bild zu wählen) ihren Mann kennt. Ich hatte zu ihm die dichte Intimität eines Opfers zu seinem Henker, eines Gefolterten zu seinem Folterer. Wir waren eine Einheit. Er formte mein Leben mehr als irgendein anderer. Die tiefen wüsten Erlebnisse, die uns gemeinsam waren; welche Nähe, welches Heraustreten aus Raum und Zeit.

Belog ich ihn wirklich? Kann man das, was ich tat, denn wahrhaftig so ganz aus Verstellung erlernen? Empfand ich nicht die Wollust, die er mir (gegen meinen Willen) bereitete, als eine unreine Seligkeit, sträubte ich mich denn wirklich dagegen? Wartete ich nicht eigentlich darauf? Welche Posse. Welche klägliche Posse.

Und nun soll ihrer nicht mehr gedacht werden. Weder des üblen Herrn noch dieses schäbigen, verlogenen, feigen und lüsternen Sklavenbengels von damals, mit dem ich aber auch nicht das geringste mehr zu tun haben will!

Abend mit wolkigem Himmel

Die erste Regung ist: davonzurennen, als er die schmale dunkle Silhouette auf der Mauer erblickt (auf derselben Mauer, von der aus sie gemeinsam die Sterne betrachteten). Bevor er etwas bemerkt, Schritt für Schritt wieder zurückgehen unter die schützenden Bäume, eben einfach einen anderen Weg einschlagen; man wird es sich ja wohl aussuchen können, wohin einen der Abendspaziergang führt in seinem eigenen Garten, wo man sich entspannt und seine erregten Nerven beruhigt nach Caelias Besuch.

Es ist nicht zu leugnen, du bist bestürzt, ihn hier zu finden. Immerhin, nach dem ersten zögernden Stehenbleiben, den Fuß schon erhoben (wie ein Tier, das scheuen will), siegt die Vernunft. Wenn du bei jeder Schwierigkeit mit diesem zugegebenermaßen sehr komplizierten Hausgenossen dein Heil in der Flucht suchst, werdet ihr wohl nie zusammenkommen. Also gehst du weiter, und seltsam, je näher du kommst, desto einfacher scheint alles zu sein, es ist ja ein wahrer Segen, nicht umzukehren, es beglückt dich beinahe.

Um ihn nicht zu erschrecken, fragst du auf halbe Entfernung, ob er die Sterne betrachte; aber was könnte ihn erschrecken – jedenfalls klingt seine Stimme völlig gelassen, als er dir erwidert: »Der Himmel ist heute zu bewölkt, domine«, und sich erhebt.

Er soll sitzen bleiben, beim Herkules (andererseits, wärst du nicht ziemlich indigniert, wenn er nicht aufstünde? Sei ehrlich, Lucius!), und ich setze mich dazu, und nun kann auf dieser gleichsam historischen Mauer gar nichts Falsches mehr passieren, müßte man annehmen, hier gehören wir zusammen. »Stets so handeln, als ob es Götter gäbe ...« oder so ähnlich klingt es dir noch im Ohr.

Immerhin, wir sitzen wieder auf dieser Mauer, das

ist doch schon etwas, sitzen da (der Himmel ist bewölkt, der Weinkrug nicht den Hang hinabgerollt, und auch wir haben uns einigermaßen verwandelt) und leben; lecken unsere Wunden wie die Tiere, die der Jagd entgangen sind – wer ihn gejagt hat, ist ja leicht auszumachen, schwieriger wird es schon bei dir selbst, Herr Lucius, denn, alles in allem, hast du ja wohl eifrig dabei mitgeholfen, dich selbst ins Bockshorn zu jagen, Lucius contra Lucium sozusagen, und nun wollen wir mal sehen, ob uns dieses Mäuerchen kurieren kann, zu dem wir marschiert sind, in mancherlei Gedanken und aufrichtigen Vorsätzen, nach dem Tag mit Caelia.

Caelia, richtig, überhaupt Caelia. »Ich habe gesehen, daß dich ihre Worte irritiert haben, Auletes. Es ist meine Schuld. Ich hätte euch nicht zusammenbringen sollen. Sie ist ein gutes Mädchen, wenn auch ein Kindskopf, und weiß nicht, wovon sie redet. Verzeih mir.«

»Ich weiß gar nicht, wie *Sie* dazu kommen, *mich* um Verzeihung zu bitten, Herr, und weiß auch nicht, weswegen.«

Der alte indifferente Auletes, ein Glück noch, wenn du nicht Spott und Hohn erntest. Aber sein Herr hat sich nun einmal ein Herz gefaßt, er ist nicht ins Dunkel zurückgegangen, sondern mutig drauf zu. Nun sitzt ihr hier, gegen den wolkigen Himmel siehst du rechts von dir das gerade, eigenwillige Profil, in seinen Konturen unverändert seit damals. Der bittere Wein muß hinunter. »Wir haben schon einmal auf dieser Mauer gesessen, und ich glaube dir nicht, wenn du sagst, du kannst dich nicht erinnern.« Der andere schweigt. Er schweigt, und damit, wenigstens, leugnet er nicht. »Es ist schwierig, ein Römer zu sein und ein Menschenfreund«, sagst du betrübt, »und mir hilft keiner dabei. Wir beide könnten es doch vielleicht versuchen.«

»Was versuchen?« fragt das Profil. (Dein Herz beginnt schon wieder so töricht zu klopfen.)

»Gesetzt den Fall«, fängst du an, »dies Haus wäre eine Insel, und wir wären befugt und willens, auf ihr einen Staat zu errichten, in dem die Menschen Menschen wären. In dem alles dem Nutzen des menschlichen Beisammenseins diente. (Servire societati humanae. Irgendwo hast du's mit ihm gelesen.) Gesetzt, es sei so. Was würde ich tun müssen, Auletes?«

»Gesetzt, Ihr Haus wäre eine Insel ...« (Himmel, hilf, ich glaube, diese Kindereien sind ansteckend!), die leise, sachliche Stimme bricht ab, setzt erneut an, bestimmter: »Gesetzt, es sei eine Insel, mein Lucius, ich stünde nicht an, mit Ihnen, so Sie guten Willens, den Sonnenstaat zu errichten.«

Heliopolis. Der Staat der Sonne und der Gerechtigkeit. Wo es weder Herren noch Sklaven gibt, wo die Bewohner in einem Zustand leben, den die Schriftsteller »homonaia« nennen, das ist: Einklang aller Herzen und Seelen. Vor Lucius' Augen geht einen Lidschlag lang eine riesige Doppelsonne auf, es braust in seinen Ohren.

»Allein«, fährt die ruhige Stimme fort, »Ihr Haus ist keine Insel. Kein Haus der Welt, auch kein Land und kein geographisches Eiland ist eine solche Insel, wie Sie meinen. Alles hängt voneinander ab wie die Glieder einer Kette. Domine, Sie leben in Rom und wollen Römer sein und Menschenfreund. Es muß nicht der Sonnenstaat sein. Kleine Dinge sind möglich. Lesen Sie Blossius.« (Womit du weißt, woher es ist, das schöne stoische Prinzip: servire societati humanae. Von Blossius natürlich, verbotene Lektüre, die ihr beide in Heimlichkeit betriebt, mit glühenden Wangen in eurem Studierstübchen, damals.) Mit Ihnen, er hat es gesagt, ich stünde nicht an, mit Ihnen den Sonnenstaat, mit Ihnen ... Erträumter Augenblick. »Sage mir, was du willst, und ich werde es tun«, sagt Lucius schlafwandlerisch, so daß Auletes, sich halb zu ihm hinwendend, ihn nicht ohne Besorgnis betrachtet (dieser trunkene

Stimmklang, dabei ist mir nicht bewußt, ihm Liebeserklärungen gemacht zu haben).

Da es scheint, sein Herr käme nicht so bald zu dem Weinberg hinter dem Haus, wolle er, mit des Herrn Erlaubnis, die Sache vortragen und seine Bitte aussprechen, sagt der Sklave, eine Bitte für seine Mitsklaven. »Glauben Sie, daß die Arbeiter im Weinberg böswillig sind? Werden sie schlecht behandelt oder genährt, so daß man in Sorge ist, sie könnten davonlaufen?«

All diese Fragen verneint der Herr verwundert.

»Warum also, Herr, müssen sie in Ketten arbeiten?«

Es ist still zwischen beiden. Hinten im Park hört man auf einmal eine Taube gurren. Lucius ist recht froh, daß der andere weiterredet, wenn auch seine Worte nicht angetan sind, sein Befinden zu verbessern (denn er fühlt sich sehr schlecht).

Auletes nun, mit der Akribie, die wir an ihm kennen, beschreibt die Art der Fesselung: »Ein eiserner Ring am Fußgelenk, beschwert mit einer Metallkugel, fünf Pfund schwer, an einer Kette. Davon geht eine zweite Kette aufwärts zu dem geschmiedeten Halsband, dem der Name des Besitzers (Ihr Name, domine) eingeprägt ist. Die Kette ermöglicht dem Träger die Arbeit im Weinberg. Sie behindert ihn zwar, aber nicht in dem Maße, daß er seine Tätigkeit nicht ausführen könnte, denn ...«

»Schweig doch, sei still«, sagt Lucius. Sie arbeiten in Fesseln, und es ist unnötig. Ich hab es schon begriffen. Heliopolis, aber in meinem Weinberg wird man geschunden. Kein sehr ermutigender Anfang. Und der da läßt sich nicht den Mund verbieten.

»Vom Tragen der Fuß- und Halsringe gibt es wunde Stellen, Scheuerränder. Wenn man draußen arbeitet, kommt leicht Schmutz, Schweiß, Staub an diese Wunden. Sie beginnen zu schwären unter dem Eisen. Sie locken Fliegen an wie die zerschlagenen Flanken eines Esels, sie ...«

»O Auletes, hör auf.«

»Nehmen Sie den Arbeitern Ihres Weinbergs die Eisen ab, domine. Über Heliopolis reden wir später.«

»Ich verspreche es dir.«

Es ist wunderschön, dies Versprechen zu geben. So schön wie nach einer kummervoll durchwachten Nacht gegen Morgen einzuschlafen. So schön, wie sich versöhnen. Lucius, beschämt und befreit, Lucius, du bist glücklich. Glücklich, verwirrt, beschämt, als der andere von der Mauer herabgleitet, deinen Ärmel ergreift und, das Knie gebeugt, an die Lippen führt. »Ich danke Ihnen, Lucius.«

Du findest dich allein auf jener Mauer. Du wußtest ja, hier muß alles gut werden.

In welcher Stadt lebst du, Lucius?

Du sprichst gleich am nächsten Morgen mit dem Verwalter, läßt ihn dir kommen, diesem Zustand ein Ende zu bereiten. Deine beseligte Trunkenheit ist der heiteren Ruhe dessen gewichen, der weiß, was er will. Allerdings, es gibt Schwierigkeiten. Der Verwalter wird vorstellig, ob denn der Herr diesen Schritt reiflich überlegt habe? Weinberg-Arbeiter seien nun einmal die Hefe der Sklavenschaft, weil sehr intelligent – das höre sich zunächst an wie ein Widerspruch, haha, nicht wahr, sei es aber nicht, da man im Weinberg Leute brauche, die denken können und eine gewisse Schläue besitzen, und das seien nun einmal Entlaufene, Rebellen, kurzum, Verbrecher. Es würde Ausbrüche geben ohne Ketten, das prophezeie er mit Sicherheit. Der Weinberg liege nahe an der Straße, man könne sich, ungekettet, ungezeichnet, leicht davonmachen. So entstünden die meisten Straßenräubereien. Und die Nachbarn! So etwas mache nun einmal böses Blut. Man sei ja nicht allein auf der Welt, gewisse Dinge des menschlichen Zusammenlebens müßten ja doch gewährleistet sein.

So der vilicus.

»Wenn dieses Haus eine Insel wäre ...« Das sind natürlich alles Aspekte, die aus der Maulwurfperspektive deines lieben Auletes nicht vorhanden sein können und die du, idealistischer Phantast, in deinem Drang nach guten Taten übersehen hast (und um ihm gefällig zu sein, nicht wahr, das »Danke« dieser leisen Stimme zu genießen – mach dir nichts vor). Seufzend vor Unmut, beschließt du also, nun gut, alles bleibt beim alten, die Nachbarn, die Straßennähe, die Psyche dieser Sklaven ...

Nun gut, vielmehr schlecht. Aber wohl nicht zu ändern. Tatendrang und Schaffensfreude fallen in sich zusammen. Auch sieht bei Tageslicht alles ganz anders aus. Diese Wonnen und Träume, diese Abstürze, ist das nicht alles leicht übertrieben und nicht so ganz erwachsen? Wenn man einmal in den Tiber springt, gut. Aber jeden Tag? Man könnte sich erkälten. Wir haben diesen Hausgenossen nun einmal, und er ist nicht einfach zu traktieren. Aber muß man noch mehr Dummheiten begehen, als schon begangen worden sind? Besinn dich, Lucius. In welcher Stadt lebst du?

Diese Art Freundschaft

»Wieso verstehst du etwas davon?« fragt Lucius verdutzt. Sie haben sich heiter gestritten über die Rentabilität von Großgütern, und er rechnet ihm aus dem Kopf den Kornzins und den Gewinn aus Kleinbauernwirtschaften im Vergleich zu den sizilischen Latifundien vor.

»Du irritierst mich! Zahlen, gut, Klassiker, gut, da bist du unbesieglich, aber wieso Kornpreise?«

»Von der Herrin Emilia«, sagt er kurz.

»Von Ursa?« wiederholt Lucius ungläubig.

»Ja, von Ursa«, sagt der Sklave und sieht vor sich hin. »In der Zeit, wo ich bei ihr war, wurde ich in dergleichen eingeweiht. Wir stritten uns darüber.«

»Ihr strittet?« Lucius verbeißt sich ein Lachen, aber ja doch, also gut, sie stritten, nicht über Kornpreise, sondern über die Gracchen und die Landwirtschaft, natürlich unter philosophischen Aspekten.

Neugierig gemacht, enthält sich der Herr nicht der Fragen nach jener Zeit bei Ursa, aber die Antworten kommen sehr zäh. Lange Dispute also. Zuerst war sie sehr streng, allerdings. Später nicht mehr, nein. Das Thema scheint den Sklaven unsagbar zu langweilen. Offenbar denkt er auch nicht allzu gern zurück, das betrifft sicher nicht nur die Zeit bei Emilia. Man sollte ihn nicht quälen damit.

Sie haben Dame gespielt, Auletes hat seinen Herrn schließlich aus Erbarmen einmal gewinnen lassen, aber Lucius hat es gemerkt, errötend springt er auf, kippt die Steine vom Tisch und sagt: »Das gilt nicht.«

»Verzeihung, ich war zerstreut«, lügt der Sklave souverän. (Warum sollte er eigentlich nicht? Sein Herr fühlt sich zweifellos besser, wenn er nicht merkt, daß man ihm stets überlegen ist, und man erreicht auch mehr.) Zwischen ihnen steht ein Teller mit Süßigkeiten; während sie disputieren und rechnen, lesen und plaudern, verschwinden sie nach und nach. Lucius gibt sich den Anschein, es nicht zu merken, Auletes gibt sich den Anschein, er merke nicht, daß sein Herr sich den Anschein gibt ... Ein nicht ganz einfaches Spiel, genannt Freundschaft zwischen Herrn und Diener. Sie sind seit Tagen viel zusammen, in der Bibliothek, im Peristyl, im

Garten, auf dem Dach. Reden dies, reden jenes, alles mehr oder weniger wichtig. Von Zeit zu Zeit spielen sie das »Insel-Spiel«, sie weiten es aus vom Haus des Lucius auf ganz Italien. Dabei nun kommt Auletes auf die Berechnung von Kornpreisen – absurd, aber so ist er nun einmal, und halb unwillig, halb bewundernd bemerkt sein Herr, wie er die penetrant-lucide Fähigkeit hat, Ideale in kleine Münze umzuwechseln. Wir reden von der homonaia, und er fängt an, Besitztümer zu verteilen, wir sprechen von der Gerechtigkeit, und er kritisiert das Römische Recht, wir träumen von Wohlstand und Überfluß für alle Menschen – halt, da sind wir schon wieder bei den Kornpreisen!

Ob denn er, Lucius, der Herr, sich schon einmal die Frage gestellt habe, wo in seinem Sonnenstaat dieser Wohlstand, dieser Überfluß herrühren solle? Ob er meine, daß, wie in den utopischen Romanen des Iambulos, die Erde plötzlich alles ohne menschliches Zutun hervorbringen werde, auf den Lämmern wächst buntgefärbte Wolle, die Ähren tragen gleich Brote, Schaf und Löwe ruhen beieinander? Worauf der Neffe der Dame Emilia natürlich auf das Vorbild der Gracchen zurückgreift, jedem seine eigene Scholle, nicht wahr? Wir alle ein Volk von Hirten und Ackerbauern, Pflüge aus den Schwertern …

»O domine, können Sie pflügen?«

»Wieso denn ich?« fragt er ehrlich, und nun lachen sie gemeinsam.

Also gut, ebnen wir Rom ein, bauen wir an der Stelle, wo es stand, unsere Bohnen und Hirse. Oder wie? Nicht? Aber jedem seine Bauernwirtschaft? Wissen Sie, was eine Bauernwirtschaft abwirft und was ein Großgut, ja? Und wollen Sie im Ernst, daß die Menschheit um die Hälfte ärmer wird, nur damit jeder in seiner eigenen Furche graben kann? O Luci mi!

Er hat die Gabe, alles zu verwirren. Es ist dir unbegreiflich. Eben noch Freiheit und Würde des einzelnen, und nun auf einmal der Hunger der Menschheit … »Aber, Auletes, die Menschheit hungert auch jetzt, was nützen nun die Erträge der Wirtschaften, wenn sie hungert?«

»Das fragen *Sie* mich, Herr?« sagt der Sklave und wächst auf seinem Stuhl, während dich die grünen Augen unverwandt fesseln. Es ist außerordentlich schwierig mit ihm, wie gesagt. Seine Denkweise bestürzt.

»Hast du das auch von Ursa?« fragst du.

Nicht von Ursa, erklärt er unwillig, aber immerhin in ihrem Umgang gelernt. Sie konnte, so sagt er dir glatt und dreist ins Gesicht, sie konnte zumindest besser denken als ihr Neffe Lucius.

Seltsam, daß du so empfindlich bist gegen seinen Spott. Ist es immer noch die alte Ängstlichkeit des Schülers vor dem Tadel des Lehrers? Oder, weil du in seiner Gegenwart den Boden unter den Füßen verlierst? Immer, mach dir nichts vor. So findest du aus deiner Kränkung heraus endlich den Mut, es ihm zu sagen, daß du, leider, wirklich, es tue dir sehr leid, ihm seine Bitte versagen müssest, was die Weinberg-Sklaven betreffe. Du habest mit dem Verwalter gesprochen, der dir den Sinn dieser Beinschellen erklärt habe; Dinge, du wußtest sie nicht, konntest sie nicht bedenken bei deinem Versprechen …

Auletes hält die Lider gesenkt, er hört sich das an, nichts verrät, was er denkt. Erst als du betonst, wie peinlich dir wäre, eine Zusage zu brechen, tut er den Mund auf und sagt einen einzigen Satz, der lautet: »In personam servilem nulla cadit obligatio.« Gegenüber einem Sklaven besteht keinerlei Verpflichtung. Das aber ist ein Grundsatz aus dem Römischen Recht.

So, da hast du nun deine Quittung, getreuer, allzu leicht eingefangener, beflissener Freund deines Herrn und Verkünder der menschlichen Verbrüderung, Erbauer des Staates Heliopolis mit deinem gelehrigen Schüler, dem dominus und Menschenfreund Lucius. Da hast du sie in der Deutlichkeit, die dir für soviel Dummheit gebührt.

Ein paar Schläge ins Gesicht sind einfacher zu verwinden, man wischt sich das Blut von der Lippe und weiß, wo man lebt. Das hier schmerzt, es schmerzt, weil soviel zu bereuen ist.

So schnell also kann man sich verlieren. Ein bißchen Freundlichkeit, ein Lächeln, ein paar kleine Siege, ein Teller mit pemmata, und schon sind wir beide Menschenbrüder, und ich hab mich verkauft nicht nur mit Haut und Haar, sondern auch noch mit meinem Willen dazu, ein freundliches placet. Welche Lust, der Sklave des Lucius zu sein. Nächstens geh ich noch hin auf sein Geheiß und erkläre denen im Weinberg, daß sie die Beinschellen zu ihrem eigenen Wohl tragen.

Wie alt muß man eigentlich werden, um etwas zu begreifen? Dulde, mein Herz, noch Härteres hast du erduldet. Nein, Homer hilft dabei überhaupt nicht. Und wie ich die Sache einschätze, hat sie auch nichts mit Dulden zu tun, eher mit Handeln.

Wenn ich denn kein Hund sein mag oder kann, wie soll ich leben? Man muß sich etwas einfallen lassen, so geht es nicht. Und man sollte auch gar nicht erst versuchen, sich vor sich selbst zu entschuldigen, etwa damit, daß man den Herrn Lucius von heute verwechselt hat mit dem eigensinnigen, aufgeschlossenen Jungen von vor fünfzehn Jahren, einfach aufgrund ebendieses Haarwirbels …

»Wenn dies Haus eine Insel wäre …«

Sträfliche Torheit. Als ob man nicht lange genug in dieser Stadt lebt, Roma, Der Stadt, unter den Enkeln der Wölfe (nicht, daß es in Alexandria etwa anders wäre, geschweige denn besser).

Man muß etwas unternehmen. Zunächst allerdings morgen mit dem Herrn zum Verleger gehen und einkaufen, er wünscht es. Und Arithmetik treiben. Gut, ausgezeichnet. Aber Heliopolis, das gelobe ich Ihnen, Luci mi, Heliopolis bauen wir nicht wieder auf. Das denn nun doch nicht. Es gibt auch noch andere Themen. Eine Insel, jawohl! Beinfesseln und Halsringe.

Das Ding mit den Sommersprossen

An einem sehr frühen Morgen – Auletes hat seine Bücher auf einem großen Tisch in der Bibliothek liegenlassen am Abend vorher, die Rollen aufgezogen, um früh weitermachen zu können an der Stelle, wo er aufgehört hat –, an einem Morgen also haben die Bücher Besuch. Kaum anzunehmen, daß es dem Lesen gilt. Es ist wirklich sehr, sehr früh, und das Wesen glaubt sich ungestört.

Das Wesen, der Besuch, kniet auf dem Stuhl, tief über die Schrift gebeugt, hat etwas in der Hand, auf das es immer wieder schaut, und erforscht mit gerunzelter Stirn, Zunge zwischen den Zähnen, die Geheimnisse Heraklits. Auletes weiß erst gar nichts damit anzufangen, weil es kahlköpfig ist (oder stoppelköpfig, aber das sieht man nicht gleich, wegen der blonden Farbe), aber dann wird ihm klar, daß es eine kleine geschorene Germanin ist (das ist nun eigentlich nichts Außergewöhnliches, in vielen Häusern verkauft man das Haar gallischer und germanischer Sklavinnen, es steht sehr hoch im Preis, blonde Perücken sind modern). Das seltsame ist nur, daß man dergleichen in dieser Umgebung nicht erwartet.

Auletes geht gerade durch den Raum mitten auf sie zu, so daß sie ihn eigentlich bemerken müßte, aber sie ist sehr vertieft, und er hat einen leisen Gang (wüßte auch nicht, warum er aufstampfen sollte oder sich etwa räuspern, damit sie davonläuft), und so ist sie in Ruhe zu besichtigen – ein junges Ding mit spitzem Gesicht, alles voll Sommersprossen, mit ihrem kahlgeschorenen Kopf sieht sie aus, als fröre sie – ein gerupfter Spatz.

Sie sieht erst auf, als sein Schatten über die Pergamentrolle fällt, und er erschrickt, wie sehr sie erschrickt, tödlich, würde man sagen, wenn es so etwas gibt. Sie schreit schrill auf, der Stuhl kippt um, ihren Zettel oder was sie da in der Hand hält, preßt sie mit beiden Händen an die Brust und starrt ihn an mit den irren Augen eines gejagten Tierchens.

Es ist eine völlig unbeabsichtigte, wenngleich sehr effektvolle Szene. Auletes will etwas sagen, will beruhigen, aber ehe er dazu kommt, geschieht das Unerwartete: Sie reißt den Mund auf und schnappt nach Luft (zwei Zähne fehlen), erst denkt man, vielleicht ist ihr nicht gut, aber nein, sie beginnt zu schimpfen.

Sie schimpft alles her, was sie weiß über ihn, und das ist viel. Auletes hat nicht gedacht, daß die familia sich so eingehend mit ihm beschäftigt hat, es ist eigentlich lückenlos. Was kann man da machen, die Arme hängen einem am Körper herunter, und man hört sich dies Register an, das da mit überkippender Stimme vorgetragen wird.

Schließlich fällt ihm ein, er könne vielleicht den Stuhl aufheben und an seinen Platz stellen, und das hat auch Wirkung, sie hört auf zu schimpfen und fängt statt dessen an zu heulen. »Was wolltest du eigentlich hier«, kann man dann fragen und zur Antwort erhalten: »Das geht dich gar nichts an, du Vieh.« Ein gerupfter Spatz, nicht gerade eine Siegerin, wie's scheint.

Und so fragt man denn, weil man langsam etwas ahnt, ob sie überhaupt lesen könne. Sie heult stärker, ein richtiges dummes Gör, das sieht man doch, so allein wie ein Stein in der Wüste, nicht mal lesen kann sie, nur heulen, und, allerdings, schimpfen, und so geht es denn folgerichtig wieder los: Was er von ihr wolle, er sei bloß eine dreckige alte Nutte, aber eine mit Bildung, was das wäre, haha. (Es stimmt, was sie sagt.)

Er wartet sehr geduldig, ein bißchen blaß vielleicht unter seiner braunen Haut, und als ihr die Luft wieder ausgeht, fragt er: »Soll ich dir das Lesen beibringen?«

Jetzt versteht sie die Welt überhaupt nicht mehr. Sie starrt ihn an aus weitaufgerissenen Kinderaugen voll Haß und Angst und Ablehnung. Und als er's wiederholt, zieht sie durch die Nase hoch und schwingt sich dann zu einer Antwort auf, die lautet: »Eher will ich verrecken, eh ich von dir was lerne, du Stück Mist« – streckt ihm die Zunge raus und rennt weg.

Auletes steht da, der Morgen ist der beste nicht und »Stück Mist« nicht das Schlimmste, was seine Mitsklavin ihm da eben gesagt hat. Noch einmal zu leben, beginnt kompliziert zu werden. Die vergönnte Zeit vor der Entscheidung ist, scheint's, schon vorbei.

Irgendwie müßte es möglich sein, etwas über diesen gerupften Spatz zu erfahren, aber eher kann man von einer einsamen Insel aus den Pontus erobern als das. Man wohnt, nun endlich weiß man's, in einem nach allen Seiten verschlossenen gläsernen Gehäuse.

Das Naheliegende, man fragt Lucius beiläufig, aber es stellt sich immer mehr heraus, daß dieser Herr des Hauses keinen einzigen seiner Diener kennt (anscheinend nimmt er ihre Gesichter nicht wahr, oder er kann sie sich nicht merken). »Wenn du möchtest, werde ich den Verwalter fragen«, sagt er höflich, aber das ist natürlich reine Rhetorik, und einen Augenblick später hat er es – dem Himmel sei Dank – vergessen.

Da aber Lucius der einzige ist, der mit dir spricht, und du es in deinen Büchern diesmal schwerlich finden wirst, ist die Lage bedenklich. Sehr bedenklich sogar. Das gläserne Gehäuse hat keine Fenster. Deine Mitsklaven sehen dich von der Seite an, schütteln den Kopf, zucken die Achseln, hinter deinem Rücken tuscheln sie – natürlich kennt die familia den Vorfall bis ins letzte, jedes Wort der kleinen kahlen Barbarin kennen sie, und genauso natürlich denken sie, man will ihr, diesem schimpfenden Ding aus den nördlichen Urwäldern, etwas auswischen. Sie ist verschwunden, sie war nie da, sie wird nicht mehr vorgezeigt, und um dich herum diese Glaswand aus Mißtrauen und Furcht. Wie ihnen beweisen, daß du nicht so bist, wie sie denken.

Was das Mädchen angeht, den Spatz, bleibt also wirklich nur noch der Herr Verwalter, man muß sich entschließen, ihn aufzusuchen. Der Herr Verwalter, Freigelassener, ein noch junger Mensch, bläßlich, fahrig, beseelt von dem unbeugsamen Willen, reich zu werden, weiß sich dir gegenüber vor Verlegenheit gar nicht zu fassen – das macht, er weiß nicht, wohin mit dir im System seiner Weltordnung. »Nimm doch Platz«, sagt er und: »Gedulde dich«, und: »Womit kann ich dienen?«, und verzieht dabei das Gesicht, als zerkaue er eine Spinne, während er in seinen Papieren kramt und seine schnellen Augen hierhin und dorthin schickt. Man kann zweifellos Mitleid mit so einem geplagten Mann bekommen und möchte am liebsten gleich wieder gehen.

Auch der Herr Verwalter, hört man nun, kann sich nicht an so ein Mädchen erinnern, gerupfter Spatz? Nein, wirklich keine Ahnung. Gewiß, von Zeit zu Zeit verkaufe er auch Haare. Blonde, was sonst, schwarze haben die Damen selbst, nicht wahr, aber das ganz nebenbei, ihm fehlt leider im Moment der Überblick, es sind ja einige Gallierinnen im Haus …

Der Herr Verwalter ist nicht greifbar, unmöglich, ihn auf etwas festzulegen – auch er fürchtet sich vor dir, wenn auch sicher aus anderen Gründen, und das ist alles, was in Erfahrung zu bringen war. Man kann darüber lachen, aber es muß doch anders werden. Eine Zauberformel finden, vor der die Wände dieses Kastens aus Glas zerspringen und das ganze verkehrte Wesen verfliegt. So daß man mit seinen Brüdern sprechen kann.

Die Meinung der familia III

Eines Tages steht er in der Küche, diesem großen, halbdunklen Raum, diesem Nabel des Hauses – es dauert eine Weile, bis ihn jemand bemerkt und unterdrückt aufquietscht, und für einen Moment ist dann alles still. Er sagt: »Laßt euch nicht stören«, obwohl man eigentlich krasser gar nicht mehr stören kann, und geht mit seinen leisen Schritten, ein bißchen vornübergebeugt, durch diesen großen Wall des Schweigens ganz selbstverständlich an den Tisch, auf dem sie da hinten das Essen für die vom Garten und Weinberg vorbereiten. »Ich habe entsetzlichen Hunger auf Hirse«, sagt er und: »Gebt ihr mir von eurem Essen?« Und ohne ihre Antwort abzuwarten (sie werden sowieso nichts antworten), füllt er sich eine Schüssel mit Hirsebrei und beginnt zu essen, inmitten feindseligen Schweigens.

Das ist nun so eine Sache. Kein Sklave wird einem anderen eine Schüssel Hirsebrei verweigern, wenn Überfluß davon da ist, das dürfte eine Art Gesetz sein, und dagegen ist kaum etwas zu machen. Sie beginnen, sich wieder ihrer Arbeit zuzuwenden, sie flüstern miteinander, jene halben Blicke, man kennt das. Es scheint fast, als sei es umsonst. Sie schließen sich ab wie Austern in ihrer Hülle.

Aber dann ist es doch soweit. Jemand sagt: »Wenn er Hunger auf Hirse hat, kann er sich welche auf sein feines Zimmer bestellen und braucht nicht bei uns herumzulungern.« Es ist eine knochige alte Frau, sie hockt an der Erde und putzt Gemüse, ihre Stimme klingt dumpf vor Wut.

»Ich wollte bei euch sein«, sagt Auletes, und nun werden schon mehr Stimmen laut, anonyme. »Wir wollen dich nicht. Hau ab, verdufte.« Einer sagt: »Verdammter Kinäde«, aber irgendwer verbietet ihm den Mund, das ist wohltuend.

»Was habe ich euch getan? Ich gehöre zu euch«, muß man jetzt sagen, und man sagt es auch. In diesem Spiel gilt nur Redlichkeit, um den Preis jeder Demütigung.

Die alte Frau schüttelt sehr energisch den Kopf: »Du gehörst nicht zu uns, du nicht«, sagt sie, »du feiner Beinahe-Herr mit deinen falschen Katzenaugen.«

Es ist natürlich nicht besonders klug, es auf die Augenfarbe zu schieben, aber wie sollen sie es auch in Worte fassen, und »Beinahe-Herr«, das muß man ihnen lassen, »Beinahe-Herr« ist schon ausgezeichnet.

»Wie heißt du«, fragt er die Frau, und siehe da, sie stellt sich ihm, erhebt sich schwerfällig, die Schürze voll Gemüse, baut sich vor ihm auf und hält dem Blick der verpönten grünen Augen stand, und obwohl die anderen abwinken, sagt sie mit bedächtiger Wut: »Chrysis heiß ich, er soll es ruhig wissen, soll er nur hingehen und sich über mich beschweren, wie er's bei der kleinen Flavilla auch wollte, mir ist das egal, was ich dafür einhandle, ich halt's schon aus, so einem sag ich's noch jedesmal«, und nun versammeln sie sich lautlos, lassen ihre Arbeit liegen, eine atmende Mauer schiebt sich zu ihrem Schutz um sie herum, um Chrysis also, und der gerupfte Spatz heißt Flavilla, man erfuhr es nebenbei.

Auletes steht auf (es wird ernst), er stellt seine Hirseschüssel auf den Tisch, während sie ihm raten, er solle endlich verschwinden, machen, daß er wegkäme (sie werden kaum wagen, dich zu verprügeln, obwohl sie es sehr gern möchten, aber es ist sehr ernst), und er sagt leise und deutlich: »Ich gehe schon, aber ich will etwas sagen, und ihr müßt mich anhören. Natürlich haben weder Chrysis noch – noch Flavilla einen Grund, sich vor mir zu fürchten. Ich bin einer von euch, und ich gehöre zu euch, und ich wollte, ihr wüßtet das. Ich versteh euch ganz gut, so wie ihr zu mir seid, und ich kann euch nicht böse darüber sein. Aber es schmerzt mich mehr, als ihr denkt, wie ihr mich behandelt, und wenn ihr mir weh tun wollt, so erreicht ihr das in hohem Maße … Ich hoffe, ich kann euch eines Tages beweisen, daß ich mich als euer Bruder fühle – wenn ich nur wüßte, wie. Ja, und jetzt gehe ich also.«

Sie lassen ihn durch mit völlig undurchdringlichen Gesichtern, keiner sagt ein Wort. So ganz klar ist es ihnen nicht, ob sie's ihm besorgt haben oder nicht, jedenfalls erscheint alles nicht so eindeutig, wie sie's eigentlich lieben, und so gehen sie ziemlich mürrisch an ihre Arbeit zurück.

Die Pferdekur

Es ist Emilias Art, aufzutauchen wie erfrischende Sommerregen nach schwülen Tagen. Sie überfällt einen, wie es ihr paßt, nach einem Monat, nach einem Jahr oder nach ein paar Tagen. Nur wer eingeweiht ist in den Gang der Feldarbeiten draußen in Samnium, hat die Chance, sich Wahrscheinlichkeit oder Unwahrscheinlichkeit ihres Besuches auszurechnen. Auf einmal ist sie da, füllt das Haus mit Lärm und macht den Verwalter zittern, da sie die Gewohnheit hat, seine Bücher zu prüfen.

Nun sie diesmal da ist, empfindet Lucius nicht die ungetrübte Freude, die ihm ihr Erscheinen sonst bereitet. Ein ungutes Gefühl mischt sich bei. Der Fremdkörper in seinem Hause, jener Dorn im Fleische seines Herzens hemmt und stört auch seine Liebe zu Emilia, der alten Emilia, der stürmischen, herzlichen, mit der tiefen Stimme und dem wenig damenhaften Gang, noch immer ein prächtiges Weib und darüber hinaus so etwas wie seine eigentliche Mutter. Er beschließt, ihn, denjenigen, während ihres Aufenthaltes irgendwohin zu schicken, aus dem Weg zu räumen. Er hat das Gefühl, daß Emilia von seiner Torheit nichts zu erfahren braucht.

Sie lachen und scherzen, Emilia zaust seine Haare, von denen sie behauptet, daß sie unkämmbar seien, da ihm dank eines Wirbels über der Stirn immer eine Strähne in die Augen hinge, sie ist laut und lustig, wie immer seit dem Tod des Vaters, und will unbedingt im Peristyl unter den griechischen Statuen (»diesen scheußlichen Kopien, die du dir in Griechenland hast aufschwatzen lassen, mein Kind«) und unter den Blumen frühstücken (»in der Morgenfrische«).

Um ins Peristyl zu kommen, muß man durch die Bibliothek. Lucius hätte sich denken können, daß der Sklave da morgens bei seinen Büchern sitzt. Aber wer denkt schon immer an alles.

Plötzlich stehen sie sich gegenüber. Er, den Arm voller Buchrollen, versinkt in einer tiefen Verbeugung, so tief, als wolle er nicht bemerkt werden, und will sie vorbeilassen, aber sie stutzt, und – eigentlich seltsam – sie erkennt ihn sofort, sie wird mal blaß, mal rot, und: »Auletes«, sagt sie, ihre dunkle Stimme schwankt, »ja, Auletes!« Und man steht und sieht sich an, es ist still, Gefühle liegen in der Luft, ganz sicher, daß irgend etwas geschehen muß, es ist wie ausgebreitete Arme und Tränen; alle, das steht fest, übermannt nun gleich die Rührung. Soweit die Stimmung, als Auletes jenen Satz sagt.

Er sagt ihn leise, aber deutlich; unmöglich, daß ihn jemand von drei, vier Sklaven, die sich da zu schaffen machen, überhören kann. Es ist ein Satz von unglaublicher Obszönität, nicht wiederzugeben, und er wird ruhig skandiert wie ein Homer-Zitat. Sein Inhalt aber, er, Auletes, hoffe, die Herrin Emilia habe Nachfolger für seine Liebeskünste gefunden, die sie genauso gut bedienten wie er …

Lucius muß die Augen schließen. Ihm ist, als müsse er versinken. Was da gesagt worden ist in den Worten der Gosse, hat in der Tat kein Mensch gewußt, und am allerwenigsten er, Lucius. Leider gibt es ja wohl keinen Zweifel, es paßt so gut und erhellt so viel. Arme Emilia. Deshalb also hat sie nie gesagt, weshalb und wohin sie dies Scheusal verkauft hat. Arme, liebe Emilia, so bemüht, ihren Neffen und Nichten ein Vorbild klassischer Lebensführung und Tugendstrenge zu sein. Und ich selbst bin schuld, weil ich den da in mein Haus gebracht habe. Da steht sie nun und ist zum erstenmal wohl in ihrem Leben hilflos. Sie steht einfach da mit offenem Mund und starrt den Sklaven an, der die Augen gesenkt hat und auf seine Bücher guckt, als ständen derartige Unglaublichkeiten darin verzeichnet.

In Lucius steigt eine kalte Wut hoch. Wenn er jetzt nicht handelt, ist er kein Mann und kein Hausherr, und sie weiß das auch. Drei, vier Sklaven stehen da im Zimmer herum und haben alles gehört, man sieht es ihren unbeteiligten Visagen an, die Hunde hören immer alles. Auslachen wird seine familia ihn, wenn er sich diese Ungeheuerlichkeit bieten läßt, wenn er seine Verwandte in seinem eigenen Hause von einem Sklaven beleidigen läßt. Dann ist er verloren, so wie sie jetzt verloren ist. Was die familia weiß, weiß Die Stadt, das ist klar. Und sie weiß, daß sie verloren ist. Auf einmal hängt sie an seinem Hals. »Luci!« keucht sie unterdrückt, nichts weiter.

Und Lucius sagt über ihre Schulter hinweg zu Auletes: »Ich werde dich lehren müssen, wie man sich in meinem Hause benimmt. Du wirst heute mittag deine

Lüge vor allen widerrufen und meine Tante um Verzeihung bitten. Und du wirst eine Korrektion empfangen. Hast du verstanden?« –

»Ja, Herr, ich habe verstanden«, sagt der Sklave genauso deutlich und leise wie vorhin jenen Satz.

Lucius kümmert sich kaum um sein Hauswesen, am wenigsten um Strafen seiner Dienerschaft, das ist Sache des Verwalters. Er erfährt es nicht und will es nicht wissen. Ein richtiges Hausgericht, wie das hier angekündigte, hat es überhaupt noch nicht gegeben.

Die familia ist in Aufruhr. Der Satz, jener unglaublich obszöne Satz des Auletes, ist in aller Munde, er zergeht ihnen auf der Zunge, es ist ein Genuß, ihn im Flüsterton immer wieder nachzusprechen. Sie sind sich einig, daß man etwas derartig Gemeines nur unter der Tiberbrücke lernen kann. »Er sagte es ihr ins Gesicht?« werden die drei, vier Zeugen immer wieder gefragt, und die Frage ist voll Erstaunen und Bewunderung. Kein Zweifel, er tat es. Ganz ruhig, als wenn er seinen Klassiker zitierte, heißt es, den Arm voller Schriften.

Emilia, ganz aufgelöst, ist wieder abgereist, ohne überhaupt die Koffer ausgepackt zu haben, was dem Hausgericht natürlich seine pikante Note weitgehend nimmt. Trotzdem bleibt es ein Ereignis.

Lucius hat nie gedacht, daß die Sklavenverständigung so schnell und reibungslos vonstatten geht. Als er zu Mittag in sein Atrium kommt und es voller Menschen findet, lautlos wartender Menschen (sogar die Gärtner und Weinpfleger sind hereingekommen), wird ihm unheimlich zumute. Aber er ist so voll Wut, voll kalter Wut auf dies Gesindel, daß ihm dies hier nur noch einmal bestätigt, wie verächtlich sie alle insgesamt sind. Er geht durch sie hindurch, als wären sie nicht vorhanden, und steht, ihnen den Rücken zugewandt, wartend und in seinen Garten sehend – er soll es wagen, nicht zu kommen! Aber er kommt, das Geraune in seinem Rücken meldet es ihm (kein Grund, sich umzudrehen, warten wir seine Anrede ab). Es wird so still wie früh in der Bibliothek.

»Domine«, sagt da auch schon die sehr bekannte Stimme, man muß sich denn wohl umdrehen, und damit wird alles vollends unerträglich, da steht der Sklave, er weiß ganz genau, was sich für dergleichen Fälle schickt – in ungegürteter Tunika, barfuß ... Götter der Unterwelt, was soll diese altrömische Komödie, zu der du mich zwingst, Auletes, Freund, Drecksklave, verhaßter ...

Auletes spricht jetzt laut, lauter als sonst, er macht Pausen, damit man ihn gut versteht, er kennt sein Publikum, das nichts gelernt hat und von schlichtem Verstand ist, aber trotzdem etwas davon haben will.

»Domine Luci«, sagt er, »ich habe mich heute morgen sehr schlecht benommen. Ich habe die Herrin Emilia verleumdet. Natürlich war es eine Lüge, zu der ich mich hinreißen ließ. Ich bitte die abwesende Herrin Emilia um Verzeihung. Ich leiste Ihnen Abbitte, Herr, vergeben Sie mir und bestrafen Sie mich, wie Sie es für richtig halten.« Er spricht ausgezeichnet, während Lucius, der Herr, erst ein paarmal ansetzen muß, eh er seine Sprache findet – der Hals ist ihm zu trocken. Aber dann ist er ebenfalls auf der Höhe der Situation und agiert das Stück bravourös.

»Ich finde keine Entschuldigung mehr für dich, Auletes«, sagt der Herr, »und ich sehe, daß du meine Güte mißbrauchst. Es tut mir sehr leid, daß ich dich strafen muß, aber ich glaube, es ist das einzige Mittel, dich zur Vernunft zu bringen.« Und dann wendet er sich an Afer. Afer, so sagt sein Verwalter, ist für dergleichen Fälle da und auch schon an seiner Seite, und befiehlt ihm, diesem Auletes zwanzig Rutenhiebe zu geben und ihn dann wieder zu ihm zu bringen. »Aber«, fügt er plötzlich halblaut und hastig hinzu, »mach es glimpflich. Mir liegt nichts daran, Blut zu sehen.« Er blickt zu Auletes, der ist sehr blaß geworden unter seiner braunen Haut, vielleicht hat er eine mildere Strafe erwartet, und diese lebendige Mauer, die Sklaven, raunt leise, wie vom Wind bewegt.

Zwanzig Rutenhiebe und dann glimpflich, so etwas kann man nur der Unerfahrenheit des jungen Herrn in dergleichen Dingen zuschreiben, denn, alles in allem, ist das eine gesalzene Strafe, so etwas hat keiner erwartet, und den da, den Beinah-Herrn, muß es sicher besonders hart treffen, denn er soll ja nicht der Robusteste sein.

Unmöglich, jemandem zwanzig Rutenhiebe zu geben, ohne seine Haut zu verletzen – wie willst du das machen? Afer entschuldigt sich bei seinem Herrn. Der Auletes, den er da bringt, ist ziemlich übel zugerichtet, das muß man schon sagen, und die Blutflecke auf seiner Tunika entsprechen auch nicht der Weisung, die Lucius gegeben hat. Seine Zähne hat er in die Lippe gepreßt, er atmet schwer und muß erst etwas zur Ruhe kommen, eh er wieder spricht.

Nun, die familia hat Zeit, sie warten schließlich auf seine zweite Rede, die dazugehört zu dergleichen, und sie kommt: »Domine, ich danke Ihnen für diese Strafe. Sie wird mich lehren, künftig die Ehre Ihres Hauses zu achten. Ich bitte Sie demütig, mir jetzt zu verzeihen.« Es ist ebenfalls eine sehr schöne Rede. Wie sich's gehört, geht er aufs Knie – Afer stützt ihn dabei (du könntest ihn wahrhaftig vorher auffangen, Lucius, warum tust du's nicht?), und nun wartet er (und alle) auf deine Gegenrede, aber du tust keinem mehr den Gefallen, patriarchalisch zu moralisieren, dich graust es, du sagst: »Ich verzeihe dir«, damit es denn nur vorbei ist. (Ich verzeih es dir nie, dies hier alles.) Handkuß, ja natürlich, auch der gehört noch dazu, aber jetzt hilf ihm endlich auf – Auletes, Schwarzer Schwan – dies vom Schmerz seltsam verjüngte Gesicht, straffer, unschuldiger, voll Hoffnung, wir sehen uns in die Augen: Wieso triumphiert er so? Du spürst sein Zittern, er beißt sich in die Lippen vor Schmerz, und doch triumphiert er.

Sie kommen alle. Als erster Afer, Afer, der dich stützte, als du bewußtlos wurdest – »Du warst tapfer«, sagt er. Sie kommen, und bei weitem nicht, weil sie etwa jemand zu dir befahl – da kennst du dich aus. Ihre Art ist anders, und das, was sie bringen: ungewöhnlichste Dinge; selbstgemachte Salben gegen Rutenstriemen, kühle Blätter mit Obst, geflochtene Strohkörbchen, kleine schmutzige Lehmgötter, die Schmerzen vertreiben (selbst geknetete), ein Kissen aus Treberwolle, Öl für die Lampe, neue Schreibgriffel – Sklavengaben. Sie sagen nichts oder kaum etwas, das ist nicht ihre Art. Mancher sagt, du bist tapfer, mancher, du redest gut, mancher, werde bald gesund. Das ist so alles – aber vorher hätte keiner mit dir gesprochen.

Zu ihnen gehörst du, bei ihnen mußt du bleiben, dein zerschlagener Körper sagt es ihnen und sagt es dir, diese von alther gewohnten Schmerzen mahnen dich jeden Augenblick: Zu ihnen gehörst du, Sklave.

Es mußte sein. Es sind die ersten Prügel, die dir von Nutzen sind. Danke, Lucius, für die verdiente Züchtigung, danke, daß Sie taten, was ich wollte, daß Sie mir's einbleuen ließen, wohin ich gehöre. Danke, Sklaven, daß ihr's verstanden habt – aber ich wußte, daß ihr es versteht. Ich kenne mich aus. Ich gehöre dazu.

Gegen Abend kommt das kahlgeschorene Germanenmädchen, der gerupfte Spatz, natürlich, sie fehlte, du wußtest, daß noch etwas fehlte. Sie setzt sich auf das Bett des Sklaven und sagt: »Nimmst du mir das übel von damals?«, und er versichert, er habe es ihr nie übelgenommen, da er gesehen habe, wie sehr sie erschrocken war, und sie sagt bewundernd, er spreche sehr gut und er könne auch sehr schöne Schweinereien – und sie sagt ihm langsam und genüßlich den inzwischen berühmten Satz her, den von Emilia. Ihm stockt der Atem, es aus ihrem Kindermund zu hören, und er erklärt: »Ich wollte, ich könnte und müßte diese Dinge nicht sagen« – und das versteht sie nun nicht; welcher Schütze ist nicht stolz darauf, wenn seine Waffen gut geschliffen sind.

Und nun bittet sie ihn, »wenn du wieder sitzen kannst, Sklave«, daß er ihr die Buchstaben erklärt, falls er es noch wolle. Ja, Sklavin, er wolle es noch, und er lächelt sie an. Sie macht tatsächlich die Entdeckung, daß er lächeln kann, sie ist ganz erstaunt darüber. Seine Augen, glänzend von Fieber und sehr schön (Hurenaugen, denkt sie und schämt sich gleich, daß sie es gedacht hat), sind sanft und freundlich auf sie gerichtet, und in ihrem verwirrenden Grün brennen die Schmerzen der Züchtigung und Hoffnungen, die sie alle teilen. Er ist ein Sklave und gehört dazu.

2. Teil: Saturnalien

Lektion in Sklavenbehandlung

Diesmal wird kein Arzt geholt, diesmal nicht. Er darf auf seinem Zimmer bleiben, solange er will, und Lucius hofft, er will lange, denn im Augenblick verspürt er keine Sehnsucht, ihn um sich zu haben. Er hat auch nicht die Absicht, ihn zu besuchen. Von seinem Sekretär erfährt er, daß er fiebert, aber das sei normal, wird hinzugefügt. Wenn es normal ist, ist es ja gut.

So beiläufig zwischen den Zeilen wird es dem Herrn klar, daß er in seiner Unerfahrenheit mit dem Strafmaß gewaltig übers Ziel hinausgeschossen hat. Man wollte ihn erziehen, eine kleine Korrektion. Nun war es also eine Auspeitschung.

Am Arbeitsplatz räumen sie auf, rollen seine Bücher zusammen. »Das staubt nur ein, so schnell kommt der nicht. Wenn man so gewaltig den Hintern voll bekommen hat, ist man nicht scharf aufs Sitzen.« So hört man die Sklaven miteinander reden.

Er kommt aber eher, als man denkt. Eines Mittags, Lucius stellt gerade fest, daß er mit bestimmten arithmetischen Formeln einfach nicht fertig wird ohne Hilfe, kommt er zur Tür herein in seinem gestreiften Burnus, im Gesicht gelb wie eine Zitrone, und hinkt zu seinem Platz. Das Hinken, findet Lucius, ist geschmacklos und übertrieben, das könnte er sich ersparen und seinem Herrn auch. Aber diese Reflexion kann nicht verhindern, daß es einem heiß über den Kopf geht. Sowie man ihn sieht, ist alles anders. Und auch ohne das verfluchte, outrierte Getue von Hinken wäre das Ziel dieses Burschen erreicht. Nämlich, ich könnte vor Scham über das, was ich mit ihm hab machen lassen, in die Erde versinken. Bei aller Berechtigung (und wer will mir die abstreiten?) dessen, wie ich gehandelt habe – es ist und bleibt eine Schande. Ein solcher Mensch, dir so vertraut! Mußte er mich denn so reizen?

Lucius geht schnell auf ihn zu: »Ich freue mich, daß du wieder da bist.« Seine Stimme ist nicht ganz sicher. Der will zu seinem Fußfall ansetzen, aber diesmal zum Glück bist du schneller, kommst ihm zuvor: Laß doch!

Er wolle sich nur ein paar Bücher holen, erklärt er, mit des Herrn Erlaubnis bliebe er noch ein paar Tage auf seinem Zimmer. Die Erlaubnis hat er, sie wird ihm überschwenglich zugesichert, er könne machen, was immer er wolle.

»Du siehst nicht gut aus«, murmelt der Herr schuldbewußt, und der Diener erwidert: »Das dürfte Sie wohl kaum verwundern, domine.«

Der Herr wird nervös. »Du darfst nicht ungerecht sein. Was sollte ich denn tun? Und Ursa benahm sich wie eine Verrückte. Was also, rate doch!«

»Domine«, sagt der Sklave, ohne die Lider zu heben, »ich habe gerade erst Hiebe gekriegt und weiß noch sehr genau, wie die Rute schmeckt. Jetzt sage ich nicht so schnell wieder etwas gegen die Ehre Ihres Hauses.«

Es war zu erwarten; er zahlt es dir heim, und mit Zinsen. Rachsüchtig sind sie alle. Und wie ist das mit seiner verfluchten Komödie? Wenn man ihm die Hand auf die Schulter legt, entsteht eine steile Falte zwischen seinen Brauen: Das tut ihm also wirklich weh. Aber sein schamloses Hinken vergißt er zwischendurch immer mal und macht ein paar normale Schritte (sie gehen beide im Raum auf und ab). Wo fängt das Theater an, wo hört es auf?

»Auletes«, sagt Lucius eindringlich und vernünftig, »hör mal. Sei wieder gut. Ich weiß, du kennst mich ein bißchen. Meinst du wirklich, ich halte Schläge für ein wirksames Mittel der Sklavenerziehung?«

»Was sie aber ohne Zweifel sind«, unterbricht der andere beiläufig.

Schlimmer konnte es ja nun nicht kommen.

Es ist überhaupt nicht zynisch gemeint (zumindest nicht in der Art, wie der kleine Lucius denkt; der guckt, als sähe er einen Verrückten). Aber es hilft ja nichts, irgendwann muß er es fassen. Es besteht kein Grund, wieder Heliopolis zu spielen!

So doziert der einstige praeceptor ganz gelassen, es gäbe schlüssige Beweise. »Ich sage das alles nur, domine, damit Sie nicht auf die Idee kommen, ich würde vielleicht mit Ihnen schmollen oder dergleichen. Es ist alles in Ordnung. Auch mein voriger Herr sah das ganz richtig. Er mußte meine Arbeitswilligkeit durch Prügel erhöhen, sonst wurde ich faul und frech. Aber mit welchem Eifer, mit welcher peinlichen Sorgfalt versah ich meine Obliegenheiten, wenn ich wußte, andernfalls gab es den Stock!« (Dieser Stock, wirksamer als der Stab der Circe, schon bei seiner bloßen Erwähnung werden Menschen zu Vieh. Meine Angst davor war nicht die vor Schmerzen – man kann Schmerzen bis zu einem gewissen Grad ganz gut ertragen –, es war die Angst vor dem Moment, wo ich mich selbst verliere, wo ich schreie. Angst vor dem Bewußtlos-Sein. Das, womit ich mich erhalte innerhalb der menschlichen Art: Bewußt-Sein. Es verlieren, sich selbst nicht mehr zügeln, ist wie Sterben. Wie oft bin ich schon gestorben? Wie oft habe ich mich verloren? – Ein Mittel, aus Menschen Sklaven zu machen, was denn sonst. Wie er mich ansieht, Lucilius, der Gnädige.) »Denn welchen Grund, zum Beispiel, sollte ein Sklave haben, seinem Herrn freiwillig dienstbar zu sein? Meinen Sie etwa gar, er sollte ihn lieben?«

Das hat getroffen. Er wird blaß. Aber wozu ihn schonen, er hat's nicht verdient.

»Ich bitte Sie, mir zu folgen«, sagt der Schwarze Schwan von einst sanft. »Es ist ja wohl keiner aus freien Stücken Sklave geworden, seiner Natur nach (so hatten wir uns geeinigt) ist er's nicht, und kann also nur unter Zwang bleiben, was er nicht ist – nämlich einer, der weniger gilt als andere. Wie kann man ihm also besser beweisen, daß er Sklave ist, als durch Prügel? Würde er Sie lieben, so doch nur, weil Sie ihn möglicherweise weniger prügeln, als Sie könnten, das heißt, weil Sie etwas unterlassen, nicht, weil Sie etwas für ihn tun. Und das würde ich denn doch für eine seltsame Art von Liebe halten.«

So, das war sicher grausam, aber er muß ja einmal kuriert werden von dem Versuch, weiter zwischen uns die »homonaia« herzustellen.

Er schluckt es. Er schluckt es bewundernswürdig gut – sonst beherrscht er sich weniger. Blaß sagt er: »Ich danke dir für deine Offenheit.«

(Und die ganze Zeit ist dir, Lucius, als balanciertest du auf einem schmalen Grat zwischen Empörung und Lachen, von dem Absturz Erwachen bedeutet, denn das alles kann man ja nur träumen, diesen quittegelben, kaputtgedroschenen, abgefeimten Verfechter der Prügelstrafe ... Ich bin ja nicht dumm, ich hab ja nun begriffen, daß er damit, auf Kosten seiner Haut, die Distanz zwischen uns hat wiederherstellen wollen, nun hat er mir's ja erklärt – und du selbst, jung, lieb und nachgiebig, hörst dir das an, statt ihn gleich noch mal loszuschicken zu Afer und einem Bund saftiger Ruten, daß ihm das Maul gestopft werde.)

Statt dessen benimmst du dich wie ein Kind, dem ein Spielzeug zerbrochen ist. »Du kannst gehen. Morgen oder übermorgen, wenn du Lust hast, besprechen wir diese Aufgabe, sieh mal, hier.«

»Das können wir auch gleich«, sagt er und hinkt zum Tisch, kniet sich auf den Stuhl und – nun denn, da wären wir endlich wieder bei etwas Unverfänglichem zusammen, ein Glück, daß es Naturgesetze gibt, Mathematik und, mit Vorbehalt, Dichter, denn die sind auslegbar.

Übrigens hat Auletes auch ganz und gar das Interesse verloren. Neuerdings nämlich hat er eine Schülerin, die lesen lernen will.

Biographie

Abends kommt sie nun in Zukunft in Auletes' großes Zimmer, und beim Schein der Schnabellampe beginnt der Unterricht – nicht nur im Schreiben, wie sich herausstellt, sondern auch in der Fremdsprache Latein. Allerdings muß er sie zu Anfang öfters wegschicken, damit sie sich die Hände wäscht.

Alles in allem ist sie ein erbärmliches Wesen, mit ihrem kahlgeschorenen Kopf scheint sie immer zu frieren, vielleicht auch, weil sie so klein ist, obwohl sie natürlich noch wachsen kann. Dies spitzgesichtige Kind, voll Sommersprossen (nicht gerade von den Grazien begünstigt, zu allem Überfluß fehlen ihr ein paar Zähne), ist wild aufs Lernen versessen, sie übt den ganzen Tag. Da sie in diesem Haus nichts anderes zu tun hat, als Werg zu zupfen und Flachs zu entwirren, hat sie das kleine Schreibtäfelchen, das ihr Auletes geschenkt hat, immer bei sich, und in jedem unbeobachteten Moment übt sie verbissen und bedeckt die Tafel, aus dem Ausschnitt gezogen, mit großen verwegenen Buchstaben. Natürlich leidet ihre Arbeitsleistung darunter, aber sie weiß sich zu helfen: Allzu verknotetes Werg bringt sie einfach zu Auletes (Geduld war nie ihre starke Seite, während er geschickte Finger hat), und er entwirrt es ihr so schnell und gewandt, daß sein Zimmer manchmal einer Spinnstube gleicht und sie ihm schwört, er wäre der geborene Flachshechler. (Vergleiche mit Herakles und Omphale fallen zum Glück fort.)

Immer kann man allerdings nicht lernen und arbeiten, man muß auch vernünftig sprechen, um sich kennenzulernen, das heißt – sie kennt ihn ja, wie sie ihn alle kennen, sie fragt bloß noch einmal nach: »Stimmt es, daß du ...« Und er sagt ja und beißt sich auf die Lippen, denn sie sagt alles sehr schön deutlich und ist nicht gewillt, ihm irgendeine Einzelheit seiner Vergangenheit zu ersparen.

Schließlich gerät sie dann auch ins Erzählen – es ist eine Qual zuzuhören, nicht wegen ihrer Lebensgeschichte, die eine ganz gewöhnliche Sklavengeschichte ist, sondern wegen ihrer Sprache, dieses Stammelns. Auletes kennt das furchtbare Sprachgemisch der Sklavenställe, ein verdorbenes Latein mit den Einflüssen aller Länder, die unter Roms Stiefel sind, und dies Kind hier ist ganz unten auf dem Grund. Kein Satz, der unentstellt aus ihrem Mund käme, und sieht man einmal von Schimpfworten ab, ist ihr Wortschatz so winzig klein, daß sich Auletes immer wieder wundert, mit wie wenig Worten man sich doch verständlich machen kann. So verbessert er behutsam ihre Rede, sagt ihr andere Ausdrücke, die sie begierig wiederholt, erklärt ihr den Sinn der Dinge, die sie ausspricht.

Ihre Geschichte erklärt indes ihre Redeweise – eine klassische Sklavenbiographie. Als sie zehn oder zwölf Jahre alt war, fingen sie römische Soldaten im Wald, wo sie Beeren sammelte. Fünf Mann benutzten sie und nahmen sie mit ins Lager, dort wurde sie verlost und fiel an einen Centurio. Der schnitt ihr zunächst einmal die Haare ab – sie meinte, als Zeichen ihrer Schande. Erst später begriff sie, daß diese langen weißblonden Flechten den bedeutendsten Wert ihrer Person ausmachten und daß man sie hielt, um auf ihr Haare zu züchten, wie man ein Schaf hält, um Wolle zu gewinnen.

Sie mußte nun ihrem Herrn bei Tag und Nacht dienen und erlernte von diesem Enkel der Quiriten unter viel Faustschlägen das, was sie für die Römersprache hielt – ein Gemisch von Soldatenflüchen und Vorstadtslang. Zweimal lief sie davon und wurde wieder eingefangen.

Als die Legion nach Hause marschierte und sie ihre Wälder verlassen mußte, als die fernen eisigen Berge am Horizont aufstiegen und sie mit ihrem Glanz bedrohten, wollte sie sterben und erhängte sich an einem dürren Ast (»ein grüner war mir zu schade«), aber man fand sie, schnitt sie ab und brachte sie mit kaltem Wasser und Prügeln wieder ins Leben zurück. Jenseits der Alpen verkaufte sie ihr Herr, der Centurio, an einen Sklavenhändler.

Damals geschah es, daß ihr in einer windigen dunklen Nacht ein Geheimnis zuteil wurde, eins, das sie keinem mitteilen dürfe, keinem Menschen. Sie saßen alle um ein Feuer, keiner kannte den anderen, bald würden sie alle getrennt sein, der dorthin verkauft und jener dahin, manche sangen traurige Lieder in fremden Sprachen.

Entkommen. Wie entkommen? Fortlaufen, entfliehen, irgendwie. Tot sein. Ach, sterben können.

»Es war ein Gladiator, schrecklich zugerichtet, fast am Krepieren, er sollte in die Bergwerke. So viel Lateinisch begreif ich, daß er mir etwas sagen will, was mir hilft. Er hat ein Geheimnis, ein starkes Zeichen, das von Knechtschaft befreit und die gekrümmten Rücken gerade macht. Warum ich es erhalte? Gnade der Götter, die wollen, daß ich lebe, das ist doch klar.

Ich war auf und davon, natürlich wäre ich nicht weit gekommen, sie haben ihre Hunde, die mich geschnappt hätten wie einen Hasen, vielleicht wollte ich das. Ich stolperte durch das verwachsene Unterholz, keiner, so dachte ich, hat es am Feuer bemerkt. Aber der Gladiator holte mich ein, er hatte es gesehen. Er warf sich im Dunkeln auf mich und hielt mich fest, ich biß ihm in die Hände, aber er umklammerte mich, hob mich auf und trug mich zurück. Er sah furchtbar aus, ein schwärendes Brandmal auf der Stirn, große Narben von Fußfesseln und Armringen, der Körper von Schwertern und Peitschen zerfetzt, aber er sprach mit mir, seine Augen waren gut und gut auch seine Gabe.

Ich kann es dir nicht sagen. Ich muß es bewahren, es ist ein Geheimnis, das leben hilft. Es steht auf einem Blatt Papier, und ich muß es bewahren. Frage mich nicht.«

Solch ein Wunder, weißt du, gibt es in vielen Sklavenleben, weil sie sonst nicht mehr lebbar wären. Du wirst ihr das nicht sagen, laß sie glauben, daß es Geheimnisse gibt, die uns retten – vielleicht ein Mysterium, einer jener exzentrischen Kulte aus dem Osten, was weiß ich. Du wirst nicht in sie dringen. Ja, glaube an Wunder, glaube an Mysterien. Glaube, und bleibe am Leben.

Er begreift nach und nach, wie gefährdet diese komische kleine Barbarin ist – oder war. Sie sprach mit niemandem, außer das Nötigste. Sie hatte keinerlei Stammesgenossen hier im Hause; sie war so allein wie die Wurzeln im Wald, heimwehkrank, nicht verstehend, heulend und schimpfend, drauf und dran, eine ganze Närrin zu werden.

Die familia ist kein Seelentröster, dergleichen versteht sie nicht. Sie schützt ihre Mitglieder, indem sie sie einverleibt, sie sorgt für die Befriedigung aller elementaren Bedürfnisse – in einer guten familia wird jeder Sklave stets zu Essen, Trinken, Schlaf und Beischlaf kommen, wie er es nötig hat, und Schutz vor dem Herrn erhalten, soweit nur möglich. Sind mehrere eines Stammes da, so singen sie gemeinsam ihre Lieder, ehren ihre Götter, sprechen ihre Sprüche. Ist man allein und ein verstörtes Kind wie dieses, bleibt eben nur ein Geheimnis. Wer wagt, daran zu tasten?

Bei diesem Sklavenhändler mußte sie dann aufs Verkaufsgerüst, erzählt sie, und ob er schon mal auf dem Markt verkauft worden sei?

Auletes kann sich denken, was es für so ein Barbarenmädchen bedeutet, mit der römischen Zivilisation in Berührung zu kommen und öffentlich auktioniert zu werden; er selbst, Sklave von Geburt, hat dreimal den Markt überstanden, es ist nicht sonderlich anders als alles in der Sklaverei und wenigstens ehrlich. Einer, der dich Probeaufgaben nach Zeit rechnen läßt, deine Zähne mustert und dein Geschlechtsteil befühlt, kann sich später nicht als dein Freund (oder gar der der Menschheit) aufspielen, das ist schlechterdings unmöglich.

Darüber muß der gerupfte Spatz nun lachen mit ihren Zahnlücken. »Du bist einer«, sagt sie anerkennend, und ihre Geschichte ist nun eigentlich schon vorbei, denn der vortreffliche Herr Verwalter des noch vortrefflicheren Herrn Lucius kaufte sie vom Fleck weg wegen des schönen langen Haares, das ihr da inzwischen wieder gewachsen war, und nun ist sie hier, damit man Perücken auf ihr züchtet, und hat keine schwere Arbeit im Haus, auch ist keiner schlecht zu ihr. Seltsamerweise ist das nun wieder ein Anlaß, Tränen in die Augen zu bekommen. Nicht schlecht sein, das hilft nicht, das tut's nicht allein. Gut sein muß einer. Gut sein.

»Gut sein so wie du«, sagt dieses Kind, Anlaß für ihn, aufzustehen und schnell ein-, zweimal durch das große Zimmer zu gehen.

Die große Torheit

Indes sie weiter lernt, wird sie, statt froher, stiller, fast verzweifelt. Die Zeit verrinnt, von der man vorher so viel zu haben schien, auf einmal ist sie teuer, und man kommt nicht weiter. Schließlich muß man ihn fragen.

(Es ist wegen des Geheimnisses, jenes zaubrischen Amuletts, des Blatts Papier.)

Sie kann es nun doch nicht lesen, es sind andere Buchstaben, so daß sie es wohl oder übel dem Sklaven wird zeigen müssen, es sei denn, sie entschlösse sich, andere Sprachen und Schriften zu lernen, vielleicht hat sie Glück, und irgendwo ist ihre Schrift dabei. Viel allerdings, sagt ihr Lehrer, könne er ihr nicht mehr bieten, Griechisch noch und Kurzschrift, allenfalls ein paar alte ägyptische Zeichen ... Da ist nichts zu machen, sie greift oben in ihr Hemd und holt es heraus an einer Schnur, ein kleiner Leinwandbeutel, der zwischen ihren Brüsten hängt, und darin ist es, vielfach gefaltet, zerknittert, brüchig in den Knicken, unsauber.

»Es ist Griechisch«, sagt Auletes und geht näher an die Lampe (sie sind beide in seinem großen dämmrigen Zimmer beisammen, bereit, eine halbe Nacht lernend und lehrend zu verbringen oder länger, bis Flavilla am Tisch einschläft oder fortgeschickt wird; gähnend, fröstelnd schlurft sie dann in den Sklaventrakt), und indem er liest, setzt er sich langsam. Das Papier fällt ihm eigentlich mehr aus der Hand; zerknittert, scharf in den Knicken, liegt es auf dem Tisch.

Schwindel, dir ist schwindlig vor Angst. Vergeblich, sich dagegen zu wehren, es geht dir wie eine Welle über den Kopf. Dein Leib brennt wie in Erwartung der Peitsche.

Man muß es ihr schließlich sagen, wo sie dich so erwartungsvoll anstarrt. »Das ist kein Amulett, Sklavin, sondern etwas sehr Gefährliches. Du bist ein Glückskind, daß du noch lebst, mit diesem Ding da um deinem Hals, und vor allem, daß du es keinem gezeigt hast. Wir wollen es verbrennen.«

Er streckt die Hand aus nach dem Zettel (vielleicht nicht sehr sicher im Augenblick), aber da ist sie nun schneller, sie wirft sich mit dem halben Körper über den Tisch, mit einem Laut der Empörung reißt sie ihn zu sich heran und verbirgt ihn wieder an ihrem Herzen, so nicht, Sklave, mein ist er, mir gehört er, nichts wird hier verbrannt. Und nun will sie wissen, was darauf steht.

»Ich werde mich hüten, es dir zu sagen«, erklärt Auletes scharf und erhebt sich. Außerdem habe er es schon wieder vergessen. (Als ob dein Gedächtnis, dieser unselige Fluch, in der Lage wäre, so etwas zu vergessen, Einprägsameres, Blitzhafteres nahm es nie auf wie dies. Du weißt es, es steht in deinem Hirn, ist vorhanden und deinem Wissen jederzeit entreißbar durch tausend Mittel; bei deiner geringen Standhaftigkeit gegen physischen Schmerz braucht es nicht einmal die Folter zu sein, die ersten zwanzig, dreißig Schläge mit einem schweren Instrument, einem Ochsenziemer zum Beispiel, werden dich hemmungslos alles ausschwatzen lassen, du kennst dich.)

»Du wirst ein gutes Mädchen sein und es mir geben«, redet er ihr zu, als wenn sie ein Kind wäre, indes er an ihrem Gesicht allzu deutlich sieht, daß sie ganz und gar nicht die Absicht hat, sich von diesem Papier zu trennen, nun schon gar nicht.

Bleibt nur, es mit einem schnellen Überfall zu versuchen; aber es zeigt sich, daß sie darauf vorbereitet ist. Sie wehrt sich mit allen Mitteln, sie kratzt und beißt, spuckt, kneift und tritt, und da ihr Gegner sich wenig dazu imstande fühlt, einer kleinen Germanin die Hände auf dem Rücken festzuhalten und ihr ein Amulett vom Hals zu reißen, wozu er ihre Beine mit den seinen umklammern müßte, in ihren Ausschnitt fahren und ihre nackten Schultern und Brüste berühren, endet der Kampf mit einem eindeutigen Sieg für Flavilla, die nun ihren Triumph ausnutzt und fordert – wie es ja ihr Recht ist –, endlich eine Erklärung über den Inhalt dieses Blattes zu erhalten.

»Flavilla«, sagt Auletes erschöpft. »Was für ein Feuer entfachst du unter uns! Das kann uns alle ans Kreuz bringen. Flavilla, hör einmal zu. Dies Blatt enthält Angaben einer Verschwörung.«

Sie ist den Tränen nah. »Ich weiß nicht, was das ist«, erklärt sie voll Zorn über ihre Unwissenheit.

Auch noch das. Ich werde ihr, damit sie's versteht, die alten berückenden Geschichten erzählen müssen, jene geflüsterten Träume; von Aristonikos, von Eunus auf Sizilien, dem König der Sklaven, von den Pyramiden-Erbauern, von allen, die es wagten ... Jene Geschichten, gefährlich wie Funken in einem dürren Wald ...

Noch immer ist dir schwindlig vor Angst – ist es wirklich nur Angst? Hat diese Angst nicht einen ganz anderen, ganz neuen Beigeschmack? Welches Gift, welches Feuer!

»Setz dich hierher, damit ich es dir erkläre. Nein. Ich nehme es dir nicht mehr weg«, sagt er resigniert. »Ich kann dich nicht derb anfassen.« Und ungeduldig: »Soll ich dir Eide leisten, damit du mir glaubst?«

Sie hat noch nie erlebt, daß er zornig sein kann. Sein Versuch, handgreiflich zu werden, hat sie nicht erschreckt, dergleichen kennt sie, es ist Bestandteil ihres Lebens. Aber sein müder Zorn, dieser trauervolle Ingrimm verstören sie. Schüchtern setzt sie sich, anzuhören, was eine Verschwörung sei (erst verständnislos, dann langsam begreifend). In ihrer Kehle wächst ein wilder Jubel, der sich nicht entladen darf, sie drückt die Hände gegen ihren Mund, um still zu sein.

Und er liest in ihren Augen, daß gerade das geschehen ist, was er verhindern wollte. Verhindern wollte? Mußte er, um es zu verhindern, auch noch jene uralten geraunten Worte vom Nil hersagen: »Die Reichen sind in Trauer und die Armen in Freude ..., das Land dreht sich um wie eine Töpferscheibe ...«, von Generation zu Generation in dunklen Nächten weitergegeben, Kunde der Hoffnung und des Trotzes, »das Land dreht sich um wie eine Töpferscheibe ...«

Flavillas Gesicht ist aufgerissen wie ein Feld unterm

Pflug, und wie bei einer Trunkenen glänzen ihre Augen. »Die Reichen sind in Trauer und die Armen in Freude …«

»Kind, hör mir zu«, sagt der Sklave eindringlich und verzweifelt, er nimmt ihre Hände in die seinen, »hör mir zu! Es ist nie geglückt, hörst du? Sie sind alle tausend und aber tausend Tode gestorben, gefoltert, gekreuzigt, verbrannt, geschlachtet, ihr Blut ist umsonst geflossen, verstehst du …« (Verzeih mir's der Himmel, daß diese Worte wie ein Triumphgesang aus meinem Munde kommen!)

Sie starrt vor sich hin, willenlos überläßt sie ihm die Hände, mit jenem Glanz der Trunkenheit in den Augen. »Aber sie waren frei«, flüstert sie.

Schrecklichste aller Versuchungen, lieber stehend sterben zu wollen, als auf den Knien zu leben, törichte und süße Lockung; lieber ein toter Löwe denn ein lebendiger Hund, ach, schon stehn wir in Flammen. Angst und Glück.

»Hör mich an, hör doch!« Er faßt ihr Gesicht, zwingt sie, ihm in die Augen zu sehen (als wenn sich das verderbliche Feuer nicht auch schon in seinem Blick spiegelte!). Jener Gladiator habe ihr einen schlechten Dienst erwiesen mit diesem furchtbaren Blatt. Ob sie es die ganze Zeit so um ihren Hals getragen habe? Ja? Ein ständiger Selbstmordversuch. Unvorstellbares Glück, daß sie es keinem gezeigt habe. Und er ergeht sich in erregten Tiraden über die Verantwortungslosigkeit mancher Sklaven, die törichte Kinder wie sie leichtfertig in Lebensgefahr brächten.

Aber da hat sie Einwände. Er solle nicht so schnell sprechen, zunächst, falls er wolle, daß sie ihn verstünde. Der Gladiator, was den angehe, sei ein guter Mensch gewesen. Denn er habe ihr vertraut. (Vertraut, sagt sie. Das hat man davon, wenn man einem Barbarenmädchen die Begriffe des höheren Ethos und der Würde beizubringen versucht.) Er habe es, sagt sie grübelnd, ihr gegeben und keinem anderen. Das zeigt, er habe gewußt, sie würde es nicht zerreißen und aufessen, noch etwa an einer Lampe verbrennen, sie nicht. Sondern es treulich bewahren und …

Hier unterbricht sie ihr Freund und Lehrer, der Sklave Auletes, indem er ihr beschwörend die Hand auf den Mund legt. Sie schweigt denn auch, solche Gesten, flehend und eindringlich, kennt sie nicht an ihm.

Er geht durch den Raum, nicht so ganz sicher auf seinen Beinen, man bekommt von der Angst schnell weiche Knie. Wenn du nur wirklich sicher wärst, daß es die Angst ist (die du ja zweifellos hast), von der dir so seltsam zumute ist.

»Weder die Milde des Herrn Lucius noch die Gnade aller Götter der Welt befreit uns vom Kreuz, wenn kundbar wird, was wir da haben. (Sage ich: wir?) Wir stehn unterm Todeszeichen, verstehst du? (Sie sieht dich an und nickt, als hättest du ihr verkündet, es ginge zur Hochzeit.) Wir können keinen Augenblick mehr sicher leben.«

Und da muß denn nun diese unwissende Wilde den Mund auftun und dich belehren, indem sie ganz einfach fragt: »Haben wir denn jemals einen Augenblick sicher gelebt?«

Es ist still in dem großen Raum. Solche Frage ist gar keine Frage, sondern eine Antwort. Eigentlich mußt du dich jetzt sehr schämen, Auletes. Ein vernünftiges Argument, ein Problem der Logik. Und du fällst auf so etwas herein, Sklave!

»Voraussetzung ist«, sagt er und beginnt nun, das alles zu ordnen, »Voraussetzung ist zunächst einmal, daß wir zu schweigen verstehen. Ich will das alles bedenken, Sklavin. Da wir es nun wissen, können wir es sowieso nicht ungeschehen machen. Womit versichere ich mich deines Schweigens?«

»Ich will knien und schwören«, erbietet sie sich.

Auletes muß nun doch lachen inmitten dieser vielen

neuen und schrecklichen Dinge. Knien und schwören! Sind wir beim Theater? Es genüge ihm, wenn sie es verspreche.

»Beim Leben meiner Brüder und Schwestern daheim«, sagt sie eifrig und feierlich. Sie lacht vor Freude – Anlaß genug für ihn, noch einmal eindringlich zu mahnen, das sei kein Spiel und kein Abenteuer, sondern ginge auf Leben und Tod. Sie wisse, oh, sie wisse.

Und es ginge natürlich keinen Augenblick länger, daß sie diesen Flammenwerfer mit sich herumtrage an ihrem Hals. Sie müsse ihm das geben, damit er es aufbewahre – da hat sie schon wieder ihre Hände auf die Brust gepreßt und sieht so verstockt drein wie eh und je.

»Mädchen«, sagt Auletes traurig und ziemlich am Ende seiner Kräfte, »ich kann dir nun keine Eide schwören, da ich keine Schwestern und Brüder habe und von den Göttern nicht allzuviel halte. Wenn du mir jetzt nicht vertrauen kannst, so wie jener Gladiator dir vertraut hat, sind wir beide verloren. Ich will es weder zerreißen noch verbrennen. Mir geht es darum, dein Leben zu erhalten und meins. Aber ich werde dir auch nicht sagen, was dies Blatt enthält, bevor ich nicht noch einmal alles genau bedacht habe, auch, ob es für dich gut ist, es zu wissen. Wir müssen dann gemeinsam überlegen, was zu tun ist. Ich weiß schon, daß ich nicht sehr vertrauenerweckend bin ...«

Sie löst stumm die Schnur von ihrem Hals.

In was läßt du dich ein!

Du kannst es noch immer vernichten. Du kannst dies Kind vielleicht noch überzeugen (nichts, was unmöglicher wäre!). Du kannst dich bedenken. Du mußt dich bedenken. (Steht das Ergebnis nicht schon fest? Aber sicher, du mußt dich bedenken.) Du kannst diese neue Art Angst gegen die alte wieder zurückzutauschen versuchen.

Auletes öffnet die Tür. »Geh schlafen, Sklavin. Wir haben morgen beide zu tun.«

Sie erhebt sich, mit ihren glänzenden Augen und dem seltsamen Ausdruck auf dem Gesicht gleicht sie wahrhaftig einer Mondsüchtigen. Bei Auletes angekommen (er steht gebückt am Türpfosten), bleibt sie stehen, hebt sich auf die Spitzen ihrer Füße und küßt ihn auf die Stirn. Da sie schon einmal auf den Zehen ist, geht sie auch so hinaus, obwohl nicht der geringste Grund dafür vorhanden ist.

Verfallene Häuser

Genaugenommen gibt das Papier über sehr weniges Auskunft – dafür ist das wenige klar und sachlich, was denn Auletes von vornherein einnimmt für das Unterfangen. Nichts weiter steht da, als: wer dies bekäme, möge achtgeben und sich und seine Mitsklaven vorbereiten auf die Ereignisse (welcher Art sie seien, bleibt dahingestellt). Sodann wird ein vereinbartes Zeichen genannt: eine gewisse Art, mit der linken Hand die Schläfe zu berühren, und eine Adresse in der Subura nebst zweien in Capua und Puteoli, zu deren einer dies Papier zurück müsse. Überdies die einander widersprechenden Anweisungen, höchst vorsichtig zu sein und andererseits »viele, unzählige« einzuweihen und vorzubereiten. Kein Pathos, nichts Mystisches, keine Apokalypse. Gewinnend.

Auletes beschließt, zunächst das zwar Gefahrvollere, dafür aber Konkrete zu tun und die bewußte Anschrift aufzusuchen – schon, um den hoch gefährlichen Zettel loszuwerden.

Die Adresse erweist sich als ein unbewohntes, baufälliges Mietshaus, am Rand der Stadtmauer klebend wie ein Schwalbennest, eine »insula«, in der streunende Katzen ihr Wesen treiben. Die Treppenstiege hat kein

Geländer, und ab und zu fehlen ein paar Stufen, so daß er eigentlich umkehren will, dann aber doch hinaufturnt, da er im obersten Stockwerk ein Geräusch hört, das freilich auch von den Katzen herrühren kann.

In einem Raum ohne Tür steht ein Dreifuß mit einem Kohlenbecken, darauf liegt ein Bratspieß mit einem halbgaren Stück Fleisch, gedreht von einem spitznasigen Jungen. Als er ihn erblickt, weicht er zur Wand zurück und greift zu einem Wurfspieß (aus Heeresbeständen, nach dem Signum am Schaft), der da neben einem Ginsterbesen lehnt – ansonsten ist der Raum leer.

Das kann ja gut werden. Natürlich ist er unbewaffnet, wüßte auch nicht, was mit einer Waffe anzufangen wäre. Sie stehen und starren sich an ohne ein Wort, dann fällt Auletes die in dem bewußten Wisch von Klein-Flavas Hals genannte Gebärde ein, und er führt die Hand zur Schläfe, wobei er sich sehr albern vorkommt.

Die Wirkung ist verblüffend. Augenblicks legt der Junge sein Mordinstrument beiseite und geht an ihm vorbei zur Tür hinaus, über die Achsel weg sagt er: »Paß auf mein Fleisch auf.« Dann hört man ihn die morsche Treppe hinunterprasseln.

Die Situation ist zumindest neu und birgt auch für einen Kenner der Klassiker keinerlei historische Parallele. In dem leeren Zimmer einer abbruchreifen insula einen Bratspieß über dem Feuer drehen ist nicht das, was man als Teilnehmer einer Verschwörung erwartet. Auletes muß sich eingestehen, daß er irgend etwas mit finsteren Kellergewölben, dunkel vermummten Gestalten und blutigen Eidschwüren im Sinn hatte, als er hierher ging. Ihm ist nicht wohl zumute bei der ganzen Sache, ohnehin nicht, am liebsten möchte er die günstige Gelegenheit nutzen und sich wieder davonstehlen, das Schicksal gibt vielleicht eine Chance, unser Unglück zu vermeiden, aber ich muß ja das Fleisch überm Feuer drehen.

In diesem Auftrag besteht eine Art Vertrauensbeweis, wenn man so will (sicher wegen der Hand an der Schläfe), und Leute, die sich ihr Mittagessen zubereiten, werden mit Übeltaten zumindest warten, bis sie gespeist haben. Zudem steht neben der Lanze ein Besen, das wirkt hoffnungsvoll. Man scheint auf Ordnung zu halten, wenn auch Ordnung innerhalb dieser Trümmerwelt eigentlich von vornherein sinnlos erscheint und gerade der Besen das auch wieder sehr suspekt macht.

Unterdessen knarren die Dielen wieder, und in der Türöffnung erscheint ein weißgesichtiger Mann unbestimmbaren Alters, mit einer Glatze innerhalb eines farblosen Haarkranzes und rot entzündeten Augen – dem Anschein nach ein Bäcker, Müller oder Walker. (Den Jungen mit dem Fleisch siehst du nicht wieder und hast infolgedessen das Vergnügen, während der ganzen recht spärlichen Unterhaltung mit dem Mann den Bratspieß zu drehen.)

Der Bleiche betrachtet ihn schweigend von oben bis unten und streckt dann die Hand aus. (Man scheint hier oben erklärter Gegner von verbaler Verständigung zu sein.) Du begreifst, daß man von dir den bewußten Zettel erwartet, zerknittert, vergilbt, scharf in den Knicken. Zögernd führst du die rechte Hand in den linken Ärmel und förderst das Papier zutage. Sosehr du darauf branntest, es los zu sein, so ungern trennst du dich jetzt davon.

Der Farblose nimmt es, faltet es auseinander und studiert es so sorgfältig, als sähe er dergleichen zum erstenmal, wobei er mit dem Finger den Zeilen folgt. Dann läßt er es auf das Kohlenbecken fallen (zu dem Fleischspieß), wo es sich, schneller, als man hinsehen kann, in schwarzverkohlte Restchen auflöst. Dann sagt er (man spricht also doch!): »Name und familia.«

Er heiße soundso, sagt Auletes verärgert, und sei

literatus im Hause des Lucius. »Und um dies Papier zu verbrennen, hätte ich mich nicht diese Treppe hoch zu wagen brauchen, das hätte ich auch zu Hause erledigen können.« (Und dreht brav seinen Bratenwender.)

Der Einwurf wird nicht beachtet, er scheint gar nicht bis zu den Ohren des Mannes gedrungen zu sein. »Du wirst deine familia vorbereiten. Wie ist die Stimmung bei euch?«

Auletes zuckt die Achseln. »Nicht schlechter und nicht besser als überall.«

»Gut«, sagt der Langsame. »Daß du gebildet bist, ist auch gut. Du wirst eine Gruppe schaffen, die du einweihst, zuerst drei oder vier. Danach die anderen. Sie müssen besonnen sein, verstehst du, besonnen! (Überflüssige Bemerkungen, findet Auletes.) Die Art der Vorbereitung liegt bei dir. Sie müssen lernen. Je mehr, desto besser. Sonst warte ab. Besondere Anweisungen stellen wir dir zu. Du bist uns verantwortlich.«

»Du hast mich nicht gefragt, ob ich bereit bin, verantwortlich zu sein«, sagt Auletes. (Soll ich, außer den Befehlen meines Herren, jetzt auch den Befehlen dieser Unsichtbaren gehorchen, die die Hand an die Schläfe führen?)

Der Blasse sieht ihn mit seinen entzündeten Mehlstaub- oder Kalkaugen an. »Du bist ja *da*«, sagt er, und in seinem Lakonismus liegt ein kleiner Unterton von Verwunderung. (Natürlich, ich bin da. In was laß ich mich ein!) »Du kannst jetzt gehen«, wird ihm bedeutet. Als er schon auf der Schwelle ist, sagt der Mann noch etwas. Er sagt: »Du weißt es nicht besser, Bruder. Wir wissen es besser.«

Auletes sieht ihn an; er ihn aber nicht. Er hat für sein Teil jetzt das Geschäft des Fleischbratens übernommen und hantiert über der Glut.

Unten, nach halsbrecherischer Kletterei über die zahnlückige Treppe, steht da ein anderer Bengel, noch kleiner und dünner als der vorhin, ebenfalls von bäckerhafter Blässe. Er pfeift gellend auf den Fingern, als er dich sieht, und schießt dir mit dem Blasrohr eine Erbse gegen den Hals.

Wenn ich denn nun verantwortlich bin, verantwortlich vor ihnen, will ich's auch vor mir verantworten können. Das nun wenigstens. Daß die armen Seelen nicht in ein Abenteuer gestürzt werden, in das sie hineingehen wie die Toren in den Isistempel und aus dem sie hervorkommen wie gerupfte Schafe, wenn überhaupt.

Daß es gerade mir begegnen muß, ist schlimm genug, und noch schlimmer, daß ich der Versuchung nicht hab widerstehen können, sondern hemmungsloserweise mich einfangen ließ von den Wünschen der kleinen Barbarin, der erbarmungswürdigen.

Immerhin, wenn sie's unternehmen sollen allesamt (was ich noch bezweifle, denn ihnen geht es nicht übel im Hause des Lucius), so wenigstens sehenden Auges und als Wissende. Ich werde sie ausforschen, wie ich es gewohnt bin als Lehrer, und so wird in Zukunft nicht allein dieser gerupfte Spatz meine Schülerin sein, sondern ein paar mehr (zudem ist es besser, mit ihr nicht allzu viel allein zu sein).

Und, ihr lieben Besserwisser und Verantwortlichmacher aus der Hausruine, das gelob ich euch: Wenn sie's nicht wollen, wenn sie meinen, so was tut man nur in äußerster Not, und es ginge schon noch recht und schlecht die Zeit ihres Lebens beim Gnädigen, dann gut, dann vergessen wir's wie den verbrannten Zettel, dann treibe ich sie euch nicht ans Messer, damit zu eurem Blut noch das von hundert Menschen mehr dahinfließe für nichts und wieder nichts, sondern alles ist null und nichtig. Dann steig ich wieder hinauf, eure löcherigen Stufen, die Hand auf eine gewisse Weise an der Schläfe, und sage: »Danke schön, ohne die familia des Herrn Lucius. Eine kleine Geschorene ist da, die könnt ihr mitnehmen.« (Obwohl es mir leid wäre um die. Gerade um die.) – Bloß, ich befürchte, es wird nicht dazu kommen. Oder hoffe ich es?

Sie kommen alle

Ihre erste Eingeweihte ist Chrysis, die resolute Alte aus der Küche, die es wagte, die Meinung aller zu bündeln und ihm ins Gesicht zu schleudern, eine Frau, zu der Flavilla manchmal »liebe Mutter« sagt, obgleich sie eher strengen Charakters ist und nicht das, was sich ein liebebedürftiges Kind aus den nördlichen Wäldern unter einer Mutter vorstellt. Dafür ist sie gerecht. Sehr gerecht.

Nicht etwa, daß sie ihr die Sache mit dem Zettel erzählt hätten. Sie wird nur vom gerupften Spatzen befragt, ob sie wohl Lust habe, des Abends in Auletes' großes Zimmer zu kommen. Man wolle da lernen und sprechen. Wenn sie jemanden wisse, der es auch mag, so solle sie ihn mitbringen. Chrysis, die stets etwas tränenden Augen fest auf Flavilla gerichtet, sagt: »Lernen? Sprechen? Jemanden mitbringen? Ich verstehe. Natürlich.« Sie begreift sofort, sie ist ja alt genug.

Ihre Beziehungen zu Auletes haben sich nach seiner provozierten Bestrafung umgewandelt, wie die der ganzen familia. Halbe Nächte lang hat sie bei ihm gesessen und ihm, da er fieberte, kalte Kompressen auf die Stirn gelegt. Nun denn: lernen, sprechen, jemanden mitbringen. So einer also. Das steckt dahinter. Chrysis ist nicht willens, sich über etwas zu wundern.

Die familia, die immer alles weiß, erfährt auch das sehr schnell: daß man bei Auletes, dem Neuen (das wird er so lange bleiben, bis irgend jemand dazugekauft wird, so ist es nun einmal Sitte), daß man in seinem großen, ungestörten Zimmer jetzt zusammenkomme abends, wo er dich Buchstaben lehrt und wo es Geschichten gibt und Gespräche.

Lucius' Haus ist kein Fronkerker, und der Herr Verwalter bei aller anerkennenswerten Tüchtigkeit viel zu sehr vom genius loci, der in diesem wie jedem Falle der Geist des Herrn ist, abhängig, als daß er es in eine peitschenschwingende Arbeitshölle verwandelte. In einem solchen Haus ist man zwar abends, als Sklave, rechtschaffen müde, aber man ist auch einmal bereit, zwei Stunden daranzugeben zwecks neuer Erfahrung und Kennenlernen von etwas noch nicht Dagewesenem. Zudem gibt es in einem so großen Anwesen, so vollzählig mit Arbeitern bestückt, immer einmal Freizeit hier und da, so daß sich Auletes' Zimmer nicht nur des Abends, sondern auch tagsüber erst einmal in ein zweites Atrium verwandelt, wo immer der oder jener herzugeht, neugierig herumsteht, fragt, sich erklären läßt.

Zunächst dies ständige Kommen und Gehen. Manche sind ein-, zweimal dabei des Abends, dann nicht mehr. Neue kommen, andere bleiben bei dieser seltsamen Sache, die Auletes für sich mit Verwunderung und Spott die Abendakademie nennt. Was sie machen? Als erstes, und ganz ernsthaft, lernen sie lesen. Darüber hinaus aber, und das ist nun das ganz und gar Aufregende, versucht ihr Lehrer Auletes, sie zum Nachdenken über sich selbst zu bewegen. Nach der alten sokratischen Methode, mit Erfolg einst angewandt bei einem gewissen jungen Lucius, hilft er ihnen und sich selbst, sich und ihre Herren zu erkennen. Ein Abenteuer! Das dritte aber und am behutsamsten Begonnene, kaum Gewagte: ihren Herzen die Saat des Kommenden einzupflanzen durch Märlein.

Das geht so durch zwei, drei Wochen, und inzwischen vermag die kleine Germanin schon ein recht ordentliches Diktat auf ihrer Schreibtafel nachzuarbeiten und kann sich vor Stolz darüber gar nicht beruhigen, als Chrysis sagt: »Es gehen noch nicht alle richtigen Leute zur Schule.«

Sie sind zu acht oder zehnt des Abends, und manche schlafen stets ein über dem und jenem, was man nur allzu gut verstehen kann, denn sie sind von ihrer Arbeit erschöpft und des Denkens ungewohnt. Aber alles in allem wackere und bemühte Schüler.

»Was meinst du damit?« fragt deshalb Auletes.

Chrysis, auf ihren Fersen kauernd und gleich ihm selbst beschäftigt, Flavillas übrige Flachsschlicken zu entwirren (wobei sie gutmütig auf »das Kind« schimpft), zählt her: »Wir haben viel Gute. Da ist der Masseur, dein Freund, ein Ägypter wie du. Die hispanischen Pferdewärter, gut. Solitù von der Kleiderkammer. Der Mohr, der vor der Sänfte läuft. Die vom Garten. Die Vorarbeiterin der Bademädchen, eine kluge Frau, erfahren und gewitzt. Alles gut. Uns fehlt noch der Fechtmeister. Er läuft herum und ist allein, weil der junge Gnädige ihn nicht braucht, und wird davon auch nicht lustiger. Dabei ist er der einzige, der wirklich mit Waffen umgehen kann hier im Haus. (Auletes erschrickt tief, denn das erstemal wird ihm klar, wie sehr Chrysis begreift.) Und dann der Koch.«

»Wieso der Koch?« fragt er.

Chrysis seufzt. »Komm einmal zu uns in die Küche, Grünäugiger, wenn der Herr Gäste erwartet, und du wirst sehen. Sehen und wissen.«

Die Küche ist immer halbdunkel, aber daran kann man sich gewöhnen. Sie gehört zum ältesten Teil des oft umgebauten und erweiterten Hauses, urväterlich, es fehlt nur, daß ein Bach hindurchströmt, aber den ersetzt die städtische Wasserleitung, die hier überhaupt nicht abgestellt wird, sondern – wozu bezahlt der Herr Lucius schließlich die erheblichen Gebühren für sein

Privatbad – ständig in breitem Strahl sich in ein steinernes Becken ergießt, überfließt und als Rinnsal in den Garten plätschert. Auf dem gewaltigen Herd, einem archaischen Monstrum, brennen vier Feuer: zwei langsame Kohlefeuer, ein hell loderndes von trockenen Zweigen und ein Tränen hervorrufendes Qualmfeuer von frischem Pappellaub, durch das bestimmte Speisen rauchigen Wohlgeschmack annehmen sollen.

Es ist eine Stunde vor dem Eintreffen zweier Senatoren aus Lucius' Bekanntschaft, mit denen er ein »einfaches Frühstück« einzunehmen gedenkt nach Anweisung des einen majordomus.

Auletes, auf seine Frage, ob er zuschauen dürfe, wird bedeutet, er dürfe alles, außer Im-Weg-Stehen und Dazwischenreden, und er verzieht sich in eine dunkle Ecke, wo man ihn bald vergißt über der Arbeit.

Alle hier haben hochrote Gesichter und sind naß von Schweiß (es mögen sechs oder acht sein, darunter Chrysis, die Gemüseköchin ist – eine geringe Zahl, die von guter Arbeitsteilung zeugt) – abgesehen vom Koch selbst, einem fahlen Inselgriechen, der in nichts dem Bild gleichkommt, das man sich von seinem Stand zu machen pflegt: Er ist eher mager, geschmeidig, dichte schwarze Brauen über tiefliegenden Augen. Die meiste Zeit sitzt er mit gekreuzten Beinen auf dem Tisch, neben sich einen Krug Milch, aus dem er mit einem Strohhalm trinkt, um seine Geschmacksnerven zu neutralisieren. Die Hand, mit der er sein Getränk ergreift, zittert. Seine Stimme, weich und metallisch zur gleichen Zeit, füllt den Raum. Und er spricht so: »Pappelholz nachlegen! Langsam, sagte ich! Sind eure Schädel eigentlich leer? Zuerst den Meeraal, und auf einem Sieb. Was nimmst du da für Salbeikraut? Es taugt nicht, Glaukon, ich will es dir in den Mund stopfen, wenn du erst am Kreuz hängst. Fang mit den Zwiebeln an, Chrysis, sie brauchen länger. Die Ente! Wer paßt da nicht auf? Wie oft soll ich euch eigentlich noch auf das

Feuer hinweisen? Es gibt heute noch Tränen. Das Sieb! Die Schüssel ist zu klein. Wozu leckst du jeden Abend die Kochtöpfe aus, daß du bis zu den Ohren darin verschwindest, wenn jetzt noch Knoblauch drin ist? Keine Widerrede, ich rieche es. Na also. Ersticken sollst du, daß dir das Maulwerk stillsteht. Der Schinken ist mürbe. Öl und Honig zu gleicher Zeit, auf kleinem Feuer. Wie weit bist du, Glaukon? Gut, ich komme. Öl, Pfeffer! Mehr garum dazu, seid ihr denn närrisch? Seit fünf Jahren koche ich in diesem Haus, und ihr habt immer noch nicht begriffen, wieviel garum ich an Saucen nehme. Vorsicht mit dem Aal, Sklaven, wenn er zerfällt, können wir uns gleich gegenseitig den Rücken braun und blau prügeln, um Afer die Arbeit zu ersparen. Seid ihr wahnsinnig? Langsam, langsam, sage ich! Das sind die Arbeiten des Herkules. Grüne Feigen, grüne, nicht dieses Zeug! Danke, das stimmt. Soll ich auf den Knien bitten, beim Wenden vorsichtig zu sein? Die Ente herunter. Pomona, hilf uns! So, das wär's. Jetzt zu dem Schinken. Weinblätter, ja. So.«

Er spricht, und er unterbricht sich nur, um etwas zu kosten, Milch darauf zu trinken oder eine besonders wichtige Handlung selbst vorzunehmen. Sonst eben – spricht er. Die Küche, erfüllt von den schnellen, präzisen und wissenden Bewegungen seiner Gehilfen, gleicht einem Kampfplatz, auf dem jeder seinen Gegner kennt und den ihm zukommenden Teil des Gefechtes liefert. Obgleich er schimpft, ist niemand gereizt, er selbst am allerwenigsten. Es gehört dazu. Eher ist der große Raum erfüllt von der freudigen Hektik gemeinsamen Schaffens. Kaum einer sagt etwas. Der dazwischenredende Glaukon wird von allen gemeinsam zur Ruhe gezischt. Sie gehorchen, aber sie gehorchen anders als sonst, es macht ihnen Freude. Die weiche und metallische Stimme dieses, der die Übersicht hat und ihr Vertrauen, vermag das.

Auletes begreift.

Nachdem das »einfache Frühstück« (ein Diner von sechs Gängen) zur vollen Zufriedenheit des Gnädigen und seiner Herren Gäste stattgefunden hat, geht er zum Koch (dessen Hände zittern noch mehr, und er trinkt Unmengen Milch). »Willst du nicht abends zu uns kommen, Sklave?« Der schweigt. »Ich glaube, wir brauchen dich in diesem Haus.«

Sie sehen sich in die Augen. »Gut«, sagt der Koch mürrisch, »wenn es denn sein muß.« Von da an ist er abends dabei.

Geschichten von der Sonne

Es ist wieder Chrysis, die drängt, kühner zu werden. »Wir sind beisammen. Laß uns richtig anfangen.«

So entschließt sich Auletes denn eines Abends klopfenden Herzens, leise raunend zu erzählen über Blossius von Cumae.

Wie er ins Haus des alten adligen römischen Geschlechts gekommen sei, um seine Kunst der Erziehung anzuwenden an den Söhnen jenes Hauses, und wie er in die Herzen der Römerkinder das Wissen gepflanzt habe von der Gleichheit aller Menschen, von dem Willen nach Freiheit und der Verderbnis römischen Wesens, so daß die beiden, zu Männern erwachsen, aufstanden und Gerechtigkeit forderten in Rom. Und da sie reich waren und mächtig und da das Volk sie liebte, wagte ihnen zunächst niemand entgegenzutreten. Aber die Angst der Oberen wuchs, je mehr die Söhne der Gerechtigkeit zur Macht kamen, und mit der Angst ihr Haß, so daß sie sie denn töteten, erschlugen und ertränkten. Blossius aber blieb am Leben, mit ihm das, was er gedacht hatte.

Wie er dann auszog, fort aus der Stadt der Wolfssöhne, in den sonnigen Osten. Dort lebte ein Königssohn, dem neideten seine Brüder das Reich, weil er von einer Sklavin geboren war. Aber die Götter liebten ihn und pflanzten Mut und Stärke in sein Herz. Und zu ihm sprach die Sonne: Höchstedler Prinz, du mein wahrer Sohn, sieh mich und meine Strahlen der Gerechtigkeit, die ich den Herren bescheine wie den Knecht, und schaffe mir ein Reich, in dem alle gleich und frei sind, so daß ich ihre Tränen nicht mehr sehen muß, sondern das Leben ein Lachen sein wird den Menschen. Und nenne es Reich der Sonne. Sprach der Prinz Aristonikos: Wie das aber? Und die Sonne gab ihm ein, daß ein Mann zu ihm kommen werde, der wisse den Weg. Und dieser Mann war Blossius.

Und sie ergriffen die Schwerter und zogen aus, gemeinsam zu bekämpfen die Ungerechtigkeit und den Staat der Sonne zu errichten, und wandten ihre Waffen gegen die Söhne der Wölfe, die dieses Land beherrschten wie viele andere auch, doch zugleich auch gegen die Reichen und Hartherzigen ihres Volkes. Blossius aber lehrte, und der mutige Prinz focht es aus, und ihm hing sich vielerlei Menschenart an, die da weinten und litten und die da hungerten und dürsteten nach der Gerechtigkeit. Und sie siegten.

Dann aber kamen die Römer mit gewaltiger Heeresmacht, wiederherzustellen ihre Welt, die schon zu zerschmelzen drohte unter den Strahlen des neuen Lichtgottes. Aristonikos und die Seinen verloren Stadt um Stadt. Schließlich blieb ihnen nur noch eine einzige Veste, in die schlossen sie sich ein, rings umlagert von römischen Truppen. Als aber Speise und Trank zu Ende gingen und sie wußten, daß ihre Tage gezählt waren, sprach Blossius, der Lehrer, zu dem Prinzen: Siehe, wir waren Bürger der neuen Welt, und das Licht war mit uns, und Freude und Lachen der Menschen haben begleitet, was wir dachten und taten. Da aber dies alles zu Ende sein soll und die Sonne, Mithras, unser Herr, uns verläßt, vielleicht, weil wir nicht stark genug waren, so will ich nicht warten, bis mich die Wölfe zerreißen, eingedenk ihres alten Hasses gegen mich. Sondern ich will vorangehen. – Und er nahm ein Giftkraut in seinen Leib und verschied.

Dies aber ist die Geschichte von Blossius.

Die Reaktion ist erschreckend. Er hat nicht mit ihren kindlichen Seelen gerechnet, noch mit ihrer Unkenntnis von Historien, so daß sie diese Geschichte prägen muß wie ein Siegel das Wachs; nicht mit ihrer Phantasie, die auflodert wie dürres Stroh, in das Feuer fällt. Flavillas Entbrennen damals, so sagt er sich jetzt reuig, hätte ihm Richtschnur sein müssen, aber er dachte nicht, daß sie alle so sind. Wie sie da vor ihm sitzen: Hochrot oder totenblaß, mit heftig gehendem Atem, die Fäuste auf die Brust gepreßt, so hat er sich's entwickeln sehen im Lauf der Erzählung, die unterbrochen wurde von ihren leisen Aufschreien, ihren Seufzern, ihrem Zungenschnalzen oder Lachen. Ein paar Frauen laufen die Tränen, und Flava, der Spatz (obgleich sie ja die Geschichte, zumindest in ihren Grundzügen, schon kannte), weint laut mit offenem Mund. Natürlich, wo es tränenreich zugeht, darf sie nicht fehlen. »Weh um unsern Bruder«, klagen die Frauen.

Mit Erstaunen vernimmt er's, der Stoiker und Römererzieher, der geplagte Lehrer, der Theoretiker. Sie sehen Blossius als ihren Bruder an. Weh um den Bruder! Ganz einfach, es gibt da keine Schwierigkeiten. Was für Hoffnungen sind das für unsereinen!

Chrysis, sie, die es hervorgerufen hat und genau um den Zweck des Geschichtenerzählens weiß, sie ist nicht ausgenommen von der allgemeinen Ergriffenheit. Sie ist es, die nun fragt: »Und der höchstedle Prinz? Der Sohn der Sonne?«

Soll ich von seiner Himmelfahrt lügen und seiner Wiederkehr dereinst? Soll ich sie in gläubigem Hoffen entlassen und alles auf später verschieben? Alles eine Probe sein lassen? Oder weitergehen auf dem gefährlichen Pfad? In was läßt du dich ein, in was! Er sagt leise: »Er fiel in die Hände der Römer und ward im Triumph in Die Stadt gebracht. Ihr wißt, was das heißt.«

Sie wissen es, wie man sieht. Sie springen auf, laufen im Zimmer auf und ab, Flüche und Wehrufe auf den Lippen, Fäuste werden geschüttelt.

Kein Gedanke, daß ich hingehen kann in das verfallene Haus und sagen: Danke schön, ohne die familia des Herrn Lucius. Kein Gedanke. Sondern das Gegenteil.

»Meine Freunde«, sagt er, »hört mir zu.« (Sie tun es sofort, willig setzen sie sich wieder um ihn herum auf die Erde, erwartungsvoll, was nun kommt.) »Sie leben nicht mehr, unser Bruder Blossius und der Sonnenprinz. Aber seht, wir wissen, was sie gedacht haben. Hier dies Buch enthält viele Meinungen des Blossius. Wollt ihr, daß wir, im Lauf der Zeit, sie erkennen und verstehen lernen, damit sie so in uns weiterleben?« (Beinahe hätte er gesagt: damit wir ihnen nachfolgen. Zum Glück kommt keiner darauf.)

Es versteht sich, daß sie's wollen.

So leicht also ist es. Da muß man sich gar nicht aufs Weissagen und Feuerspeien verstehen, um sie zu gewinnen. Eine einfache Geschichte von vor fünfzig Jahren tut's, und sie würden blindlings dahinrennen, wenn man sie nicht zügelte. O Himmel, was für Aufgaben, was für Verantwortungen vor diesen Menschenseelen, welche Zukunft! (Und vor allem wollen wir in der nächsten Zeit die Märlein sparsam dosieren und sie lieber lehren zu denken, denn das tut ihnen not neben den Träumen.)

Also versuchen sie denn, sich selbst hervorzudenken in der kommenden Zeit, und er schreibt auf, was sie sagen, um es zu sortieren und ihnen wieder vorzulegen als das Ihrige – ein Vorgang, der von ihnen mit so ehrfürchtigem Staunen bedacht wird, als könne er zaubern.

Sie fangen immer mit etwas ganz Selbstverständlichem an, so zum Beispiel: Die Sklaven des Hauses mögen den Herrn nicht sonderlich. Das wäre zu erforschen. Warum? Er ist nicht rachsüchtig und nicht grausam, eher gleichgültig, oft freundlich. Aber: Er läßt dem Verwalter zuviel freie Hand, und der wirtschaftet in seine eigne Tasche auf unsere Knochen.

Der Herr, man kennt sich nicht aus. Manchmal sieht es so aus, als habe er Furcht.

»Furcht«, fragt Auletes und notiert während des Sprechens, die Tafel auf den angezogenen Knien. »Furcht, wieso Furcht? Vor wem?«

So befragt, zuckt man zunächst die Achseln. »Vor dem, was er haßt«, sagt jemand. »Und wen haßt er: uns.«

Das sieht schon fast nach einer umwälzenden Erkenntnis aus – man ist bereit, sich staunend in die Augen zu sehen: Der Herr hat vor uns Furcht, aber Auletes gibt sich damit nicht zufrieden, da kennt ihr ihn schlecht, er fragt gleich beiläufig weiter: »Warum?«

Es ist zuviel. Es geht nicht weiter.

Er dreht den Griffel herum, mit jener eleganten und zweckmäßigen Bewegung, die sie so gern sehen, und löscht mit dem stumpfen Ende einen Teil Schrift auf seiner Tafel. »Wir wollen's überlegen«, sagt er. »Der Verwalter also. Was tut er im einzelnen?«

Man wird sehr lebhaft. »Der Verwalter ist ein Hundesohn.«

»Ich verstehe«, meint er, und sie nicken. Natürlich, er versteht alles. Ihre Bewunderung ist grenzenlos – er hat wahrhaftig seine liebe Not mit ihnen. Wenn er nicht aufpaßt, wird aus ihm im Handumdrehen der Sonnenprinz und Blossius, unser Bruder, in einer Person. Neben ihm hockt Flavilla, sein Folgegeist, und starrt ihn mit hingebungsvollem Blick an.

»Sieh nicht so zu mir«, sagt er halblaut und ärgerlich.

Sofort schlägt sie die Augen nieder und zieht zu allem Überfluß auch noch ihre Tunika über die Knie.

Die Sklaven lachen über sie beide – es ist ein gutmütiges, fröhliches Lachen. In ihren Augen sind sie ein Paar – sehr schwierig, ihnen in so etwas zu widersprechen, und fraglich, ob es lohnt, da es ihnen Freude macht, ihm ein Mädchen an den Hals zu denken und der Kleinen einen Mann.

Sie nehmen den Verwalter und seine Methoden auseinander. Von wem er das denn wegnähme, das für seine eigene Tasche? Sie meinen: vom Herrn? Warum er dann aber so ein Hundesohn für sie sei? Oder liege ihnen am Gedeihen des Herrn? Sie sind verblüfft. Natürlich nicht. Natürlich nimmt er's von ihnen. Indem er sie schindet. Indem er sie preßt. (Sie sind schon wieder sehr aufgeregt, er muß sie beruhigen.)

Langsam bringt er sie dahin, daß sie es merken: Alles kommt von ihnen. Sie sind darüber außer sich vor Entzücken. An dieser Stelle ist es Flavilla (die dringlich gebeten wurde zu schweigen, um des gemeinsamen Geheimnisses willen), die die Frage stellt. »Warum behalten wir's da nicht einfach?«

Sie klatschen in die Hände, sie küssen ihre Fingerspitzen vor Vergnügen. Es wäre einmal wieder sehr verführerisch, jetzt zu sagen: Darauf läuft es hinaus, was wir betreiben. (Obwohl sie es ja wohl nachgerade merken. Aber etwas merken in seinem Herzen und es ausdenken in seinem Verstand, das ist für sie noch immer zweierlei.) So, statt es auszusprechen, verweist er Flava den Vorwitz durch einen Blick und sagt: »Davon gibt es ein altes Lied aus meiner Heimat, das wirst du kennen« (zu dem Masseur). Und raunt's ihnen vor, so daß sie heiße Gesichter bekommen vor Ungeduld und glücklicher Hoffnung.

Sollen wir den ganzen Tag
Korn und weißen Spelt tragen?
Die Speicher sind voll,
Und das Korn flutet über.
Die Breitschiffe sind voll,
Und die Garben quellen über ihren Rand.
Und doch treibt man uns an zu gehen.
Wahrlich, unsere Herzen sind von Erz.

Es wächst

So wächst und reift es heran im Hause des Lucius, eines wohlmeinenden, milden und freundlichen Herrn ohne Zweifel, aber eben eines Herrn. Und ob man gern oder ungern Herr ist, darauf, das versucht sein ehemaliger praeceptor ihm ja gerade beizubringen, kommt es im Endeffekt überhaupt nicht an. Der Herr will es nur schwer begreifen – ganz im Gegensatz zu seinen Dienern, die inzwischen mit dem wachsenden Sommer fortschreiten in ihrem Wissen und sehr wohl verstanden haben, um was es eigentlich geht, und daß es kein Als-ob-Spiel und keine Übung ist, sondern daß da, irgendwann, etwas sein wird, wovon der Grünäugige, ihr Lehrer, Kunde hat. Nicht nur die zehn oder zwölf der »Abendakademie«, ein Kreis für zwei-, dreimal in der Woche, wissen das, sondern, da die familia funktioniert, wissen es eigentlich alle, wenn auch nicht so genau. Die Sprüche und Verse von Korn und Spelt, die Märlein vom Prinzen des Lichts und unserem Bruder Blossius sind in aller Munde und erwecken vielfältiges Echo in ihnen. Anderen fällt anderes ein: von Eunus, der sich Antiochos nannte, von Salvius auf Sizilien; dunkle Sprüche aus Hispanien; halbverständliche

Kunde aus dem Norden; Seufzer der Freiheit von der Kolchis, dem Ende der Welt – finstere Worte des Hasses auf die Römer, die Söhne der Wölfin, gesäugt von der Wölfin, die sich brüderlich totschlugen gegenseitig gleich zu Beginn Der Stadt. Das ganze Haus summt, raunt, flüstert, es dauert abends lange, bis man zur Ruhe kommt in den ergastula, den Sklavenställen.

Und inmitten dieses neuen Lebens stehst du, Schwarzer Schwan von einst und schon der Unterwelt verhaftetes Gespenst, und traust deinen Augen und Ohren kaum. Alles wegen des Zettels um Flavas dünnen Hals. Ein Wunder.

Lektion in Verständigung

Es gibt immer wieder Überraschungen mit ihnen, davor ist man nie sicher. Irgendwas fällt ihnen dann ein, etwas Zweckloses, rührend Pathetisches. So grüßt ihn Chrysis eines Morgens auf griechisch. Er antwortet, ohne gleich zu merken, welcher Sprache er sich bedient. Erst als der Masseur ihn auf ägyptisch anredet und er irritiert nach den Worten der fast vergessenen Sprache sucht, wird er stutzig. Flava erklärt's ihm dann stolz, es steckt (dachte er sich's doch schon!) ein tiefer Sinn dahinter – zum Glück für ihn spricht sie dabei keinen obergermanischen Dialekt, sondern ihr übliches Kauderwelsch.

Sie wollen nun, so erklärt sie, durchaus nicht mehr die verhaßte Sprache der Wolfssöhne reden, sie wollen sie ausspeien, damit ihnen der Mund nicht unrein würde (und Flavilla spuckt höchst effektvoll durch ihre Zahnlücke auf den Boden), sie wollen zur Sprache ihrer Heimat zurückkehren.

Auletes verzichtet vorsichtig darauf, sich zu diesem Vorsatz zu äußern, er meint nur, er müsse noch sehr viel tun, und wälzt den Tag über entlegene Papyri.

Dank dieser Anstrengung ist er in der Lage, am Abend beim Schnabellämpchen die zehn oder zwölf, die da kommen, in ganz passablem Ägyptisch zu begrüßen. Die Verblüffung ist allgemein und so groß, daß er sich zu seiner Idee im stillen beglückwünscht und den Tag nicht als verloren erachtet; offenbar waren sie der Ansicht, er müsse über eine Art Universalsprache für sie alle verfügen.

Diesen Kindern geht jetzt erst auf, welche Verwirrung sie heraufbeschworen haben, aber so schnell geben sie nicht auf (was wunderbar ist, denn sie sind zäh, und oh! sie lernen das Denken mit großem Fleiß).

Einige meinen sogar, das täte nichts, es werde sich schon jemand zum Dolmetschen finden (das allerdings wird als unzulässig leichtsinniger Gedanke verworfen), aber die meisten meinen, gut, dann also Griechisch.

Griechisch, sehr gut. Wer kann Griechisch? Bei einem Hausgesinde von rund hundert Köpfen (mit denen vom Weinberg und Garten sind es fast hundertfünfzig) reichen zweimal die Finger aus. Sie sind betreten. Man müsse es also lernen, sagt der Koch (er sagt es lateinisch), und dann sprechen – aber sie sehen schon ganz mutlos aus.

Welche Zärtlichkeit, welche achtende Liebe du für sie empfindest!

Du hast nicht gewußt, daß du dieser Gefühle überhaupt fähig bist. Wie hilfsbedürftig und wie selbständig sie sind! Wie sie wachsen von Stunde zu Stunde! Das ist ein großes Glück, das dir beschieden ist, Lehrer.

Er beginnt behutsam: Ob es wohl zweckmäßig sei, ihre Zeit jetzt mit dem Lernen einer Sprache zu verbringen. Zweckmäßig? Sie horchen auf. Zweckmäßig sei es, ja, meinen sie, weil sie durchaus sich befreien wollen von dem verhaßten Joch, das ihnen mit dieser

Sprache anbefohlen, ständig auf den Nacken gepreßt, ins Gedächtnis gerufen und verschlimmert wird.

Nein, meinen die anderen, unzweckmäßig, denn es gibt anderes zu lernen, und die Zeit, die Zeit kann lang, aber auch kurz sein.

Ausgezeichnet. – Auletes wendet sich zu dem Masseur, er berührt mit den Fingern das Ohr, kreuzt die Zeigefinger, wendet die Hände nach außen und legt sie dann auf die Augen. Dazu sagt er kein Wort. Diese Folge von Bewegungen versetzt den Masseur in wilde Aufregung, er lacht und antwortet blitzschnell mit einer Reihe effektvoller Gesten – die anderen sehen's mit Verwunderung. Auletes soll es erklären.

Das sind Zeichen, mit denen in Alexandria die Sklaven ihre Meinung austauschen und sich Mitteilungen machen, ohne daß die Herren sie hören. Zeichen wie Sprache also. Sie finden das sehr – wie hat er gesagt –, sehr zweckmäßig.

»Wann ist es zweckmäßig?« fragt er.

Flavilla starrt zu ihm empor, jetzt beginnt das herrliche Spiel, das er spielt, sie sieht, wie sich sein magerer Körper spannt, wie seine Augen, halb verborgen unter den Lidern, von einem zum anderen gehen – so bereitet sich ein Pferd auf den Lauf vor. Sie kreuzt die Arme über den Knien, seufzt glücklich und starrt.

»Wann also?«

»Nun – wenn man sie kann.«

Es ist an ihm, sich zu wundern. Aber sie können sie doch! Jeder kann sein Ohr berühren, die Hand über die Augen legen, die Zeigefinger kreuzen.

Sie spielen alle mit. Fiebernd, aufgeregt hocken sie im Kreis und spielen mit. Sicher, jeder kann es. Aber darum ist es noch nicht möglich, sich zu unterhalten.

»Warum nicht?«

»Weil wir«, sagt der Koch mit seiner metallischen und weichen Stimme bedachtsam, »die Bedeutung der Zeichen nicht kennen.«

Auletes möchte aufspringen und ihn umarmen, beherrscht sich aber nach alter Gewohnheit. Ob die Sprache denn auch aus Zeichen bestünde? »Ja, aus Worten.« Sie verstehen alles ganz genau. Gegen die Langweiligkeit mancher Römerkinder sind sie von erstaunlich flinkem Witz, weil sie es brauchen. Ihre Hirne hungern nach Wissen, ihre Zungen, noch ungelenk in ihren Mündern, sind begierig, sich auszudrücken.

Damit wären wir denn am Ziel, wenn es auch immer noch eine ganze Weile dauert nach der von ihm bevorzugten Gangart, bis sie selbst merken, am Ziel zu sein: nämlich, daß es jetzt für sie nicht das wichtige ist, die Bedeutung neuer Zeichen zu erlernen, sondern die Bedeutung bekannter Zeichen neu zu ordnen. Daß es zweckmäßiger ist (dies Wort wird jetzt in ihren Überlegungen stets eine Rolle spielen), die Zeit, die sehr lang sein kann oder sehr knapp, so zu verwenden, daß sich die Zeichen des Lebens zu einem neuen Grundmuster ordnen, für dann, wenn sie beginnen zu handeln.

»Und«, sagt Chrysis mit grimmiger Ruhe, »wenn es soweit ist, dann können wir uns darüber unterhalten, welche Sprache die zweckmäßigste für uns ist oder auch die schönste.«

»Wir werden«, versetzt der Koch mit bemerkenswerter Stimme, »die Sprache der Wolfssöhne reden, so, wie wir ihre Waffen benutzen werden, wenn wir sie nämlich bekommen können.«

Nach dieser Bemerkung ist es für eine Weile still um das schwelende Öllämpchen, und keiner wagt den anderen anzusehen.

Auletes, mit verräterischer Hast, schließt die Sitzung über Sprachprobleme, die in eine Kundgebung auszuarten droht. Denn dergleichen wäre verfrüht.

Man kümmert sich um uns

Die Eingeweihten nämlich, jene aus dem unbewohnten Haus, tun zunächst gar nicht dergleichen. Eine Weile bezweifelt Auletes sogar, daß es sie überhaupt noch gibt.

Vielleicht sitze ich hier und vergifte die bisher genügsamen Herzen meiner Mitsklaven mit Rebellengeschichten, so daß sie in Zukunft noch mehr leiden, da sie ihr Leiden kennen, und die gesamte Organisation ist schon längst, durch den Wink eines Verräters, in römischen Kerkern verschmachtet, an römischen Kreuzen verfault. Was soll dann werden, wie soll ich ihnen sagen: Es genügt nun, Brüder, wir wollten's nur einmal ausprobieren. Sollen wir beide vielleicht, der abgetakelte Strichjunge und die unwissende Wilde aus dem Norden, einen Aufstand gegen die Römer planen? Kaum die geeigneten Personen dazu, scheint mir, wenn da Flavilla auch bestimmt anderer Meinung sein dürfte; sie ist fest entschlossen, zu leben oder zu sterben wie »der höchstedle Prinz, der Sohn der Sonne« (verflucht, daß ich's erzählt habe!). Und in mich hat sie ein ganz und gar unzulässiges Vertrauen, aus der Fehlmeinung her, einer, der etwas wisse, müsse auch etwas sein.

Innerhalb solcher Zweifel kommt keine Botschaft, kein Laut von denen.

Eines Morgens aber steht einer der spitznasigen Jungen im Garten (er weiß nicht, ob der Fleischspießwender oder der Blasrohrschütze), steht einfach da und fixiert ihn durch den Säulengang des Peristyls, so daß er schnell hinausläuft und ihn hinter einen Busch zieht. »Was sind das für Geschichten hier«, fragt er ärgerlich und besorgt, »in einen fremden Garten einzudringen, woher bist du gekommen?«

»Hinten rum«, antwortet der Junge, was nun freilich alles und nichts sagt.

»Und wenn man dich erwischt?«

»Pfeif ich drauf«, kommt es zurück, und Auletes kann ja wohl von Glück sagen, überhaupt eine Antwort zu bekommen, bei der sattsam bekannten Wortkargheit dieser Leute.

»Also, was ist?« fragt er ungeduldig (und gleichzeitig ungeheuer erleichtert, daß es die noch gibt, diese Seltsamen).

Der Junge: »Morgen um diese Zeit steht einer vor dem Haus hier. Der hat eine schwarze Chlamys an. Dem sagst du ...« Das weitere ist ein fürchterliches Gestotter, das ungefähr lautet wie »ella schua ita lei«.

Auletes: »Was sage ich?«

Der Junge wiederholt das Unverständliche.

Auletes (dem allerlei einfällt von Sprache, Zeichen und Bedeutung und der sich seltsam getroffen fühlt): »Was soll das heißen?«

Der Junge: »Wenn das für deine Ohren bestimmt wäre und für meine, hätten sie's wahrscheinlich auf Latein gesagt. Hast du das Zeug kapiert und behalten?«

Auletes, sehr verwirrt: »Ja.« Worauf der Junge grußlos im Garten verschwindet und nie mehr gesehen wird.

Und tatsächlich trifft alles so ein, der Mann in der schwarzen Chlamys steht an der Tür am nächsten Morgen und empfängt die kauderwelsche Botschaft, nimmt sie ganz ernst zur Kenntnis, sagt »aha« und verschwindet, unter Zurücklassung eines Auletes, dessen Verärgerung an Wut grenzt und der am liebsten hingegangen wäre und diejenigen, *diese*, gefragt hätte, ob das Vertrauen sei und Verantwortlichkeit. Er tut's aber nicht, und man hört von *diesen* für längere Zeit nichts mehr. Es geschehen auch genug andere Dinge.

Unheilvolle Geister

Es wäre früher undenkbar gewesen, daß er erst erwacht, wenn die Tür geht; spätestens Schritte in der Nähe hätten ihn hochgejagt. Selbst zu Tode ermüdet von den wüsten Nächten mit Lucius oder hungrig, mißbraucht und Schmerzen leidend am Fußende des zerlumpten Bettes in der Subura – er war wach beim leisesten Geräusch, auf der Hut, zu seinem Schutz. Allzu sicher in der bequemen und verlockenden Halbheit dieses Hauses verschläft man Wichtiges, am Ende gar sein Leben, aber dreißig Jahre Sklavendasein hinterlassen nun einmal eine gewisse Müdigkeit (einst könnte sie vielleicht, alles überschwemmend, einfach in den Tod übergehen, nur, weil man nicht mehr fähig ist, im rechten Augenblick zu erwachen und auf seiner Hut zu sein).

Als er richtig wach ist, steht sie schon im Zimmer, sie steht da und ist außer sich. Ihr Gesicht glänzt, es ist naß von Schweiß oder vergossenen Tränen oder beidem, ihre Füße sind bloß, sie schluchzt, sie stammelt. Unter dem alten Mantel, den sie um die Schultern hat, leuchtet ihr nackter Körper wie ein unschuldiger Schneekristall, sie ist sich dessen nicht bewußt. Man muß sie bekleiden mit einem der weiten orientalischen Gewänder, sie aufs Bett setzen, ihr Wasser zu trinken geben und sie dringlich und sanft befragen, ehe sie Auskunft gibt über ihr Kommen.

»Es sind Geister«, sagt sie, ohne die Lippen zu bewegen, und starrt dich an wie eine arme Närrin, »Geister, die ich nicht vertreiben kann. Beschissene, dreckige, lausige Geister.« (Da es also keine Menschen sind, ist Auletes zunächst einigermaßen beruhigt.)

Es trägt sich zu, weil sie allein schlafen muß für drei Tage in ihrem Gelaß, das sie sonst mit zwei Frauen aus der Küche teilt (der Verwalter hat sie zur familia rustica aufs Land geschickt, damit sie Kirschen in Honig einkochen). In all den Jahren der Sklaverei waren da immer nachts Gefährten, die sie wach machen, wenn sie im Schlaf schreit. Nun drei Nächte, endlose Nächte allein (so lange brauchen sie, die Kirschen des Herrn Lucius einzukochen); die erste hat sie überstanden, aber nun die zweite.

»Weil ich allein bin«, flüstert sie tonlos. Wenn andere bei ihr seien, verließen sie ihre Träume (oder Geister, wie sie sagt), aber so: »Ich kann mich nicht wehren, Sklave, verstehst du, ich kenne den Zauber nicht. Bei uns zu Hause, wenn einer von solchen mistigen Geistern gequält wird, kommt der ganze Stamm. Sie singen Lieder und blasen die Flöte, alle sitzen um dich herum. Da traut sich keiner ran. Aber ich bin allein, und die Lieder habe ich vergessen. Es ist alles nur, weil keiner von meinem Stamm hier ist. Der könnte mir sagen, was man dagegen tut.« Die weise Frau ihres Stammes, so erfährt er, sei mit allen Sorten von Geistern fertig geworden, und auch ihre Onkel, Tanten, Schwestern und Brüder hätten diese Fähigkeit besessen.

Schrecklich ist es, einsam zu sein und ohne den Schutz derer, zu denen man gehört. Schrecklich in der Fremde.

Nun fühlt sich Auletes doch bemüßigt, die Lampe anzuzünden, und sie starrt auf die Flamme wie auf eine Offenbarung. Da kauert sie auf dem Bett, ganz versunken in dem großen Wollgewand, die Arme um die Knie geschlungen, darauf ihren Kopf, und hält sich an sich selber fest. Was bleibt ihr übrig? So todallein. (Ihr kurzes Haar, ein helles weiches Vlies, ist zerrupft, man ist versucht, darüber zu streichen.)

»Und wenn ich einmal sterbe ...«, da verrät sie es nun, das Grauenvollste.

Man muß wissen, daß sich die Seele, wenn man stirbt, in einen Vogel verwandelt, der ist unsterblich und frei, kein Jäger kann ihn schießen, und er wird leben, wie ihm die Götter verhießen. Um dieses göttliche Tier aus deiner Brust zu befreien, muß, wenn du tot bist, dein Stamm bei dir sein, der mit allerlei Rufen, Beschwörungen und heiligen Worten in der Stunde deines Todes und danach böse Geister von dir abhält und deine Seele deinem Leib entbindet. Wenn aber das alles nicht geschieht, und du stirbst ohne diesen Beistand (»als eine Sklavin«), dann verwest der Seelenvogel in deiner Brust, und alles ist Staub, Moder und Finsternis – und hier beginnt Flava, die Germanin, wild zu schluchzen und sucht ihr Heil in den Falten des weiten Kleides, das ihr nicht gehört, indem sie ihren Kopf darin vergräbt.

Über so etwas kannst du natürlich lachen, genauso viel oder wenig wie über gewisse Leute, die Katzen für Götter halten, weil man es ihnen in ihrer Kindheit beigebracht hat, oder über römische Herren, aufgeklärt und urban, die zwar die Götter leugnen, aber fest überzeugt sind, daß man mit Frauenblut zaubern kann, sich vor dem Bösen Auge mit gespreizten Fingern schützen und Sklaven insgeheim oder offen für eine Art Halbtier halten.

Kühne rebellische Pläne schmieden, das ist eines, und bei hellem Tag und wachem Verstand wissen, wie bedroht unser Leben ist, so oder so. Ein zweites, standhalten bei Mondschein, allein und mit Geistern aus den nördlichen Wäldern. In diesem Alter sollte ein Mädchen ja den Tod überhaupt nur als ein Ding kennen, mit dem ihre Großeltern oder schlimmstenfalls ihre Eltern Umgang pflegen. Aber wer sieht sich schon gern der Möglichkeit beraubt, unsterblich und frei zu werden, wenn auch nur in Gestalt eines Vogels, den kein Jäger schießen kann?

Da sitzt sie nun und starrt abwesend in die Flamme, eingehüllt ins Raunen der dumpfen Beschwörungen ihrer Landsleute, die im Rhythmus ihres Blutes mitpulsieren, und in die grausigen Klänge der Hörner und

Rasseln, freundlich ihrem armen verwaisten Herzen, und sie ist ganz gefangen. Wenig nützlich, sich auf Diskussionen über Seelenvögel einzulassen in dieser Nacht. Am besten, man beginnt zu sprechen, leise und so langsam, daß sie es verstehen kann, das herzusagen, was der Philosoph an sanften Lügen ersann, um seine eigene flatternde Seele zu trösten:

»Gewöhne dich auch an den Gedanken, daß es mit dem Tod nichts auf sich hat. Denn alles Gute und Schlimme beruht auf Empfindung, der Tod aber ist die Aufhebung der Empfindung. Denn das Leben hat für den nichts Schreckliches, der sich wirklich klargemacht hat, daß in dem Nichtleben nichts Schreckliches liegt. Das angeblich schaurigste aller Übel also, der Tod, hat für uns keine Bedeutung; denn solange wir noch da sind, ist der Tod nicht da; stellt sich aber der Tod ein, so sind wir nicht mehr da. Er hat weder für die Lebenden Bedeutung noch für die Abgeschiedenen, denn auf jene bezieht er sich nicht, diese aber sind nicht mehr da.«

Die betörenden Worte Epikurs sind alles, was du einsetzen kannst gegen Seelenvögel und Stammeszauber, sie sind eine Art anderer, lichtvoller und abgefeimter Zauber, jener, dem du selbst nur zu gern erliegst. Aber siehe da, das glänzende Schlummerlied hat das Kind beruhigt, die Augen haben nicht mehr jenen überwachen Schimmer, und du erbietest dich, sie in ihr Schlafgelaß zurückzubringen, und zwar mit der Lampe, die sie behalten soll diese Nacht.

Sie belebt sich. Die Lampe behalten! Eine brennende Lampe! Seit Rom besteht, ist noch kein Sklavenstall jemals nachts von einer Lampe erhellt worden, außer zum Arbeiten. Verständlich, daß sich dann keine Geister an sie wagen werden, nicht bei einer Lampe. Der Haken dabei, es ist verboten und gäbe Strafe, käme es heraus; aber man kann ja in aller Morgenfrühe diese wundersame Leuchte (ein läppisches karthagisches

Tongefäß voll Öl, mit einem Wolldocht) in die Bibliothek stellen, so daß es keiner sieht. Sie setzt ihre nackten Füße auf den Boden und rafft das viel zu lange Kleid, und so gehen denn beide durch die schweigenden Gänge des Hauses, vornweg Auletes mit seiner Lampe, die Hand vor der Flamme, dann Flavilla in mancherlei Gedanken und müde.

Du bist gut. Ich bin allein, aber nicht mehr wie früher, denn du bist bei mir. Du bist Vater und Mutter, Brüder und Schwestern, mein Stamm, mein Haus und mein Zauberspruch. Mein Hort, mein Leben. Bleibe bei mir.

Sie kommen in den Sklaventrakt und gehen noch leiser, um die Schlafenden nicht zu stören. Wirre Seufzer hört man da, Schluchzen, Schnarchen aus den angst- und hoffnungsvollen Träumen der Redenden Werkzeuge, ganz eingehüllt in jenen Geruch, der immer ist, wo Sklaven beisammen sind, Ausdünstungen von Ungewaschensein und Furcht, von Hinnahme, Demut und Schweiß, Geruch nicht von Menschen, sondern von einem Zustand – dem Zustand, Sklave zu sein. (Flavilla spürt ihn nicht, da sie darin lebt, nur Auletes, »Beinahe-Herr« in seinem großen Zimmer, ist nun wieder in der Lage, ihn aufzunehmen, was er lange Jahre nicht konnte, selbst ein Teil davon.)

Angekommen an Flavillas Gelaß (die Tür blieb offen bei ihrer Flucht), in dem sie gestern und heut und morgen einsam ist, stellt er das Licht auf die Erde, da in diesen Ställen sonst kein Bord oder Tisch ist – drei Strohmatten, drei Decken, ein Wasserkrug –, und mahnt sie sanft, zu schlafen und auch die Nacht darauf (ach, die Nacht darauf!).

Sie, gläubig, nickt und hebt die Hände (die Ärmel fallen bis zu den Schultern zurück und enthüllen ihre schmächtigen Kinderarme, dünn und glänzend wie Mondstrahlen), zu seinem Hals hebt sie sie, reckt sich auf die Zehen; im letzten Moment kann er sie noch an den Schultern aufhalten, sonst hätte sie ihn wohl, hilf Himmel, geküßt, und nicht nur auf die Stirn wie damals. Wie rettet man sich vor ihrer Unschuld?

Gute Nacht denn, für heute.

Darunter das Vieh mit den schwarzen Flügeln

Es kann gar nicht schlimmer beginnen als damit, daß er ihr Kommen verschläft – offenbar nun an nächtliche Besuche bereits gewöhnt, überzeugt von ihrer Ungefährlichkeit, träge und allzu müde, verweigert ihm sein Bewußtsein den Dienst, er ist nicht auf der Hut und hätte dessen gerade in dieser Nacht dringender bedurft denn eh und je. Sie drängt sich unter die Bettdecke und sagt: »Rück ein bißchen«, wie ein Maultier, das in einen fremden Stall gebracht wird, die anderen mit den Nüstern anbläst. Erst davon wird er wach, und damit ist bereits alles zu spät. Er kann nicht fliehen, ohne sie noch mehr zu verwirren, da sie wieder dringend des Trostes bedürftig scheint und neben ihm liegen möchte, damit sie flüstern kann im Dunkeln. Ihr Leib ist kalt wie der eines Fisches und ihre Stimme wieder das tonlose Flüstern von gestern, sicher hat sie auch schon geweint, wie es nun einmal ihre Art ist.

Längere Zeit schon, so teilt sie ihm mit, habe sie draußen vor seiner Tür gestanden, weil sie ihn nicht stören wollte in seinem Schlaf, denn ach, auch das Licht der Lampe habe ihr den Nachtmahr nicht ferngehalten; kein Licht und keine Sonne könne das, nur die Nähe eines Menschen. Weshalb sie ihn denn bitte, sie bei sich zu behalten in seinem Bett für diese eine Nacht. Morgen zum Glück sind die Kirschenkocherinnen zurück, und sie ist wieder in der Obhut der familia. (Längere

Zeit vor deiner Tür gestanden! Und du erwachst nicht, vermagst zu schlafen, indessen sie vor der Tür steht, friert und zittert.)

Zum Glück scheint sie heute die Unterhaltung bestreiten zu wollen. In der Wärme des Bettes, Seite an Seite mit einem menschlichen Wesen, dessen Art, Geschlecht und Fühlen ihr jetzt gleichgültig ist, nur eben etwas Menschlichem, Lebendigem, jemandem, der ist wie sie und ihr die Furcht nimmt, wird sie von ahnungsloser Gesprächigkeit befallen wie von einer fiebrigen Krankheit. Ohne auf sein Schweigen zu achten tuschelt sie, lacht sie leise wie eine gurrende Taube, sie bewegt sich, streift unbefangen sein Bein, seine Hüfte, seine Schulter.

Sie werde schon noch fertig werden mit den Geistern, schwatzt sie, wenn sie erst lesen und schreiben könne, denn an gelehrte Leute, das habe sie beobachtet, traue sich kein Gespenst heran, und was erst, wenn sie frei wären? Er solle sich nur vorstellen, wie das wäre. Sie könnte in ihre Wälder zurückkehren, wie die dufteten, oh, dieser Duft! In der Sonne würden sie gemeinsam am Berghang liegen (was, um aller Götter willen, hat sie bewogen anzunehmen, daß sie, befreit, in ihre Barbarei heimkehren könne, und vor allem, was, daß er mit ihr ginge?) Im Hauch wilder Blumen, worauf ihm ein fremdländischer Name genannt wird und die ausführliche, wenn auch völlig unverständliche Beschreibung dieser Blüte folgt …

Wenn hier überhaupt von Gespenstern die Rede sein kann, so sind sie im Augenblick hier, das Zimmer ist voll von ihnen, es sind die unheiligsten Gespenster von der Welt, auch durch die Reden von wilden Blumen und duftenden Wäldern nicht zu vertreiben, und während das Mädchen plaudert, sammeln sie sich zum Angriff um dies Bett, indes Auletes sich mit letztem, verzweifeltem Widerstand, den Atem angehalten, ihnen entgegenstemmt.

Flavilla, in dem wohligen Rausch ihrer Geborgenheit, ganz selig und ahnungslos, hat sich schließlich selbst in Schlaf geredet, gähnt und scheint so zufrieden wie ein Vogel im Nest, bis sie denn, sich auf die Seite drehend, mit ihren Knien seine Lenden streift. Sie ist gleich sehr wach, der süße schläfrige Mantel der Geborgenheit gleitet von ihr ab, sie ist auch erschrocken, aber nur, weil sie einfach nie daran gedacht hat. »Sklave, was ist mit dir?« flüstert sie, aber von dergleichen lassen sich die wilden Bestien nicht mehr zähmen, nun nicht mehr, es ist sowieso alles aus und vorbei.

Er wirft sich auf sie mit einem heiseren Schrei, brutaler sind die Soldaten der neunten Legion auch nicht, noch der Centurio Marcus, ihr erster Herr; stöhnend, besinnungslos dringt er in sie ein wie ein brünstiges Tier.

Mein Hort, mein Leben. Mein Haus, mein Stamm, mein Zauberspruch, was tust du, mein alles. Von seinen Händen auf dies Bett gefesselt wie auf ein Kreuz, die Tränen laufen mir zur Seite aus den Augen, nicht einmal, daß ich sie abwischen kann. Was tust du, mein Schatz, mein Hort.

Das sind die rebellischen Sklaven, diejenigen, die sich und andere befreien wollen. Ihre Freiheit besteht darin, armen Kindern, die um Schutz flehen, Gewalt anzutun. Das Schicksal dieser Revolte ist besiegelt, wenn man sich die ansieht, die sie da machen wollen und nicht in der Lage sind, sich gegen die dunklen Ungeheuer in ihrem Innern zu behaupten. Ich verdiene nichts weiter, denn als Sklave zu leben, weil ich eine sklavische Natur habe, ich wurde geboren, ein Sklave zu sein, und werde es bleiben. Ein Wort finden für sie, wenigstens ein Wort hiernach. Ihre Vergebung erflehen, auf den Knien, wenn es so einfach wäre, es ist ja keine Herrin. Eine Sklavin, ein kleines Mädchen, dünn und zerbrechlich, eine Schutzflehende.

»Habe ich dich verletzt?« fragt er schließlich, seine

eigene Stimme kommt ihm vor, als habe er sie nie gehört.

Wenn es so einfach wäre; im Gegenteil, es ist einfacher. Warum soll sie nicht antworten, wenn man sie etwas fragt, warum nicht sagen: »Nein, ich glaube nicht. Aber warum warst du so grob? Ich hätte es doch gern mit dir getan, ich war bloß nicht draufgekommen.«

Er sitzt auf dem Bettrand, hilflos vor ihrer Unschuld, verbrennend vor Scham. Man kann versuchen, dies Zittern zu beherrschen, aber sie wird es doch merken und dich aufmerksam ansehen und sagen: »Du mußt dich jetzt hinlegen, Sklave«, und sie wird zur Seite rutschen auf dem Bett, auf dem du sie eben vergewaltigt hast, und dir Platz machen, so daß du versuchen kannst, ihr das alles zu erklären (aber wie eigentlich?), und es aufgibst und nur sagst, sie solle dir verzeihen, du habest es nicht gewollt. Und sie, äußerst weiblich, hat Gelegenheit zu erwidern: »Ich weiß schon«, und schläft ein. Du aber hast Zeit zu überlegen – allerdings, viel ist da nicht zu holen, Niederlagen kann man eben nur konstatieren, und die Gedanken laufen sich wund in einem Käfig aus Reue und Scham, und so zwischen Schlaf und Nichtschlaf scheint man ganz wach und doch entrückt in diesem Haus.

»Komm herein«, sagt Lucius, der Herr. »Verriegle die Tür. Zieh dich aus. Leg dich da hin. Nein, nicht so. Leg dich auf den Rücken. Ich will dich strafen für deine Lüsternheit. Mir gehörst du, nicht irgendwelchen Hurenweibern. Spreize deine Beine. Ich will dich an der Innenseite deiner schönen, langen, braunen beflaumten Schenkel zeichnen mit drei Schlägen, die sollen besagen, daß du für alle Zeit mir gehörst. Du selbst bist mir ja gehorsam, ich weiß schon, aber dem da müssen wir den Eigensinn austreiben. Schrei ruhig, mein Liebchen. Ich werde mich süß mit dir versöhnen, danach. Spreize deine Beine, wie ich es dir befehle.«

»Auletes«, sagt Flavilla, »wach auf, so wach doch bitte auf.«

»Ich bin ganz und gar wach«, sagt er, in seiner Verwirrung auf griechisch, bis sie ihn anfleht, so zu reden, daß sie's versteht. Erst da wird das Zimmer wieder Wirklichkeit, der Morgen dämmert schon, die Stunde ist süß und kühl.

»Deine Träume scheinen ansteckend zu sein, Mädchen«, sagt er kläglich, und auf ihre Frage, was er denn träume, antwortet er nicht, sondern forscht nur mit einer gewissen Angst, ob er etwas gesagt habe. Nein, außer in der fremden Sprache, erfährt er. »Aber wie du atmest! Und wie du gestöhnt hast!« Wenn es denn weiter nichts sei.

Sie drängt ihren Kinderkörper gegen den seinen, die Arme um seinen Hals, preßt ihre Schenkel an ihn. Wozu soll sie Träume erfahren? Cupido ist ein Kind wie sie, ihr gleich unschuldig, ohne Waffen und nackt. Er gleicht in nichts dem reißenden Tier dieser Nacht.

»Bleibe bei mir, hörst du«, flüstert sie an seinem Ohr. Ihr Schoß weiß nichts mehr von den Schmerzen, die du ihm zugefügt hast, er öffnet sich dir, vertrauend ist dies Barbarenmädchen bereit, dich aufs neue zu empfangen. Vertrauend.

Die Welt ist gleichgültig oder bösartig, nur du bist mir nah. Undenkbar, daß du mir weh tun könntest! Mein alles, mein Leben. Mein Schatz und Hort.

Und der Sklave, in seiner Reue, küßt behutsam ihren Hals und die warme Höhle unter ihrem Arm; aufgestützt, über sie gebeugt, küßt er ihre Augen, verschwimmend zwischen den Sommersprossen, ihr seliges, hingegebenes Gesicht. Und wenn du denn jemals der Liebeskünstler warst, für den die Römer dich halten, so sei es jetzt, und falls das wirklich Glück bedeutet, soll dies Wesen jetzt glücklich sein. Dringe mit Sanftheit in sie ein, und denk dir denn, falls dir das hilft, es wäre der Leib einer patrizischen Herrin, die Furcht hat, einen Sklavenbastard zu empfangen, es wird ja wohl möglich sein, diesen keuschen Körper nicht noch einmal zu beflecken mit Gewalt, Roheit und Unsauberkeit, beiß die Zähne zusammen, Tier.

Sie weiß nichts davon, was weiß sie überhaupt von dir, was braucht sie zu wissen, kleine Barbarin, dem fremden Mann, dem Lehrer, dem Sklaven vertrauend. Vertrauend. Und so umarme sie denn rasch, sanft und geschickt, damit sie zum erstenmal in ihrem Leben erfährt, weshalb Menschen und Tiere diese Art Pantomime nun eigentlich ausführen. Und dann küßt du sie noch einmal (abschiednehmend) und verbirgst dich vor ihr in diesem Kuß, den sie empfängt mit trocknenden Tränen, schon entfernt von dir, schon halb im Reich des Schlafs, der blasse Körper schon wieder ihrer, Flavillas, ganz allein. Sie weiß nichts. Danach erst wird sich deine Männlichkeit ergießen, nutzlos wie immer, wie alles an dir.

Und dies darf nie wieder geschehen. Nie wieder. Falls wir nicht vorziehen wollen, Sklaven zu bleiben.

Solche Lügen

Solche Lügen können nicht bestehen, Sklave. Das hättest du nun wirklich wissen müssen, gerade du, trauriger Kenner dieser Dinge. Nie wieder, so schwörst du dir auf dem besudelten Laken – was für eine Torheit. Unter der Tiberbrücke war alles einfacher als im Haus des Herrn Lucius. Du stehst nichts aus, Tier Auletes, du ißt gute Speisen, Tier, sitzt in deiner Bibliothek herum und hast unter dem Vorwand, arme Sklavenmädchen in Lesen, Schreiben und anderen rebellischen

Sachen zu unterrichten, reichlich Gelegenheit, dich vor dir selber als Tier zu erweisen.

Entflieh ihr, entflieh dir, sei auf der Hut, steh auf, entferne dich von ihr, indes sie dir ganz verwundert zuschaut, was du da treibst, das Kind. Sag es dir immer wieder, daß sie ein Kind ist, und sieh nur, sie ist dünn, unweiblich und alles andere als hübsch, mit ihren Sommersprossen und fehlenden Zähnen – aber leider, das hilft nichts, und damit wird es noch bedenklicher.

Wie er da an den Schränken lehnt und die Augen niederschlägt – Flavilla weiß nicht, was sie daraus machen soll, und will es natürlich wissen, unverständlich, warum er ihr davonläuft. Vor so viel Zärtlichkeit in den Augen, was bleibt einem da übrig als Flucht! Er bringt noch schnell einen Stuhl zwischen sie beide, ein ganz nutzloses Manöver, denn sie ist ja hartnäckig, wenn sie etwas wissen will. Sich an seinen Hals hängen, bei ihm sein wollen, mein Liebster, mein Guter sagen – und damit begreift sie dann und ist zunächst genauso überrascht wie in dieser Nacht, erschrickt auch wieder (ihre Erinnerungen sind, alles in allem, bestürzender Art), aber dann, sich fangend, lacht sie befreit auf. »Komm«, sagt sie, »komm zu deinem Zimmer«, und will ihn an der Hand mit sich ziehen. Und nun muß er sich losreißen und »nein!« rufen, nun kommt die Lüge heraus, wie sollte es anders sein. An seinem Tisch mit klugen Büchern wirft er sich, ganz und gar unklug, auf den Stuhl, die Hände gegen sie ausgestreckt: »Rühr mich nicht an, Flavilla, rühr mich doch nicht an!«

Sie versteht's nicht, sie kann's nicht verstehen. Sie sieht, daß ihr Schatz leidet, weiter nichts, und schon steigt es ihr naß in die Augen; aber hier ist das nun anders, sie muß diese Tränen hinunterschlucken und der Sache auf den Grund kommen. Warum quälst du dich? Hingehen und miteinander schlafen, die einfachste Sache von der Welt, außer offenbar bei uns. Über die Weite eines Zimmers hinweg wird nun verhandelt, mit dem Schutzwall eines Tisches zwischen den schwachen Fronten. »Sag es mir«, bittet sie, »ich versteh's nicht.«

Aber wenn es Götter gibt, die die Sklaven beschützen und rächen ..., sag es ihr möglichst ohne Klassiker und in einer Sprache, die sie kennt, sag ihr also klipp und klar, daß immer nur einer von euch Erfüllung finden wird: du, wenn du ihr Gewalt antust, oder sie, wenn du dir Gewalt antust. (Schande, die es bitterer nicht mehr gibt.)

Sie versteht es sehr schnell. Sie kommt auch sofort auf das Entscheidende. Dann habe er sie also betrogen – sie sagt: beschissen – des Morgens da in seinem Bett. Ja, bestätigt er, das habe er leider. Nun heult sie doch noch los, verbannt in ihre Zimmerecke – was ein Glück für ihn ist, er wird ruhiger.

»Du mußt es dir erklären lassen. Ich bin verdorben worden durch mein Leben, ich ...«, aber sie winkt ab, das will sie alles gar nicht wissen. Und plötzlich, ihre Tränen versiegen, sie blickt ihn an. »Dann mußt du es eben machen, daß es mir weh tut, Sklave«, sagt sie einfach.

Es benimmt dir den Atem. Sie liebt dich. Sie liebt dich, das ist klar. O Götter der Leidenden – wir lieben uns. Furchtbarste Bedrohung der Unterdrückten, verschärfte Quelle ihrer Schmerzen, Fluch ihres Daseins – die Liebe. Auletes schließt die Augen. Wir Ärmsten.

»Das fehlte noch«, sagt er scharf, »das wäre ja nun wohl das letzte, daß ich mir als Beinahe-Herr eine Sklavin halte zu meiner Lust. Was für eine neue Sorte Tiere sind wir denn?«

»Aber«, sagt sie (fassungslos, daß er sie zurückweist), »aber ich, aber wir ...«

»Wir«, erwidert er sanfter, »wir gibt es nicht. Es gibt dich. Und es gibt mich. Und ich will, daß du, zu deinem eigenen Wohl, auf mich Rücksicht nimmst, wenn du merkst, daß es mir so geht. Du wirst es ja wohl merken, denke ich. Und davon abgesehen, müssen wir uns bemühen, daß alles so bleibt, wie es war.«

Das wolle sie versuchen, wenn sie auch meine, es ginge nicht, entgegnet sie demütig und wahrhaftig. »Wie sollen wir denn da leben?« Ihre Tränen beginnen wieder zu fließen.

»Jetzt hör mir aber einmal zu«, sagt er, müde und ruhig, mit jener Art von Resignation, die für sie so beängstigend ist, »hör einmal gut zu. Es kommt nicht darauf an, daß wir etwas versuchen oder nicht versuchen. Wir haben uns einer Sache angenommen, wie du wohl weißt, und in der müssen wir beweisen, *auch* beweisen, Menschen zu sein, sonst ist sie gleich verloren, von vornherein. Und wer in dieser Sache ist, der kann nicht gleichzeitig frei sein wollen und Knecht sein von diesem dunklen Dämon, dem Biest mit den schwarzen Flügeln, diesem Ungeheuer, und sich benehmen wie ein Römer. Wie ein Römer, verstehst du? Und darum wollen wir's uns jetzt zusagen, daß zwischen uns nicht mehr die Rede sein kann von allerlei Zärtlichkeit und Miteinanderschlafen und dergleichen. Nicht, solange wir uns voreinander fürchten müssen. Das geht nicht. Entweder wir lieben uns auf die verquerste Weise von der Welt, oder wir machen diese andere Sache, was meinst du?«

Vor diese kategorische Wahl gestellt und gefragt, ob sie denn etwa ihre Träume, die Träume des Amuletts, aufgeben wolle um ein bißchen Beieinanderliegen, was soll sie tun? Als wackere kleine Rebellin, darf sie da überhaupt zögern? Muß sie nicht heroisch und unverzüglich auf jeden Versuch, glücklich zu sein, verzichten? Trotzdem, sie zögert. Es will nicht in ihren kurzgeschorenen Kopf, daß dies ein Entweder-Oder ist. Käme es nicht darauf an auszuprobieren, ob vielleicht ein Sowohl-Als-auch daraus zu machen ist? Das einfachste wäre, heuchlerisch dem Geliebten alles zuzusagen und das Gegenteil zu betreiben. Aber das kann sie nicht. Nicht gegen ihn. Er ist ihr Haus, ihr Stamm, ihr Zauberspruch, ihr ein und alles. Wie ihn belügen? So bringt sie zaghaft in Vorschlag, ob nicht beides ginge?

»Beides ist so gut wie keines«, sagt er nervös und schlägt sich selbst mit dem Griffel auf die Finger.

Was ist zu tun? Flava, in ihrem (übrigens doch schon sehr gebesserten) Kauderwelsch, findet eine Lösung, auf die man sich einigen kann.

Nämlich, wir schließen einen Bund, alle beide, zu gegenseitiger Schonung in Anbetracht des Viehs mit den schwarzen Flügeln, wobei wir es wissen: Ich liebe dich. Und wenn wir glauben, uns nicht mehr fürchten zu müssen, und unser Werk gelingt, so kündigen wir uns gegenseitig auf. Und haben wieder freie Hand einer bei dem anderen.

Eine Sache, die auf tönernen Füßen steht, eine ganz wacklige Sache, und es bleibt nur zu hoffen, daß Flavillas Selbstverleugnung und Auletes' Selbstbeherrschung lange genug vorhalten.

Die Kunst, ständig umeinander herumzugehen, will auch gelernt sein und hat viel Zermürbendes. Aber da nun einmal diese Absprache getroffen wurde, wäre die kleine Flava die letzte, sich nicht eisern (und mit zusammengebissenen Zähnen) daran zu halten. Manchmal verläßt einen von ihnen die Fassung, und er verzweifelt ausdrucksvoll, und dann muß sein Nicht-Partner ihn trösten und ihm Mut zusprechen, was immer besonders aufreibend ist.

Von Zeit zu Zeit allerdings überkommt Flavilla die Mentalität der ergastula, der Sklavenställe, in denen sie nun lange genug lebt; sie wirft alles hin und beginnt zu fluchen, warum in aller Welt man eine Sache, die als die einfachste unter der Sonne gilt und von jedermann ausgeübt wird, zum Gegenstand der verschrobensten Überlegungen machen und schwieriger darstellen müsse als die Arbeiten des Herkules. In jeder Nacht schlafen Männer und Frauen miteinander (auch Männer mit Männern und Frauen mit Frauen), und es geht. Warum nur nicht bei uns?

Dann, über seiner Leidensmiene (sie weiß nie genau, leidet er wegen ihrer Dummheit oder ihrer Körperlichkeit), bereut sie stürmisch und versichert ihm so hingebungsvoll, daß sie sein apartes Verhältnis zum sexus zu respektieren wisse und es ihr wahrhaftig nicht um ihr eigenes Vergnügen ginge, daß sie es ihm sehr schwer macht, sie zu trösten, ohne selbst in Verzweiflung zu verfallen.

Bei all dem aber tun sie das überhaupt nicht, was in ihrer Lage das vernünftigste wäre: einander zu meiden. Sie können's nicht, ihrer Pläne wegen (so reden sie sich jedenfalls ein) und wegen des Bildes einer neuen Welt, das sie entwerfen wollen oder sollen.

Warum es gerade Flavilla sein muß, mit der Auletes, und warum Auletes, mit dem Flavilla arbeitet, bleibt dahingestellt, denn werden sie's etwa allein vollbringen, oder hängt das Gelingen der Zukunft von ihrem Zusammensein ab? Kaum. Und das wissen wir auch. Und trotzdem sind wir zusammen zu unserer Qual, die durch keinerlei Vernunftgründe gemildert wird, ja für die eine ganze Weltumwälzung herhalten muß, das Feuer zu schüren.

Zu Schiffe

Sie alle indessen, genannt die familia des Herrn Lucius, wachsen wie an einer Quelle – mit diesen und jenen Untiefen da und dort. Daß sie nichts mehr mit Rom zu schaffen haben wollen, das haben sie begriffen. Daß sie, mit einem so gewaltsamen wie glückhaften Ruck, diese Fesseln sprengen werden, daß sie, wie die Wesen des

Märchens, die Tiergestalt abwerfen und wenn nicht Götter, so doch Menschen werden wollen. Was aber dann kommt, darüber sind die Ansichten höchst verschieden.

Die Menschen gemäße Welt, das ist die Welt nach dem Maß des Menschen, das Reich der Sonne und der Gerechtigkeit – wie es wohl aussehen wird, wo es sich erstrecken wird ... Weitab liegende Dinge für viele zweifellos, so für Chrysis, weiter nichts als eine alte, finstere und gerechte Rachegöttin, für andere Gegenstand wilder Spekulation und für Auletes Quelle beständiger Sorge. Diese so ferne Frage, dies ausgerechnet muß seine Sorge sein, das, was nach den Kämpfen kommt (falls da etwas kommt), was aber schon in ihre Kämpfe eingebettet sein muß, kurz also: ihre Moral, falls man so will.

Es erweist sich, daß für die meisten die Länder des Glücks in den Sternen liegen, das heißt: ganz woanders. So wie Flavilla denn durchaus heim will in ihre sonnenduftenden Wälder (ihm nun schon gar ein Dorn im Auge), so wollen sie hierhin und dorthin, nur nicht zusammenbleiben oder beieinander, nein, es muß durchaus zu Schiff gegangen werden. Viele sehen ihre Heimat in verklärtestem Glanz, wie unser Sorgenkind, der Spatz; andere, die sich an nichts mehr erinnern, träumen von warmen Gegenden oder, im Gegenteil, tief nebligen, finsteren und reinen Wäldern, je nachdem. So daß man ihnen ein paar Dinge sagen muß, die sie eigentlich wissen, aber vergessen wollten – wie zum Beispiel vom Winter oder von der Sonne Mörderblick, auch von tückischen Stämmen der Fremde und von Völkern, die selbst kärglich leben, meint ihr, die haben auf uns gewartet? Es geht dabei hoch her. Viele, darunter Flava, verteidigen ihre Art des Traumes sozusagen mit Nägeln und Zähnen (wie sie es gewohnt sind). Sie davon zu kurieren ist eine Arbeit für sich.

Mit Geduld, unendlicher Geduld und dem Bestreben, einfach zu reden (wenn Flavas Brauen fragend in die Höhe gehen, ist das das Zeichen, daß es für die anderen auch zu schwierig wird), versucht er ihnen zu sagen, daß sie, wie sie hier sitzen, etwas anderes sein müssen als Glieder eines Stammes oder Bürger einer Stadt. Sie sind Wissende geworden und müssen ihr Wissen zur Tat werden lassen. Sie wissen doch, daß die neue Welt nur ist, wo sie sein werden, gemeinsam, um sie zu machen. Also nicht weit fort, sondern hier. Auf italischem Boden, in der Stadt Rom auch, ja im Hause des Lucius wird die neue Welt sein. Dort, wo ihre Bürger sie erbauen in der Gemeinsamkeit des Schaffens und der Güter (so weit sind sie nun schon). So daß sie ein Beispiel werden für alle Völker, und die Welt auf sie schaut und ihnen nachfolgt. Bis alle frei sind wie sie. »Und dann, dann könnt ihr meinetwegen nach Hause gehen.«

Sie vernehmen es, teils froh erstaunt, teils vom Donner gerührt ob der gewaltigen Arbeit, die ihnen bevorsteht. Häuser bauen für die ganze Welt. Und vor allem: daran glauben.

Zeitmaße

Die Zeit ist abmeßbar an Flavas Haar – es wächst wie wildes Kraut. Ein blasser flächserner Helm, dicht, glatt, seidig, beginnt es sich um ihre Stirn zu wölben, wird zu Strähnen, die in die Augen fallen, zu einer Welle, in der sich das Licht fängt, zu seiten ihres spitzen Gesichts.

Auletes sagt äußerst unbedacht und entgegen ihrer Verabredung, sie sähe damit aus wie eine richtige Frau, und verflucht sich selbst, als sie glühend errötet. »Du bist sehr freundlich«, flüstert sie beherrscht, und er:

»Das will ich auch gern sein.« So sprechen sie nun miteinander, behutsam, bemüht, sich nicht zu verletzen, umeinander herum wie zwei Katzen.

Am nächsten Morgen schon hat sie sich die Haare straff nach hinten gekämmt, »weil es sicher besser für dich ist«. Später wird daraus ein reicher unordentlicher Schweif werden, der über ihren halben Rücken hängt, später, in jenen bedeutsamen Frühlingstagen. Dann ist er reif für die Schere (der Sommer soll kommen, Schafe werden geschoren, so auch Flavilla).

Flavilla hat Auletes um einen Spiegel gebeten, und wenn sie allein ist, löst sie das asketische Haarband und schüttelt ihre Mähne, die Stirn gerunzelt vor dem leuchtenden Metall. Sie gibt es nicht her, murmelt sie dabei, diesmal nicht, nie wieder. Sie werden es nicht bekommen. Ihr Haar soll nicht den Kopf einer bösäugigen Wölfin schmücken, das ist nun vorbei. (Vorher, die anderen drei, vier Male, hat sie die Schur wenig gestört.) Ich sehe aus wie eine Frau? Ich bin eine Frau.

Aber das ist es nicht nur, eine Frau sein, sondern mit diesen hellen Strähnen ist all das andere gewachsen, immer weiter, dieses, daß ich ein Mensch bin, dieses, daß ich frei sein will und werde, dieses, daß ich liebe. Unverkäuflich bin ich geworden, mir selbst und anderen, mit allem, was dazugehört, mit Fleisch und Bein, Haut und Haar gehör ich mir und werde hinfort nicht mehr leben wie ein Tier. Und nie wieder (wild entschlossen vor einer Spiegelscheibe), nie mehr geb ich mein Haar her als ein Schaf, das man schert.

Dergleichen Pathos ist Auletes sicher fremd, auch wenn er davon erführe, würde er es nicht begreifen. »Sie wachsen doch wieder«, würde er wahrscheinlich sagen, gern bereit, sich selbst darzubringen und sich mit Scheren, Messern oder womit auch immer Löcher ins Haar schneiden zu lassen oder auch abrasieren zu lassen bis auf die Haut, die Haut dazuzugeben, sich schinden oder verbrennen zu lassen um Flavilla, um ihr

Haar und ihre ganze winzige Person, aber was hälfe das, und zudem erfährt er nichts davon und hat keine Gelegenheit, sich hinzuopfern. So was macht Flava mit sich selbst ab.

Sie hofft, ach, wie sie hofft, jetzt und dann, daß alles schon anders ist, daß das erwartete Wunder rechtzeitig geschieht, auch sie zu retten. Zottig und ungekämmt läuft sie herum, dann, später, ist entschlossen, sich dadurch zu entziehen. Aber eines Tages (es hilft alles nichts), wird sie wieder der gerupfte Spatz sein, eine arme Komödienfigur, zu verbittert und wütend, um zu heulen. Und dann wird es keine Möglichkeit geben, sie zu trösten. Noch weniger als jetzt – geschweige, ihr zu helfen.

Die Zeit ist abmeßbar an Flavas Haar – noch ist es nur eine blasse Welle neben ihren Wangen.

Zuerst haben sie sich allzuwenig um uns gekümmert, und es hat Auletes verdrossen. Auf einmal jedoch beginnt es, und es ist nun fast zuviel. Neuigkeiten werden einem auf diese und jene Art ins Haus geleitet, oft so staunenswerte, daß man in Ungläubigkeit verfallen möchte. Finster verkleidete Männer kreuzen im Abenddämmer unsere Wege, raunen und stecken uns etwas zu, biedere Marktfrauen führen plötzlich auf eine gewisse Art die Hand an die Schläfe und leiten danach Botschaften weiter, und wir können schon bald keinem mehr harmlos ins Gesicht sehen, weil wir hinter jedem rotwangigen Kinderantlitz einen Verschwörer vermuten. Die familia sieht die Besucher, die da manchmal empfangen werden, und gewöhnt sich an sie, mancher spricht auch einmal mit diesen Boten, die ein Brandmal an der Stirn oder die Scheuerstelle eines durchgefeilten Sklavenhalsrings an der Kehle verbergen.

Da sie nun (zum wiederholten Mal, wer ist das eigentlich: »sie«?) zu merken scheinen, daß alle ihre Dinge im Hause des Lucius mit großer Gewissenhaftigkeit und jener Akribie erledigt werden, die unserem Freund nun einmal eigen, erweitern sie mit der Zeit ihre Aufträge. Wir merken, daß wir wichtig, sogar sehr wichtig geworden sind in diesem heiklen Maschennetz, das da gespannt wird, sozusagen eine besondere Masche, eine, an der sich andere anhalten, und das ist erregend und gefährlich, denn, das stellt sich nun heraus, die ganze Geschichte scheint aus dem Stadium der Verschwörung mehr und mehr herauszukommen. Die Dinge, die jetzt im Gang sind, haben größeres Format, und wir sind mitten darin.

»Du bist zerstreut«, konstatiert der dominus, als Auletes beim Vorlesen zwei Zeilen überspringt, ohne es zu merken. »Wo sind deine Gedanken?« (Eine verfängliche Frage. Um Himmels willen, so weit darf es nicht kommen. Haben wir nicht gelernt, uns von keinem Herrn unsere Gedanken anmerken zu lassen, um keinen Preis der Welt anmerken zu lassen, daß wir überhaupt Gedanken haben? Das ist ein bestürzendes Zeichen.) Ein Glück, daß Lucius sich nicht weiter darum kümmert, was für Gedanken das wohl waren; er hat überhaupt wenig Lust auf seinen arroganten Prügelknaben, sondern nimmt nur dessen Dienste in Empfang, und seine einzige Bemerkung ist: »Bei jemand anderem würdest du dir das wahrscheinlich nicht erlauben.« (Die zynische Entgegnung, die er geradezu erwartet, bleibt aber aus.)

»Du bist zerstreut«, sagt Flavilla besorgt über die Barriere von zwei Tischen hinweg, da er mit großen Augen vor sich hinstarrt, statt auf ihre Frage zu antworten. »Soll ich lieber gehen?«

»Nein, nein«, murmelt er und rafft sich auf und setzt lächelnd hinzu, »wenigstens nicht, bevor du den Teller da leer gegessen hast.« (Seit der Sache mit dem Mandelkonfekt bei Caelia hat er das Privileg, Süßigkeiten aus der Küche zu bekommen, soviel er will, und macht reichlich davon Gebrauch, zumal er sie mit Flavilla teilt. Bei ihren Arbeiten und Sorgen, ihren Kümmernissen, Freuden und Liebesschmerzen, falls es welche sind, kauen sie pemmata mit dem Heißhunger von Menschen, die sich ihr Leben lang von Schrotfladen, einer Handvoll billiger Oliven und saurem Wein ernähren mußten.)

»Ich will keinen Teller leer essen, wenn du dich quälst«, entgegnet sie mit zornig gerunzelter Stirn.

Er schüttelt den Kopf. Er quäle sich nicht. Nur: dieser Berg von unerbittlichen Konsequenzen vor uns, nachdem wir es begonnen haben. Es sei zum Fürchten.

»Du sollst dich aber nicht fürchten!« ruft sie. »Ich bin's, die sich fürchtet, und wenn du auch noch damit anfängst ... überhaupt«, unterbricht sie sich ernst, »darfst du so was keinem erzählen. Du bist unser aller Zuflucht.«

»Hör auf«, sagt er scharf und erhebt sich, und da sie demütig wispert, sie wolle ihn nicht kränken, und ihre flehenden Augen zu ihm aufschlägt, endet es einmal wieder so, und er bittet sie, nun doch fortzugehen, und bleibt allein, den Kopf in die Hände gestützt, Zähne auf die Unterlippe gepreßt. Welch ein Durcheinander, welch ein Durcheinander. Und doch geht es weiter.

Wenn Auletes von seinen häufigen Ausgängen mit geheimem Ziel zurückkommt, macht er manchmal einen Umweg zu einem gewissen Brunnen in der Subura, keine fünfhundert Schritt entfernt von der Behausung seines einstigen Herrn (die allerdings wiederzusehen hat er gar kein Verlangen, aber dafür diesen Brunnen).

Er ist einer der gewöhnlichen; an die Wasserleitung Der Stadt angeschlossen, sprudelt er Tag und Nacht seinen kühlen, schmalen und mineralisch riechenden Strahl in eine Steinmulde, sickert dann quer über die Straße, verläuft sich. Damals, als Auletes fünfhundert

Schritt um die Ecke hauste, ging er morgens hierher, Wasser zu holen.

Innerhalb einer Reihe von verzweifelten Tagen ist schon eine einzige Minute Glück von Dauer. Wasser holen gehen an diesen Brunnen hieß damals Glück.

Der Krug war sehr schwer, wenn er voll war, und da du nicht gelernt hast, ihn auf dem Kopf zu tragen wie die Frauen, nahmst du ihn auf die Schulter, von wo er ständig herabzugleiten und zu zerbrechen drohte – aber auch das hatte sein Gutes. Du gewannst die Möglichkeit, auf dem Rückweg zwei-, dreimal abzusetzen an bestimmten Mauervorsprüngen, die du dir ganz genau gemerkt hattest, und damit dehntest du die Zeit. Auch gab es oft Wasserholer oder Wasserholerinnen, der Ehre römischer Bürgerschaft teilhaftig, die einen Sklaven unsanft vom Brunnen verjagten, wenn sie kamen, um zuerst ihren eigenen Krug zu füllen – und auch das war geschenkte Zeit. Zeit gewinnen war alles.

Wasserholen bedeutete, man war allein in der Zeit, mit einem Geschäft, das sowohl unschuldig wie notwendig war, das heißt gut. Frei von bösen Aufträgen jeder Art, deren Erfüllung quälend und deren Nichterfüllung peinvoll war, Aufträgen, die die Zeit zu einer unbarmherzigen Peitsche machten; das Atmen war anders als sonst. Dies hier hätte man auch für sich selbst getan als einer, der über sich selbst verfügen kann; an einem sonnigen Morgen, den leeren Krug im Arm, gemächlich durch die Straßen der harten und sehenswerten Stadt traben, die so früh noch ihr freundlichstes Gesicht vorzeigt, allein an den Brunnen kommen. Der klare, gleichmütige und jedem zustehende Strahl kühlen Wassers springt auf den Stein, und tief atmend tauchst du deine Hände in das Naß, befeuchtest dein Gesicht, fühlst schauernd das Kühle deinen Hals herabrinnen, füllst schließlich ohne Eile deinen Krug.

Das war, jeden Tag neu, etwas wie Glück. Wasser

holen bedeutete den Schein der Freiheit. So muß Freiheit sein. Wasser holen.

Manchmal, wenn er zurückkommt von seinen geheimen Gängen, macht Auletes einen Umweg.

Die Reise nach Capua

Irgendwoher kommt Lucius diese Mitteilung zu: daß in Capua ein kauziger Sammler gestorben sei, der einige der wenigen Exemplare der Mimen des Herondas im Original besaß, die man aus dem Brand der großen Bibliothek von Ihrwißtschonwo rettete, seinerzeit. Inzwischen fällt es ihm ein: Auletes hat es erwähnt, richtig! Und befragt, erklärt er, er habe es nun wieder von Ascanius und der von ..., jedenfalls schon nicht mehr aus dritter, sondern aus vierter oder fünfter Hand. Aber Auletes ist bestens über alles unterrichtet (unheimlich das, woher weiß er nur immer alles?), also: Die kostbare Sammlung bibliophiler Einmaligkeiten ist jetzt in Händen eines möglicherweise noch seltsameren Nachlaßverwalters, der nicht damit herausrücken will, außer bestimmte Bedingungen erfüllen sich. Es wissen bisher nur ein paar Leute um die Existenz der Schriftrollen, und der Bibliothekar des Sammlers hätte das alles einem Freigelassenen erzählt, der wiederum ... Lucius winkt ab. Eine äußerst abenteuerliche Geschichte. Er hat kein Interesse.

Die Mimen des Herondas! Ein wunderbarer Gedanke, sie in seiner Bibliothek zu haben. Aber deshalb in diese phantastischen Unternehmungen einsteigen? Nein.

Später fragt er ganz nebenbei, was daran eigentlich ernst sei? Doch wohl gar nichts? Das will Auletes nun nicht sagen. Der Gewährsmann des Ascanius sei sicher. Völlig suspekt allerdings die Gestalt des Nachlaßverwalters, wie man höre, eine jener skurrilen Typen, die sich als Philosophen ausgeben, halb Scharlatan und Betrüger, halb echter Liebhaber der Künste, immer schwankend zwischen Habgier und der heiligen Andacht vor seinen beeiferten Schätzen, man kenne dergleichen ja, und der Herr habe völlig recht, wenn er seine Hände von so verschrobenen Geschäften lasse …

Man erfährt, daß dieser Kerl ganze Examina mit seinen Kunden anstellt, zu prüfen, ob sie des Besitzes der Schriften würdig seien. Und wer garantiere schließlich die Echtheit der sicher sündhaft teuren Ware?

Lucius nickt versonnen. Ob er, Auletes, sich zutrauen würde, die Echtheit von Buchrollen, wie zum Beispiel dieser Originale des Herondas, zu prüfen? Sein Sklave, nach einem gewissen Zögern: Ja – wenn er sich noch einmal damit befasse vorher, traue er sich's schon zu. Aber das sei doch wohl nur Theorie? Eindeutig Theorie, bestätigt sein Herr.

Nach zwei Tagen kommt er erhitzt von seinem Buchhändler (demselben, der einst den Schreiber der Epikurkopie vermittelte, jenen Alten, der einen Sklaven hatte …). Der Ärger, welch ein Ärger! Die Mimen des Herondas, im Original, man bietet sie in seinem Beisein Curio an, jene Exemplare, die aus dem Brand der Bibliothek von Ihrwißtschonwo gerettet wurden seinerzeit, eine bibliophile Kostbarkeit, wie gesagt. Nein, sagen die Herren, sie hätten sie noch nicht. Sie wollen in Curios Namen verhandeln, sagen sie, denn sie müßten dem Verkäufer den Namen eines angesehenen Sammlers nennen, für den sie den Erwerb tätigen wollten. Offenbar ist der Name des Lucius nicht gut genug für diesen capuanischen Kauz. Curio! Ein Snob ohne Stil, ein reicher Aufkäufer von schönen Dingen, deren Wert er nur nach dem Preis zu schätzen weiß! Und diese einmaligen Dinge sollen in seiner nie von eines Menschen Fuß betretenen Bibliothek verstauben! Lucius ist erregt.

»Liegt Ihnen so viel an diesen Rollen?« fragt Auletes mit verwunderter Dringlichkeit.

»Ja. Jetzt, wo Curio …, jetzt muß ich sie haben. Und vor allem muß ich schneller sein als die Herren vom Aventin, die sich bekanntlich bei so etwas Zeit lassen. Es muß jemand nach Capua. Jemand, der diesem alten Gauner Paroli bieten kann. Jemand, der die Rollen identifiziert. Jemand, der mich vertritt.«

Damit ist es ja nun klar, daß Lucius seinen Auletes nach Capua schickt. Der nimmt es gelassen zur Kenntnis, so, als habe er eigentlich nichts anderes erwartet. Lucius benimmt sich, alles in allem, wie ein Kind nach einem gelungenen Streich. Als er vollends erfährt, daß die Herren vom Aventin in dieser Woche nicht zu reisen gedenken, da in den capuanischen Schulen mal wieder ein paar Gladiatoren verrückt spielen und die Stadt unsicher machen sollen (unbestätigte Gerüchte), gerät er ganz aus dem Häuschen.

Er werde der erste sein, denn wir fürchten uns nicht vor Gladiatoren. Oder fürchtest du dich vor Gladiatoren?

»Nein, domine«, sagt Auletes ernst.

Vergnügt, unter allerhand Albernheiten, bereitet Lucius die Reise vor. »Du nimmst die große Sänfte mit allem Zubehör, damit es schnell und bequem geht. Du wirst mein Bevollmächtigter sein, und es soll dir unterwegs an nichts fehlen. Das Gesicht des Herrn Curio, wenn die Mimen zu mir wandern! Du bekommst von mir Bankanweisungen und Empfehlungsbriefe. Spare nicht! Bring mit, was noch Gutes da ist bei diesem Halsabschneider, zier dich nicht. Himmel, welch ein Spaß! Freust du dich auf die Reise? Mach nicht so ein Gesicht, als wenn du vorhättest, mit den Gladiatoren zu kämpfen. Oh, beim Merkur, du sollst vergnügt sein! Übernachte in den besten Häusern, und sieh dir die

Welt an, soweit man sie von Rom nach Capua sehen kann. Ich will mit diesem Ausflug auch dir eine Freude bereiten. – Natürlich wünsche ich, daß du mich würdig vertrittst. Du kannst nicht wie ein aramäischer Schriftgelehrter über die via Appia reisen.« Damit sind Auletes' weite orientalische Wollkleider aus einem Stück gemeint, in die er sich zu hüllen pflegt und mit denen er durch die Räume wallt, halb Stutzer, halb Asket, zugleich leger und körperlos.

Der Herr stattet also seinen Sklaven aus, damit er nach Capua reise. Er schenkt ihm eine Synthesis: Kleid und Mantel aus dunkelblauem Stoff, worin sich der Sklave ernst und würdig ausnimmt. Und Lucius treibt seine Laune weiter, hängt ihm ein metallenes, schön gearbeitetes Schreibzeug um den Hals – und erstaunlich, er läßt sich's gefallen, ja, Lucius hat das Gefühl, es ist ihm sogar recht. Kenne sich einer aus!

Als die Sänfte schon bereitsteht, kommt der Herr Verwalter mit allen Anzeichen der Verlegenheit. Man habe etwas vergessen, es sei nämlich Brauch, Verzeihung, einen Sklaven, der sich länger vom Haus entferne, zu kennzeichnen, um Verluste zu vermeiden. – »Soll ich ihn vielleicht brandmarken lassen?« braust Lucius auf. Natürlich nicht. Es gäbe doch genügend Dinge hier, Halsbänder, halbe Schmuckstücke ... Lucius fällt die Geschichte mit den Fußfesseln ein, ihm wird ganz übel, gleich wird der davon anfangen. Aber sein Sklave versetzt ihn im Gegenteil in helles Erstaunen, da er bereitwillig verlangt, als Sklave seines Herrn reisen zu wollen, ja sogar darum bittet.

Der Herr Verwalter hat einen ganzen Schrank voll von dergleichen, von schweren Fußeisen (da haben wir's, aber Auletes scheint sie gar nicht wahrzunehmen) bis zu Halsspangen und humorig beschrifteten Nackenketten (»Fang mich, ich bin entlaufen«) und Armreifen jeder Größe und Ausführung.

Auletes betrachtet das Sortiment mit der Attitüde

einer wählerischen Dame vor dem Schmuckkästchen. Mit einem, wie dir scheint, geradezu unnatürlichen Eifer wählt er sich eins der schmalen kupfernen Armbänder, auf denen der große und berühmte Name des Vaters Lucius (der nun der deine ist) eingraviert ist. Es erweist sich jedoch bei der Wahl, daß er alle diese Reifen mühelos über die Hand streifen kann wie einst die ledernen Bandagen beim Bogenschießen (aber das war doch ein Traum, Lucius!). Man muß Frauen-Armringe nehmen.

All dies wäre recht geeignet, dich zu verstimmen, fesselte dich nicht die Betrachtung der außergewöhnlichen Hände deines Sklaven, wozu du hier reichlich und erstmalig Gelegenheit hast. Es sind nämlich, das ist verwirrend, die Hände eines Arbeiters und eines Prinzen zugleich.

Die Hand ist schmal, ihre Wurzel, das Gelenk fein und zerbrechlich; aber die Finger haben dicke, verkrümmte Glieder, die Nägel sind glanzlos und gelb, die Knöchel der Finger tragen knotige Schwielen, ein Geflecht bläulicher Adern überzieht den Handrücken. Es ist eine bemerkenswerte, eine einmalige Hand, und du kannst dich nicht entscheiden, ob du sie verkrüppelt nennen sollst oder schön.

(Inzwischen ist das passende Armband gefunden, angelegt und von deinem majordomus zugeschlossen um dieses fürstliche Handgelenk, wo nun zu lesen steht, daß dieses Handgelenk und der ganze Mensch obendrein dir, dem Herrn Lucius, zu eigen gehöre.)

Mit all dem hat dich dieser seltsame Auletes, gewollt oder nicht, wieder so durcheinandergebracht, daß du heilfroh bist, als er endlich die Sänfte besteigt und nach Capua reist, die seltenen Schriften zu besorgen und dies und das, was sicher seine vierzehn Tage dauert oder länger. Andererseits ist dir fast nach Heulen zumute, Abschied ist Abschied, Wiederholung jener Abreise vor vielen Jahren, aufs Landgut Emilias und dann für immer, Himmel, was kann ich eigentlich tun gegen diese Zuneigung, die er wahrhaftig nicht ermuntert, aber einst wurde ich an ihm erwachsen. – Reise glücklich!

Nun er ihn los ist, atmet Lucius auf. Es lebt sich einfacher ohne ihn, müheloser. Man muß nicht ständig alles daraufhin überprüfen, was er wohl dazu sagen würde – daß man es tat, wird erst jetzt so recht bewußt. Man könnte, zum Beispiel, ganz primitiv zum Pferderennen gehen oder sogar in den Circus, ohne gleich in den Verdacht zu geraten, ein stumpfsinniger Rohling zu sein oder ein Sadist oder eben ein Römer, mit jenem seltsamen Nebenton, den dieser stolze Name auf jenen Lippen hat.

Zunächst einmal wirft der Herr wie ein Schuljunge, der wider Erwarten Ferien hat, die Blätter mit den kunstvollen Berechnungen durcheinander, verwischt die gemeinsamen Sandkastenspielereien und löscht die geometrischen Figuren auf den Tafeln. Schickt auch zu Caelia, der süßen Braut, auf daß sie komme – was sie prompt tut.

Allerdings, welcher Dämon ihn reitet, sie nach Blossius von Cumae zu fragen ... Sie bricht in Lachen aus (wenn sie lacht, bewegt sich ihre Kehle, sie pulst wie der Hals eines singenden Vogels – Lucius sieht es mit Erregung). Ob er in die Fußstapfen seiner verrückten Tante, der Emilia, treten wolle und die Gracchen kopieren? Er aber stellt trotz aller Berückung oder gerade deswegen ein veritables Examen mit ihr an. Erziehen, scheint's, ist ihm Lust, und das kann in der Ehe ja heiter werden, wenn man ständig über seine Bildung befragt wird.

Blossius von Cumae? Der Schulmeister der Gracchen. Bevor man ihn, nach dem Mord an den Reformatoren, ebenfalls abmurksen konnte, ging er nach Pergamon und machte bei Aristonikos einen Aufstand, und nicht bloß gegen die Römer. Ob er übrigens wisse, daß es in Capua Gladiatorenunruhen gäbe?

Sie ist heute verführerischer denn je. Ihre Haut,

Gold und Elfenbein, leuchtet aus den Kleidern. Was gehen uns Gladiatorenunruhen an und was Blossius, ein Philosoph im Kleinformat, dessen Schriften verboten sind und der sich vor fünfzig Jahren in Stratonikeia das Leben nahm, weil die Hefe seiner Gedanken nicht in den Teig der Wirklichkeit paßte.

Am Abend, als sie fort ist, fragt Lucius seinen Bibliothekar, den dicken Ascanius, über Blossius von Cumae aus, vielmehr möchte er's, aber aus dem ist außer Stammeln nichts herauszuholen. Wenn er denn schon nichts wisse, solle er wenigstens den Band Blossius suchen, den wir haben.

Lucius, durch Erfahrungen gewitzt, wartet geduldig. Das Resultat ist gleich Null. Der massige Mensch versichert, das Werk sei unauffindbar. Der Herr läßt sich herab, selbst mitzusuchen, nicht ohne ein paar Bemerkungen über die angeblich grandiose Neuordnung seiner Bibliothek, die Ascanius ins Schwitzen bringen. Trotzdem nichts.

Schließlich begibt Lucius sich ahnungsvoll auf Auletes' Zimmer. Und siehe da, dort findet er neben den Reden der Gracchen, Euhemerus' Staatsbuch, Iambulos' Utopien und Platons ›Staat‹ (mehr verbotene Bücher als erlaubte) brav den alten Blossius, und, was das erstaunliche daran ist – obwohl sie nicht vorhatten, ihn gemeinsam zu lesen, gibt es seitenweise Analysen, Exzerpte und Präparate für dieses Werk, wie sie ein Lehrer für seinen Schüler anfertigt.

Lucius kann es nicht lassen, ein bißchen zu stöbern, was ja sein gutes Recht ist, schließlich gehört ihm hier alles. Es ist aber ganz erfolglos. Das Zimmer ist, bis auf die Bücher, puritanisch streng aufgeräumt, alle Schreibtafeln sind gelöscht, die stila liegen so sauber nebeneinander wie in der Schule.

So weit, so gut. Aber dieser Blossius. Wozu muß sich sein Sklave mit der aufrührerischen Philosophie dieses entarteten Römers befassen, der die Menschlichkeit mit

Blut erzwingen wollte? Und am nächsten Tag geht Lucius in den Circus – allerdings mit weit weniger Vergnügen als erwartet.

Überhaupt erweisen sich die Dinge, die man sonst *nicht* tut, aber jetzt *doch*, als ziemlich reizlos. Lucius hätte nicht gedacht, daß sie so reizlos seien. Aber immerhin hatte er ihnen ja schon vor Auletes' Kommen entsagt, wohlgemerkt, in seiner jungen Würde als pater familias und Humanist zugleich (eine Verbindung, deren Unmöglichkeit zu beweisen Auletes ja eifrig bemüht ist).

Und plötzlich merkt man unwillig, daß man eigentlich auf seine Heimkunft wartet; zweifellos nur, um zu erfahren, wie das Geschäft ausging, reine Neugierde.

Gesandter eines fremden Königs

Als er dann wirklich zurückkommt (eine ganze Reihe von Tagen später als erwartet), geschehen seltsame Dinge, bedenkenswerte.

Seine Ankunft wird Lucius vom Vorläufer der Sänfte gemeldet – als letztem im Haus, wie er feststellen muß, als er ins Atrium kommt (erst gerannt, dann im Hinblick auf Zuschauer geschlendert), denn da hat sich unsere familia versammelt, ohne daß man wüßte, wie. Der Herr kann sich des Eindrucks nicht erwehren, daß man eigentlich damit gerechnet hat, er würde in seinem Zimmer warten; seine Anwesenheit bei dieser seltsamen Hausversammlung ist offenbar nicht allzu gern gesehen; er erntet schräge Blicke.

Ein Fremdling in seinem eigenen Haus, steht er völlig verblüfft auf den Treppenstufen im Hintergrund, während *seine* staubbedeckten, schwitzenden, aber fröhlich grinsenden Träger *seine* große elegante Reisesänfte auf die Mosaiken *seines* Atriums stellen und *sein* Sklave aussteigt (was er bescheidener Weise auch hätte vor der Haustür machen können). Überdies erfaßt »aussteigen« den Vorgang nur annähernd. In leiser, feierlich-heimlicher Eile umwimmelt die Sklavenschaft die Sänfte, ein Trupp begleitet sie vom Eingang bis zur Mitte, hilft beim Absetzen, andere schlagen die Vorhänge zurück, helfende Hände um den Aussteigenden; da ist alles sehr dicht, aber nachher, allein mit sich selbst, möchte Lucius schwören, irgend jemand habe sogar sein Knie dem weißbeschuhten Fuß als Stütze dargeboten.

Dann steht er da, der Heimgekommene, kein bißchen Schwarzer Schwan, sondern ganz anders, als du glaubst, ihn zu kennen: hochgewachsen, den dunklen Kopf sehr gerade auf dem langen Hals, in der schönen blauen Synthesis, die du ihm geschenkt hast, das metallene Schreibzeug auf der Brust, und hat eine Aura von weltmännischer Gelassenheit und ernster Anmut um sich, die seinen Herrn verwirrt, und vor allem: Bei dem ganzen Ernst und der Urbanität dieses Auftritts ist er irgendwie heiter, und das ist das ungewohnteste.

Ausgestoßen wie einer, der die Spielregeln nicht kennt, stehst du da hinten, domine, und siehst zu, was deine Sklaven miteinander anstellen. Er wechselt ein paar Worte mit diesem und jenem, Unbedeutendes, umarmt deinen Masseur, scherzt mit einer kleinen Germanin (sie sei wohl gewachsen in seiner Abwesenheit), bittet irgend jemanden zu sich »auf später«, und das ganze Atrium hört begierig zu, als würde eine frohe Botschaft verkündet.

Eine tief innere Heiterkeit, so scheint's, eine Heiterkeit, an der du, Römer, keinerlei Teil hast, scheint sich durch deine Sklavenschaft zu verbreiten, ohne daß du sagen könntest, worin sich das ausdrückt, denn sie bleiben alle in Mienen und Wesen unverändert: festlich, eilig und still. Alles in allem hast du den Eindruck, der Abgesandte eines fremden Königs, auf den sie schwören, habe sich herabgelassen, in deinem Haus einzukehren, und der einzige, der nichts davon weiß, bist du. Was auch immer dem Auletes aus der Bücherstube eine solche Popularität bei seinen Mitsklaven verschafft haben mag – es ängstigt dich.

Indessen geruht der Legat, seinen Herrn wahrzunehmen. Ein Wink seines Kopfes (wollte Gott, sie verstünden dich auch nur ein einziges Mal so schnell und leicht wie den hier, aber bei deinen Befehlen sind sie störrisch wie hartmäulige Esel!), ein Wink seines Kopfes also genügt, und man bringt ihm, eilfertig, froh und leise, aus der Sänfte jene Erträge der Fahrt, die für dich bestimmt sind: zwölf, vierzehn schöngestaltete Buchrollen (er hat also Erfolg gehabt mit seiner Mission, war etwas anderes zu erwarten?).

Nun scheint die Szene auch noch einen Anstrich von Repräsentation zu bekommen – wobei es dir zustatten kommt, hinten auf der Treppe zu stehen. Du hast jetzt einen sehr schönen, herrenmäßig überhöhten Standpunkt, und der Weg zu dir ist imponierend weit durch die Gasse, die dein Hausgesinde nun bildet für König Auletes. Immerhin ist der König Rom tributpflichtig, was dich tröstet. Er kommt auf dich zu, hinter ihm trägt man die Buchrollen. Du bist gespannt, wie das weitergeht. Aber es geht gar nicht weiter. In seinem eleganten Kleid, das flimmernde Schreibschmuckstück am Hals, macht er seinen Fußfall und küßt den Saum deiner Tunika, wie es sich gehört, als dein Sklave und nicht als Gesandter, und auch die mit den Büchern benehmen sich ganz normal, sie »reichen dir nichts dar«, sondern bleiben einfach stehen und sehen dumm aus. Ich glaube, Herr, deine Phantasie war einfach ein bißchen überreizt. Er habe seinen Auftrag ausgeführt, hörst du, und melde sich zurück unter die Hand seines dominus.

Das sei sehr schön, sagt der Herr, und er freue sich.

Während er ihm gestattet, sich zu erheben, kann er nicht umhin (leise, wie er meint) zu fragen, was in aller Welt dieser Staatsempfang zu bedeuten habe.

»Ich habe ihn nicht arrangiert, mein Lucius«, sagt Auletes liebenswürdig und ahnungslos und hebt die Lider von den smaragdenen Weiberaugen, dunkel umsäumt von Wimpern, um dir in die Pupille zu schauen.

Als du dich aus der Faszination dieses Blickes zu lösen vermagst, glaubst du zunächst, er habe dir etwas angetan mit seinem Geschau. Es ist zum Augenreiben, denn das Atrium ist leer. Ein paar Rücken entschwinden noch durch die Tür zum Wirtschaftstrakt, und außer der Sänftenmannschaft, den Buch-Trägern und ein paar Diensthabenden, die die Fische im Impluvium füttern, ist keiner mehr zugegen. Lucius hofft sehr, man halte ihn nicht zum Narren. Er wendet sich schnell dem zu, was hier eigentlich von Interesse ist, nämlich dem Einkauf. »Hast du alles, was wir wollten?«

»Alles und noch mehr«, erwidert der Capua-Fahrer und lächelt dich an mit seinen weißen Zähnen im dunklen Gesicht – er präsentiert heute seinem Herrn die anziehenden Seiten seiner durchaus einmaligen Person wie auf einem Silberteller. Der Schwarze Schwan von einst, das knochige Gespenst der letzten Monate, sie sind beide dahin. Die alten Zeiten sind vorbei, und hier steht ein neuer Mensch, du bemerkst es gerade heute, sicher weil er so lange fort war.

Du reichst ihm, deinem Freund, dem Sklaven Auletes, kollegial die Hand, auf jene männlich-demonstrative römische Art, bei der man das Handgelenk des Partners umfaßt – leider in diesem menschlichen Bemühen etwas gehindert durch den metallenen Armring des Auletes, der mit deinem Herrennamen geprägt ist. –

Wieso hat sich Auletes verändert? Nun, da ist einfach die Tatsache, daß das Tier gut gefüttert wurde. Man kennt das an Pferden. Das Fell glänzt wie Seide, die Augen werden feurig und klar, die Muskeln spielen unter der Haut.

Du beschwindelst dich ganz schön, Lucius. Hast du eine Erklärung gefunden, eine biologische, also tierische, also sklavische noch dazu, um deiner Beunruhigung den Mund zu stopfen? Gratuliere! Einfach, unwiderlegbar, ein Schutz gegen das Denken. Er kam wieder, gut, du hattest ihn über vierzehn Tage nicht gesehen, so daß er dir fremd geworden war auf diese bestürzende Art, du sahst ihn mit neuen Augen – gut, gut. Aber das ist nicht alles. Die neuen Augen sahen nur, was du sonst vielleicht übersehen hättest. Gesandter eines fremden Königs? Gepflegtes Tier? Du wirst es nicht erfahren, am wenigsten von ihm. Bleib also bei deiner Variante, sie ist sicher ein gewisser Trost.

Du inspizierst die Buchrollen – ein wunderbarer Einkauf, noch allerlei über Herondas hinaus, Auletes versteht seine Sache, du kannst triumphieren, dein Wunsch ist erfüllt, Curio geschlagen.

Statt ihn zu loben, fragst du: »Wozu liest du Blossius?«

Er klappt zwei-, dreimal mit den Augenlidern (das heißt wohl: Aha, domine, Sie geruhen zu stöbern!), dann lächelt er hinreißend und antwortet mit einer Gegenfrage: »Und wie kamen Sie auf die Idee, Blossius lesen zu wollen?«

Der Herr weiß zu entgegnen: »Du hattest mir soviel davon erzählt ...«

»Viel nicht, gerade einmal oder zweimal, anläßlich unserer Spielereien über den Sonnenstaat (er sagt: Spielereien!), aber wenn es Sie stört, daß ich dergleichen zu meiner Lektüre mache, werde ich selbstverständlich ...«

So war es nicht gemeint, und du sagst es ihm auch. Er treibt die Dinge auf die Spitze und bricht sie ihnen dadurch ab. Du merkst jetzt schon, daß er nicht gesonnen ist, dir seine Gründe für diese Lektüre zu nennen, da kannst du fragen, was du willst, er wird um keine Antwort verlegen sein.

Wenn er schon nichts von dir wissen will und es dir bei jeder Gelegenheit zeigt, soll er zumindest nicht auch noch in Geheimniskrämerei verfallen, das kannst du auf den Tod nicht leiden.

Plötzlich gehst du zu deinem Schreibtisch und wühlst in den Fächern. Woher kommt dir der rasende Wunsch, ihn irgendwie zu verletzen, dies gepflegte, angenehm anzusehende und hochmütige Tier in seine Schranken zurückzuweisen?

»Das hier habe ich gefunden«, sagst du und wirfst das Schreibtafel-Bändchen auf den Tisch, mit der schönen Metallgravüre, der bewußten. – Er nimmt es freundlich in die Hand: »Was ist das?« und betrachtet es in großer Ruhe.

Lucius, mein Herr und Kindskopf. Immerhin lernt er mit der Zeit, verwundbare Stellen zu entdecken. Noch vor zwei, drei Monaten hätte er dich möglicherweise sehr treffen können (aber damals wollte er's nicht) mit dieser nicht gerade diskreten, aber wirkungsvollen kleinen Stichelei. Weiß der Himmel, wo er das ausgegraben hat, welche abgründigen Tiefen von Schränken er durchsucht hat, um etwas über dich herauszufinden und dir nun mal eins zu versetzen – als wenn du noch der gleiche wärest wie vor so vielen Jahren, was für eine unüberlegte Annahme! Als wenn du im geringsten noch gleichen würdest dem scheuen, verstörten und zynischen Knaben von damals. Als wenn du dich nicht um und um gestülpt hättest mehr als einmal; dein Fleisch und deine Knochen, deine Haare, Haut und deine Gedanken sind andere geworden. Woran will er dich denn erinnern? Er kennt dich nicht.

»Ich danke Ihnen, Herr. Woher haben Sie denn das?«

Lucius schweigt, ingrimmig enttäuscht darüber, daß nichts vorgeht in dem dunklen Gesicht, auf dessen plötzliches Verfärben er gewartet hatte.

»Darf ich es behalten?« fragt Auletes, immer gleich höflich. Und dann, vor deinen Augen, nachdem er den Stift gewendet hat mit genußvoller Eleganz, dann löscht er langsam und ordentlich, Tafel für Tafel, die Schriften von damals aus dem Büchlein. Nur die Gravüre auf dem Einband, die allerdings kann er nicht löschen, die ist das einzige, was bleibt.

Um dieser Gravüre willen kann er dann das außerordentlich handliche, praktische und wirklich hübsche Büchlein tatsächlich nicht benutzen. Die kleine Barbarin es sehen, buchstabieren und sich darüber entsetzen, ist eins. Womit der Gnädige sein Ziel doch noch erreicht hat, wenn auch ohne den Genuß, sich an diesem Schreck zu weiden.

Flavilla beginnt unter Lästerung aller Götter zu schimpfen und, als sie erfährt, wie er zu diesem alten Souvenir gekommen ist, den Allergnädigsten nach allen Regeln der Kunst zu verfluchen. »Das alte Dreckschwein, die Schweineschnauze, das Stück Mist«, tobt sie, womit sie ihren Herrn Lucius meint. Ob er nichts anderes zu tun hätte, als Auletes in den Dreck zu befördern, weil er sonst nie ganz genau wisse, ob seine Sklaven nicht vielleicht doch Menschen wären? »Wir werden's dir schon zeigen! Wart nur, domine, Drecksdomine, Huren-domine, Hunde-domine, dreiköpfiger Höllen-domine ...«

Auletes muß sie beruhigen. Welch ein Aufruhr um die Tatsache, daß der kleine Lucius gewagt hat, dich an das zu erinnern, was du vor runden fünfzehn Jahren in diesem Haus gewesen bist. – »Aber Flavilla, das Büchlein ist so schön und handlich!«

»Untersteh dich, es zu nehmen! Hast du gar kein Gefühl für das, was du tun mußt? Wälzt du dich so gern im Dreck?«

Und du? Folgsam, wie du bist, und bereit, ihre empfindsame Kinderseele zu schützen? Legst es in irgendeinen finsteren Winkel, da mag es nun noch weitere fünfzehn Jahre liegen, falls es das aushält und nicht vermodert, bitte sehr.

Und wir haben ja weiß Gott Wichtigeres zu tun als uns um Schreibtafeln zu zanken, jetzt, nach der Heimkehr aus Capua.

Ich weiß nichts

Es ist an einem frühen Morgen, als sie ihn ruft wegen des Vogelzuges.

Ihre Stimme, wild und schrill wie der Ruf einer der Segler dort oben, nähert sich von draußen, erreicht ihn über seinen Büchern, löst ihn von jener Welt. – Unter einen grauen Himmel zerrt sie dich eilfertig, deine Hand in der ihren, läuft sie durch das Peristyl, in den Garten, vorbei am Weinberg, ins Freie, die Wiese hinunter hinterm Haus. Über euch, voll von fordernden, klagenden Rufen und heiseren Lauten, rauscht eine riesige Wolke, ein einziger Fittich, der den Himmel verdunkelt: der herbstliche Vogelzug.

Flava ist auf einen Steinbrocken geklettert, sie steht da, den Kopf im Nacken, und reckt die Hände gegen den Himmel auf. Sie schreit, sie ruft in ihrer Sprache, begrüßt sie, die aus ihrem Lande kommen.

Auf den angrenzenden Weinbergen wird es auch lebhaft, wenn auch die Gründe weniger sentimentaler Art sind: Mit Rasseln, Becken und Stimmen versucht man die Plage von den reifen Trauben fernzuhalten.

In den allgemeinen Chor von Lauten mischt sich die schrille Stimme der kleinen Barbarin, zwischen ihren germanischen Begrüßungssprüchen schreit sie, mit den Armen fuchtelnd, auf ihn herab; er versteht nur die

Hälfte, aber doch so viel, daß auch wir so aufbrechen werden wie diese hier und gewaltig den Himmel verdunkeln durch unser Kommen und daß diese Schreie und Rufe auch die unserer Sehnsucht seien. Dicht vor sich sieht er ihre mageren festen Beine, nicht die Beine eines Mädchens, sondern offenbar auch eines Vogels – eine Feststellung, die ihn, statt mit Belustigung, mit Zärtlichkeit erfüllt.

»Sie fliegen alle zu dir, in deine Heimat!« ruft sie mit über die Schulter gewandtem Kopf, verliert darüber das Gleichgewicht und landet, halb fallend, halb springend, in seinen Armen. »So«, sagt sie atemlos und wild, gänzlich uneingedenk aller zugesicherten Vorsicht, »so fliegt meine Seele zu dir.«

Einen Moment versenken sich ihre Augen ineinander wie zwei breite, sich kreuzende Schwerter, dann schiebt er sie an den Schultern von sich. (Mein Schatz, mein Hort. Mein Haus, mein Stamm, mein Zauberspruch. Bleibe bei mir.) »Weißt du«, sagt sie, »daß ich einen Namen habe nach diesen Tieren? Willst du ihn wissen? Nein, nicht diesen, den mir die Römer gegeben haben wegen der Farbe meines Haares. Meinen richtigen, den mir mein Stamm verliehen hat und den kein Mund je aussprach, seit ich ihn verlassen habe. Wer diesen Namen weiß, der hat Gewalt über meine Seele in jeder Gestalt. Der hält mein Leben in seiner Hand, und ich müßt ihm folgen überallhin. Diesen meinen Namen will ich dir sagen.« Und sie hebt sich auf die Zehen, inmitten des Lärms von Menschen und Getier raunt sie ihm eine Folge fremder Silben zu, die er sofort wieder vergißt, und sieht ihn an mit entflammten Blicken. (Ihr Himmlischen, was für eine neue Prüfung und was für ein verteufelter Glaube, auf den ich Rücksicht nehmen muß, ist das nun schon wieder?) Dafür, so verlangt sie, müsse er ihr wechselweise seinen Namen schenken.

»Mein Name ist Auletes«, sagt er, und über Geheimnamen verfüge er nicht. Man habe ihm diesen verliehen, da er als Kind in einer Ecke zu schlafen pflegte, in der Tamburine und Flöten der Tänzerinnen herumlagen. Vorher hieß er einfach Heda. (Sie schlendern langsam zum Haus zurück, unter häufigem Stehenbleiben, denn sie hat meist den Kopf im Nacken.)

»Erzähl mir von deiner Heimat«, dringt sie in ihn, »dem Land, wohin diese hier ziehen, erzähl mir doch!« Sie vermag nicht zu glauben, daß er nichts weiß. »Du mußt doch dein Land kennen!« Aber er kennt nur die Stadt Alexandria, und die ist nicht viel anders als alle Städte der Welt.

»Ich habe kein Leben außer diesem hier«, sagt er und erschrickt darüber, was das für sie bedeuten muß, denn sie errötet bereits. So beeilt er sich hinzuzusetzen: »Und du weißt, was es von uns verlangt.«

»Die ganze Luft voller Zugvögel«, murmelt sie unzufrieden, »und ich schenke dir meinen Namen ...«

Er geht hastig auf das Haus zu und läßt sie stehen.

Lalage

Jedesmal wenn Lucius seine Braut besucht hat und, erregt von ihren verheißungsvollen Küssen und der sanften Berührung ihrer vielversprechenden Brüste, nach Haus kommt, pflegt er mit einem seiner Bademädchen zu schlafen. Im Grunde ist ihm gleich, mit welcher, da sie ihm nur Caelia vertritt, aber häufiger als die anderen nimmt er sich eine thessalische Griechin, eine weißhäutige, stille Person ohne andere Reize als ihre Jugend und ihre Fügsamkeit. Warum sie ihm angenehmer ist, wüßte er nicht zu sagen. Vielleicht, weil ihr Mund ihn an seine Verlobte erinnert: leicht offenstehend wie eine aufgesprungene Frucht.

Sie heißt Lalage.

Die Frauen, die mit ihr das Schlafgelaß teilen, merken erst sehr spät, daß sie schwanger ist. Ihr ist nie schlecht gewesen. (Später fällt ihnen ein, sie fühlte sich manchmal schwindlig.) Alles geht leicht und gewissermaßen glücklich, soweit man dabei von Glück reden kann. Lalage jedenfalls scheint es als ein Glück zu empfinden. Sie ist schon im fünften Monat, als sie endlich dahinterkommen. Ihr Leib beginnt sich zu wölben, ihre Brüste füllen sich, ihre Augen bekommen einen feuchten weichen Schimmer. Tags, bei ihrer Arbeit, singt sie manchmal leise vor sich hin; sie lächelt viel und grundlos.

Die familia versteht überhaupt nichts. Jedermann weiß, daß im Haus des Herrn Lucius keine Kinder aufgezogen werden – in einer familia urbana wäre das auch eine Seltenheit. Der Verwalter ist der Meinung, daß Mütter von Kindern am Arbeiten gehindert werden, sie sind unlustig und zerstreut. Kommen dennoch welche zur Welt, was man nicht immer verhindern kann, werden sie vier Wochen nach ihrer Geburt verkauft (zu angemessen niedrigen Summen an einen Mann, dessen Geschäft es ist, Sklavenkinder zu kaufen und weiterzuverkaufen; allerdings ist das Risiko bei diesem Handel sehr groß, da von zehn immer acht sterben).

Von ihren Mitsklavinnen schließlich zu ihrer Meinung über dies alles befragt, erklärt Lalage lächelnd, daß sie alle diese Dinge wohl wisse. Aber ihr Kind sei schließlich kein gewöhnliches Sklavenkind, sondern es sei ja nun vom Herrn Lucius. Und der Patron werde doch nicht sein eigen Fleisch und Blut auf den Markt bringen ...

Sie beginnen vorsichtig, ihr ein paar Tatsachen des römischen Rechts über von Sklavinnen geborene Kinder klarzumachen. Lalage versteht sie nicht, so daß man etwas unternehmen muß. Die familia will zumindest versuchen, die Träume der Träumerin zu retten.

Die Vorarbeiterin der Badesklavinnen geht zum Verwalter, ihn für Lalage um die Gnade zu bitten, ein Kind zu gebären und, da es ein Kind des dominus sei, behalten zu dürfen. Der Herr vilicus brüllt vor Lachen. Ein Kind des dominus! Woher diese Schlampe, die doch sicher jeden Abend unter einem anderen läge, das denn wohl wisse? Die Vorarbeiterin demütigt sich vor dem Herrn Verwalter, sie stößt mit der Stirn auf den Boden und verspricht leise, die familia sei bereit, falls Lalages Bitte erfüllt würde, allein für den Herrn Verwalter drei Nächte zu arbeiten, wann und wo auch immer. Der Herr Verwalter horcht auf. Das ist ein Neues, sogar ein unerhört Neues. Seine Sklaven wollen mit ihm ein Geschäft machen. Seine Sklaven wollen zusätzliche Arbeit tun – und er wittert eine Fülle von Möglichkeiten, in Zukunft viel Geld zu verdienen. So verspricht er, den Herrn zu befragen in diesem Falle; das ist, was er tun kann. Die drei Nächte Arbeit gehören ihm.

»Er wird ihn befragen«, sagt Chrysis zu Lalage, »sicher aber so, daß der Patron nein sagt. Ich war von Anfang an gegen diese Sache, sie ist nicht gut überlegt. Lalagion, hör auf mich. Ich kann dir einen Trank bereiten, der dich aus allen Nöten befreit. Und es tut kaum weh. Es ist gerade noch möglich. Oder, wenn du das denn nicht willst, wie ich sehe, wirf dich selbst dem Herrn zu Füßen und bitte ihn.«

Das ginge nicht, erklärt Lalage, denn sie habe wegen ihres dicken unansehnlichen Leibes, der das Auge des Herrn beleidigen würde, keinen Dienst mehr an der Massage-Bank, sondern unten am Hypocaustum, an der Heizung, und sehe deshalb den Herrn nicht mehr. Außerdem habe er noch nie ein Wort mit ihr gesprochen. Wie könne sie es wagen, ihn anzureden?

Indessen hat der Herr Verwalter die ganze absonderliche Sache gründlich überdacht. Er hat das Für und Wider abgewogen und plötzlich greuliche Angst vor diesen Drecksklaven bekommen, die da, einer wie der andere, bereit sind, den kostbaren Schlaf einer halben Woche hinzuopfern für eine schrullige Schwangere unter ihnen. Er muß verzichten, so verlockend das Geld dreier Nächte in seinem Beutel auch wäre: Denn das ist schon fast Rebellion. Die Moral der familia muß einen Tiefstand erreicht haben, sie müssen sich, ohne daß er es eigentlich bemerkt hat, auf eine erschreckende Weise einig sein. So geht es nicht weiter.

Und er berichtet am nächsten Morgen seinem Herrn beiläufig, lächelnden Mundes den verdrehten Wunsch einer Sklavin, ein Kind aufzuziehen, das angeblich vom Herrn stamme. Er halte dafür, dergleichen Ausnahmen nicht zu gestatten, es untergrabe die Willigkeit der familia und schaffe böses Blut.

Lucius stimmt ihm zu. Jetzt, da er heiraten will, kann er schreiende Sklavenkinder weniger denn je gebrauchen, und am allerwenigsten solche, die möglicherweise von ihm selbst sind; mit Grauen sieht er sich in eine Lage versetzt, die der seines Vaters – wenn auch nur in Andeutungen – gleicht.

Damit ist die Sache entschieden. Der tugendhafte Verwalter, dessen Angst seine Habgier übersteigt, nimmt keine Bestechung entgegen, zumindest nicht von Sklaven. Er läßt sie die drei Nächte arbeiten, aber nicht für sich, sondern für den Herrn. Die Vorarbeiterin der Badewärterinnen und drei weitere renitente Typen werden gründlich ausgepeitscht, und die Ordnung ist wiederhergestellt (meint der Herr Verwalter).

Als Lalage erfährt, daß es ihr nicht gestattet wird, das Kind zu behalten, sagt sie nichts. Sie tut weiter still ihre Arbeit. Nur manchmal hält sie mitten in einer Tätigkeit inne wie erstarrt – die Augen in die Ferne gerichtet, die volle Unterlippe vorgeschoben, lauschend. Sonst ist keinerlei Veränderung an ihr zu bemerken.

Das alles geschieht, während Auletes in Capua ist. Zurückgekommen, findet er die familia halbtot vor Erschöpfung von den drei Nachtarbeiten; alle sind überreizt, schnell und grundlos erregt und in Gefahr, sich gegenseitig die Köpfe einzuschlagen, so daß der Verwalter an und für sich durchaus sein Ziel erreicht und die Moral der Sklavenschaft gehoben hätte, kämen nicht die Nachrichten aus Capua, die alles in den Schatten stellen. Sicher verliert die familia über all den Plänen großer und bestürzender Natur auch Lalage ein bißchen aus den Augen. Sie bringt sich aber selbst wieder furchtbar in Erinnerung.

Vielleicht vierzehn Tage nach jenem Bescheid des Verwalters wachen ihre Schlafgenossinnen auf, weil sie stöhnt. Mitternacht ist vorüber. Lalage, die Lippen zerbissen, die Fingernägel in die Handballen gepreßt, bäumt sich in Krämpfen. Die Frauen stehen ihr bei und befreien sie von ihrem zerstückten Kind. Keiner weiß, wann und wo sie die Frucht in ihrem Leibe getötet hat; sie selbst schweigt. Außer ihren unterdrückten Schreien kommt kein Laut über ihre Lippen. Die Frauen sind sich zumindest einig, daß sie es mit einem scharfen Gegenstand, einem eisernen Stab etwa oder einem Kaminhaken, getan haben muß und mit der Gewalt der Verzweiflung.

Gegen Morgen verfällt Lalage in einen tiefen erschöpften Schlaf und erhebt sich dann mit allen gemeinsam, um an ihre Arbeit zu gehen (sie hält sich an den Wänden fest und schüttelt helfende Hände stumm und heftig ab).

Am Nachmittag stürzt Flavilla schreckensblaß, mit geweiteten Augen in die Bibliothek zu Auletes.

Zu Mittag wurde Lalage vermißt, aber noch keiner gab etwas darauf. Alle nahmen an, sie habe sich nach dieser Nacht statt für Essen für einen kurzen Schlaf entschieden. Erst als dem Heizer am Hypocaustum das Holz ausging, das sie zu bringen hatte, suchte man nach ihr. Sie wurde im Holzstall gefunden, in ihrem Blute schwimmend, ohne Bewußtsein und schon halb erkaltet.

Auletes geht eilig zu Chrysis. Er hat die alte Frau noch nie so zornig und verzweifelt gesehen. »Diese Närrin! Diese Närrin! Vor vier Wochen ein Sud von mir gebraut aus diesem und jenem, und es hätte sie kaum geschmerzt! Und nun dies: Auletes, wir hatten sie vergessen. Wir dachten, nachdem wir diese Torheit begangen hatten mit dem Verwalter und als Lohn dafür alle vor Müdigkeit umfielen und ein paar von uns eine Tracht Prügel gekriegt hatten, wir hätten unser Teil getan. Wir haben sie vergessen! Heu nos miseros! Weh uns Elenden! Sie stirbt! Ich kann ihr nicht helfen, keiner von uns. Ein Arzt vielleicht, vor ein paar Stunden, aber jetzt? Wenn wir nur wüßten, wie und wann es war. Aber sie spricht nicht, mit keinem von uns. Sie weiß um unsere Schuld. Wir haben unsere Schwester in ihrer Not vergessen, vae nobis!« Sie bittet ihn, mit ihr zu sprechen, zu versuchen, daß sie spricht.

In dem kleinen Sklavenstall, in dem Lalage liegt, riecht es dumpf und süß nach Blut und scharf nach dem Kampfer, mit dem man sie wieder ins Bewußtsein zurückgerufen hat. Ihr Gesicht ist weiß wie ein Totenlaken, ihre Augen sind geschlossen. Auletes kauert sich an ihrer Matte nieder und ergreift ihre eisige Hand. »Lalagion«, sagt er leise und zärtlich zu ihr; er redet ihr vertrautes Hellenisch, »kannst du wohl mit mir sprechen? Sprichst du zu mir?«

Nach einer Weile öffnen sich Lalages Lippen, durchsichtig wie die Leiber von Meerestieren, und sie haucht ein Ja. Alle Fragen, die Auletes stellt, werden von ihr erst nach einer Zeit beantwortet, aber er braucht keine zu wiederholen. Was sie sagt, ist kaum verständlich, die Worte fließen tonlos wie ein dünnes Rinnsal aus ihr heraus.

»Lalage«, fragt Auletes, »soll ich dem Herrn sagen, daß du krank bist?«

»Nein.«

»Wir könnten dann vielleicht für dich einen Arzt holen, der dein Blut stillt.«

»Nein.«

»Lalage, warum hast du nicht mit uns gesprochen? Vielleicht wäre doch noch ein Weg gewesen, dein Kind zu erhalten.«

»Wozu?«

»Es war ein Kind unseres Patrons, meinst du?«

»Keines Mannes Atem ist sonst noch auf mir gewesen.« (Das ist ihr erster Satz, voll dunklen tödlichen Ernstes.)

»Hast du«, dringt er weiter vorsichtig auf sie ein, »den Herrn gern gehabt?«

Nach einer Pause, die sie immer braucht, sagt Lalage: »Nicht besonders.«

»Warum willst du sterben, Lalagion, kleine Lalage?«

Sie schweigt sehr lange, er glaubt schon, die Frage wiederholen zu müssen, da sieht er, daß unter ihren geschlossenen Lidern schwere Tränen hervorquellen, und plötzliches Schluchzen erschüttert ihren Körper. »Es war bloß ein Kind«, flüstert sie, »es brauchte nichts. Nur ein paar Lumpen. Es hätte nie geschrien, ich hätte es auf – dem Rücken getragen – und gleich gestillt – es hätte keinen gestört –, später – von meinem Essen ...«

Auletes wartet, bis sie sich wieder beruhigt hat. Dann sagt er: »Du weißt, was die Sklaven tun wollen. Hättest du nicht leben mögen dafür?«

Lalage: »Vielleicht.«

Er: »Wir werden frei sein.«

Sie: »Auch ich.«

Er: »Was ist das aber für eine Freiheit?«

Sie öffnet die Augen, sie waren einst von der Farbe der Nüsse, jetzt sind sie verdunkelt, ein Schleier deckt sie, schon aus einem anderen Reich geliehen. »Da unten – esse ich Mohn mit vollem Mund – und schlafe –, und meinen Kopf – stecke ich in den Lethestrom –

und vergesse. Und bin frei. Und erinnere mich nicht mehr.«

Dann schließt sie die Augen wieder, und sie spricht auch nicht mehr.

Menander sagt: Mach alles, Gott, aus mir, nur keinen Menschen.

Am Abend lesen sie Mimen von Herondas aus einer jener schönen lederverhüllten Rollen, die Auletes aus Capua mitgebracht hat. Die Mimen sind zum Teil derb und komisch, manche sind aber auch voller Trauer und innig und handeln von Wiederbegegnungen mit den Schatten Verstorbener.

Auletes liest mit seinem Herrn den Daktylios ›Sisme‹, die erdachte Grabschrift einer Hetäre, die, von Schätzen überhäuft, in ihrem zwanzigsten Lebensjahr dahinging. Aber die dicken Bernsteinspangen, die ihr Haar schmückten, und die Ringe auf all ihren Fingern konnten ihr nicht das Geheimnis des gläsernen Ringleins ersetzen, das sie am kleinen Finger ihrer linken Hand verborgen trug.

Die Mime ist sehr schön, ihre Sprache ist sanft, klar und gefühlvoll. Lucius liebt diese Art Poesie. Nach der Lektüre schweigt er und starrt in den dämmernden Abend, in Gedanken versunken. Er schiebt abwesend den Teller mit Süßigkeiten zu Auletes (denn er weiß, wie gern er dergleichen mag, und hat damit einen Grund, ihn in etwas zu belächeln).

Aber sein Interpret der Klassiker rührt diesmal – erstaunlicherweise – nichts davon an. Statt dessen sagt er: »Erlauben Sie, mit Ihnen zu sprechen, domine.« Und nach der gewährenden Handbewegung seines Herrn: »Erinnern Sie sich an Lalage?« (Es ist falsch angefangen. Du bist zu bewegt, um geschickt zu sein; du hast nicht bedacht, daß er niemanden mit Namen kennt.)

»Wer ist das?« fragt Lucius träumerisch.

»Ihre Geliebte hier im Haus.«

»Ich habe keine Geliebte hier im Haus«, sagt Lucius ernst und fast unwillig.

(Es ist verfahren. Er hat recht, er ist ehrlich, er hat keine Geliebte hier im Haus. Es war von Anfang an falsch. Und warum versuche ich eigentlich, ihn zu schonen?)

»Domine, die Badesklavin, die Sie bis vor kurzem zu beschlafen pflegten, wenn Sie von der villa jenseits des Tiber nach Hause kamen, hieß Lalage.«

Lucius fährt herum, er errötet sogar. (Was, um aller Götter willen, hat der vor? Mir die Laune zu verderben? Das ist ihm nun schon gelungen. Wir wissen ja, daß sie alles wissen und alles durch ihre ungewaschenen Mäuler ziehen, diese *Drecksklaven*, aber es muß doch Mittel geben zu verhindern, daß sie uns auch noch damit bemeistern!)

Die Stimmung ist sehr schlecht. Lucius, dieser Kindskopf, kann in solchen Momenten seinen Zorn schlecht beherrschen, neuerdings schlägt er leicht. (Welcher Schriftsteller sagt doch gleich, die schwerste Probe der Selbstzucht sei, seinen Ärger über die Haussklaven zu unterdrücken?) Auletes steht auf, er geht zu seinem Herrn, stellt sich direkt vor ihn hin und sagt eisig: »Dies Mädchen ist vor ein paar Stunden gestorben, domine. Lalage verblutete bei dem Versuch, das Kind aus ihrem Leibe zu entfernen, das von ihrem Herrn stammte, der ihr aber nicht gestattete, es zu behalten.« Er hat griechisch gesprochen. Es könnte auch der Beginn einer neuen Mime sein, allerdings einer beklemmend wirklichkeitsnahen, so ist Dichtung wohl im allgemeinen nicht. Er hat die Augen geschlossen und wartet auf den Schlag, der jetzt gleich schmerzhaft und mit der Gewalt eines Siegelrings sein Gesicht treffen müßte, aber der bleibt aus.

Lucius starrt ihn an, ohne irgendeinen Ausdruck in den Augen, er bewegt die Lippen. Endlich, nach einer Weile, sagt er: »Was war das für ein Mädchen?«

»Ein ersetzbares, kein sehr kostbares, wenn Sie das meinen«, antwortet Auletes (nun wieder in Latein), der sehr gut weiß, daß er nicht das meint.

Aber seinem Herren ist alle Angriffslust vergangen, er flüstert tonlos: »Ich kann mich nicht an sie erinnern.«

Darauf sein Sklave: »Versuchen Sie es.« Und geht, ohne um Erlaubnis gebeten zu haben. –

In seinem Zimmer versammelt sich diesen Abend die familia des Hauses. Unter ihnen befindet sich Kottalos, der Arztsklave vom nachbarlichen Palais des Mucius Niger, ein Grieche mit schlechten Zähnen, klein, dunkel und freundlich, eigenmächtig von der Sklavenschaft des Lucius geholt (»von Zaun zu Zaun« nennt man das), der sterbenden Lalage wegen, ist er ohne Erlaubnis seines Herrn gekommen. Er konnte nur noch bestätigen, daß sich das Mädchen verblutet hatte.

Kottalos, mit einem um Entschuldigung bittenden Lächeln, seine fauligen Zähne entblößend, redet mit Chrysis: Sie brauche sich, so sagt er, keinerlei Vorwürfe zu machen, noch irgendwer hier im Hause. Auch wenn sie ihn früher, am Vormittag vielleicht, geholt hätten, wäre die Blutung nicht stillbar gewesen. Er habe sie untersucht. Sie habe innere Verletzungen, gegen die seine Kunst nichts vermöge; ein wahres Wunder, daß sie überhaupt nach dem Verlust des Kindes habe aufstehen können …

»Ich weiß schon, Arzt«, sagt Chrysis dumpf. »Ich glaub dir alles. Das ist es nicht. Vorher, verstehst du, hätten wir uns um sie kümmern müssen. Vae nobis.« Kottalos, lächelnd vor Verlegenheit, zuckt die Achseln. Aus Chrysis' stets entzündeten Augen laufen große Tränen über die Falten ihres Gesichts.

Die Vorarbeiterin der Badesklavinnen erhebt sich, geht zu dem fremden Mann, umarmt ihn und küßt ihn auf die Wangen zum Dank für sein Kommen.

Kottalos' Augen füllen sich vor Erregung und Mitgefühl ebenfalls mit Tränen. »Ich hätte ihr gern geholfen«, murmelt er, »oh, wie gern. Aber meine Kunst hat Grenzen. Ich bin kein Totenbeschwörer. Hades' Wohnung ist gräßlich, modrig und selbst den Göttern ein Abscheu.« Es ist ein Homer-Zitat.

»Sie wollte dahin«, sagt Auletes mit halber Stimme, »wo Seelen und Schattengebilde hausen, doch ganz ohne Empfindung.«

Chrysis schreit unterdrückt auf, da ihre heimatliche Sprache ertönt, sie fährt sich ins Haar, sie zerreißt den Saum ihres Kleides, und mit ihr beginnen ihre Landsleute die Klage um Lalagion, die Thessalierin, wie es in ihrem Land der Brauch. (Flavilla starrt aufgerissenen Mundes. Ach, glückliche Lalage, glücklich gestorben, so beklagt von den Ihren.)

»Bruder«, sagt Auletes und führt den Arzt an der Schulter beiseite, »ich habe mit dir zu reden«, und dann: »Flava, komm zu uns.« (Ich muß sie fortholen von dieser Stammestotenfeier, die sie da, schmerzlich ihre Einsamkeit um und um kehrend, mitgenießt.)

Und Flavilla springt auf und folgt ihnen eilfertig und gleich getröstet, da er sie braucht, sie und ihre Künste – versteht sie nicht inzwischen, in ordentlicher und gekürzter Schrift Notizen zu machen und den Schreibgriffel, wenn sie etwas auf ihrer Tafel löscht, mit der gleichen zweckmäßig-eleganten Bewegung der Hand herumzudrehen wie Auletes!

Es stellt sich heraus, daß Auletes von gewissen Grotten im großen Garten des Mucius Niger gehört hat, die nie jemand beträte, außer bei irgendwelchen Wasserspielen – und er fragt nun, ob Kottalos diese Höhlen bekannt seien und ob er bereit sei, sie Flavilla zu zeigen. Kottalos ist es.

(Die familia im Haus seines Herrn weiß, was hier vorgeht.) »Bruder«, sagt der Arzt auf hellenisch, »habt ihr keine Angst vor Verrat? All diese Dinge scheiterten bisher immer, soviel ich weiß, an Verrat.« Seine Augen, noch immer feucht, sind besorgt.

Auletes, indem er in die Runde sieht: »Es ist unaufhaltsam. Es kann an nichts scheitern. Auch Verrat kann es nur noch beflügeln. Und außerdem habe ich keinerlei Grund zu dergleichen Ängsten.« Und schickt Flavilla, die Grotten zu besichtigen mit diesem kleinen dunklen Mann, Kottalos, dem Arzt.

Flava bemerkt ihn eigentlich nur nebenbei; er soll aber einmal ihr Lehrer werden in seiner Kunst, und sie wird sich später oft seiner erinnern und des Tages ihrer ersten Begegnung in Auletes' großem Zimmer, später, wenn sie Flava die Ärztin ist, eine berühmte Frau, hochverehrt und von weither besucht auf ihrer Insel im Mittelmeer – falls sie am Leben bleibt bis dahin.

Vorsätze

Da sitzen wir nun, wir Erbauer der künftigen Welt. Und wir ließen sie sterben. Sich an die Brust schlagen und die Kleider zerreißen hinterher, das ist ziemlich einfach.

Der Koch ergreift das Wort, leise, gewohnt, daß man auf ihn hört: »Wir weinen um Lalage. Ja, wir haben schuld. Aber je lauter wir uns das sagen, um so mehr decken wir den, der die eigentliche Schuld trägt. Und sagt nicht: der vilicus. Das ist bloß ein gekauftes Vieh, das nicht anders kann. Ihr wißt, wer.«

Im Raum ist es still, eine seltsame Stille, sie knistert. Man hört ihr unterschiedliches Atmen.

»Saturnalien sind«, sagt der Fechtmeister, »Saturnalien, wo alles umgekehrt wird für ein paar Tage. Wir aber wollen's für immer umkehren. Wann, wenn nicht jetzt?« (Auletes hört es mit Bangen. So etwas hat er erwartet.) Und bevor jemand anders, irgendwer Vernünftiges, einspringen kann, fährt der Koch fort, mit sanfter verführerischer Macht flüsternd: »Sollen wir den Tod unserer Schwester ungerächt lassen?«

Auf so etwas haben wir gerade gewartet. Einige springen auf, auch die kleine Törin Flavilla zunächst, die sich aber unter dem verweisenden Blick ihres asketischen Freundes wieder setzt – und der größte Teil wäre nun wohl mit ein paar Worten dahinzubringen, blutige Saturnalien zu veranstalten hier im Stadthaus des Herrn Lucius und dem dominus ein bißchen die Kehle abzuschneiden.

Hier fragt Auletes behutsam: »Und dann?« Da gibt es verschiedene Lösungen, trotzig zwischen den Zähnen hervorgezischt. Wir machen das Haus zu einer Festung und verteidigen es. Andere werden dann schon zu uns stoßen. Oder: Wir schlagen uns zu den Banditen in den Bergen durch. Oder: Warum nicht dahinsterben für die Sache der Freiheit?

Gut, daß das einer sagte. Es macht ihnen klar, was sie da planen, und bringt wieder Ordnung in die hitzigen Köpfe. Zumindest Chrysis sagt rauh und energisch: »Larifari.« Ob sie an einer Leiche nicht schon genug hätten. »Wie lange sollen wir noch hungern und dürsten nach Gerechtigkeit!« ruft der Fechtmeister wild in den Raum. »Und auf was warten wir eigentlich?«

Das war zweifellos als rhetorische Frage gemeint, aber Auletes tut so, als verstünde er das nicht, und beginnt ganz sachlich zu erklären, auf was wir eigentlich warten. Welche Aufgabe wir hier haben. Daß es ja nicht nur unsere Freiheit ist, unser Leben und Tod, oder gar Lalages, um den es sich handelt.

Und die Rache? (Besser, darauf gehst du nicht ein. Ihre Vorstellungen dürften da von deinen ziemlich verschieden sein.) Rache für Lalage oder für viele Jahrhunderte Sklaverei, was sei wichtiger? weicht er aus.

Und zum Glück gibt es ja Capua, wovon man immer wieder berichten kann. Berichten muß, gerade jetzt.

Wir verraten sie, wenn wir hier beginnen, unseren eigenen kleinen Krieg zu führen …

Seine sachliche Stimme, der Zauber der Vernunft, dem sie seit nunmehr einem Vierteljahr oder mehr erliegen, verfehlt auch diesmal seine Wirkung nicht. Sie beruhigen sich langsam. Sie begreifen, was er da sagt: daß man besonnen sein müsse.

»Besonnen, besonnen!« Der dürre Fechtmeister (ein Mensch, der für gewöhnlich selten redet) hockt an der Erde, er preßt den Kopf zwischen die Fäuste, als wolle er ihm zerspringen. »Besonnen! Als Sklave besonnen, und wenn es um die Freiheit geht, besonnen! O ihr vernünftigen Denker! Wie haltet ihr das aus?« Er beginnt tonlos zu schluchzen. Chrysis geht zu ihm.

»Bruder«, sagt Auletes zum Koch, »warum tust du das? Du weißt, daß es nicht geht, jetzt.«

Der Koch sieht ihn an aus seinen tiefliegenden Augen unter den starken Brauen. »Ich weiß.« (Auch er spricht leise.) »Aber ich weiß nicht, wie du das vermagst: immer nach dem zu handeln, was man weiß, statt nach dem, was man wünscht und fühlt. Alle sind jetzt bereit. Spürst du es nicht? Es wäre herrlich gewesen loszuschlagen.«

»Nein, es wäre nicht herrlich gewesen«, entgegnet Auletes knapp. Der Koch schweigt. Dann: »Es gibt Höheres als Vernunft in diesem Kampf.«

Auletes: »Ja, unser Leben.«

Koch: »Du mißverstehst mich.«

Auletes: »Ich will dich nicht verstehen, wenn du so redest. Welchen Göttern dienst du damit?«

Koch: »Den gleichen, denen du dienst, Bruder.« Und dann: »Verzeih mir.«

Sie umarmen sich stumm und hastig.

Zwei Stunden später in dieser Nacht schickt Lucius nach seinem Sklaven (was der mehr oder weniger erwartete).

So erfährt der Herr denn, unruhvoll in seiner hell erleuchteten Bibliothek auf und ab gehend, Einzelheiten vom Mädchen Lalage, an das er sich nicht erinnern konnte; inzwischen ist er gegangen und hat ihr stilles, papierenes Gesicht betrachtet und ihre gewölbten Augenlider und ihre Lippen, blasser als durchsichtige Meerestiere.

»Wir hatten törichterweise beim Verwalter für sie gebeten«, hört er (»wir« und »törichterweise«), und: »Wir hatten nicht darauf geachtet, was es auf sich hatte damit« (wieder »wir«), und: »Wir haben dann noch einen Arzt geholt.« (Das dritte »wir«; ein beunruhigendes, ja ein im höchsten Maße irritierendes »wir«; eine Neuheit, die er lieber gar nicht erst zu analysieren beginnt; ein »wir«, das sich selbst einschätzt, kommentiert und kennt; ein »wir«, das Taten vollbringt – ein »wir«, das mit der familia des Herrn Lucius, so wie er sie sieht, aber auch überhaupt nichts gemein hat. Was für Ungeheuer wachsen in diesem Haus heran? Und wie kann er sie bekämpfen, außer mit Feuer und Kreuz, was er nicht will? Vielleicht sind sie auch – es kommt auf den Versuch an – mit Worten zu beschwören.)

Und Lucius beginnt zu reden. Er könne nicht sagen, wie verwirrt und traurig er sei und wie sehr er dieses Mädchen bedaure. Er sei ein milder Herr – oder nicht? Er bemühe sich, es zu sein. Wenn er gewußt hätte, direkt gewußt, nicht nur aus einem beiläufigen Satz seines vilicus, um was es da gehe, hätte sich doch eine Möglichkeit gefunden für das Mädchen und für das Kind, man hätte sie, ja, man hätte sie freilassen können zum Beispiel oder aufs Land bringen zu Emilia … Hier stockt ihm das Wort, und wagte er schon vorher nicht, seinen Sklaven anzusehen, so ist es nach diesem Lapsus nun ganz schlimm, er hat sich jammervoll festgerannt. Jeden Augenblick erwartet er in seinen Ohren das allzu bekannte, wissende, hämische Lachen zu hören und irgendeinen Zynismus. Es bleibt aber still. Sein Sklave, da er ihn schließlich doch ansieht, anzusehen wagt, erwidert den Blick unverwandt mit den hellen erbarmungslosen Augen, als warte er auf Fortsetzung der mißglückten Rede. Ein Abgrund. Ich stürze.

»Auletes. Hilf mir. Ich weiß weder aus noch ein.«

Habe ich es gesagt? Mir ist, als hörte ich, daß es jemand sagte. O ihr Himmlischen. Ich muß es gewesen sein, da der Sklave jetzt den Mund auftut und antwortet und spricht (vertraulich, ruhig und ohne Feindschaft): »Versuchen Sie nicht, es darauf zu schieben, Sie hätten nichts gewußt, Lucius. Das hält nicht einmal vor Ihnen selbst stand. Ich mochte immer an Ihnen, daß Sie ehrlich waren. Ja, Sie wissen nicht mehr aus noch ein. Sie wollen gern ein Herr sein, aber ein sanftmütiger (und wir sollen Ihnen dabei helfen, daß Sie's können), Sie wollen ein Menschenfreund sein, aber Ihre Diener beherrschen. Ihre Tante Emilia pflegte zu sagen, man solle nicht denken, was man sein könnte, sondern wissen, was ist, und ändern, was man kann. Eine gescheite Frau, übrigens. Wie soll ich Ihnen helfen, lieber Lucius? Sie werden sich nicht entscheiden, weil Sie sich schon entschieden haben, ohne es zu merken. Und weil ohnehin alles entschieden ist.«

Ort und Stunde sind ausgelöscht. Wie spricht er mit mir, wie ich mit ihm? Aus ihm redet eine fremde Stimme, vielleicht ein Dämon, oder ich selbst, was weiß ich. Eine gläserne Kugel, in der wir beide sind, bedrückend und heiß, aber sehr nahe.

»Es ist nicht wahr, Auletes. Wieso habe ich mich entschieden? Siehst du denn nicht, wie ich mich mühe?«

»Ich sehe nicht, daß Sie sich mühen, sondern daß Sie sich quälen, was Sie nicht brauchten. Freilich gab es immer Männer, die hingingen und taten, wozu ihr Herz sie trieb. Auch Römer. Sicher, man erschlägt sie in dieser Stadt. Aber Sie treibt nicht Ihr Herz.«

»Aber warum nicht«, flüstert Lucius qualvoll, »warum nicht? Du hast recht. Aber warum nicht?«

Und sein Sklave, ein vielfach mißbrauchter, geschändeter und verderbter Mensch, der ohne jede Würde gezwungenermaßen mit Männern und Weibern schlief, ein Rechner zudem und Denker, beherrscht bis ins letzte, antwortet ihm. »Weil Sie kein Liebender sind, Lucius.«

Todeskälte. Ein Spruch aus dem Hades.

»Dich habe ich geliebt. Und dich könnte ich lieben«, sagt der Herr mühsam.

»Ach nein«, erwidert der Sklave zart und schonend, »Luci mi, Sie haben mich nie geliebt, sondern ein Traumbild, unwirklich, dem Sie meine Züge liehen. Sie kennen mich ja gar nicht. Und jetzt lassen Sie mich gehen, ehe Sie zornig auf mich werden.«

Die feste, kühle Hand, geprägt von Arbeit, legt sich einen Augenblick lang auf deinen Arm (Mahnung? Liebkosung?), das fürstlich schmale Handgelenk siehst du, den geäderten Handrücken, die an den Gelenken verdickten Finger – du bist allein. Die gläserne Kugel ist geplatzt. Eine Seifenblase schließlich nur.

Verwirrt, bestürzt und traurig bist du, ja, und auch gekränkt und beleidigt, ohne recht eigentlich zu wissen, durch wen. Eine übergeordnete Macht hat das Angebot deines guten Willens zurückgewiesen mit dem Bemerken, guter Wille allein reiche nicht aus. Die Götter verweigern dein Opfer – müssen denn immer erst Ochsen geschlachtet werden, wäre es nicht möglich, daß ein Blumenstrauß genügt?

Irgend etwas muß fehlerhaft sein.

Du hast dich mit ihnen eingelassen, und schon ist es

geschehen. Sie sind wie diese Art Schnecken, von deren Berührung man klebrige Hände bekommt. Wie aber sonst soll man leben! Du lebst durch sie und mit ihnen. Ist denn dein Essen vergiftet, dein Trank verseucht, deine Kleidung aus Nessel gewirkt? Wo sind die Grenzen? Warum, wenn es möglich und notwendig ist, all dies von ihnen zu empfangen, warum das andere nicht? Wer zieht diese Grenzen durch unser Leben, und aus welchem Stoff sind sie gemacht, fließender als Quecksilber? So, daß dir die Arbeit deiner Sklaven gehört und ihr Leib und Geist sich dir verweigert. Wie das einhalten? Du schläfst mit einem Mädchen und tötest sie (weil du der Herr bist), du redest freundschaftlich mit einem Mann und wirst von ihm beleidigt (weil du der Herr bist). Wie soll man leben, ohne sich an ihnen schmutzig zu machen? Oh, ich fürchte sie – sie, die sich »wir« nennen.

Zu Ursa!

Zu alledem kommt morgens der flinkäugige und zungengewandte Verwalter mit neuen Ungelegenheiten. Als vorsorglicher Mann begegnet er den Vorwürfen, die ihn wegen Lalages Tod treffen könnten, gleich mit einem Gegenzug: Er beobachte schon längere Zeit, so weiß er geläufig zu berichten, etwas, das ihn seine Pflicht nunmehr seinem Gebieter zu melden heiße ... Es sind die abendlichen Zusammenkünfte bei Auletes, wo man, statt zu schlafen, lesen lerne ...

Weiter kommt er nicht, denn sein Herr verliert die Nerven. Er springt auf, verbittet sich weitere Informationen dieser Art – das sei allein seine, des Verwalters, Sache, der ja wohl wisse, wofür er sein Geld erhalte, er jedenfalls verlasse jetzt das Haus, er verreise über die Saturnalien und wolle, zurückkommend, die geordneten, die geziemenden und wohlanständigen Verhältnisse einer disziplinierten und streng, aber gerecht geleiteten familia vorfinden. Die große Reisesänfte bitte!

Erst unterwegs macht sich der Herr über sein Ziel Gedanken. Er hat Emilia noch niemals auf ihrem Gut besucht, getreu der Sitte seines Vaters, dem es über die Maßen lächerlich erschienen wäre, Ursa, die Unvergleichliche, inmitten ihrer Olivenpflanzungen heimzusuchen. Einen kurzen, verwirrten Moment wollte er auch gar nicht zu ihr, sondern zu Caelia, dem Persönchen mit den Samtaugen, aber dann waren ihm Lalages blutlose, durchsichtige Lippen eingefallen, genauso rundgewölbt und offenstehend wie der verlockende Mund seiner schönen Braut, und mit dem wilden Aufbäumen eines, der den letzten Ast losläßt und sich von einem reißenden Strom entführen läßt, spült es ihn hin zu ihr, der Aufrichtigen, dem Trost seiner Kindheit, dem einzigen Menschen, mit dem man reden kann.

Manchmal während dieser Reise kommt er sich lächerlich vor – einen halben Tag lang. Dann, bei der Übernachtung im Gasthaus, weiß er zeitweise nicht mehr, warum er überhaupt unterwegs ist. Aber am nächsten Tag (dem ersten der Saturnalien, die Felder rings liegen verödet, keiner arbeitet) packt ihn die Ungeduld wie eine Leidenschaft, hin zu ihr will er und treibt auf äußerst unvernünftige Weise seine Sänftenträger bergauf.

Der Weg, nachdem man die öffentliche Straße, die via Flaminia, verlassen hat, ist zwar breit genug für Gefährte, Ochsenkarren zum Beispiel, aber steil und von den Gießbächen der herbstlichen Regengüsse ausgewaschen, zudem geht es gegen den Wind an. Die Sänftenträger, acht baumlange Kelten, kommen aus dem Tritt, die Sänfte schwankt, der Vorläufer ordnet an, daß die vier Mann Ablösung ebenfalls mittragen, so geht es wieder besser.

Lucius ist von einer fiebrigen Erwartung besessen, die sich durch nichts erklären läßt. Wie soll wohl gerade Emilia, in Schande, Gelächter und Verwirrung eilig Rom entflohen, wie gerade sie ihm helfen können? – »Schneller!« Die Männer keuchen; so richtet man seine Sklaven zugrunde (und sie uns auf andere Weise), einem Pferde mutet keiner dergleichen zu, aber diese Rasse ist zäher, dafür weniger edel.

Emilias Gut ist zum Teil Ölbaumplantage, zum Teil arbustum, das heißt Olivenpflanzungen und Weingärten. Die Weinstöcke sind bereits verschnitten, aber die Olivenernte wurde noch nicht ganz vollendet; hier und da sieht Lucius in den Feldern noch Sklavenkolonnen, die selbst heute, an den Saturnalien, arbeiten.

An einer Wegbiegung teilt ihm der Vorläufer mit, die Herrin Emilia sei dort oben. »Dort oben«, sagt er und weist mit seinem Stab gegen den Wind in irgendeine Richtung der Wolken.

Lucius befiehlt anzuhalten (die Sänftenträger, schweißbedeckt, hocken sich unter das Gefährt, ihre Muskeln zittern). – Endlich, die Augen mit der Hand beschattend gegen die gelegentlichen Sonnenblitze zwischen den eiligen Wolken, siehst du sie, zumindest muß sie es wohl sein; die einzige weibliche Gestalt zwischen einem Trupp Männer. Sie kehrt dir den Rücken zu, beschäftigt, unter einem großen geflochtenen Binsenhut, der die Schultern mit bedeckt, ganz verborgen.

Du springst über eine kleine Mauer aus rohen Steinen, hastest durch die Pflanzung – die aufgeweichte Erde bleibt an deinen Sohlen kleben – zu ihr, Säule der Welt, Bärin, Mutter, Trost und Rettung, stürzt dich in ihre weit aufgetanen Arme, in ihren Geruch nach Schweiß und Weiblichkeit und die Wärme ihres festen Körpers. Ursa – alles ist gut …

»Luci mi, mein kleiner Lucius, ja was willst du denn hier bei mir!« Emilias Gesicht ist vom Wind gerötet. Der Glanz ihrer schönen großen Augen, der Augen des Vaters, trübt sich durch einen Tränenschleier. Ursa, Ursula: eine vilica in rauhem Mantel, Peitsche, Schlüssel und Rechnungsbuch im Gürtel, hochgeschürzt, die geraden prachtvoll gewachsenen Beine bis ans Knie mit Dreck verschmiert …

Das ist das schönste, jemanden wieder zu haben, willkommen sagen zu können. Alles andere ist schon überflüssig, kein Wort mehr ist zu wechseln, man müßte abreisen können, nachdem man sich Genüge getan hat an der gegenseitigen Bestätigung der Existenz …

»Deine familia arbeitet während der Saturnalien?«

Sie gehen gemeinsam, Arm in Arm, hoch zu dem Haus, es ist mühsam so, aber sie lassen sich auf keinen Fall los und stapfen schwankend durch den aufgeweichten Boden.

»Mein lieber Junge, als unsere Vorfahren diese Ruhetage für ihre Sklaven erfanden, taten sie es, um einer Zeit Sinn zu verleihen, in der die Feldarbeit beendet ist. Wenn sie's aber noch nicht ist, gibt es eben keine Saturnalien – da bin ich mir ganz einig mit unseren Vorfahren, glaube ich.«

»Besonders mit Cato.«

»Besonders mit Cato, versteht sich. So, wir sind da – sei willkommen, mein Kind.«

»Dein Vater! Die Fäulnis hatte ihn gepackt schon bei lebendigem Leibe! In jeder erdenklichen Art von Lust hat er sich gewälzt mit wem auch immer, ob frei oder Sklave. Meinst du, wer sich einen Knaben über Siebzehn zum Liebhaber nimmt, will nur geben? Der will auch empfangen! Wie er mich anwiderte damals, als ich zu ihm kam, wie! Ach, unbeschreiblich.«

Noch nie hat Lucius seine liebe Emilia in einer solchen bösen Erregung gesehen. Sie faucht wie eine große Katze. Dabei, sie selbst hat das Gespräch begonnen, gutmütig und lachend zunächst, des Inhalts, wie vernünftig es doch von ihm sei und wie aufmerksam, sie hier zu besuchen, nachdem sie sich nun nicht mehr in Rom sehen lassen könne, ohne die Mauern des Capitols vor Gelächter zum Wanken zu bringen. (Es scheint, sie hat es verkraftet.) »Er hat mich blamiert, er hat mich unsterblich blamiert, und wahrhaftig nicht auf die feinste Weise. Hast du ihn noch im Haus? Sicher, was geht dich die Kränkung einer alten Frau an – ich meine das ehrlich. Es war eine schäbige Sklavenrache – ich kann dir daraus doch keine Vorwürfe machen.«

»Wofür eigentlich Rache?« fragt er ahnungslos, und da bricht sie denn aus wie ein Vulkan.

Es ist die Ähnlichkeit der Situation, die es ihr so ungemein und schmerzlich lebendig macht, jenes Gespräch vor langen Jahren. Irgendwo ist eben ihr Neffe Lucius, der Junge mit dem eigensinnigen Haarwirbel, wodurch ihm ständig der Schopf vor den Augen hängt, auch gleichzeitig ihr Bruder Lucius mit den Glanzaugen, und einst wie jetzt sitzt sie mit ihm auf einer geschützten Terrasse und spricht über das gleiche Objekt.

Damals, gefragt, ob er nun nicht bald bereit sei, jenen zurückzuholen und bei sich zu behalten, zieht Lucius die Brauen hoch, spöttisch-erwartungsvoll. Was es gegeben habe? Sie (Aufrichtigkeit war immer ihre stärkste Tugend), errötend, gesteht denn mit halbem Lachen, nun ja, was es mit ihr und diesem Sklaven auf sich habe. Leider ist ihr Bruder durchaus nicht in der Lage, ihr zu folgen. Sie stellt an seinen verdutzten Fragen fest, daß er überhaupt nichts begreift, bis sie denn grob und gut römisch sagt, sie sei ja nicht pervers, sie nicht und sein »rosilla« auch nicht, sondern er sei im Gegenteil ein ganz normaler junger Mann, falls er das nicht wissen sollte. Worauf ihr doch stets so überlegener, spöttisch-amüsierter Bruder Lucius, der große Mann von Welt, einfach toll wird, toll vor Eifersucht und gekränkter Eigenliebe. Warum sie sich denn nicht von einem stämmigen Sklavenbock aus dem Stall ihres Landguts vögeln ließe, sondern ihm seinen Schwarzen Schwan wegnehmen müsse – das ist noch das geringste von den Dingen, die sie zu hören bekommt.

Sie hat ihm geholfen unzählige Male, in mehr oder weniger seriösen Bedrängnissen und mit der verzeihenden Liebe der Schwester, er aber, da sie nun zu ihm kommt ein einziges Mal und auf sein Verständnis hofft, seine Hilfe, zeigt ihr nun, daß ihm der Körper eines Sklavenjungen über die Nöte seiner Ursa geht. Und während er sie wüst und unflätig beschimpft, starrt sie ihm in die Augen, bis er schließlich, irritiert, brüsk aufhört, sich abwendet von ihr: »Emilia (auf einmal Emilia, keine Ursa mehr), du bist geschmacklos.« Und was sie eigentlich von ihm wolle! Der solle weg, dieser da, weg, nur für immer aus ihrer beider Augen, weg, weg, weg!

Darin also sind sie sich einig, ein Glück noch. Das gibt der ganzen Sache einen anderen Anstrich, es wäre ja wohl auch der Höhepunkt der Torheit, wenn sich, in diesen Zeiten, zwei römische Geschwister um einen Sklaven verzanken. (Dies verfluchte Gesindel! Nicht genug, daß einer für dich denkt und spricht in verschiedenen Sprachen, für dich rechnet und schreibt – und dir dies alles rechtmäßig gehört. Nein, man muß sie immer mehr besitzen, völlig, bis zur Grenze, wo sie sich enthüllen als das, was sie sind: keine Menschen. Besitzen will man auch den einmaligen, kühlen und erregenden Körper, dunkel und ausdauernd in den Kämpfen der Liebe. Die Geschwister sind sich auch darüber einig, daß er es versteht, oh, er versteht es.)

Worauf denn Lucius seine Bedingungen stellt, den Verkauf betreffend: an einen Händler, als ein schlichter Schreiber ohne weitere Angabe von Fähigkeiten, zu dem und dem Preis, keinesfalls mehr. Dies als Vertrag. Emilia begreift davon ebensowenig wie vorhin ihr Bruder von ihrem Verhältnis zu seinem Schwarzen Schwan, bis Lucius, die Augen zugekniffen, verlauten läßt, dieses Miststück solle es zeit seines Lebens gereuen, ihn hintergangen zu haben. Damit aber ist es bei ihr vorbei, sie steht auf, damals vor vielen Jahren, und geht stumm, den Kopf im Nacken, mit ihren großen Männerschritten, entschlossen, ihren entarteten Bruder, den Lieblosen, nie wiederzusehen (und sie führt ihre Entschlüsse durch). So haben sie sich denn wegen der Ware Auletes zerstritten für alle Zeit.

Lucius, dem lebenden Lucius, kommt auf einmal jenes seltsame Schriftstück des mango, des Sklavenhändlers C. Lentulus Licinius in den Sinn. Auch dies gehörte zur gründlichen Rache seines Vaters.

»Errege dich nicht, liebe gute Ursa, um diese alten Geschichten«, bittet er. »Errege dich nicht wegen des toten Lucius (er bringt das Wort Vater nicht über die Lippen). Laß uns friedlich diesen Tag genießen.« (Schon übermannt das Unbehagen die Wiedersehensfreude. Man sollte nur Willkommen sagen und wieder reisen ...)

Sie sitzen auf einer großen, windgeschützten Terrasse und trinken vorjährigen Wein. Von hier übersieht Einilia ihr gesamtes Besitztum (das eigentlich ihm gehört), es breitet sich zu ihren Füßen wie ein buntes Tuch: die silbrigen Ölbäume, die schwarzen Weinstöcke in der roten Erde, Steinmauern, hier und da noch Grünes, Rotlaub an den Wegrändern. An drei, vier Stellen der Ölpflanzung arbeiten Sklavenkolonnen, von Licht und Schatten wechselnd überflogen.

Hier merkt man nicht, daß es stürmt. Es ist nur klar und kühl. Von der samnischen Erde, von den Bergen her, weht reine Beruhigung auf die erhitzten römischen Gemüter. Die Verwandten sitzen, in große Mäntel gehüllt, und genießen die Frische, innerlich erwärmt vom Wein, den Emilia (wie ihr Neffe verwundert bemerkt) ungemischt zu sich nimmt. Sie hebt die Hand, Lucius die Haarsträhne aus der Stirn zu streichen. Ihre Bewegung, warm, schwer und unbeirrbar wie die Liebkosung einer Kuh, erfüllt ihn mit rieselndem Wohlbehagen. Am liebsten würde er, so wie einst, den Kopf zwischen ihre Brüste legen, die Augen schließen, und alles wäre gut.

»Sorgen, mein Kleiner?« fragt sie leichthin (und schenkt sich, zu seiner Beunruhigung, erneut ein). So ist es nun an ihm, die Geschichte von Lalage zu erzählen, von den Sklavenzusammenkünften bei Auletes, von der Sache mit den Beinschellenträgern, von der Blossius-Lektüre – ach, erzählen! In einem ungeordneten Wirrwarr purzeln die Dinge übereinander, sie liegen da wie ein Haufen schlecht sortierter Steine, hart, ungefüge, nicht vom Fleck zu bewegen, ineinander verkeilt.

Emilia schweigt und trinkt den vorjährigen Wein (aus den Tiefen ihrer Keller geholt, kühl und feurig wie dieser Tag). »Also Ärger mit den Haussklaven«, konstatiert sie dann sachlich. »Was hast du eigentlich mit ihm gemacht, nachdem ich abgereist war, den Tag?«

»Ich habe ihn auspeitschen lassen«, sagt Lucius unglücklich.

Emilia nickt. »Ich war damals ziemlich durcheinander. Ich hätte natürlich dableiben müssen und seiner

Bestrafung beiwohnen. Es würde dir jetzt helfen. Merkst du nicht, daß er dich erledigen will? Bei mir war es, wie du zugeben wirst, die weniger feine Art. Bei dir macht er es etwas sublimer, aber es ist dasselbe: eine Sklavenrache. Eigentlich gehören solche Typen ans Kreuz.«

»So sagst du. Aber das ist es ja nicht allein«, erwiderst du unbehaglich. Emilias Erklärungen sind, wie immer, handfest und naheliegend, doch heute befriedigen sie dich nicht, wie dich die »Dame Lucretia« heute ohnehin nicht befriedigt, in ihrem ungebleichten Wollmantel, das Gesicht leicht gerötet (vom Wind? vom Wein?), diese vilica, und du willst eigentlich nichts als den Kopf zwischen ihre Brüste legen, weil du dir davon erhoffst, daß alle deine Sorgen vergehen wie Kopfschmerzen unter einer streichelnden Hand.

Sie steht auf (irrst du dich, wenn du glaubst, sie schwanke ein wenig?) und geht vor zur Balustrade, der Wind erfaßt ihren Mantel und reißt ihr halb ergrautes Haar vors Gesicht, sie sieht auf den Weinberg, das Olivenland, eine zerzauste Göttin Roma, erhitzt wie nach einem Kampf, der grobe Stoff ihrer Kleidung ermöglicht diesmal keinerlei klassischen Faltenwurf, sie dreht sich zu dir um und ruft gegen den Wind: »Kennst du die Geschichte des Gottes Saturn?« Und da du bejahst, erwidert sie: »Ich glaube dir nicht. Du wirst jetzt mit Märchen gefüttert daheim, laß dir von mir gesunde Kost reichen.«

Und du hörst nun vom Gott Saturn, es wird dir zugeschrien durch den Wind, im Wechsel von Sonne und Schatten siehst du bald einen Mund, bald ein paar funkelnde Augen zwischen den wehenden Haarsträhnen.

»Saturn ist der Gott alles Bösen, stets bereit, uns zu verschlingen. Zeus selbst verbannte ihn nach Latium. Zum Glück sind die Römer praktischer als die Griechen. Der starke Gott kam uns gerade recht. Damit er niemanden mehr fräße, knebelten wir ihn, banden ihm die Füße mit eisernen Ketten und auch die Hände so weit, daß er gerade Freiheit hatte, sie nützlich zu regen. Dann verbannten wir ihn ins Reich der Schlangen, ins Dunkel, damit er uns das Gold kratze. Und alsbald überschüttete uns der niederträchtige Gott, der den Olympiern immer nur Ungelegenheiten bereitet hatte, mit unermeßlichen Reichtümern. Er diente. Es war uns gelungen, ihn zu zähmen, verstehst du? Wohlstand und Fruchtbarkeit quollen im Überfluß, die Erde trug Früchte, die Herden gediehen, Schiffe voller Güter überquerten die Meere.

Um ihm unsere Dankbarkeit zu erweisen, binden wir ihn einmal im Jahr los – aber nicht völlig, wir sind ja keine Narren! –, nehmen ihm den Knebel aus dem Mund, netzen ihn mit Wein, bedienen ihn wie der Wärter seine Löwen: immer die Peitsche vorgehalten. Denn wehe uns, wenn er, seiner Kraft bewußt, ganz loskäme. Verwüstete Felder, brennende Städte, schwindender Wohlstand wären die Folgen, von uns Quiriten ganz abgesehen, die wir dem Tod verfallen wären. Er ist blutdürstig und tückisch seit eh und je. Io Saturnalia!

Was mich aber angeht, so habe ich meine eigenen Anschauungen über die Behandlung dieses Gottes. Ich bin nicht einmal so ganz von seiner Göttlichkeit überzeugt, außer in dem Sinne, daß Gott und Tier nah verwandt sind. Und ob es richtig ist, ihm überhaupt dies Fest zu geben, entscheide ich hier oben in meinem Sinne – wie du siehst, arbeitet man auf meinem Gut trotz der Saturnalien. Deshalb Ruhm und Ehre dem Populus Romanus, dem Bändiger dieses zweifelhaften, gefräßigen, einäugigen Gottes.«

»Aber Emilia, einäugig …«

»Einäugig war Polyphem, nicht Saturn, ich weiß, ich habe meinen Homer gelesen wie du, mehr als einmal, und sogar mit dem gleichen Interpreten, der es nicht nötig hatte, die Verse mit den Fingern zu skandieren, deinem Sklavenfreund und Skandalmacher …«

Sie kehrt zurück an den Tisch, beugt sich zu dir, ihr heißer Weinatem fährt dir übers Gesicht: »Lucili mi, deine verfluchten griechischen Klassiker mit ihrer Humanität haben dir den Kopf vernebelt. Du hast über all dem einen wichtigen Grundsatz vergessen: Die Welt beruht darauf, daß manche arbeiten und manche die Welt erobern, ihr Gesetze geben und sie nach ihrem Maß gestalten. Alles, was du gelesen hast, ist wundervoll und richtig, aber versuche nicht, es auf Sklaven anzuwenden. Die Welt stürzt ein, sofort und unweigerlich. Hältst du mich für eine unmenschliche Lamia? Und doch haben hier schon Kreuze gestanden, mehr als einmal.«

Lucius folgt mit dem Blick ihrer weisenden Hand. Das Land Samnium liegt weit und zerklüftet vor ihm. Es wird Abend. Vom Wind werden Gesangsfetzen herübergetragen.

»Sie kommen vom arbustum nach Haus«, sagt Ursa. Auch Lucius erhebt sich, gemeinsam stehen sie in dem starken Wind an der Balustrade und sehen die Sklavenkolonnen langsam durch die Pflanzung zu den ergastula hinaufsteigen. Sie sind aneinandergekettet, ihre Aufseher haben Hunde. Sie singen.

»Sieh sie dir an«, sagt sie dicht an seinem Ohr, »sieh hin! Zweibeinige Tiere. Sie haben noch nie über das morgige Frühstück hinausgedacht und leben zwischen Essen und Schlafen. Stumpfsinnige, träge, blöde Tiere; aber tückisch. Sie lauern stets auf den Augenblick, uns umzubringen und unseren Leichen mit den Füßen im Gesicht herumzutrampeln.«

Wieder am Tisch, gießt sich Emilia erneut den ungemischten Wein ein, sie setzt sich schwerfällig. »Haß und Gewalt sind die Träger der Welt«, sagt sie. »Ob das gut ist? Nein. Aber uns ist gut dabei.«

Da sie wieder trinken will, greift Lucius ihre Hand. »Laß«, sagt sie.

»Machst du das öfters?«

»Hin und wieder«, antwortet sie kurz.

»Laß mich etwas fragen«, bittet ihr Neffe. Sie starrt abwesend vor sich hin, er weiß nicht einmal, ob sie ihn hört. Habe ich noch den Wunsch, mich am Herzen dieser angetrunkenen ältlichen Matrone auszuruhen? Wohl kaum. »Dein Mann ...«

Sie fährt hoch. »Hör damit auf!« sagt sie böse und reißt die Augen weit auf.

»Emilia, laß mich ausreden. Ich meine: Ich habe immer gehört, ihr wolltet damals das Land an die Bauern verteilen wie die Gracchen. Aber jetzt verteidigst du die großen Sklavenwirtschaften.«

»Verteidige ich sie?« fragt sie und schüttelt langsam den großen zerzausten Kopf. »Das Land an die Bauern aufteilen, ja. Ich weiß. Zeig mir um Gottes willen, wo die Bauern sind. Zeig sie mir, ich gebe dir meinen besten Zuchthengst aus dem Stall, wenn du mir, so weit hier der Habicht fliegt, auch nur einen auftreiben kannst. Was nicht in der Armee ist, vermodert als Almosenempfänger in den Straßen Roms. Das sizilische Korn ist billiger, mein Lieber, als unseres. Unsere eigenen Provinzen richten uns zugrunde. Wir waren Spinner, Emilius und ich, Spinner, verstehst du?« Sie schlägt sich mit der flachen Hand vor die Stirn, ihre Augen glitzern seltsam.

Zum erstenmal erkennt Lucius, daß Ursa, Säule der Welt, die Aufrichtige, eine unglückliche Frau ist.

»Und weißt du, durch wen mir das klargeworden ist? Durch deinen Auletes. Wir stritten uns über all das.«

»Ich weiß«, sagt er unbedacht.

»So?« fragt sie scharf. Dann versinkt sie wieder in eine unheimliche, weil nie an ihr gesehene Lethargie. »Er sagte unwahrscheinliche Dinge. Zum Beispiel, daß die römischen Feldherrn dem Senat ständig neue Provinzen zu Füßen legten, nur wisse dann niemand, was mit den eroberten Gebieten anzufangen sei!« Sie lacht unvermittelt schallend auf und stürzt noch einen Becher Wein hinunter. »Er war ein sehr schönes junges Tier. Ach, Luci mi, ich kann dich begreifen – nein, du warst es nicht, es war dein Vater, ich weiß. Was für eine erregende Farbe seine Haut hatte. Nun bin ich blamiert in ganz Rom. Die Eherne Witwe, die univira, macht sich mit ihren Sklaven vergnügt. Oh, dies Biest.«

Sie kichert, plötzlich aber erhebt sie sich, reckt die Arme, aus dem grauen Haar leuchten ihre Augen. »Bei den Knien der unsterblichen Venus, meinst du, es habe damals bei uns gegenseitiger Überredung bedurft? Sieh meine Brüste, sieh meinen Hals! Wir zogen einer den anderen ins Bett, das kannst du mir glauben! Welch ein Liebhaber, welch ein unsterblicher Liebhaber! Wenn wir morgens aufstanden, zitterten uns die Knie von der Nacht, und mittags hatte er seine Hand schon wieder zwischen meinen Beinen. Hätte ich ihn nicht fortgeschickt damals, ich wäre verloren gewesen.

Und wenn die Welt einstürzen sollte, das bleibt, das nehme ich mit zu den Schatten des Hades. Es ist das einzige, was besteht. Heirate, mein Junge, heirate deine Caelia, und dann sei mit ihr vergnügt wie die Eulen im Bau, so wißt ihr doch, wozu ihr auf der Welt seid. Liebt euch, wo es sich trifft, im Thymian auf der Erde oder auf den Mosaiken eures Atriums oder, im Namen der lockigen Aphrodite, auch im Bett, das bleibt sich gleich, aber liebt euch. Er, der, du weißt schon, er traf immer ins Schwarze. Du kannst ihn ja fragen, wenn du wissen willst, wie er's gemacht hat.«

Sie ist völlig betrunken. Ihr Kopf sinkt auf die Tischplatte. Lucius flieht eilig. Die Säule der Welt ist geborsten.

Saturn lebt II

Saturnus, hochgeboren, hat rechtens Sitz und Stimme bei den Göttern.

Wie der Sohn eines Menschen kommt Saturnus übers Meer ins latinische Land. Wohin er tritt, sproßt die Saat. Er lehrt die Menschen, die er seine Kinder heißt, den Acker zu bebauen und mit friedlicher Gewalt die Erde zu verwandeln. Wo er herrscht, sind alle gleich. Niemals teilte er in Herren und Sklaven. Goldenes Zeitalter heißt seine Regierung. Mit Sanftmut und Freundlichkeit hält dieser König das Zepter, sein Joch ist sanft, seine Bürde leicht. Wir alle haben in unseren Herzen nicht mehr Haß noch Zorn, noch gieren wir nach Gewalt oder Bösem, noch vermag das Gold etwas über unsere Seelen. Wir sind frei. Und Arbeiten heißt in Saturnus' Regentschaft Ehre erwerben, nicht Schande wie unter Wolfsherrschaft.

Während der Zeit, da Saturnus auf Erden weilte, war er mit einem irdischen Weibe vermählt, und die Menschen alle waren seine Brüder, mit denen er lebte in grünender Saat, umfangen von Frieden und Eintracht.

Jupiter aber gönnte den Bewohnern des Erdkreises nicht das gedeihende Glück, und so senkte er den Drang nach Herrschaft und Reichtum in ihre Herzen. Saturnus wurde gefesselt und ins Finstere verbannt, zu arbeiten für jene, die sich stolz Enkel und Schutzbefohlene des neuen Gottes nennen (Wolfssöhne, die es taten!). Im finsteren Reich, wo die Schlangen streifen, haust er nun und scharrt für sie die Güter ans Tageslicht, wund die Hände von Fesseln, und ist dabei doch göttlich und Vater eines Gottes und freundlich.

Aber es gibt das Wort *einst*. Einst herrschte er, und einst ist auch das, was da kommen wird; und Janus, der Gott mit den zwei Gesichtern, der in Vergangenes und Kommendes schaut, ist uns wohlgesonnen, uns und seinem Vetter Saturn. Und so wollen wir fröhlich sein am Fest des guten Gottes und des Tages harren, an dem er seine Fesseln endgültig abstreift.

Nun feiern wir also unseren Gott, der uns lehren wird, frei zu sein – und in Freiheit zu leben hoffentlich auch. Aber zunächst einmal müssen wir Lalage begraben, Lalage, und unsere Trauer um sie wird diesem Fest einen Hintergrund geben wie dunkler Purpur.

Der Herr hat gestattet, Lalage im Familienbegräbnis beizusetzen, übermittelt der Herr Verwalter. Das ist eine besondere Gunst, die sonst nur besonders ergebenen Dienern, den treusten Haushunden gewissermaßen, gewährt wird, aber die familia glaubt, Lalage hätte einiges dagegen, wenn sie erführe, daß ihr toter und einst benutzter, nun aber zerfetzter und blutleerer Leib neben den Gebeinen des alten Lucius und dereinst sicher auch neben denen des jungen Lucius ruhen soll. Und die familia schlägt das Angebot höflich dankend aus und beschließt, Lalages Körper zur Begräbnisinsel im Tiber hinüberzurudern, daß sie bei ihresgleichen sei im Tode.

Übrigens scheint der höfliche Dank dem Herrn Verwalter so finsteren Auges, so voll verhaltener Tücke vorgetragen, daß er am liebsten gleich dazwischenschlagen und Ordnung schaffen würde, aber leider, das geht nicht, denn die Saturnalien sind morgen, und gewisse Rücksichten sind zu nehmen. Überhaupt sind die Saturnalien dem vilicus bei dieser seltsamen familia, wo keiner lärmt, keiner schreit, keiner den anderen beschuldigt, anzeigt oder malträtiert, sondern wo man »wir« sagt, eine äußerst suspekte Angelegenheit – und er tut das, was ihm sein Herr vorexerziert hat: Er verreist über die Saturnalien. Danach, das ist beschlossene Sache, wird er aufräumen, und zwar gründlich.

So gehört dies Haus während des Festes den Sklaven. Majordomus und Sekretär beschränken ihre Anordnungen auf ein Mindestmaß und bleiben meist in ihren

Zimmern. Das ist alles sehr ungewöhnlich. Zweifellos ist es wider die Sitte, daß ein Herr zu diesem Fest überhaupt außer Haus ist, denn das Ritual der Saturnalien verlangt ausdrücklich, daß die Gesetze umgekehrt werden und der Herr die Sklaven bei der Tafel bediene. Aber immer mehr Römer entziehen sich diesem unangenehmen Brauch, bei dem man stets von seinem Gesinde dies und das zu hören bekommt, durch die Flucht in eine Reise, und die Sklaven haben nichts dagegen, unter sich zu sein.

So werden denn sicher auch Trauer und Zorn um Lalages Tod schneller schwinden, als es zu anderer Zeit wohl der Fall gewesen wäre – da hat der Herr Lucius immerhin Glück. Denn Saturnalien, Tage, wo die Arbeit ruht, sind nur einmal im Jahr, ein einziges Mal. Und wir sind beisammen und leben.

Sie stellen große Tische auf zu Mittag, hinten, wo der Garten schon Wiese wird, und bringen herbei, was dazugehört. Befreit zumindest auf Probe, wollen sie miteinander das Fest feiern, gemeinsam essen, trinken, sprechen, singen und tanzen und an das Künftige glauben.

Zunächst aber geht es nicht, wie sie es wünschen. Lalage sitzt ihnen in den Gliedern und in der Kehle, ihr Sterben ohne Sinn erfüllt sie mit einer wilden Bitternis. Überhaupt ist dieses Fest am Vorabend der Ereignisse, wie Auletes feststellt, noch immer etwas außerordentlich Gefährliches. Hier und da sagt es einer, was sie, mehr oder weniger, alle denken oder gedacht haben: Wie lange wollen wir noch warten? Das Haus ohne den Herrn ist unser, mit ein paar Messerstichen sind majordomus und Sekretär abgetan und wir auf und davon, irgendwohin, in die Berge, in die Wälder, ins Land, wo Milch und Honig fließen – gefährliche Träume.

Was soll er dagegen tun und was ihnen vorhalten vernünftigerweise? Denn es gibt Augenblicke, das weiß Auletes sehr wohl, nicht nur der Koch, wo man den

Menschen mit Vernunft nicht mehr kommen kann. Sie wollen unvernünftig sein, und man macht sich lächerlich und unbeliebt mit seinem kühlen Kopf.

Aber zum Glück gibt es immer welche, die sagen: Heut ist heut. Warum soll ich nicht froh sein drei Tage lang mit meinen Brüdern, daß wir lachen wie Kinder? Laß uns erst einmal hier beieinandersitzen, ohne Sorgen oder doch fast ohne Sorgen, und das andere kommt, wie es kommt.

Das sind zwar weder die Besten noch die Gescheitesten, also nicht die, an die wir uns sonst halten, aber für diesmal retten sie uns, und ihre vergnügte Lauheit macht, daß es unblutige Saturnalien bleiben. Und nach und nach vergessen wir Lalage über Essen und Trinken und beginnen uns zu freuen.

Das Haus aus Rosen und Reben

Als nun alle miteinander fröhlich sind, geht Flavilla zu Auletes, und, ganz und gar errötend, bittet sie ihn zum Tanz. Er will nicht, aber da bitten sie alle, und so erhebt er sich denn, io Saturnalia, und sie tanzen miteinander zu der Musik von Flöte, Kastagnetten und dem Klatschen der Hände. Sie tanzen allein in dem Kreis der anderen, ihre blassen und braunen Glieder, ihre hellen und dunklen Haare sind der Mittelpunkt dieses Wirbels aus Freude.

Sie haben beide noch nie in ihrem Leben getanzt, und sie tun es nicht gerade geschickt, sondern wie Kinder, die das Laufen lernen. Aber für die, die zusehen um sie herum und in die Hände klatschen, haben sich noch nie Menschen so schön bewegt und auch die Götter bei ihren Festen nicht.

Der hispanische Pferdewärter, der schöne Lieder weiß, fängt an zu singen bei ihrem Tanz, zu der Musik von Flöte und Kastagnetten.

»Gern würd ich ewig leben
Und immer neu den Tag sehen
Gern würd ich ewig leben
Hoffend und voll Geduld.«

»Io Saturnalia«, rufen sie, und nun beginnt der ganze Kreis sich zu drehen, die beiden verschwinden aus seiner Mitte, aufgesogen aus dem Zentrum dieses Kreisels und an seinen Rand geschleudert, indes der Hispanier singt:

»Gern würd ich ewig leben
Gerne der Freiheit Brot essen.
Gern würd ich ewig leben,
Leben und glücklich sein.«

»Ich bin glücklich«, sagt Flavilla und kühlt ihre erhitzten Wangen mit den Händen, »o Auletes, wie bin ich glücklich.« (Wir werden nie wieder so glücklich sein wie in diesen Tagen.)

Auletes nimmt den Krug, es ist der herbe klare Wein aus den nördlichen Gegenden, den er so liebt, er gießt zwei Becher voll. Die anderen tanzen zum Lied des Pferdewärters:

»Gern würd ich ewig leben
Und auf den Tag des Glücks warten.
Gern würd ich ewig leben,
Leben und glücklich sein.«

Auletes bringt die Becher mit dem unvermischten Wein und sagt: »Nun soll jeder etwas wünschen.«

Flava verschüttet die Hälfte vor Aufregung, sie

kneift die Augen zu. »Ich wünsch mir ein Haus aus Marmorstein, das soll für uns alle sein. Ich wünsch mir ein Dach aus Rosen und wilden Reben, darunter wollen wir alle leben. Ich wünsch mir ein Haus aus Hirschleder für alle Reisen und Fahrten, wenn du es aufstellst, strömen herzu die Menschen aller Arten, von Nord und Süd, von Ost und West und feiern zusammen ein Fest. Und das Haus hat ein Bett für alle und Essen und Trinken für alle, und die Winde des Himmels gehn ein und aus in diesem Haus, das Haus soll Freiheit heißen, so möge es geschehen.«

Da sagt Auletes, nun bleibe ihm nichts mehr zu wünschen übrig, da trinken sie, und Flavilla sagt, er müsse auch wünschen. »Später«, sagt er, und dabei belassen sie es zunächst. Ihre Weinbecher in der Hand, drängen sie sich wieder unter die anderen, die ihnen freundlich Platz machen, wo nun Solitudo zu tanzen beginnt.

Solitudo heißt nach dem Tanz, der ihr zugehört: Einsamkeit. Es ist ein uralter Tanz. Alle Völker, die am Mittelmeer wohnen, verstehen ihn. Man hat ihn vor tausend Jahren getanzt, als da Trauer und Sehnsucht waren, und wird ihn auch nach abermals tausend Jahren tanzen, zum Gedenken an die Zeiten, als da Trauer und Sehnsucht waren. Solitudo kommt aus Hispanien. Sie war als Kind taub und hat die Bewegungen ihres Tanzes nur mit den Augen gelernt. Als sie ein Mädchen wurde, schenkten ihr die Götter das Gehör. Da sie zum erstenmal in ihrem Leben die scharfen hölzernen Schläge der Kastagnetten hörte und den Klang metallbeschlagener Absätze auf Steinfliesen, weinte sie.

Sie steht in der Mitte des Kreises, eine große grobknochige Frau, nicht mehr jung, mit finsterem Gesicht, die Brauen in der Mitte zusammengewachsen. Ihr schwarzes Haar, stark und strähnig wie eine Pferdemähne, hängt lang herab. Sie trägt ein Kleid bis auf die Erde. Zu ihrem Tanz gibt es keine Musik außer der ihrer Hände und Füße.

Langsam hebt sie die Arme; die Augen fest geschlossen, beginnt sie, mit den Fingern zu schnippen, sie wächst in den hellen aufreizenden Rhythmus hinein, ihr rechter Fuß setzt einen wilden Wirbel dagegen, sie bewegt sich wie eine große düstere Flamme; die Trommeln ihrer Absätze und Finger schlagen schneller, Solitudo stampft, klopft, wirbelt ihren Trotz, ihre Trauer, ihr aufrührerisches Leid hinab in die Erde und hinauf in den Himmel, eine Spirale aus Lebenswillen und Todeshaß, und der rasende Rhythmus nimmt immer noch zu.

Ihre Landsleute, die Hispanier, aber auch die Numidier, die Griechen, die Sizilianer, verengen den Kreis um sie, sie feuern sie mit atemlosen harten Rufen an: »Ho! ho! Solitu! Io Saturnalia!«

Ein solcher Tanz ist geschaffen, Männer zu Helden zu machen, er drückt Messer in geballte Fäuste, er zersprengt die Grenzen, die uns zurückhalten, so daß wir Taten tun möchten, die uns heute noch zum Verderben gereichen; man muß auf der Hut sein.

Solitudo ist verwandelt, zum Schlag ihrer erhobenen Hände wirbelt sie um sich selbst, da ist nichts mehr sichtbar, ein Sog, der uns alle verschlingen kann, o Einsamkeit, Befreiung, o Qual und Lösung der Qual.

Plötzlich, mitten aus der Bewegung, erstarrt sie und steht wie ein steinernes Bild; der Tanz ist zu Ende, die Frau gesichtslos, eine wilde Statue aus Haaren und leis schwingendem Gewand.

(Weh uns, wenn jetzt einer ein verkehrtes Wort sagt. Wir würden alle hingehen und gern und sinnlos sterben.)

Behutsam und leicht begibt sich Flavilla zu Solitudo, sie teilt ihr mit liebevollen Händen das Haar vor den Augen, ruft sie in diese Welt zurück, trocknet der Erhitzten, schwer Atmenden das Gesicht, führt sie, unbefangen sprechend, zum Tisch und gibt ihr zu trinken.

Wir alle können wieder Atem holen. Flavilla, der Spatz, versteht nun etwas von dem, was wir vorhaben.

Das also ist Solitudos Tanz, und keines Römers Auge hat ihn jemals gesehen, noch würde jemand vermuten, diese nicht mehr junge Person aus der Wäschekammer, reizlos, mit derben Hüften, sei in der Lage, sich zu bewegen in einer Art, die Männer in Helden verwandelt und Messer in geballte Fäuste drückt.

Und dann, als sie alle wieder am Tisch sitzen und irgendwo gesungen wird und es wird Abend, Fackeln werden geholt, Auletes lobt die Klugheit seiner kleinen Barbarin leis an ihrem Ohr, dann, sehnsüchtig zu den Griechen, den Hispaniern, den Numidiern sehend, flüstert Flavilla, oh, wie gut es wäre, bei seinem Stamm zu sein, so wie im Schoß der Mutter. Viele, viele, die dir die bösen Geister vertreiben und deine Lieder singen, die in deiner Sprache sprechen und das Wasser beschwören für dich gegen Krankheiten, die deine Liebe segnen in ihren Gesängen und Tänzen und die dir beistehen wie eine lebendige Mauer in der Stunde deines Todes. Wie einsam, ach, wie einsam stirbt es sich in fremdem Lande.

»Passercula, mein Spatz«, murmelt er und zieht sie an sich, »anima mea, deliciae meae.« Und sie, den Kopf an seiner Brust (ihre Tränen durchfeuchten seine Tunika am Hals): »Du bist mein alles. Bleib bei mir, o bleib bei mir.«

»Du sollst keine Angst haben, hörst du, du sollst keine Angst haben«, murmelt er beschwörend (keine Verzweiflung kann tiefer sein als seine), und sie, ihr tränennasses Gesicht zu ihm hebend, Auge in Auge mit ihm: »Es ist nur wegen dem Sterben.«

Womit kann man den Tod vertreiben, wenn er zwischen den Gesichtern schwebt? Man darf ihm keinen Platz lassen. Man muß den ganzen Raum mit Liebe ausfüllen. Und Auletes, vor der gesamten familia des Hauses, fügt langsam und andächtig seinen Mund auf ihre blassen Lippen; nun ist kein Platz mehr für das Sterben da.

Sie sehen, wie der kleinen Barbarin die Arme am Körper herabfallen, wie sich ihre Knie öffnen, wie ihre Augen verschwimmen, sie sehen es alle. Mit beifälligem Gemurmel nehmen sie diesen tiefen und schamlosen Kuß der beiden auf, so daß Auletes, als er sie hört, sich von ihr löst, und, sein Gesicht allen zugewandt, bekennt er, was sie alle wissen (ihre Hand in seiner): »Verzeiht, Freunde, aber wir lieben uns.«

Eng umschlungen sitzen sie am Tisch unter ihren Freunden, Licht und süße Dunkelheit.

»Ich habe noch einen Wunsch frei, soll ich ihn aussprechen?«

»Ich weiß ihn, aber bitte, sprich ihn aus. Bitte sag es mir.«

»So will ich es dir sagen, wenn du es wünschst.«

»Ich wünsche so sehr, daß du es sagst.«

Er füllt ihrer beider Becher, und während sich ihre Blicke kreuzen wie zwei gerade helle Schwerter, sagt er, »Ich wünsche mir, mit dir zu schlafen. Habe Vertrauen. Alles wird gut sein. Wir werden einander nicht betrügen müssen.«

»Es ist bereits alles gut. Ich liebe dich. Du liebst mich. Es ist alles gut. Ich sehne mich nach dir.«

Sie sprechen laut und ohne jede Scheu, die familia, soweit sie in ihrer Nähe sitzt, hört ihnen mit Sympathie und zärtlicher Heiterkeit zu und ermuntert sie, aufzubrechen von diesem Fest und ihre Liebe zu genießen, und sie trinken und küssen sich und singen mit allen, ehe sie gehen.

Flavilla erwacht, und ihr Kopf ruht auf dem bronzebraunen Arm. Wer bist du, fremder Mann? Wie viele Männer und Weiber haben dich schon so betrachtet, dein gerades Profil, abweisend und für sich im Schlaf; die helle Narbe auf der Stirn erscheint dir das Vertrauteste innerhalb dieser Züge, die von Dingen geprägt sind, an denen du keinen Anteil hattest.

Inzwischen schlägt er die Augen auf, sie sind noch ohne Ausdruck, Spiegel, bereit, sich unter jedem Hauch zu trüben, kühl und bewußtlos unter den dichten Wimpern.

Eilig sagt sie: »Ich bin's. Flavilla.«

»Ich weiß, daß du es bist und kein andres Wesen sonst«, erwidert er ruhig und zärtlich und zieht sie zu sich heran.

Die Liebende, sich ihm entwindend: »Es ist schon heller Tag« (hat sie nicht gelernt in dieser Nacht, aus Verhalten und Zögern ihre Beseligung zu schöpfen), sanft wendet sie sich wieder zu ihm: »Es ist schon heller Tag. Komm zu mir.«

Das dunkle unheilige Tier hat sich in einen Gott mit vielfarbigen Schwingen verwandelt. Ein blondes dünnes Mädchen, voller leuchtender Sommersprossen und fast ohne Brauen, bringt derart erstaunliche Neuigkeiten in dein schon ganz und gar fertiges Dasein. Als habe jemand den Karren meines Lebens umgestürzt und das Unterste zuoberst gekehrt, da liegt es nun, verwirrt, jeder sucht sich das Beste heraus. Ein Wind weht durch alle Räume, die Tücher flattern an den Leinen, daß sie überhaupt noch nicht fortgeweht sind, ist ein Wunder für sich, eins der Wunder. Wüchsen dir Bäume zwischen deinen Büchern und zögen Vogelschwärme durch das Zimmer, es gehörte zum Alltag. Anima mea, deliciae meae.

»Was wollen wir heute tun?«

»Am zweiten Tag der Saturnalien geht man auf den Markt, sich Geschenke zu machen.«

»Ich kann dir ein Geschenk machen«, sagt Flavilla fröhlich, »ich habe Geld.« Aus dem Leinenbeutel (einst Verwahrung des kostbaren Amuletts mit den unleserlichen Zeichen – »das ist eine Verschwörung, Mädchen«) fischt sie Münzen: zwei As und eine Sesterze.

»Das ist gar nicht schlecht«, sagt Auletes ernsthaft, »aber ich bin unermeßlich reich.« Goldmünzen sogar sind dabei, eine halbe Freikaufsumme, meint sie und erfährt, er habe es noch von der capuanischen Reise. »So daß ich dich beschenken kann und einladen, heute mit mir durch Rom zu gehen, wohin es dir nur beliebt. Auf den Markt oder in eine Schenke am Fluß, wo wir essen können und Wein trinken und auf den Tiber sehen und die Leute und vergnügt sein. Oder was du möchtest.«

»Oder was ich möchte«, wiederholt sie. Sie ist ganz betäubt von diesem Angebot. Dann aber wird sie zappelig. Schnell soll es gehen, schnell! Sie krönt ihren unordentlichen Haarschweif mit der roten phrygischen Mütze, dem Symbol dieses Festes. Und er läßt all seine bedeutsamen Kleider, wo sie sind, von den orientalischen Wollgewändern bis zu der würdevollen dunkelblauen Synthesis, und bleibt in seiner knielangen schilfgrünen Tunika aus grobem Stoff, und damit man auch recht sieht, er sei ein Sklave, der die Saturnalien feiere, umschließt er sein Handgelenk mit der Bronzespange, auf der man lesen kann, wem er gehört.

Sie laufen fast, als sie das Haus verlassen.

Du hast nie gedacht, daß man auf so einfache, auf so lächerlich naive Weise glücklich sein kann. Du hast dies Pflaster schon tausendmal betreten, in weißen eleganten Schuhen und in zerrissenen Sandalen, mit der ernsten Attitüde des Gelehrten und im herausfordernden Gang der Hure, aber nie frohen Herzens. Und nie, selbst in deinen Träumen nicht, bist du darüber gerannt, Hand in Hand mit einer winzigen Barbarin, die kaum deine Schulter berührt, alle Augenblicke grundlos hellauf lacht und am vornehmsten Platz der Welt auf einem Bein über die Pflasterritzen hüpft.

»Ich bin müde«, sagt Flavilla, »und durstig.« Sie ist das Gehen in der Stadt nicht gewohnt. Sie sitzen staubig und vergnügt auf dem Rand eines der vielen öffentlichen Brunnen, die an den Straßenkreuzungen fließen. Sie läßt sich den Strahl über die Arme rinnen, er aber bückt sich, schöpft mit beiden Händen Wasser und führt es zu ihren Lippen. »Trink.« Sie sehen sich an. Wir haben uns noch nie so schön geküßt wie eben. Mein Hort, mein Schatz. Sie schmiegt ihre Wange in seine geöffneten, nassen Hände. Bleib bei mir.

Dann verlieren sie die anderen aus den Augen und die anderen sie. Sie sind irgendwo in diesem riesigen, wie ein Bienenstock summenden Rom, mal da, mal dort glaubt man sie in der Menge auftauchen zu sehen. Ein dunkler Mann, ein blasses Mädchen, es können auch andere sein, ein lachender Mund, eine Hand mit einem Sklavenarmreif, fest in eine andere geschmiegt, ein paar helle Augen unter langen Wimpern, phrygische Mütze und blondes Haar, Tunika, grau, schilfgrün, Mütze, Augen, Mund und Haar, mal hier, mal dort, in der Subura, an der Kreuzung vor dem Forum, am Tiberufer, auf dem Marsfeld, vielleicht sind es auch andere.

Im Theater, das werden sie sein; man gibt ›Pseudolus‹, ein spaßhaftes Stück von einem gewissen Plautus, von dem Auletes versichert, es sei sehr gut und sehr berühmt; davon weiß Flavilla nichts. Aber wenn sie es sind, die beiden dort, so amüsiert sie sich sehr, denn das blonde Mädchen mit der phrygischen Mütze, das da ist, kreischt vor Vergnügen und hüpft auf ihrem Sitz, wenn der pfiffige, federleicht springende Sklave Pseudolus, das Gesicht mit Mehl und Farbe geschminkt, den geizigen, geifernden Alten an der Nase herumführt.

Schöngemalte Knaben in goldgestickten Kleidern und langen blonden Perücken spielen die girrenden Hetären und entfliehen zum Geschnatter der Kupplerin mit ihren Liebhabern im klassischen Chiton, und maskierte Parasiten mit lächerlich geknüpften Bärten gestehen jungen Burschen in unzweideutigen Gesten ihre Leidenschaft.

Abends endlich werden sie mit Gewißheit wiederentdeckt in einer kleinen Schenke am Tiberufer, die zwar nicht den besten Ruf, aber dafür ausgezeichneten Wein hat. Bei ihrem Eintritt richten sich die Blicke aller dieser Straßenhändler, Dirnen, Ringkämpfer und Vorstadtkomödianten, dieser Attispriester und Soldaten, Sklaven und Kinaeden Roms auf sie – weniger auf die kleine Blondine mit der roten Mütze als auf den schlanken langbeinigen Mann aus dem Süden. Seine Haare, seine schönbewimperten hellen Augen, seine im Lampenlicht schimmernde Haut, all das erregt die Aufmerksamkeit dieser abendlichen Zecher. (Flavilla bemerkt es mit seltsamem Erschrecken und drängt ihn schnell durch den Raum, hin zu dem Vorhang, da geht es in einen Garten: Tische zum Fluß herunter, große Windlichter, zudem scheint der Mond; wir wollen draußen sitzen.)

Sie trinken ihren Wein, sind müde und sehen auf dem Fluß viele winzige Lichter treiben, zitternd, verlöschend.

»Was ist das?«

»Das«, erläutert Auletes, »sind die Wunschlichter derer, die den syrischen Glauben haben. Die Mithras-Freunde, die Anhänger des Gottes der Sonne und der Gerechtigkeit, schicken diese mit Öl gefüllten Nußschalen auf die Reise, beladen mit Bitten für das nächste Jahr; der Fluß führt sie entweder zum Gott, oder er läßt sie unterwegs kentern. Erreicht eine Bitte den Gott, so erfüllt er sie sogleich. Stürzt aber deine Nußschale um und verlischt das Licht, dann kannst du es erst zu den nächsten Saturnalien wieder versuchen ...«

»Ist das ein guter Gott?« fragt sie.

»Da die Götter immer so gut sind wie ihre Verehrer«, wird ihr Belehrung zuteil, »ist dies ein ausgezeichneter Gott. Aristonikos und die Seinen beteten ihn an.«

»Dann will ich das auch machen mit dem Wunschlicht«, entscheidet sie sich. Und geht, zwei der ölgefüllten, bedochteten Nußschalen zu kaufen beim Händler an der Ecke und bringt sie vorsichtig zu Wasser – erhör mich, guter fremder Gott, laß mich glücklich sein (und schämt sich und sagt gleich: Laß uns alle glücklich werden).

Als sie zurückkommt, hat sie jedoch ein Gefecht zu bestehen, da sich bei Auletes am Tisch ein schnurrbärtiger Soldat eingefunden hat und mit ihm, die Hand auf dessen Schulter, verhandelt. Erst scheint ihr, er wäre bereit, sofort aufzustehen und mitzugehen (es kommt ihr so vor, sie kann es nicht ändern), aber dann sieht sie, wie er, aufblickend, den Kopf schüttelt. Allerdings ist der andere von der hartnäckigen Sorte und hat es sich anscheinend in den Kopf gesetzt; aber nun stürmt sie vorwärts, ihre große Stunde ist gekommen, sie kann ihren Helden auf ihre Art verteidigen, schließlich hat sie das Fluchen bei der Legion gelernt.

»Verschwinde, geiler Gladiator, an Händen und Füßen gebrandmarktes Schandstück!« (Und das ist erst der Anfang.) Sie schimpft wirklich exzellent.

Ihr Gegner ist stumm vor Staunen über den Wirbelwind von Injurien, der sich über ihm dreht, es spült ihn einfach davon. Er erfährt, dieser Mann sei nicht zu kaufen, wie er sich das so denke, weder von ihm noch von den beiden Konsuln des Jahres, der habe selber genug, und solche wie er, abgetakelte Legionäre, könnten sich etwas suchen im oskischen Viertel in der Subura, aber nicht an diesem Tisch! Der Mann ist nicht einmal in der Lage zurückzuschimpfen, derart verblüfft ihn diese blonde Furie von der Größe eines Kindes; er verschwindet einfach, was bleibt ihm übrig, er sucht sein Heil in der Flucht.

»Was wollte der von dir?« fragt Flavilla scharf, sie ist nun einmal beim Schimpfen, und da er die Achseln zuckt und, noch sichtlich von ihr beeindruckt, »das übliche!« murmelt, fährt sie böse fort: »Ja, für dich das übliche! Beinahe wärst du mit ihm gegangen. Ich hab's deutlich gesehen. Du aller Weiber Mann und aller Männer Weib!« Dann verstummt sie (das war ein übles Wort). Ich beschimpf ihn, o ihr dreiköpfigen Götter der Unterwelt und Mithras mit den Nußschalenlichtern dazu, warum beschimpf ich ihn?

Er hat die Hände vors Gesicht genommen, schon ist sie sehr ängstlich, aber dann – er lacht hinter diesen Händen. »Flaviola, Passercula, meine kleine Spätzin, du bist ja eifersüchtig!« Zärtlich und unernst flüstert er an ihrem Ohr: »Das ist doch alles so lange her. Ich habe es vergessen. Ich bin nur noch eines Weibes Mann – sage ich: Weib? Eines Mädchens, eines Kindes, einer Ungeschminkten, Flachshaarigen, eines Spatzen ...« und anderes, was Verliebte flüstern.

»Ich weiß nicht, was das ist«, sagt das Mädchen, das Kind, der Spatz reuevoll, »aber seitdem ich mit dir schlafe, ertrag ich's nicht mehr, daß du so vielen anderen zu Diensten warst; vorher hatte es mich nicht gestört, würde mich auch bei keinem Menschen sonst stören. Nein, nicht, seit ich mit dir schlafe. Viel eher. Seit du mir den Zettel erklärt hast. Und so ist es nicht Eifersucht«, schließt sie mit großer Folgerichtigkeit.

Es ist nicht Eifersucht. Sondern, unter allen Lebendigen muß einer sein, dem wir uns anvertraun und dem wir uns weihn. Und er soll unverletzbar und sein Leben unbefleckt erscheinen, damit wir ihn lebend trösten und als Toten beweinen. Und er soll einzig sein und nicht vermischt mit Unreinem.

»Ich fordere von dir«, sagt Flava, die Germanin, »ich

fordere von dir, daß du solche Dinge abstreifst. Sie dürfen nie mehr mit dir zusammen genannt werden. Ich will einen Helden lieben und keine Hure. Du sollst es nicht mehr sein. Nie.«

Ach, was versteht sie. »Du bist ein sehr strenges Kind«, flüstert er.

Aber inzwischen ist die Zeit der Strenge vorbei, und sie sitzt auf seinem Schoß, damit er ihr ja nicht geraubt werden kann, die Arme um seinen Hals, und sie sagen sich dies und das und gehen dann nach Hause.

Es war nie denkbar, daß man auf so kindliche Weise glücklich sein kann. Keine Rede davon, daß dies dieselbe Brücke sein könnte, von der du dich einmal in den Fluß werfen wolltest. Alles ist verwandelt. Diese ganze böse Stadt ist eine andere geworden.

Irgendwann an diesem Tag sagt Flavilla, er solle ihr erzählen, wie er die Narbe erhalten habe, die seine Braue spaltet, und irgendwann erwidert er, das sei eine trübsinnige Geschichte und zweifellos eine von denen, die sie nicht hören mag, denn sie handle von den Dingen, die sie, wie er vernommen habe, an ihm nicht ertrüge; und sie entscheidet sich, die Geschichte nicht hören zu wollen. Flava liebt keine trübsinnigen Geschichten, zumal heute nicht, heute, wo sie glücklich ist, kindlich glücklich, gedankenlos glücklich, fast schon ein bißchen albern, wie man es sicher nur einmal im Leben sein kann. Sie verlieren alles aus den Augen, nur nicht einander, so daß sie, eine armverschlungene Liebesfigur, das vierbeinig wandelnde Symbol des Eros, ein krauser Schlüssel zu den geheimen Dingen, durch dies veränderte, an vielen Ecken singende und lachende Rom gehen. Dies Rom feiert seine Saturnalien mit johlenden Männern beim Hunderennen und im Circus und kreischenden Frauenzimmern bei der Atellanen-Posse, wo Senex sein gewaltiges Glied erhebt und ihnen droht. Dies Rom voller Spelunken mit

Windlichtern und Tischen, auf denen Wein verschüttet wird, mit nächtlichen Marktständen und Weibern, die heiße Kuchen in Flechtkörben feilbieten, mit dem Tiber voll zitternder Nußschalen, die alle zu Mithras schwimmen.

Schon wieder sind sie nicht mehr zu unterscheiden von den anderen Verliebten dieses Abends; sind sie's, sind sie's nicht, ein dunkler Mann, ein helles Mädchen, phrygische Mütze, Schattenriß, irgendwo im Fackellicht ein Gesicht voll Sommersprossen, ein brauner Arm – auch morgen sind noch Saturnalien, aber nicht mehr lang.

Die Narbe habe ich von einem angetrunkenen Soldaten, kaum anders als der heute, der mich in die Büsche führte und nachher nicht zahlen wollte. Ich hängte mich an ihn wie eine verhungerte Katze (und verhungert war ich, es war der erste an jenem naßkalten Abend, an dem mich mein Herr hinausgeschickt hatte, nachdem er den ganzen Tag ständig um unseren leeren Vorratskorb herumgeschlichen war und es ihm nicht gelungen war, eine Einladung zum Essen an eines reichen Mannes Tisch zu erhalten), hängte mich an ihn und war stumm entschlossen, ihn nicht fortzulassen ohne das vereinbarte Entgelt. Statt dessen schlug er mich mit einer kleinen biegsamen Metallrute, mit der man wilde Tiere für den Circus abrichtet, übers Auge und hatte damit sehr guten Erfolg, da ich sofort von ihm ablassen mußte, geblendet vom Blut. Die Braue klaffte, und indes er entfloh, versuchte ich, hinter ihm herschimpfend wie heut Flava, zerzaust und derangiert, mit einem ausgerissenen Grasbüschel das Blut abzuwischen. Das Geschäft war für den Tag vorbei. Oh, der Zorn und der Hunger meines Herrn! Auf der Brücke (der gleichen, die wir heut so fröhlich überschritten, der gleichen, von der ich einst in den Fluß springen wollte) legte mir ein mitleidiges Kuchenweib ein Spinnweb übers Auge gegen die Blutung. Aber das

Großartige war, daß sie mir einen ihrer Kuchen gab (er war verbrannt und zerquetscht, sie hätte ihn nicht verkaufen können, aber mich rettete er), und so gestärkt und getröstet, doch mit einem Riß im Gesicht, ging ich, der Wut meines Herren standzuhalten.

Nein, keine Geschichte für Flavilla.

Geschenke. Man geht aus, um Saturnaliengeschenke zu kaufen. Herren schenken ihren Sklaven, aber Herr und vilicus sind verreist, und majordomus und Sekretär lassen sich nicht sehen.

Das Mädchen bekommt sehnsüchtige Augen an den Auslagen der Schmuckhändler, es ist, Auletes merkt's, der heimatliche Bernstein, der sie verführt, Bernstein vom Strand der grauen nördlichen Meere, herb duftendes Harz aus Germanien; eine Kostbarkeit, für die man in Rom mit Gold zahlt. Da wir aber Gold besitzen, soll es uns nicht zu wertvoll sein, Ringe für Flavillas zierliche Ohren zu kaufen, Ringe aus Bernstein (natürlich beginnt sie darüber zu heulen, wie sollte es anders sein), obwohl du lieber grün glitzernde Jade vor ihr Flachshaar gehängt hättest oder noch lieber Silber und warum nicht gleich Perlen (alle Thronschätze der Pharaonen dazu, wir wissen schon, und breite Kragen aus farbigem Glasfluß über ihre schmalen Schultern und bestickte Sandalen an ihre Füße, das ist ja nichts Außergewöhnliches, und solche Träume hat jeder).

Da das Mädchen Ehrgeiz hat, ist es sehr schwer, ihr begreiflich zu machen, daß sie mit ihren drei Münzen in der festgeschlossenen Faust keine gläsernen Schalen kaufen kann, auch nicht goldene Schreibgriffel und dergleichen, sondern sich bescheiden muß mit ihrem Geschenk. Und so bleibt es denn schließlich unter beträchtlichem Protest gegen das eigene Unvermögen, die Schlechtigkeit der Welt im allgemeinen und die Habgier der römischen Händler im besonderen bei einer winzigen Tonstatuette des guten Gottes der

Sonne und der Gerechtigkeit, des Herrn Mithras, der die Bürger der Sonnenstadt Heliopolis beschützt hat und den Aristonikos und die Seinen anbeteten.

(In der Stunde seines Todes – wo und wann immer sie ihn ereilen wird, auf den Schlachtfeldern der Sklavenkriege, in den Folterkellern der Stadt Rom oder an einem Kreuz in Staub und Hitze der via Appia – in dieser gewiß schrecklichen Todesstunde wird der Sklave Auletes die kleine Tonstatuette des Gottes Mithras bei sich haben, so daß sie alle annehmen, auch er sei ein Verehrer dieses leuchtenden, sehr gerechten Gottes. Er aber hat Zeit seines Lebens an die Götter nicht geglaubt und trägt die Statue zum Angedenken an ein hellhaariges Mädchen, Spatz genannt, das er verloren hat und das vielleicht schon tot ist, vielleicht auch nicht, und dereinst eine berühmte Ärztin werden könnte auf jener Insel im Mittelmeer, wie wir es so sehnlich wünschen.)

Sisyphos

Während der Saturnalien wird viel geschlafen. Da es für Sklaven sonst keinerlei Festtage gibt, das ganze römische Jahr hindurch, auch keine Ruhetage, verschlafen manche diese halbe Woche, nachdem sie sich zunächst einmal satt gegessen zu Beginn und so viel getrunken haben, wie nur in sie hineingeht. Andere halten länger durch. Sie feiern einen Tag, gehen den zweiten Geschenke kaufen und in den Circus und schlafen dann die restlichen drei Tage und Nächte (das heißt, um genau zu sein, drei Tage und zwei Nächte, denn bei Sonnenuntergang des letzten Tages fallen die phrygischen Mützen, die vilici und majordomus nehmen wieder ihre Amtsmiene an, die Gartenaufseher schlagen die Steifheit aus dem Leder ihrer Peitschen – vorerst nur in der Luft –, und die Herren verschwinden in ihre duftenden Gemächer und kennen dich nur noch unter dem Namen »Heda!«). Und das Bild ist im allgemeinen so, daß mit fortschreitendem Fest der Trubel geringer wird statt lauter, die Straßen immer stiller und leerer; nach und nach verstummt der Gesang, die Straßenverkäufer stehen müßig an den Ecken und sparen ihre Lunge, da es sowieso an Kunden mangelt.

Auch im Hause des Herrn Lucius tritt am dritten Tag jene Stille ein, in der von der Arbeit eines ganzen Jahres ermüdete Menschen versuchen, Kraft zu schöpfen für ein nächstes, ebenso beschaffenes Jahr. Und falls das eintreten sollte, was sie alle ersehnen und woran sie alle wirken, werden sie wohl ihre Kräfte auch beisammen haben müssen.

Zudem versprechen die nächsten Wochen in keiner Hinsicht einfach zu werden. Die Abreise des Herrn nach Lalages Tod, das Gesicht des Verwalters prophezeien den Kundigen harte Zeiten; diese Festtage sind eine Gnadenfrist gewesen, darüber sind sie sich klar. Andererseits sieht die familia nach den capuanischen Ereignissen auch den Repressalien mit einer gewissen Ruhe entgegen – und jetzt schläft sie.

Sie schlafen in den Sklavenställen und den Gelassen neben den Räumen des Herrn, der Koch schläft auf seinem Lager am Herd, ein paar auf Flachs- und Wolleballen, eilig zusammengerafft, und Flavilla schläft in Auletes' herrschaftlich breitem Bett, zu einer blonden und schneeblassen Kugel gerollt, das Gesicht verborgen, indes er ausgeht, um sich mit Männern zu treffen, die sich an Straßenkreuzungen umblicken, die Kapuze tief in die Stirn tragen und die Scheuermale aufgefeilter Sklavenringe an ihren Hälsen mit dem Mantelzipfel verbergen.

Saturnalien: Fest der Sklavenfreiheit, der Narrenfreiheit. Augenblick der Schwebe. Noch hält Sisyphos, der

Dulder, voll Zorn und Hoffnung, seine Last mit gespannten Armen am Rand des Felsens, und, schon bereit, sie fallen zu lassen, wirft er noch einen Blick in das Tal, das dieser Stein zerschmettern will, und der Abendwind kühlt seine schweißnasse Stirn. Aber er ist schon entschlossen, um keinen Preis bereit, seine Bürde länger zu tragen. »Hurtig mit Donnergepolter entrollte der tückische Marmor«, ein schönes Zitat, berühmt durch sprachliche Meisterschaft. So daß er, bei Licht besehen, jetzt eigentlich schon im Rollen ist, rollt, lange rollt, bevor man im Tal sein Donnergepolter zu vernehmen willens oder fähig ist. Abwärts denn, Lawine!

Lektion in römischer Lebensführung

Sie sind am nächsten Morgen außerordentlich freundlich und außerordentlich ungezwungen miteinander. Emilia nimmt ohne Erstaunen zur Kenntnis, daß ihr Neffe bereits wieder abzureisen vorhat; in der Tat hat er präzis das Ende der Saturnalien abgewartet, sie auf Landstraßen und an fremden Tischen verbracht.

Emilia warnt ihn scherzhaft, unterwegs auf der Hut zu sein: Keine halbe Tagesreise von hier treiben Räuber ihr Unwesen, das heißt, eigentlich sind es Sklaven, die Viehhirten ihres Gutsnachbarn, dessen großes Latifundium ganz auf Rinderzucht umgestellt sei. Dieser wackere Herr lehne es ab, die Wächter seiner Herden zu beköstigen oder zu bekleiden, sondern verweise sie darauf, daß es ja Reisende gebe, bei denen sie der fehlenden Verpflegung und Gewandung habhaft werden könnten. »Es sollen verwegene Gestalten sein«, so Emilia, genauso froh wie ihr Neffe, ein unverfängliches Thema gefunden zu haben, eines, das sie beide unberührt läßt, »halbnackt, bärtig, mit selbstgefertigten Waffen. Unter ihnen soll sich auch ein Weib befinden, eine Hirtin. Die Leute kennen sogar ihren Namen: Claudilla Pastoria – eine zärtliche Bezeichnung für so ein Ungeheuer. Sie soll lange schwarze Zöpfe haben, kohlrabenschwarz, Lucili, und das Messer quer im Mund halten, wenn sie die Reisenden ausplündert. Also sieh dich vor!« Von Lucius lachend belehrt, daß er ja nicht viel bei sich führe, versichert seine Tante, darauf käme es nicht an. Claudilla Pastoria werde ihn sicher bei sich behalten, um von Caelia und ihr, Emilia, Lösegeld zu erpressen für ihn, und seine zwölf stattlichen Sänftenträger würde sie in ihre Scharen einreihen …

Sie verabschieden sich, ohne ihr gestriges Gespräch oder den Grund für sein Kommen mit einer Silbe zu erwähnen, und werden fortan ohne einander leben, in kühler Entfernung.

Lucius aber, derart mystifiziert, erwartet nun tatsächlich unterwegs hinter jedem Busch bärtige, in Felle gehüllte Gestalten mit Knotenstöcken auftauchen zu sehen, ihnen voran das »schäferliche Claudinchen«, die kohlrabenschwarzen Zöpfe im Wind flatternd, das Messer quer zwischen den Zähnen …

Und wir sind nahe daran, ihm dies Abenteuer zu gönnen in den samnischen Bergen bei rauhen Hirtenfeuern. Sicher wäre er so in der Lage, später sein Teil beizutragen und fesselnd zu erzählen in den Abendgesellschaften Roms über seine Erlebnisse kurz vor oder während des Ausbruchs des großen Sklavenkrieges – und wer will sich verbürgen, daß er nicht wirklich davon erzählt, gleich, ob er Claudilla Pastoria und ihrer Bande begegnet ist oder nicht? Es bietet sich geradezu an.

Tatsächlich aber erreicht er ohne jeden Zwischenfall (den Knöchelbruch eines der sänftentragenden Kelten kann man nicht rechnen) die via Flaminia und das nächste Rasthaus, wo er pausiert, zu Abend ißt und sich dabei von einem jungen Offizier eine Geschichte aus Capua erzählen läßt.

Sie kommen ins Gespräch über Brot, Fleisch und Wein, wie es geschieht, wenn man an einem Tisch sitzt. Der Nachbar, der eine Verletzung an der Hand hat, muß sich von den bedienenden Sklaven beim Essen helfen lassen und erregt sich außerordentlich über deren Unachtsamkeit, bis Lucius lächelnd bemerkt, das lohne sich wohl kaum …

Nun erweist sich der andere zum Glück als ein Mann von Lebensart; trotz seines Militärmantels (den Lucius verabscheut) entschuldigt er sich, er mäßigt sich sofort, sicher, er sei reizbar im Augenblick, aber er habe Erlebnisse hinter sich, Erlebnisse …

Sie stellen sich vor. Der junge Offizier, sichtlich beeindruckt von Lucius' altberühmtem Familiennamen, nennt nur sein cognomen militare, seinen Kriegsnamen: Ascyltos (in Wirklichkeit heißt er Publius Calpurnius Ger und stammt aus einer kleinen oberitalischen Ackerstadt, wo sein Vater als Kornspekulant und Schieber einen denkbar schlechten Leumund hat. Dessenungeachtet hat er seinen Sohn in der Klientel eines hochmögenden Mannes untergebracht und ihm schließlich mit viel Geld und guten Worten eine Offiziersstelle beschafft). Aber das weiß Lucius nicht, und für ihn existiert nur Ascyltos, ein angenehmer junger Militär mit guten Manieren und tadellosen Umgangsformen, mit dem man sich in Griechisch, der Sprache der großen Welt, unterhalten kann und der deinem Namen, Ansehen und nicht zuletzt deinem dank der Griechenlandreise und dem Umgang mit Auletes geschliffenem Hellenisch die gebührende Achtung erweist.

Ascyltos, so erfährt er, ist in geheimer Mission unterwegs von Campanien zu den cisalpinischen Legionen

(»Eine heikle Sache, versichere ich Ihnen, mein Lucius!«), abkommandiert wegen seiner Verletzung (er vermeidet hartnäckig das Wort »Verwundung«), die er sich am Vesuvius zugezogen hat. »Sie ahnen wohl nicht, was da unten vorgeht?« Ja, die Herren aus Rom! Dort nähme man dergleichen nicht ernst, und sicher sei es, bei Licht besehen, sozusagen historisch betrachtet, auch nicht ernst zu nehmen, aber wenn man nun einmal zwei Monate so mittendrin stecke wie er ... Schließlich schält sich aus Andeutungen die Geschichte heraus.

Es begann vor zwei, drei Monaten, in einer der berühmten Gladiatorenschulen Capuas, genauer gesagt, in der eines gewissen Lentulus Batuatus, die durch diese Sache eine traurige Fama bekam. Dort erschlugen die Fechtersklaven ihre Aufseher und entflohen – ob Lucius nicht davon gehört habe?

Doch, Lucius erinnert sich dunkel daran (es muß kurz vor Auletes' Reise nach Capua gewcsen sein, es fällt ihm ein, ihn spaßhaft gefragt zu haben, ob er sich mit den Gladiatoren solidarisch erklären wolle, und Auletes' Gesicht darauf, er war irgendwie beleidigt), aber das gebe es doch alle Jahre einmal!

»Richtig, sehr richtig beobachtet«, sagt der Offizier lebhaft und gestikuliert mit seiner verbundenen Hand, worauf er schmerzlich das Gesicht verzieht und den Schenken anfährt: »Paß doch auf, du Esel, siehst du nicht, daß mein Becher leer ist!«

Man schickte auch gleich eine Kohorte der dort ansässigen Garnison gegen die Flüchtigen aus. So weit, so gut, und das war der normale Verlauf. Von nun an wichen allerdings die Ereignisse von der Regel ab, insofern, als sich diese Kohorte von den Fechtersklaven schlagen ließ. Man fand dafür alle möglichen Gründe: der Befehlshaber, der übrigens streng zur Rechenschaft gezogen wurde, sei mit sträflichem Leichtsinn vorgegangen, da er meinte, gegen Sklaven zu kämpfen, sei eine lächerliche Bagatelle, eigentlich einer römischen Heereseinheit unwürdig. Zudem seien die Soldaten der nachweislich schlechten Bewaffnung der Gladiatoren wegen sehr unvorsichtig im Gebrauch oder Nichtgebrauch des Schildes gewesen, und vor allem hätten sich die Ausreißer unterstanden, alle Regeln klassischer Kriegskunst zu mißachten und die Römer zunächst mit Steinwürfen einzukreisen und dann mit Feuerbränden auseinanderzutreiben (oder umgekehrt, Lucius ist kein Fachmann und folgt diesem Teil der mit militärischen Details gespickten, sachkundigen Ausführungen nur zerstreut). Jedenfalls hatten jene Sklaven nicht die Absicht, sich abschlachten zu lassen.

»Fakt bleibt, wir wurden geschlagen«, erzählt Ascyltos, »und auf die schmählichste Art und Weise. Die Kohorte wurde fast aufgerieben, der Rest floh, und die Gladiatoren, übrigens unter Führung eines gewissen Spartiatus oder Spartiacus, zogen sich auf den Vesuv zurück. Und dort, mein lieber Herr Lucius, sitzen sie bis heute, ob Sie es glauben oder nicht, und haben uns bisher drei Schlachten geliefert – leider muß ich sagen, Schlachten; es waren keine Geplänkel mehr –, Schlachten, daß uns Hören und Sehen verging. So gründlich, daß es sich offenbar gleich auf die Berichterstattung in der Hauptstadt übertragen hat – es stimmt ja wohl, daß man in offiziellen Mitteilungen von den Vorgängen am Vesuv nichts hört und sieht. Aber ich bin nun – ganz im Vertrauen – unterwegs, eine halbe Legion in unser wegen der prekären außenpolitischen Lage leider ganz von militärischem Schutz entblößtes Land zurückzuholen. Ja, staunen Sie nur, dies Land steht am Rand des Bürgerkriegs. Die Lage ist ernst, Herr Lucius. Ernster, als Sie es für möglich halten werden. Sie denken, ich bin ein Phantast, aber Sie haben ja nicht erlebt, was ich erlebt habe. Sie können sich kein Bild machen, was in Campanien vor sich geht. Die Gladiatoren auf dem Vesuv bleiben ja nicht allein! Die Sklaven strömen ihnen in Scharen zu und bringen das Korn und das Vieh ihrer Herren gleich mit. Kein Tag, an dem nicht in diesem blühenden Garten unseres Rom eine Villa brennen würde! Und das Schlimmste, auch Freie eilen diesem seltsamen Heer zu, sogar Ackerbürger und Handwerker aus den Städten – kein Mensch weiß, womit er, dieser Spartiatus, offenbar ein Scharlatan und Prophet, sie lockt. Es ist, als wenn sie nur darauf gewartet hätten. Campanien ist verwüstet, mein Herr!

Ich weiß, solche Botschaften hört niemand gern, und darum ist man leicht versucht, sie für unwahr zu halten. Ich wollte, sie wären es, denn die Lage, ich sagte es bereits, die Lage ist ernst. Es ist wieder soweit, und diesmal im eigenen Lande. Die dreißig Jahre sind herum. Sie verstehen nicht? Nun, so machen Sie sich einmal die kleine Mühe nachzurechnen, in welchen Zeitabschnitten die großen Sklavenkriege stattfanden. Sizilien, Laurium, Pergamon, wieder Sizilien ... Sehen Sie? Begreifen Sie? Jede Sklavengeneration liefert ihren Herren eine blutige Schlacht, und dreißig Jahre später ist in den Kindern der Gefallenen die Saat der Rache herangereift – alle dreißig Jahre eine Sklavenrebellion, mein Lucius, und die Frist ist um, und diesmal haben wir den Ärger auf italischem Boden ...

Bei den Göttern der Styx, wenn du Tölpel weiter so ungeschickt neben meinem Teller herumfuchtelst, werde ich dem Besitzer dieser Spelunke Meldung machen, damit du ausgepeitscht wirst!«

Nachdem sich Ascyltos' Zorn über den Nichtsnutz, der ihm steinernen Gesichts weiterserviert, wieder gelegt hat, fährt er fort (sie sind inzwischen schon beim Nachtisch): »Wissen Sie, woher diese Verletzung stammt? Nein, Verwundung kann ich dergleichen nicht nennen. Eine Verwundung empfängt man in einem ehrenhaften Kampf, aber diese hier ... Ich war an einer der Schlachten um den Vesuv beteiligt und kämpfte unter anderem mit meiner Abteilung an einem Steilhang – der genaue kriegerische Ablauf wird Sie nur langweilen. Um es kurz zu machen: Wir stießen auf stärkeren Widerstand, als wir erwartet hatten, wir wandten uns zum Rückzug, ich deckte mit ein paar Kameraden die Abziehenden und wurde fechtend zum Steilhang abgedrängt. Schon im Abgleiten hielt ich mich mit einer Hand – mit dieser hier, mein Herr – am dort reichlich wuchernden Weingerank fest. So schwebte ich zwischen Himmel und Erde, unter mir ging es viele Fuß steil bergab, meine Zehenspitzen berührten gerade noch ein paar Gesteinsbrocken, und seitdem weiß ich, wie den Verbrechern zumut sein muß, die vom Tarpejischen Felsen gestürzt werden.

Unsere Feinde, die Sklaven, schrien sich etwas zu in einer fremden Sprache, vermutlich in Keltisch, es sollen viele Gallier dabei sein, dann entfernten sie sich, und nur einer blieb zurück, offenbar mit dem Befehl, mir den Garaus zu machen. Zuerst warf er Steine nach mir, aber da ich durch meine Ausrüstung hinreichend dagegen geschützt war, dachte er sich etwas anderes aus. Da er nur mit einem Schwert bewaffnet war, holte er sich aus dem Gebüsch einen dicken Eichenknüppel, legte sich an den Rand des Steilhangs auf den Bauch und begann, auf meine Hand einzuschlagen. Mit einem Speer wäre es zweifellos schneller gegangen, aber er hatte eben keinen zur Hand.

Stellen Sie sich meine Lage vor! Unter mir der Abgrund, in den zu stürzen mir in dem Augenblick Gewißheit war, in dem es ihm gelang, die Knochen meiner Hand zu zerschmettern – und das mußte unweigerlich früher oder später erfolgen; über mir, ganz dicht, das Gesicht dieses Barbaren, seine funkelnden Augen, sein Raubtiergebiß, das er zu einem abscheulichen Grinsen fletschte … Die Augen dieses Gladiators, mein Lucius, der Haß, der unmenschliche, unversöhnliche Haß, der aus ihnen sprühte, während er langsam meine Hand zerschlug: Ich glaube, das war entsetzlicher als die Schmerzen und die Todesfurcht. Schließlich verlor ich die Besinnung und stürzte ab. Zum Glück fingen einige direkt unter dem Felsabhang wachsende Pinien die Gewalt des Sturzes ab, meine Leute fanden mich, geringfügig zerschunden, aber sonst wohlauf, bis auf dieses zerbrochene Glied – eine Verletzung, aber keine Verwundung, wie Sie wohl jetzt verstehen werden. Was hat dergleichen Metzgerei mit Kampf zu tun?

Die Hand wird steif bleiben, versichert man mir. Meine militärische Laufbahn ist damit zu Ende – zumindest in der Form, wie ich sie mir vorstellte. Ich bin mit Leib und Seele Soldat, müssen Sie wissen. Nun, zum Glück gibt es auch noch andere sehr schöne Aufgaben im diplomatischen Dienst der Armee …« Ascyltos fährt sich über die Augen. »Sehen Sie, lieber Herr Lucius, darum bin ich im Moment etwas reizbar gegen Sklaven. Ich werde nie die Augen dieses Menschen vergessen – wahnsinnige Augen, Augen ohne Erbarmen. Sie sind jetzt auf ganz Italien gerichtet, vom Gipfel des Vesuvius aus. Weh uns und unseren Frauen und Kindern!

Aber zum Glück, und das sei uns beiden als Trost gesagt, sind unsere lorbeerbekränzten Legionen bisher mit allen Feinden fertig geworden, und darunter waren andere als diese pflichtvergessenen Tiere. Der Plan ist schon fertig. Wir werden den Berg hermetisch abschließen, wir werden sie aushungern wie Ratten, mein Herr, und falls das Land sonst ruhig bleibt, haben wir nichts zu befürchten, und der Schlaf unseres Rom ist ungefährdet.«

Der Schlaf Roms also ist garantiert, Lucius allerdings kann nach den anregenden Erzählungen des jungen Mannes sehr schlecht einschlafen. Er hat das Gefühl, schnell nach Hause zu müssen.

Die Nacht in diesem Rasthaus vergeht ihm unruhig. Er träumt. Mit Caelia geht er am Rande des Vesuvius spazieren und tauscht mit ihr griechische Klassikerzitate aus. Hinter ihm geht Auletes und verbessert leise ihre Fehler, die vor allem er, Lucius, ärgerlicherweise macht. Mit der Zeit wird er immer lauter, so laut, daß es die Unterhaltung stört, und Lucius findet es aufdringlich und unangenehm. Zu seinem Erstaunen aber zeigt sich die Caelia seines Traumes davon geradezu begeistert, sie lobt Auletes' Kenntnisse und verlangt schließlich, daß sie die Plätze tauschen, und nun gehen sie vor ihm her, der Sklave und sie, die aber, jetzt zeigt es sich, eigentlich Ursa ist, und dieser Nichtswürdige beginnt, die Römerin zu liebkosen und zu küssen. Lucius geht hinter ihnen her, nach irgendeinem Gesetz darf er nicht sprechen, er ist ohnmächtig in seiner verzweifelten Wut, die Tränen laufen ihm übers Gesicht, aber er kann sie nicht abwischen. Ursa-Caelia befiehlt ihm sehr streng, nicht mehr zu weinen, und er versucht, sich zu beherrschen, aber vergeblich, und da sagt denn die Römerin bedauernd (aber eigentlich lacht sie), es bliebe nichts übrig, als ihn vom Tarpejischen Felsen zu stürzen. Und schon hängst du an einer Weinrebe über dem Abgrund, und über dir sind die Augen des Sklaven, der sich zu dir beugt, klare, smaragdene Augen, fordernd und erbarmungslos, sie bedrohen ganz Italien, sie sind wie Schwerter, so daß du dich loslassen mußt und stürzt, stürzt in endlose Tiefen – und in dem fremden Bett aufwachst, tränenüberströmt. Der Tag graut. Die Saturnalien sind vorbei.

3. Teil: Wunschhaftes Intermezzo

Die Fischsuppe

Die Geschichte von der Fischsuppe wird nie erzählt werden. So dringend es auch ersehnt wird, ja so sehr es eigentlich das Ziel all dieser Geschehnisse ist, daß es sich ergeben möge, es wird nicht dazu kommen. Ein vertrauliches abendliches Lagerfeuer etwa in Campanien, während des Feldzuges, ein paar Tage nach einer gewonnenen Schlacht, oder ein Mittag in einem kühlschattigen Flußtal des Apennin (man hat in dem reißenden und klaren Gebirgsbach Forellen gefangen, mit den Händen, und bereitet sie nun zu; mit ruhigen Flügelschlägen kreist ganz oben ein Raubvogel), oder auch (da nun die Unwahrheit einmal eingerissen ist, kommt es auf eine offensichtliche Lüge mehr nicht an) am sizilischen Strand, glücklich gelandet auf der Insel der Banditen und rebellischen Viehhirten; alle gelandet, das ganze Sklavenheer. Es hat nie einen Sturm gegeben, der ihre Flöße, die armseligen, kentern ließ, nachdem die Piraten sie im Stich gelassen, nein, es ist alles schon so gut wie entschieden, Sizilien wird ihnen gehören, unzählige sind sie und stark und siegreich; nun kann der Sonnenstaat entstehen für alle. An diesem Strand also.

Ein Feuer flackert, aber es scheint klein gegen die gewaltige Sonne und den heißen salzigen Wind, sie trinken Wein, lachen und erzählen, und sie bringen Fische, ihren Hunger zu stillen. Sie sind da, Auletes, bärtig, schwarz von der Sonne, und Flavilla im wettergebleichten flächsernen Haarschopf, den nie mehr eine Schere berühren wird, gegürtet mit einem breiten

Lederband, daran ein Dolchmesser, wie es Gladiatoren tragen, und Chrysis, Kottalos, ach, alle sollen gerettet sein, die Toten wiederauferstehn und die Verräter, da sie nur unwissend und schwach waren, einen Platz bekommen, wenn auch etwas weiter abseits, und dazu jene, die uns unbekannt, Tausende.

Und sie singen keine Hymnen und halten keine Reden, sondern kochen sich einfach ihr Mahl und sind dabei fröhlich. Und es trägt sich zu, daß Auletes in heiteren Streit gerät über die Art, eine Fischsuppe zu kochen mit dem Mann, der dies Geschäft besorgt (wir kennen ihn nicht – vielleicht ein rothaariger Gallier, vielleicht ein Grieche von den Inseln oder ein kleiner sabinischer Bauer), da dieser Mann, der Agrippa heißt, der Meinung ist, genug Zwiebeln in seine Suppe getan zu haben; ein Mann, der bedächtig ist und weiß, was er tut, und der sagt, er habe lange genug am Meer gelebt, um zu wissen, wie man Fischsuppe kocht (und das ist zumindest ein ernst zu nehmendes Argument).

»Ich habe nie am Meer gelebt«, sagt Auletes, »aber ich habe unter unvergeßlichen Umständen erlernt, wie man es macht, und ich sage dir, Agrippa, es ist zu wenig.« Und sie streiten sich, so daß denn schließlich, während am Lagerfeuer die Suppe brodelt, die Geschichte von der Fischsuppe erzählt wird zu ihrer aller Erheiterung.

»Ich war einmal bei einem Herrn in der Subura, der mich im Würfelspiel gewonnen hatte und bei dem nicht einmal eine Maus satt geworden wäre. Wir hungerten um die Wette, außer wenn er ausging, sich an eines reichen Mannes Tisch zu sättigen; dann hungerte ich allein. Ich schrieb für ihn Manuskripte und wurde auf die Straße geschickt; aber sonst lebten wir eigentlich ganz kameradschaftlich zusammen, ich schlief sogar am Fußende seines Bettes. Uns trennte in Hunger und Armut kaum etwas, außer natürlich, daß er mich prügeln durfte und ich ihn nicht, das war der Unterschied.

Alles in allem ein recht erbärmliches Exemplar von Herr – wird auch schon tot sein inzwischen. Wenn wir Geld hatten, wurde ich meist in eine Garküche nach Essen geschickt. So weit, so gut. Das Unglück war nur, daß die Baracke, in der wir hausten, einen Herd hatte.

Eines Morgens brachte er einen Fisch – unverständlich, woher er ihn hatte. Er brachte also diesen bewußten Fisch und befahl mir, eine Fischsuppe daraus zu kochen. Zu Mittag sei er zurück.

Denkt euch mein Entsetzen! Ich hatte noch nie in meinem Leben etwas anderes gekocht als Milch oder Wasser, und auch das nur, seitdem ich bei ihm war; ich hatte es nicht gelernt, man hatte mich zu anderen Dingen erzogen.

Und nun dieser Fisch. Er lag da, hatte einen weißen Bauch und silberne Schuppen und war ohne Zweifel tot, was mich etwas beruhigte. Ich ließ ihn also zunächst einmal liegen und begann, mein Tagespensum abzuschreiben – dabei schielte ich ab und an nach dem Ungeheuer. Je weiter die Zeit fortschritt, desto größer schien es zu werden. Seine Schuppen glitzerten unheilverkündend, seine Augen starrten mich an, es riß das Maul auf, als wollte es mich verschlingen. Schließlich war es fast ein Wal. Da sprang ich auf und machte zunächst einmal Wasser warm ...«

Die Männer und Frauen um dies Feuer da lachen, Auletes mit ihnen. Sie alle sind so heiter, daß sie dieser Geschichte viel mehr Vergnügen abgewinnen, als sie es vielleicht verdiente. Lachen sie eigentlich überhaupt um der Geschichte willen oder vielmehr, weil sie in der Vergangenheitsform erzählt wird?

Auletes fährt fort, immer wieder von eigener und fremder Heiterkeit unterbrochen.

»Über die weiteren Handlungen konnte ich nicht schlüssig werden. Die Sonne stieg höher, schneller als sonst, schien mir, Mittag rückte heran und damit eine furchtbare Tracht Schläge, falls sich nicht dies Tier irgendwie in das verwandelte, was man von ihm erwartete.

In meiner Not fiel mir unsere Hofnachbarin ein, eine arme Hure, die da in einem halbzerfallenen Bretterverschlag hauste. Ich sprang über den Zaun – ich wäre über drei Zäune gesprungen, um dieser verfluchten Fischsuppe zu entgehen – und klopfte an ihre Tür. Als sie endlich wach war und begriffen hatte, was ich wollte, begann sie fürchterlich zu schimpfen, vor allem, weil ich sie geweckt hatte, aber ich ließ nicht locker, und schließlich begriff sie, daß es dabei auch ein Essen für sie geben könne, und sagte: ›Gut, du Nichtsnutz, ich helfe dir bei deiner Suppe, aber ich will mich dann auch daran satt essen.‹

Was sollte ich machen? Ich versprach ihr alles, sie band sich ein altes Tuch vor ihr Hemd und sprang ebenfalls über den Zaun, immer noch schimpfend. Unter unzähligen Verwünschungen meiner Person, der meines Herrn, des Fisches, der frühen Stunde und des stumpfen Messers ging nun die Kocherei vonstatten. Das heißt, eigentlich kochte ich. Sie stand mit verschränkten Armen am Herd und ordnete an. ›Merk es dir, du Tagedieb! So etwas von Sklaven! Wozu bist du auf der Welt, wenn du keine Suppe kochen kannst?‹«

»Sagte sie wirklich«, fragt hier Flavilla, philosophisch geschult, »sagte sie: Wozu bist du auf der Welt, wenn du keine Suppe kochen kannst?« Und sie bricht erneut in Lachen aus, es ist das fröhlichste Lachen von der Welt, o ihr Götter, wie weit entrückt ist das alles, wie lange her, Rom und Sklaverei, Gegenstand schenkelschlagenden Gaudiums, geblieben ist Geschmack und Köstlichkeit von Fischsuppen, die Erinnerungen heraufbeschwören.

»Laß mich weitererzählen«, sagte Auletes.

»Also sie hatte zunächst die Arme verschränkt, aber mit der Zeit fing sie Feuer – mag auch sein, sie bekam einfach Hunger, weil der kochende Fisch gut roch. ›Laß mich mal‹, befahl sie, und dann kommandierte sie: ›Öl – Salz – Pfefferschoten – Oliven – Honig – Wein – Zwiebel ...‹ Zu meinem größten Entsetzen tat sie alles in den Suppentopf. Ich dachte, sie habe den Verstand verloren. Aber ich wagte nicht zu widersprechen, obgleich ich zitterte. Was wußte ich von Fischsuppen!«

Er muß unterbrechen, da sie alle so sehr lachen. Ihr Lachen ist Fliegen und Singen. Es ist Freiheit.

»Sie verbrauchte all unsere Vorräte, kostete, und dann schrie sie, ob das denn alles sei, was ich an Zwiebeln in meinem gottverdammten Vorratskorb habe, und so würde ich Tagedieb nie eine vernünftige Suppe fertig bekommen, nie!

Ihre Hausfrauenehre war erwacht, versteht ihr. Vielleicht war sie eine Bauern- oder Fischerstochter, die nun ein einziges Mal in ihrem armen Dasein in Rom das tun konnte, was ihre Mutter sie einst liebevoll gelehrt hatte.

Sie lief davon, kletterte wieder über den Zaun und brachte aus ihrer Behausung all ihre Schätze an: ein Stück Brot, Knoblauch und einen ganzen Zopf goldfarbener und rosiger Zwiebeln.

Ich weinte beim Schneiden so wie jetzt beim Lachen, und wir kochten gemeinsam unsere Fischsuppe mit allem, was da war. Sie wurde wundervoll, der Duft zog bis auf die Straße, er lockte alle Hungrigen des Viertels vor unsere Tür.« Auletes wischt sich die Lachtränen fort.

»Und dann sagte sie ganz behaglich: ›So, nun wollen wir essen.‹ Ich versuchte ihr zu erklären, daß diese Suppe meinem Herrn gehöre. Aber darauf ließ sie sich nicht ein. ›Quatsch‹, sagte sie, ›sie gehört uns, denn wir haben sie gekocht.‹ Das war zwar eine höchst vernünftige Ansicht, aber kaum die Auslegung meines Herrn von dieser Sache, und so mußte ich protestieren. Aber sie war nicht dumm und kam nach den logischen Gesichtspunkten mit den merkantilen. ›Gut‹, erwiderte sie auf meine Einwände, ›dann gehört dir eben nichts, sondern deinem Herrn, aber mir gehört ein Teil, denn mein Brot, mein Knoblauch und vor allem meine Zwiebeln sind drin. Und ich lade dich ein, Sklave! Ist das ein Wort?‹

Ach, Freunde, was für ein Wort! Und mehr noch als alle Worte wirkten der Geruch der Suppe und mein knurrender Magen, gewichtige Argumente. Wir setzten uns und aßen. Danach wischte sie sich den Mund und ging. Ich hoffte, die fehlende Menge im Topf sei durch ein bißchen Wasser ersetzbar, als ich eine furchtbare Entdeckung machte: unter den säuberlich benagten Gräten auf ihrem Teller befand sich auch der Kopf meines Fisches.«

Er kann vor Lachen nicht mehr weiterreden. Sie alle lachen, lachen wie olympische Götter. Sie sind glücklich. Glücklich, daß diese Geschichte erzählbar ist, daß sie belachbar ist, daß sie hier erzählt wird …

»Wie sollte ich meinem Herrn klarmachen, daß der Fisch keinen Kopf hatte? Ich kannte ihn. (Mein Gott, diese Ängste! Was standen wir aus; ist es wirklich möglich, daß dies einmal Ängste waren?) Ich machte dann etwas nicht sehr Manierliches. Fisch zerkocht leicht, hatte ich an dem Tage gelernt. Also warf ich die Gräten einfach wieder in den Topf. Es war das einzig Mögliche und meine Rettung.«

Nun schreien sie vor Lachen. Sie krümmen sich. Die Gräten zurück in die Suppe des Herrn! Komödienwelt, vergängliche und vergangene. Der bedächtige Agrippa rührt seinen Topf, sein Fisch, natürlich, zerkocht nicht, denn er versteht etwas davon.

»Mein Herr merkte nichts. Er lobte meine Kochkunst. Er fraß den Topf leer und gab mir die Gräten zum Benagen, wobei er sich über meinen Mangel an Appetit wunderte. Gut – aber seitdem weiß ich, wie man Fischsuppe kocht, und vor allem, wieviel Zwiebeln man dazu braucht.«

Der Mann Agrippa manipuliert noch immer an seinem Kessel. Mit Grabesstimme erklärt er, das möge alles sein, doch sein Rezept habe auch etwas für sich. »Aber zum Angedenken an das römische Weibsstück, das dir damals geholfen hat, will ich einmal davon abweichen. Möge sie nie das Fieber bekommen oder jene Krankheit, möge sie einen Mann und Kinder kriegen und im Alter zufrieden sterben!« Und er streut eine große Handvoll duftende wilde Kräuter und frische zerkleinerte Zwiebeln auf seine Suppe, sie alle klatschen ihm Beifall, und während sie essen, sind sie lustig und laut und ermahnen sich gegenseitig, nicht die Gräten in den Topf zurückzuwerfen.

Das ist die Geschichte von der Fischsuppe, die nie erzählt wird, weil jene zweite Fischsuppe (am Lagerfeuer in Campanien, in der Gebirgsschlucht oder sogar am sizilischen Strand) nie gegessen wird; deren Duft und Bereitung überhaupt erst imstande sind, die Erinnerung an jene erste heraufzubeschwören als ein belachtes Gespenstlein unseliger, aber vergangenster Vergangenheit.

Denn ohne diese zweite Fischsuppe ist die erste nur eine kleinliche, traurige, alltägliche Sklavengeschichte, voll immer wiederkehrender Ängste und Demütigungen, über die niemand lachen kann. Lachen kann man darüber nur als freier Mann, am Feuer in Sizilien, oder, da wohl keiner bis dorthin kommen wird, in den Bergen Italiens, oder, falls auch dies schon zuviel gefordert ist, nach einer gewonnenen Schlacht in der campanischen Ebene. Und selbst dahin werden wir vielleicht nicht gelangen, wenn wir es auch wünschen mit aller Inbrunst und dem verzweifelten Zorn derer, die um die Sinnlosigkeit des Sterbens wissen.

4. Teil: In Höhlen zu wohnen

Verwandlung in einen Specht

Daheim empfängt Lucius die Nachricht, die sponsa, Caelia vom mons Caelius, habe während der Saturnalien mehrmals nach ihm geschickt, auch Saturnaliengeschenke übersandt. Lucius geht, die Geschenke zu besichtigen: konventionelle nugae, Nichtigkeiten, wie man sie sich an diesem Tage überreicht, aber nugae mit Pfiff, sie sind ja von Caelia.

Die Terrakotta-Püppchen zum Beispiel tragen Porträtzüge stadtbekannter Persönlichkeiten, und die große Wachskerze ist mit einer frechen Komödienszene plastisch verziert, dazu die Inschrift: nil pluriformius amore – nichts ist vielgestaltiger als die Liebe. Eine echte Caelia-Frivolität; sie kann's nicht lassen.

Alles in allem, es ist peinlich, mehr als peinlich, sie vergessen zu haben. Er macht sich überstürzt auf den Weg.

Nach vielen Entschuldigungen und dem obligaten Höflichkeitsaustausch bei den Eltern der sponsa (mit viel Zerstreutheit absolviert) wird er dann zu ihr entlassen.

Die junge Dame bittet ihn sofort zu sich. Umgeben von ihren Dienerinnen, bei der altrömischen Beschäftigung des Wollespinnens (Lucius ist nicht ganz sicher, daß sie das alle Tage macht), schaut sie ihm aus ihrem hohen Lehnsessel mit spöttischer Erwartung entgegen, die süße volle Unterlippe vorgeschoben – vom glattfrisierten Kopf übers weiße Wollgewand bis zu den hohen Schuhen latinische Jungfrau. Als er sich von ihrer Hand aufrichtet, um seine Küsse ihrem begehrenswerten Mund zuzuwenden, bemerkt er ihr ironisches Lächeln und sieht erst jetzt: Sie sind nicht unter sich; die Dame hat Besuch. Ein außerordentlich dünnes, sehniges Mädchen, ebenfalls weiß gewandet, ebenfalls glattgekämmt, sitzt in einem anderen hohen Sessel und blickt spiegelgleich spöttisch zu ihm herüber. Sie hat um den Hals mehr Perlen, als ein Reitstall kostet.

Lucius erkennt die abgefeimte Rache der holdseligen Caelia, ihn nicht allein zu empfangen, und beugt sich zähneknirschend über die nächste Mädchenhand. Die Dünne wird ihm als Clodilla präsentiert, »meine beste Freundin«, und man rechnet ihm vor, daß er, über seine Mutter Julia, mit ihr verwandt sei, also Vetter und Base, und sie mögen sich doch küssen!

Gehorsam und unbeteiligt berührt er die Wange der neuen consobrina mit den Lippen, sie indes mustert ihn von oben bis unten, ohne sich Zwang anzutun, und wendet dann den Kopf beiseite. Sie riecht stark nach Melissengeist.

Zwischen den beiden Damen bleibt Lucius einsilbig und verstimmt, gerade daß er sich zu einer verstockten Entschuldigung über seine plötzliche Abreise herbeiläßt. Überhaupt liegt ihm jetzt, da er die lebendige vor sich sieht, auf einmal die böse Caelia des Traums im Rasthaus wieder im Blut und bestimmt sein Verhalten zu dieser hier, es macht ihn trübe und wirr.

Eine ganze Weile hört er nicht richtig zu. Verwandtenbesuche … Als ob einem das hilft, seine Sorgen zu tragen …

Plötzlich begreift er. Woher sie es wisse, fragt er. Als ob das schwierig wäre, sein Haus sei keine verschlossene Festung. Man erführe schon einiges, zum Beispiel: ein Bett-Tierchen sei ihm gestorben, und das habe ihn dermaßen erschüttert, daß er gleich zu der zweifelhaften univira in die Berge gelaufen sei. Oh, Caelia weiß Bescheid.

Und das vor den Ohren dieser gelangweilten Pute,

meiner Base. Lucius, beschämt und wütend (wenn sie erst in meinem Haus lebt, wird dergleichen nicht mehr geschehen, schließlich habe *ich* keine Klausel im Ehevertrag, sondern mein eigenes Geld, die Zeiten meines Vaters und meiner Mutter werden sich nicht wiederholen, domicella Caelia), Lucius lenkt auf ein anderes Gebiet, was ihm nicht schwerfällt, da es ihn beschäftigt: jene finsteren Mären, die ihm ein militärisches Subjekt unterwegs glaubwürdig berichtet hat, kurz, die Vorgänge um Capua.

Caelias Zunge erscheint vibrierend zwischen den Lippen; der Stoff berührt sie. »Daß man doch dergleichen einmal erlebt!« Da sie merkt, daß ihrem ohnehin gereizten Herrn Verlobten ihre Haltung äußerst mißfällt, korrigiert sie sich geschickt: »Ist es nicht furchtbar? Kaum ist die Stadt einmal zur Ruhe gekommen …« Übrigens könne Claudilla hier von Nutzen sein (dem Lucius fährt die vulgarisierte Form dieses Namens ins Gebein, auch das noch, neben der Traum-Caelia die Traum-Brigantin aus den Bergen!), da sie aus einer Familie von Militärtribunen und Feldherrn stammt und, wenn überhaupt einer, sie hierüber gehört haben müsse; falls nicht, sei diese Reisebekanntschaft ein übler Windbeutel gewesen.

Die dünne Base dreht den Kopf weg und erklärt mit unendlicher Überheblichkeit, natürlich wisse sie davon, aber das sei ja wohl kein Gesprächsthema.

»Und ob es eins ist!« ruft ihre Freundin eifrig, »sei nicht halsstarrig, erzähle!«

Ob man etwa erwarte, daß sie in Gegenwart dieses Herrn (einer der kalten Blicke streift Lucius, der beschließt, dieser Person später sein Haus zu verbieten) strategische Geheimnisse ausplaudere.

Caelia verzieht ihr Mündchen zum Schmollen. »Nur ganz allgemein …«

»Nun gut«, gibt das Mädchen nach. Trocken referiert sie. Es stimme in großen Zügen, was dieser plauderhafte, unverantwortlich plauderhafte Offizier da zum besten gegeben habe. Aber Gegenmaßnahmen seien eingeleitet (die Generalstochter formuliert genauso wie der Mann im Rasthaus). Und was das denn alles überhaupt Die Stadt Rom angehen solle, uns!

Unsere Verlobte zuckt die schönen Schultern und bemerkt mit einem gewissen Bedauern im Tonfall: »Wir siegen sowieso immer.« Und Base Clodilla fügt ruhig hinzu: »Selbstverständlich.«

Damit wendet sich das Gespräch leider wieder der Person des Bräutigams zu, der, wie beide Mädchen übereinstimmend bemerken, sich viel zuviel um viel zu vieles aufrege. Wie etwa um Sklavenrevolten. »Ich habe mit Clodia darüber gesprochen«, sagt Caelia lächelnd, »und sie hat da ein paar Gedanken.«

»Da bin ich aber sehr gespannt, liebe Base«, versetzt Lucius grimmig (man müßte jetzt gehen, wenn man nicht Caelia allzusehr kränken würde, und sie versteht es, wie man sieht, sich zu rächen), und die liebe Base entgegnet ungerührt, das erwarte sie auch, und beginnt.

»Das kommt von einer äußerst ungewöhnlichen Neigung her, alles zu zergrübeln, lieber Vetter. Eine griechische Unsitte. Nicht daß ich jetzt in das große Lamento über den Verfall unserer Lebensart und den Einfluß der graeculi, der Griechlein, ausbreche. Das überlasse ich Ihrer Tante Emilia, ich meine unserer Tante. Ich stelle bloß fest: Diese ganze Grübelei ist unfruchtbar. Sie hat etwas von Agonie – ich weiß nicht, ob Sie mich verstehen. Sehen Sie, ich habe die Büsten von zwölf Ahnen in meinem Atrium und unsere Caelia hier sogar noch ein paar mehr. Die alle haben so gelebt, daß uns jetzt beinahe nichts mehr zu leben übrigbleibt. Ich zum Beispiel, ich spür es an der Langeweile. Wenn die Langeweile nicht wär! Sie macht mir manchmal das Dasein zur Hölle. Trotzdem verfalle ich darüber nicht in Trübsal oder stelle komische Fragen – Fragen, wie sie Sterbende stellen. Wir sind, als Ganzes, ungeheuer lebendig, und, wie Sie hier erscheinen, sind Sie auch als Einzelwesen recht lebendig. Und wie meine Vorfahren mutig den Karthagern die Stirn boten, so nehm ich halt, ohne zu verzagen, meinen täglichen Kampf mit der Langeweile auf, das ist der Feind unserer Generation. Was lohnt? Das ist die einzig zugelassene Frage. Und die Antwort fällt noch immer reichhaltig aus. Beispielsweise, lohnt es denn nicht, der Gatte dieser unserer reizenden Caelia hier zu werden?« (Ihr knochiger Arm weist ausruferisch zur Braut hinüber, und unsere Schöne senkt die Lider und lacht mit pulsierender Kehle.) »Domine, lieber Vetter, die Welt ist Rom, und Rom ist die Welt. Wir leben nur heute und können es uns, den Göttern sei Dank, auswählen, was lohnt. Wissen Sie, wie Ihre entzückende Verlobte, meine Freundin, Sie im Scherz zu nennen pflegt? Den Heautontimorumenos.«

Den Selbstquäler. Bin ich schon zur Komödienfigur geworden?

»Du solltest das nicht sagen!« ruft Caelia, steht auf und zieht deinen (ohnehin schmerzenden) Kopf an den Haaren zu sich, so daß du halb erstickst zwischen den parfümierten Falten. Nun beginnt auch sie auf den armen Lucius einzureden.

Schon während der blasierten Ausführungen dieser dünnen Strategin gegen die Langeweile ist in Lucius eine seltsame Veränderung vorgegangen. Die Trübe und Wirrnis, die er vorhin empfand, haben sich verstärkt, und während er einerseits die Sentenzen dieses Mädchens mit einem geradezu wollüstigen Behagen in sich einschlürft, widerstrebt ihm diese Person andererseits so, daß er sie schlagen möchte oder, noch lieber, treten, aber er fühlt sich wie gelähmt. Außer den rasenden Kopfschmerzen, die ihn von einem Augenblick zum anderen befallen und wieder verlassen, juckt seine Nase unberechenbar von innen, und seine Hände werden feucht. Es ist wie verhext. Verhext. Die beiden haben mich verhext. Die dürre Clodilla, die liebe Base, ist bestimmt eine Hexe, und Caelia? Hat sie nicht auf einmal einen flammenden Reif um den Kopf? Natürlich. Sie haben beide recht, aber sie sind Hexen. Bei Caelia sehr bedauerlich. Ich werde die Verlobung lösen müssen.

Irgend jemand erzählt von einem Mann, der einen anderen verklagt habe, weil der ihn auf der Straße anstieß und die kunstvoll gelegten Falten seiner Toga zerstörte. Haha, sehr komisch. Und dadurch kam er zu spät in den Senat …

Lucius erhebt sich mit einem Ruck. Das Zimmer verschwimmt. Wenn ich jetzt nicht entfliehe, verwandeln sie mich in einen Specht. Bestimmt juckt meine Nase nur deshalb, weil in ihr schon ein Schnabel keimt, und ich traue mich auch nicht, hinzufassen und nachzuprüfen. Vielleicht bin ich schon gar kein Mensch mehr, meine Nase ist schon verhornt.

»Meine Damen«, sagt Lucius mit getragener Stimme, »es war mir ein ehrliches Vergnügen. Leider beabsichtige ich, noch etwas Mensch zu bleiben! Ich habe die Ehre.« Hinter ihm ertönt zweistimmiges Gelächter.

Daheim schickt man nach Ärzten. Der Herr fiebert. Der kleine Grieche von nebenan, Kottalos, ist als erster zur Stelle, da – rein zufällig – gerade im Haus. Er stellt eine heftige Erkältung fest, man sollte eben bei diesem Wetter nicht reisen. In Felle und Decken verpackt, folgt Lucius mit teilnahmslosen Augen dem Geschehen um ihn. Einmal sagt er: »… daß sie eine Hexe ist.« Sonst nichts.

Die familia atmet auf: Eine Fristverlängerung vor den Maßnahmen des Verwalters! Und sie wünscht ihrem Herrn eine schöne ausgiebige Krankheit.

»Wir haben mehr Glück, als wir verdienen«, sagt Chrysis, aber der Koch ergänzt: »Oh, ich finde, wir verdienen es schon.«

Die Bemerkung zielt auf die Dinge, die der ungeduldige vilicus durchführt, nach Rücksprache mit seinem zwar inzwischen fieberfreien, aber noch immer sehr apathischen Herrn. Sie sind fragmentarischer Natur. Der Gebieter des Hauses, entgegen seinem Benehmen vor der Reise, ist gleichgültig, eher zur Milde gestimmt, läßt sich ungern festlegen und lehnt die zum Teil sehr drastischen Vorschläge seines Verwalters fast alle ab (als da waren: Verkauf von ungefähr zwanzig »Unruhestiftern«, darunter Auletes, Chrysis, die Vorarbeiterin der Bademädchen, Solitudo; Kreuzigung von fünf durch das Los zu bestimmenden Sklaven zur Abschreckung, Geißelung jedes fünften und dergleichen Dinge mehr).

Einiges bleibt, nicht allzuviel: Der vilicus besorgt zum Beispiel vier Aufseher, die sich um alles kümmern sollen und das auch versuchen; sie nehmen sich mit ihren Lederpeitschen komisch und grauslig aus, wie Monstren aus der Unterwelt innerhalb des verfeinerten und liebenswürdigen Lucius-Hauses, es sind Typen für große Latifundien, Mühlen oder Bergwerke. Sie scheinen sich selbst unbehaglich zu fühlen; innerhalb des Fußbodenmosaiks, der roten Säulchen und Gemälde fehlt ihnen die Atmosphäre, in der sie sich entfalten können, und so wird die familia mit diesen deplacierten Unholden fertig. Sie kommen nicht zum Zuge. Dann wird eine Ordnung über das abendliche Verlassen der ergastula eingeführt, vielmehr sie soll eingeführt werden, denn der Versuch scheitert bald; ständig sind auch abends Sklaven unterwegs und haben im Haus zu tun, und es ist gar nicht feststellbar, ob rechtens oder nicht, so daß die an den Eingängen aufgestellten Wächter nach vierzehn Tagen an ihrer Aufgabe verzweifeln und es vorziehen zu schlafen.

Selbstverständlich werden Ansammlungen jeder Art, die nicht zur Arbeit gehören, kategorisch verboten, aber das waren sie eigentlich schon immer, und solche Verbote aufzufrischen besagt nicht viel.

Bei all dem aber kann sich der Herr (wider Erwarten) immer noch nicht entschließen, etwas gegen seinen Günstling zu unternehmen, Auletes bleibt persona grata, es werden ihm keinerlei Verbote auferlegt, und er kann weiterhin vieles auf sich nehmen.

So findet man sich denn (mit ein paar Vorsichtsmaßnahmen) weiter in seinem großen Zimmer ein und spricht etwas leiser (was vor allem Flavilla schwerfällt).

Später, als der Herr diese Zusammenkünfte ausdrücklich untersagt, geht man in die Grotten des Mucius Niger oder, im Frühling, ins Freie, auf die Wiese hinterm Haus. Der Verwalter beobachtet die Entwicklung zähneknirschend, aber mit gebundenen Händen.

Am schlimmsten ergeht es den Arbeitern von draußen, die jetzt während des Winters nichts zu tun haben. Gegen gutes Geld verpachtet sie der Verwalter (nebst einigen anderen »Müßiggängern«) an den Staat, zum Straßenbau. Sie ziehen beim Morgengrauen angekettet hinaus und kommen im Abenddämmern zurück. Ihnen geht es entschieden nicht gut. Da sie schlecht gekleidet sind, haben sie bald alle Erkältungen, und nachts hallen die ergastula wider vom dumpfen Husten ihrer Bewohner (die dies Jahr zudem statt Decken nur Strohschütten bekommen haben), so daß familia und dominus den Winter in schöner Harmonie begehen: Sowohl im Stroh wie auf den Biberfellen ist man erkältet.

Auletes, von der besorgten Chrysis auf die ebenfalls hustende Spätzin hingewiesen, erscheint voller Ernst vor dem vilicus und erbittet sich die schreibkundige Germanin Flavilla zur Arbeitsgehilfin. Es wird nicht mit anzüglichen Bemerkungen gespart, die aber leider alle an der dunklen hochmütigen Person des Auletes abgleiten wie Öl, und so zieht die rotnasige Flava in das vom Hypocaustum, der häuslichen zentralen Heizung, angenehm durchwärmte und mit aller Bequemlichkeit ausgestattete Zimmer des Auletes ein.

Unser Herr geruht, noch krank zu bleiben.

Eine Höhle voll reichen Korns

Winterliche Regenfluten stürzen dort draußen vom Himmel, indessen die kleine Spätzin und ihr Liebhaber in dem Zimmer mit dem warmen Fußboden sitzen, schreiben, denken, träumen und sich lieben. Wenn er von seinen abendlichen Ausgängen heimkommt, sind die Falten seines dunklen großen Filzmantels (paenula genannt) steif von Nässe, das Kleid ist schwer, als wäre Blei in den Saum genäht. Dann öffnen sie die Schieber der Heizung und trocknen den Mantel über der Hitze. Bald ist das Zimmer von Wolken warmen Dampfes erfüllt wie ein Bad, so daß man sich nur hin und wieder sieht. Auletes, die Beine ausgestreckt, um sein durchweichtes, allzu elegantes Schuhwerk ebenfalls über der Heizung zu trocknen, richtet seine weitgeöffneten Augen auf die feuchtwarmen Schwaden, als wolle er ihre Gestalt ergründen.

In einem Nest aus wollenen Decken hockt Flavilla, deren Sommersprossen verbleichen, sie wischt sich die Nase mit Werg und sagt: »Wir sitzen im Mutterschoß. Wir sitzen im warmen Dunkel wie das Korn unter der Erde. Wir sitzen in einer Höhle von reicher Saat und hüten das Korn, das ist bei uns geborgen vor aller Götter Zorn. Und eines Tages durch unsere Kraft und unserer sehnenden Liebe Leidenschaft öffnet das keimende Korn sein Tor und tritt hervor und tritt an das Licht des klaren Tags zu aller Freude und damit keiner mehr hungert. Wir sitzen im Dunklen ungenannt und noch keinem Menschen der Welt bekannt, sitzen so still und voll Leben wie Knospen unter der Bäume Rinde und schützen dies Streben, wie eine Mutter Schutz gibt dem Kinde. Ach, ich fühl mich selbst, als sei ich eine solche Knospe, drangvoll und bereit, aufzuspringen und zu erblühen. Das Haus für alle! Bei allem Wetter zu bewohnen! Unser Haus, aus Rosen und Reben und

Hirschleder und darunter die reichen Saatkörner. Ah, Auletes, sieh den Regen, wie er alles tränkt! Mir ist, als würde ich ihn auch aufsaugen mit meinem ganzen Leibe. Das ist das lebendige Wasser, das Wasser des Lebens. Wir werden erstehen, wir werden nicht verderben!«

Bei diesem poetischen Geist, der die kleine Wilde (nach Art der Prophetinnen ihres Volkes) überkommt, ist der Logiker mit den nassen Füßen neben ihr wohl versucht, ihr zu sagen, daß nicht ausgemalt werden müsse, sondern scharf gedacht, und leise, selbst gefangen in ihrem Traum, trotz allem, sagt er: »Wohin segeln deine Schiffe, anima mea, in welche Räume? Hast du Skylla und Charybdis weit hinter dir gelassen und nimmst Kurs aufs unbekannte Land? Fahr nur dahin, aber vergiß nicht, daß wir in der nächsten Zeit wahrscheinlich zunächst errechnen müssen, wieviel Kühe der Tagesbedarf einer Kohorte sind und auch wieviel Korn; ganz gleich, ob es Saatkorn ist oder nicht, und woher es auch immer kommt, wir werden es aufzehren müssen.«

Sie aber lacht in ihrem Deckennest: »Kleinmütiger, Allzukluger! Hör auf den Regen! Er weiß um unseren Sieg und alle Natur! Und du nicht? Wie kannst du zweifeln?«

»Ich zweifle nicht«, sagt er leise. »Ihr alle sollt leben. Wie dürfte ich zweifeln.«

Und dreimal gesegnet ihre Träume, wenn sie ihr die Schatten des Todes verjagen, des Todes, um den sie weiß und den sie haßt mit all ihrer Seelenkraft. Anima mea. Eine Höhle voll reichen Korns.

Neue Erkenntnisse über Arkadien

Nach guter alter Art würde es sich gehören, daß die familia des Herrn Lucius sowie auch seine Klientel jeden Morgen an seinem Krankenbett antreten und sich nach seinem Befinden erkundigen. Eine Sitte, auf die Lucius pfeift. Er will nichts, als zwischen seinen Felldecken vor sich hin träumen und auf das Jucken innen in seiner Nase warten, das ihm seine baldige Metamorphose mit mehr oder weniger Sicherheit anzukündigen pflegt.

Eins allerdings ist ihm nicht klar: Was hat Caelia mit ihm als Specht vor? Darüber zergrübelt er sich im Halbschlaf den Kopf. Andererseits hat er manchmal das Gefühl, daß ihm die neue Lebensform recht gut zusagen würde. Er befindet sich in ausgezeichneter Gesellschaft: Immerhin hat Circe den Sohn eines latinischen Königs in den gleichen munteren Vogel verwandelt. Man könnte sich mit ihm unterhalten und würde höchstwahrscheinlich die Zukunft erfahren. Dies erscheint Lucius, je nachdem, einmal wünschenswert (denn er ist neugierig) und einmal höchst verabscheuenswürdig (denn er kann sich ein Bild davon ausmalen, und das ist sehr finster).

Nachts versucht er manchmal, von Unsicherheit über sein Benehmen in der neuen Rolle gepeinigt, aufzustehen und sich im Flügelschlagen zu üben. Leider wird er darin stets von seinen Leibsklaven oder den Pflegern gehindert.

Auch nimmt die hoffnungsvolle Karriere ein schnelles Ende. Nach einer Woche verflüchtigt sich das Jucken in der Nase mehr und mehr, der Kopfschmerz wird zu einer sanften Dumpfheit, und das süße und beängstigende Gefühl der Verwandlung schwindet wieder aus seinen Knochen und macht schläfriger Langweile Platz. Bald erinnert sich Lucius nur noch mit einer Art sehnsuchtsvollem Bedauern der Zeit, wo er ein Specht bleiben konnte, wenn ihm die Welt nicht zusagte, und muß lächeln bei der Vorstellung, seine kluge, anmutige und einzigartige Caelia einmal für eine Hexe gehalten zu haben. Bleiben wird ihm aus dieser Zeit eine gewisse Vorliebe für hochgebaute Sitze in Bäumen, von denen sein Garten bald strotzen wird, und die Neigung, sich die Nase zu reiben.

Wieder fieberfrei, hat er immer noch nicht die geringste Lust, sich um etwas zu kümmern, sondern entdeckt, welche Süße für ihn im Frieden des Nichtwissens liegen kann. – Wahrscheinlich ist dir diese Krankheit überhaupt nur deshalb von den Göttern geschickt worden, um diese Einsicht zu vermitteln. So lösen sich deine Probleme, bei denen allerdings, das muß hier gesagt werden, die beiden deinem Herzen nahestehenden Frauen, Ursa und Caeliola, leider versagt haben, von deinem zwielichtigen Herzenströster in Gestalt des einstigen Schwarzen Schwans ganz zu schweigen.

Gerade wieder auf den Beinen, befiehlt er ihn denn auch zu sich, um ihm die Lösung des Rätsels zu präsentieren. Es sei, so erklärt er dem verbindlich Lauschenden, zum Glück für einen römischen nobilis viel einfacher, den Frieden des Herzens zu finden, als sie sich wohl beide vorstellten. Allerdings, gibt er zu, sei es eine spezies der Glückseligkeit, die nicht jedem zugänglich ist, man müßte dazu schon über gewisse Annehmlichkeiten des Daseins verfügen. Dann allerdings: Was hindere einen, zu leben wie in Arkadien?

Arkadien also. Auletes ist inzwischen schon eingefuchst auf Reisen vorwärts oder rückwärts, das kann ihn nicht mehr erschüttern, Heliopolis, der warme Süden, die kalten Wälder, Höhlen voll Korn und Häuser aus Reben, das haben wir alles hinter uns. Nun also Arkadien in neuer Spielart, ein Arkadien für die oberen Zehntausend. Und so verblüffend einfach zu erreichen!

Das seltsame ist nur, daß der noch etwas blasse Lucius dabei so glasige Augen bekommt und sich eifrig die Nase reibt, dazu seufzt er zum Steinerweichen.

»Arkadien, Auletes, stell dir vor! Wir ruhen das ganze Jahr unter Rosen und Reben (hier zuckt der Sklave zusammen, oder es kommt vielleicht Lucius auch nur so vor), unter Feigenbäumen und Weiden wie Daphnis und Chloe, fern bläst eine Hirtenflöte, das Leben ist einfach und groß, und wenn uns die Sonne untergeht, holen wir sie uns mit einem kunstvollen Gebilde von Brennspiegeln zurück ...«

Das kann offenbar noch stundenlang so weitergehen oder könnte, denn Auletes verneigt sich, beglückwünscht seinen Herrn zu seinen interessanten Gedankengängen und bittet, sich empfehlen zu dürfen.

Lucius ist zwar etwas verdutzt, daß sein Trumpf so wenig Anklang fand, aber im übrigen viel zu verträumt, um sich zu ärgern. Er bleibt allein mit seinem spechtischen Arkadien zurück und reibt sich die Nase.

Ascanius geht

Die Geschichte des unseligen Ascanius hätte gewiß unter anderen Umständen die Feder der Tragödienschreiber inspiriert. Er trug seinen Gegner in der eigenen Brust, hätte es geheißen; mit sich selbst und der Welt zerfallen, hätte man formuliert, und Chöre hätten geklagt über seine zerstörte Seele, deren Urform so untadelig war und die sein Sklavendasein vernichtet und verbogen zurückließ.

So aber und bei den Dingen, um die es hier geht – nämlich um das Leben der Todgeweihten, auf deren Nacken man den Fuß setzt –, ist der Unglückliche nichts als ein Verräter. Für feinere Unterscheidungen ist jetzt nicht Ort und Zeit.

Auletes' sträflichem Eigensinn ist allerdings Schuld zuzuschreiben; dazu seinem pädagogischen Ehrgeiz, schon einmal erfolgreich an der Person des Bibliothekars erprobt. Er empfindet eine gewisse Dankbarkeit gegen den, der einst »mit ihm sprach«, vielleicht auch Mitleid mit ihm, der weiter durchs Haus schleicht als einsames Gespenst, außerhalb der familia und ihrer großen Geheimnisse. In Wahrheit bleibt Ascanius so ziemlich der einzige (sieht man einmal von dem majordomus, den Sekretären und Leibsklaven des Herrn ab), der nicht eingeweiht ist, oder inmitten der allgemeinen fiebrigen Erregung traurig, allein und verständnislos umherläuft.

Eines Abends bringt Auletes bei seinen Freunden den Antrag vor, den Bibliothekar bekannt zu machen mit ihren Plänen. Er stößt auf allgemeines Befremden. Den Bibliothekar? Ascanius? Das Ekel, das hochnäsige? Ob er denn recht gescheit wäre! Er beginnt zu erklären, was es auf sich habe mit diesem Ascanius, so und so, und verschweigt nicht, daß er selbst, ihrer aller Freund und Lehrer, viele Züge seines Wesens in dem da wiederfinde, was sie mit nachsichtigem Kopfschütteln zur Kenntnis nehmen.

Normalerweise tun sie, was er sagt, denn sie bewundern ihn und sind zudem jeder Art von Beredsamkeit hilflos ausgeliefert, aber diesmal sperren sie sich; ihr Mißtrauen gegen den Außenseiter ist zu tief eingewurzelt. Nein, sie wollen nicht. Worin könnte er ihnen nützen? Ein Irrer, mit dem man kein vernünftiges Wort reden kann.

Heftiges Streben nach einem Ziel mache die Seele für anderes blind, sagt Demokrit. Sie können's nicht sehen, was für einer eigentlich in dem dicken Ascanius steckt, und sie wollen's nicht sehen. Man muß es ihnen also zeigen. (Es ist außerordentlich süß zu wissen, man ist ihnen überlegen und vermag sie zu lenken.) Zweifellos kann man sie nicht in allen Dingen um Rat fragen, bei all ihrer Liebe und Güte verstehen sie's nicht. Es ist eine Sache zwischen Ascanius und mir, wie ja auch die zwischen Lucius und mir ausschließlich mein eigen bleibt, und man sollte in diesem Fall einfach handeln. Auletes handelt.

Ascanius, mit dem Gesicht eines toten Karpfens, nimmt die Eröffnungen in einer Art Betäubung entgegen. Nicht absehbar, was sie wirken werden und ob sie überhaupt wirken werden.

Wirkung allerdings tut die Mitteilung darüber bei der nächsten abendlichen Zusammenkunft. Sie ist geradezu ein Geschoß.

Chrysis, die Redliche, ist es, die ihrer aller Meinung zusammenfaßt. »Du hast sehr übel gehandelt«, sagt sie ernst. »Es ist nicht dein Geheimnis allein, daß du darüber verfügen magst wie über deine Schreibtafeln. Wie kannst du uns alle in Gefahr bringen, indem du unsere Dinge diesem Narren anvertraust? Wir verstehen dich nicht.«

Auch sie seien ihm nicht verständlich, entgegnet er, da sie Gefahren sähen, wo keine sind: Er habe Vertrauen zu Ascanius. Und Vertrauen müsse man haben. Wie solle man sonst leben?

Vertrauen hin, Vertrauen her, erwidern sie, wo keins vorhanden sei, könne man es nicht erzwingen.

Und warum sei keins vorhanden? sagt Auletes und erregt sich mit seinem schlechten Gewissen (er geht im Zimmer hin und her und doziert mit gesenkten Augen). Nur, daß dieser Ascanius anders sei als sie. Was für ein Grund das schon sei. Er selbst, Auletes, sei auch anders als andere und habe gelernt, solchen Gefühlsgründen zu mißtrauen.

Seine Gründe, belehren ihn seine durch ihn im Denken geschulten Freunde, seien ja selbst äußerst gefühlsbeladen, da er zugebe, wegen einer Ähnlichkeit zwischen dem Bibliothekar und ihm so gehandelt zu haben. Deshalb, nur deshalb, habe er ihrer aller Meinung in den Wind geschlagen. Ob das recht sei?

Er: Wo denn geschrieben stehe, daß die Meinung der Mehrheit auch die rechte sein müsse?

Hier empört sich Flavilla, die bisher blaß und still in ihrer Ecke kauerte, tut den Mund auf und ruft: »Du bist hochmütig!«

Sie verstummen alle.

Er selbst, mitten in seinem Weg zwischen Tür und Bett, bleibt stehen, als hefte ihn ein Bannspruch an der Stelle fest. »Denkt ihr das alle?« fragt er leise.

Es ist das erstemal, daß sie sich uneins sind in dieser Zeit, und es ist ihnen furchtbar. Aber sie stehen es tapfer durch, ohne sich zu drücken. Sie haben gelernt, man kommt sonst nicht weiter. – Ja, es käme ihnen so vor, sagen sie, daß er glaube, ihre Meinung verachten zu können.

»Das ist nicht so, Brüder«, sagt er, »das darf euch nicht so erscheinen. Denkt das nicht. Ihr wißt, daß ich zu euch gehöre.«

Der Koch ergreift das Wort mit seiner angenehmen Stimme: »Das wissen wir und wissen auch, wie du es meinst. Aber deine Handlung war falsch. Nun sie geschehen ist, muß die Zeit erweisen, wer von uns recht hatte.«

Sie gehen an jenem Tag sehr nachdenklich auseinander. An der Tür bittet er Flavilla: »Bleibe bei mir.« (Was ist das? Und wer pflegte sonst diese Bitte auszusprechen, laut oder leise? Was ist geschehen?) Sie ist ernst und still und sagt kein Wort.

Seine Zärtlichkeiten sind sanfter, anbetender denn je, als gelte es, den Vorwurf der Hoffart an ihrem Leibe zu entkräften. Vor ihr knieend, versenkt er sein Gesicht andächtig in ihren Schoß. Flava, von Schauern überlaufen bei seiner Berührung, sieht mit atemlosem Jubel diese Vermischung seines dunklen Haares mit dem blonden Gekräusel zwischen ihren Beinen. Fremder, so sehr fremder Mann, meine Zuflucht, mein Entzücken.

Er indes, zwischen seinen tiefen, hingebungsvollen Liebkosungen, flüstert demütig: »Meine Seele, mein Seelchen im Wind, mein blühender Rosenbusch, Göttergeschenk, Liebling, Spatz, Königin.« – Unendliche Melodie, begleitet vom Flügelschlag der Lust.

Auftauchend aus dem Bad ihrer Vereinigung, sie wie immer das sommersprossige Gesicht feucht von glücklichen Tränen, kehren sie ernsthaft zurück zu den Sorgen ihres Tages.

»Warum hast du mich hochmütig genannt?« fragt er. Er hat ein Recht, so zu fragen, nach diesem hier, und überhaupt.

»Fremder Mann«, sagt sie nachdenklich, es ist das erstemal, daß sie diese Worte ausspricht, er bekommt eine Falte zwischen den Brauen darüber. »Fremder Mann – aber du bist es doch. Ich weiß, ich heul zu leicht, ich bin eine Gans, aber du? Kannst du weinen? Ich hab bei dir noch keine Träne gesehen. Ja, du bist hochmütig, und wie solltest du nicht? Wer bist du, wer sind wir. Es kann ja nicht anders sein, aber es schmerzt, wenn es sich gegen uns wendet. Man ist dann so allein. Nein, widersprich mir nicht. Es war gegen uns. Verzeih mir. Vielleicht verstehen wir's nicht, du auch nicht. Es geht alles so schnell. Vielleicht wird uns schwindlig davon, wo sich das Land doch dreht wie eine Töpferscheibe ... In den Geschichten bei mir daheim, da gibt es einen, an den muß ich denken. Morgens wurde er geboren, heißt es, mittags geweiht, abends zog er schon aus, die Tochter des Zauberers zu freien. Verstehst du? Würdig der allerköniglichsten Namen. Statt dessen sag ich: fremder Mann. Und alles geht so schnell ... Nein, küß mich nicht. *Ich* will dich küssen. Da. Und da. Und da. Und auch hier.«

Und so verstummen sie wieder.

Die Betten der Liebenden sind ein Ort der Harmonie, was gelten da die Sorgen der anderen. Aber auch Auletes und Flavilla können mit ihren bereitwilligen Leibern nicht auslöschen, daß Ascanius nun weiß. Die Absolution, die hier erteilt wird, kann nicht angenommen werden.

Zunächst, scheint es, geht alles gut. Ascanius nämlich tut den Mund auf und redet mit Auletes, zu dessen größtem Glück, redet ihn an in der Bibliothek, dem Schauplatz ihrer gemeinsamen Abenteuer. Er hockt an der Erde bei Buchrollen, die er, wie ein Kind seine Puppe, zwischen den dicken gespreizten Schenkeln hält, und spricht flüssig und ohne Stocken, voll eines grenzenlosen Staunens: Ob es denn wahr sei, er meine, Wirklichkeit? Ein Unternehmen gleichsam, und er, Auletes, stünde mitten darin?

Auletes kann seine Zweifel verstehen. Für einen, dessen Leben sich zwischen Buchseiten abspielt, hat eben Wirklichkeit oft etwas Unfaßliches, noch dazu so beschaffene Wirklichkeit, ihm wär es selbst so erschienen vor gar nicht so langer Zeit. Es ist ihm klar, daß er vor Ascanius' Augen jetzt wie das wandelnde Rätsel der Sphinx erscheinen muß, ja es schmeichelt geradezu, daß sich der dicke Bibliothekar weiter ungeniert mit dir unterhält; er muß also Vertrauen haben.

Als literati ergehen sie sich in hohen Regionen und bildlich; von Prometheus ist gar die Rede, der den Menschen das Feuer brachte und die Segnungen der Kultur, und unter welchen Gefahren! Von diesen ewigen Qualen am Felsen und von Zeus' Adler redet man (allerdings meint Auletes kühl, in ihrem Falle würde es nicht ewig dauern, am Kreuz stirbt man nach 24 Stunden – und erntet dafür einen fassungslosen Blick seines Gesprächspartners), von der Rache der Götter und der Notwendigkeit, ihr zu trotzen, vom großen tragischen Stoff und Aufbegehren gegen die Mächtigen und von dergleichen mehr. Auf höchster Ebene ist man sich also völlig einig, was aber, wie sich zeigen wird, überhaupt nichts besagt.

Ascanius sagt unvermittelt, wobei seine verwaschenen Züge plötzlich wilde Schärfe bekommen: »Warum tust du das alles für sie? Sie sind dumm und böse.« Auletes meint, es rühre ihn der Schlag, wird aber der Antwort enthoben, denn nun sind die Schleusen geöffnet wie bei anderen Lieblingsthemen, etwa Neuordnung der Bücher oder die süße Bestie Caelia. »Sie hassen uns, Auletes, weil wir nicht so gewöhnlich sind wie sie. Weil wir uns die Fingernägel saubermachen und uns nicht ins Hemd schneuzen, hassen sie uns. Und du opferst dich und dazu alles, was es gibt; Bücher wird man verbrennen, bedenke das, man wird sie bestimmt verbrennen! Wenn die ganze Welt brennt, meinst du, dann machen die Büchereien eine Ausnahme? Und lohnt das, lohnt das in jeder Hinsicht? Sie werden vielleicht ohne Herrn sein, aber was ändert das an ihnen? Sie werden genauso roh, stumpf und tierisch bleiben wie vorher. Glaub mir, Auletes, glaub mir. Es liegt an ihrem Wesen, nicht an ihren Herren. Und die Herren …«, er verstummt und sagt dann leise und heftig: »Unser Herr ist nicht schlecht.«

Hier nun begeht Auletes den zweiten Fehler. Es wäre an ihm, zu erklären und zu sagen und zu tun, um Ascanius' arme verstockte Seele ebenso zu gewinnen wie einst die seiner Mitsklaven. Statt dessen verläßt ihn in diesem, seinem persönlichsten Fall die Geduld, und er stellt Ascanius nach dieser langen Rede vor die Entscheidung, ob er bereit sei, ja oder nein, mit ihm zu arbeiten. Wenn ja, gut. Wenn nicht, bäte er ihn, die Unterhaltung zu vergessen, so, als sei sie nie gewesen. Ascanius, über seine Bücher gebeugt und sehr verschüchtert, murmelt stotternd, er sei bereit, mitzutun.

Und Auletes geht leichtfertigerweise und vergißt seinerseits die wildbewegte Rede des dicken Menschen gründlich, will sie vergessen. Als sie ihm wieder einfällt, ist es bereits zu spät.

In der folgenden Zeit gewinnt Ascanius ziemlich weitgehende Einblicke in die Verschwörung, da ihn sein Freund Auletes mit geradezu fanatischem Vertrauen einbezieht in seine verschiedenartigen Berechnungen und Überlegungen, die er für die Rebellen anstellt. Ascanius schreibt, exzerpiert und berechnet bereitwillig, ja er unternimmt sogar Botengänge, bei denen man nicht allzuviel riskiert. Er tut diese Dinge genauso, wie er einen Auftrag seines Herrn ausführen würde, und es findet keinerlei Gespräch mehr statt; Ascanius schweigt beharrlich. An den abendlichen Zusammenkünften nimmt er nicht teil. Die familia übergeht die neuen Beschäftigungen des dicken Menschen mit Stillschweigen.

Bis es dann ausbricht. Wir haben uns an Lalage schuldig gemacht, durch unser Schweigen, und hätten daraus lernen sollen, zumindest du, Auletes, Haupt der familia dieses Hauses. Diese Versuche, mit einem gleichsam blindwütigen Zutrauen alles ungesagt zu lassen (oder hattest du keine Argumente zur Hand gegen den Unseligen, du, Auletes, der Bruder der Verlassenen und Geknechteten, schien es dir zu gering, die Partei jener zu ergreifen, die der dort als böse Halbtiere hinstellt, mußte dir gerade da der Mund zufrieren, wie?), diese Ungeduld in einem Fall, wo Geduld nötiger denn je gewesen wäre, diese hochmütige Selbstgerechtigkeit oder Angst vor dir selbst, aber ist die weniger hochmütig? Nichts spricht dich frei. Die Katastrophe gleicht einem Strudel, man kann in ihm versinken, aber ihn auch kunstvoll umsteuern.

Der Abend ist gewittrig und schwül, durchaus geschaffen zu großer Szenerie (wird aber statt dessen mit Erbärmlichkeiten belastet), der junge Herr Lucius liegt auf dem Dach seines Hauses, die Arme unterm Kopf verschränkt, und beobachtet das Wetterleuchten, als er diese verwirrenden und verworrenen Mitteilungen erhält, die er durchaus nicht verstehen kann, so wenig wie die Züge des stammelnden Ascanius kenntlich sind, der im Gegenlicht, ein plumper Kloß, zu seinen Füßen liegt und sich, neben Selbstanklagen, in Andeutungen finsterster Art ergeht.

Man entnimmt den abgerissenen Sätzen des Menschen, daß er, Lucius, ein gütiger und edler Herr sei, dem Ascanius alles bekennen wolle. Daß er für sich keinerlei Gnade erbitte, nur für die anderen, denn nur so kämen sie mit dem Leben davon. Im übrigen läge es in der Bibliothek, er habe es aufgeschrieben.

Bei all diesen Reden ist er Lucius außerordentlich widerlich, er möchte ihn am liebsten mit dem Fuß fortstoßen. Lucius, der Herr, ist nicht interessiert an Bekenntnissen – welcher Art auch immer – aus den Reihen seiner Sklaven. Er will von ihnen in Ruhe gelassen werden, am besten vergessen, daß es diese familia überhaupt gibt, das ist alles. Probleme sind ihm unlieb. Was will dieser Mensch?

Keine halbe Stunde danach liegt der Unselige wieder auf der Erde, aus dieser Haltung kommt er nun nicht mehr heraus, diesmal vor Auletes. Und wünscht sich Berge auf den Rücken, um sich zu verstecken.

»Eine Tafel mit dem Wichtigsten über euch. Sicher hat er sie schon gefunden. Weh mir. Er wird euch vergeben. Ich mußte es tun, weh mir.«

»Wo liegt diese Tafel?« fragt Auletes. Er hört die Antwort nur wie im Traum, steigt über das liegende Häufchen Elend einfach hinweg; für ihn haben wir keine Zeit mehr, Ascanius' Wimmern verhallt hinter ihm.

In der Bibliothek sind die ersten Lichter angezündet. Draußen gewittert es stärker. Der Herr ist anwesend, er steht am Fenster und sieht hinaus. In seiner Hand hält er die Tafel des Ascanius. Es muß also beginnen und geht dabei um mehr als das eigene Leben. Vor allem darf man nichts überstürzen. Eine allzu hastige Bewegung, und der Abgrund ist offen. Bei so beschaffenen Sachen muß man seine Augen auf das Ziel heften. Dem Gesicht des Herrn ist nichts abzulesen; ob er den Inhalt des Schriftstücks kennt oder nicht, bleibt ungewiß. Dies gutaussehende Römergesicht, eigensinniger Haarwirbel über der Stirn, dichte Brauen, ist nackt und vieldeutig. Es ist hassenswert ruhig.

Der junge Gebieter sieht dem auf ihn Zukommenden entgegen, der seine weißbeschuhten Füße mit gelassener Selbstverständlichkeit auf die bunten Hölzer des Bodens setzt und quer durch den Raum geht, ohne sein Tempo zu beschleunigen oder zu verlangsamen. »Mich schickt«, sagt Auletes nach üblicher Begrüßung freundlich, »Ihr Bibliothekar Ascanius mit der Bitte um Entschuldigung. Er habe, so legte er mir vorhin dar, in einer ihm selbst jetzt nicht mehr verständlichen Anwandlung dem Herrn wirre, unzumutbare und vor allem völlig belanglose Konfidenzen gemacht, die er äußerst bereue. Er bittet durch mich seinen Herrn, ihm die Schrifttafel ungelesen zurückzugeben, falls er sie aber unglücklicherweise schon gelesen habe, ihren Inhalt als falsch, kindisch und unwahr, als widerrufen anzusehen und zu vergessen.«

Der Raum ist voll von Schweigen, es quillt aus den Fenster- und Türöffnungen und macht den Donner in der Ferne unwirklich. Dann sagt der Herr: »Natürlich lese ich nicht gern, was falsch, kindisch und außerdem noch unwahr ist.«

(Die Versuchung, ihm die Tafel aus der Hand zu reißen, besteht sicher, wenngleich die Frage, ob dieser Römer nun gelesen hat oder nicht, damit in keiner Weise zu ergründen ist.)

»Es wäre angezeigt«, beginnt der Sklave wieder, »der Bitte Ihres Dieners Ascanius Gnade zu gewähren. Er hat in einer Art geistiger Verwirrung gehandelt, und Sie selbst werden bemerkt haben, daß sein Zustand, auf dessen Gründe vor meinem Herrn nicht eingegangen werden muß, desparat war. Es würde Ascanius sehr helfen zu gesunden, wenn Sie ihm die Demütigung ersparten, diese Tafel gelesen oder ihr gar Glauben geschenkt zu haben.«

»Ja«, sagt der Herr, »aha. Es würde Ascanius helfen. Aber lassen wir ihn einmal aus dem Spiel.«

Der Sklave (während es draußen stärker leuchtet): »Ich gehorche Ihren Befehlen.«

Der Herr (mit einem amüsierten Lachen): »Ja, das wäre schön!«

Auf diese zweideutige Antwort hin verstummt der Sklave und muß die zweite Versuchung, nämlich davonzurennen, niederkämpfen.

So geht es nicht. Nämlich, daß dieser junge Mensch hier auf einmal Rom ist, die Macht, und ich ihn umspringe und seine schwache Stelle suche. Dadurch wird er nur stärker. Sondern es ist vielmehr so, daß dies Lucilius ist, der Schüler, über den ich doch wohl noch etwas vermag, und ich bin sein praeceptor, von dem er behauptet, er habe ihn gern.

»Setzen wir uns doch«, schlägt der Herr vor.

»Das ist keineswegs nötig«, entgegnet der Sklave, und eine gewisse Härte des Stimmklangs läßt den anderen aufhorchen. »Es geht natürlich nicht um Ascanius, es geht um Sie. Die Dinge, die auf dieser Tafel verzeichnet stehen, mögen sie nun wahr oder erlogen sein, werden in jedem Falle die Ruhe Ihres Lebens stören. Ich weiß, wieviel Ihnen an dieser Ruhe liegt. Wenn Sie das dort auch nicht glauben, so wird es doch gleich einem düster argwöhnischen Schatten über Ihren Tagen liegen, glauben Sie es aber (obwohl es verwirrt ist und von Ascanius widerrufen wurde), so werden Sie gezwungen sein, entweder ganz gütig oder ganz grausam zu sein. Ich nehme nicht an, daß Sie gern zu etwas gezwungen werden, was Ihr Leben angeht. Sie haben hier und heute Gelegenheit, großzügig und selbstisch in einem zu handeln. Die Interessen anderer und Ihre eigensten sind eins. Bewahren Sie Ihren Frieden. Sie wollen es gar nicht wissen. Geben Sie mit die Tafel, Lucius.«

Langsam streckt er die Hand nach den feuerglühenden Verräterkonfessionen aus (keine überstürzte Bewegung!), ergreift sie am Rand. Die Tafel wird ihm überlassen.

Es gilt, die dritte Versuchung zu überwinden: davonzustürzen Hals über Kopf mit der kostbaren Beute. Weil dann nämlich nimmermehr zu erfahren ist, ob er gelesen hat. Das Beweisstück ist zwar aus der Hand, aber kein Gesetz zwingt einen Herrn, der seine Sklaven zu Tode peitschen läßt, zu einem Beweis ihrer Schuld. Wir müssen uns seiner Absichten vergewissern.

Das Spiel wird fortgeführt: »Ich danke Ihnen fußfällig für Ihre Güte, domine, im Namen des Ascanius. Seien Sie gewiß, daß Ihre Entscheidung richtig war.«

»Ich hoffe es«, sagt der Herr träumerisch, »ich hoffe es sehr. Es soll mir kein Preis zu hoch sein für meinen Frieden. Ich würde mir die Ohren verstopfen, die Augen zuhalten, ja die Hände abhacken, um ihn zu erhalten. Das mag vielleicht manchem klein und feige erscheinen; andere, deren eigene Ruhe von der meinen abhängt, werden es edel, dankenswert und großzügig nennen, zumindest mir ins Gesicht, aber beides ist mir gleich. Denn obwohl einer meiner Sklaven behauptet, ich habe mich schon entschieden und er wisse auch wofür, habe ich das keinesfalls und will es auch nicht. Ich brauche nur Ruhe, Ruhe von all dem. Es wäre auch unüberlegt, diesen heutigen Schritt etwa als eine Art Entscheidung aufzufassen und dazu noch für die andere Seite. Aber du bist ja nicht unüberlegt, im Gegenteil. Du hast sehr gut und überzeugend gesprochen eben. Ja, du hast mich überzeugt. Dank mir nicht, das kommt mir dann wie Hohn vor, und ich will nur Zeit haben und Ruhe vor euch und vor mir. Was gehn mich eure Querelen an. Verschwinde jetzt. Ich will das Wetterleuchten sehen.«

(Viel später sagt sich Auletes, daß ihm sein junger Herr nie so alt erschienen ist wie in diesen Augenblicken. Geradezu greisenhaft, als habe er das Erwachsensein übersprungen und sich von einem Knaben gleich zum alten Mann metamorphosiert. Zu dergleichen Betrachtungen ist allerdings wenig Zeit.)

In seinem Zimmer erwartet ihn Flavilla schreckensbleich. (Natürlich weiß die familia inzwischen das Wesentliche.) Er geht an ihr vorbei zu seinem Schreibtisch und löscht mit einer einzigen Bewegung von oben nach unten die Bekenntnisse des Ascanius, ohne einen Blick darauf zu werfen.

»Hat er gelesen?« fragt sie angstvoll.

»Nein. Ja. Ich weiß nicht«, erwidert er müde. »Er wird nichts unternehmen. Gewiß nicht. So wahr du vor mir stehst und Flava bist.«

Sie sagt etwas in ihrer Sprache, und erst jetzt, als sie die Stirn gegen seine Brust lehnen will, bemerkt sie die dunklen Flecken unter den Achseln seiner Tunika. Er hat geschwitzt wie ein Feldarbeiter.

»Hochmütiger Mensch«, flüstert sie, »Ungeheuer. Verderbtes Wesen. Du hättest uns allesamt in den Tod gerissen. Geliebter. Freund. Würdig der allerköniglichsten Namen. (Diese Stunde wird an mir haften mit ihrer Pein und erst im Tod vergessen sein. Und aller Freuden und Leiden Grund liegt beschlossen in dieser Stund. Wir leben noch. Die Erde ist noch da und wir mit ihr. Was sagen schon Worte.) Geliebter. Mein Geliebter.«

Er hat sich auf das Bett geworfen und liegt da wie ein Toter mit geschlossenen Augen. Auch sein Gesicht ist an Oberlippe, Nasenflügeln und Schläfen mit feinem Schweiß bedeckt.

Die Tür steht offen. Jeder, der vorbeikommt, kann es sehen, wie im fernen Gewitterlicht Flavilla ihren Liebsten auszieht, liebkost und mit Arm und Bein umschlingt.

Drei Tage später wird die Leiche des Ascanius aus dem Tiber gezogen.

Es sieht alles so ähnlich aus wie zu Beginn dieser unglücklichen Affäre, sie sitzen oder kauern in seinem Zimmer herum, er aber geht mit gesenkten Lidern auf und ab und hat das Wort, nur jetzt heißt dies Wort: Ich bin schuldig.

Nach dem, was geschehen ist, muß abgerechnet werden. Es war ein Fehler, es war ein schrecklicher Fehler (fast ein tödlicher). Ausgeschlossen, so etwas zu entschuldigen, kein Grund, der ausreicht. Ebenfalls ausgeschlossen, innerhalb unserer familia so aufzutreten wie bisher. »Ich hab's falsch gemacht. Entgegen eurem Rat hab ich's falsch gemacht, war auch von Anfang an nicht geschaffen zu diesen Obliegenheiten, und nun kommt's heraus. Ich danke ab und unterwerfe mich euren Beschlüssen, um es wie ein Senator auszudrücken. Und menschlich: Verzeiht mir. Ich hatte in vielem guten Willen. Der arme Ascanius sogar ...«

Den solle er nur aus dem Spiel lassen, sagen sie, der habe ihnen die Arbeit abgenommen und die Strafe an sich selbst vollzogen. Was aber das andere anginge, daß er meine, er könne nun nicht mehr ihr Lehrer und Leiter sein wie bisher, so sei davon gar keine Rede. Was denn sonst, wer denn sonst als er. Nur eben gemeinsam mit ihnen. Nicht wieder diese tödliche Krankheit, es besser wissen zu wollen.

Sie sind so leicht zur Güte geneigt. Sie sind gut. »Es wäre klüger, ihr befreitet mich davon«, sagt er, aber da kommt er schön an, Chrysis fährt auf und ihm übern Mund, was er sich denn dächte? »Drücken willst du dich, nicht wahr? Einmal ein Fehler, und alles wird aufgesteckt für immer. Uns kannst du ja sitzenlassen. Himmlische Beistände, was meinst du, wie oft ich was auf die Finger gekriegt habe, bis ich begriffen hatte, wie man Wolle spinnt! Und du, konntest du gleich am ersten Tag lesen? Na, siehst du. Aber das, was wir da jetzt machen, willst du gleich können, obwohl es nachweislich schwieriger ist als Spinnen, Lesen und Schreiben. Also nichts von solchen zaghaften Ausreden, wir sind uns einig. Der schlimme Streich, den du uns da gespielt hast, ist vergessen. Flava sagte uns, daß alles wieder gut ist. Laß es auch gut sein.«

Es ist wohltuend und beschämend zugleich und hat viel von der Art, Kinder auszuschelten, und sie nehmen es zu leicht, obwohl sie es durchaus in den Folgen absehen. Es wird, so findet Auletes streng, der Sache nicht gerecht. Aber da kommt er mit ihnen nicht überein. Der für ihn wichtigste Teil der Sache, Ascanius, findet keinen Platz in ihren Köpfen, sie tun ihn unwillig ab. Und so, Auletes, krieche nur wieder hinein in die Haut, die du da allzu flink abstreiftest, Buß und Reu, alles gut, aber wir haben zu tun. Gemeinsam.

Und auch der Herr reagiert in keiner Weise auf die Nachricht vom Ableben seines Bibliothekars, außer daß er meint, dieser Posten brauche in seiner familia nicht wieder besetzt werden, da Auletes ihn mitverwalten könne.

Und Ascanius mitsamt seiner Schreibtafel wird vergessen.

Unseliger, nirgendwo weilender Schatten des armen Ascanius, der du mit deinem Verrat zugleich den meinen mit hinabgenommen hast – verwirrter brüderlicher Geist, dem ich nicht geholfen habe; ausgelöschter Körper, bald nirgendwo mehr bekannt –
Augen, die sahen und doch nicht sahen, Hirn voller Zweifel und Schmerz, gequält wie das meine –
vergib mir. Ich bin am Leben.

Im Baumhaus

»Wohin gehst du?« sagt die Stimme des Herrn, und sie kommt aus dem Himmel, was Auletes mehr erschreckt, als die Sache eigentlich wert sein dürfte.

Des jungen Lucius allerneueste Neigung, sich Baumhäuser und Hochsitze in den Zweigen anzulegen, wird von Ganz Rom bestaunt (und zum Teil kopiert), aber Auletes hat sich noch nicht daran gewöhnt, plötzlich gleichsam mit Götterstimme von oben angerufen zu werden – vor allen Dingen nicht auf dem Weg zu Kottalos. Wenn man neuerdings Gefahr läuft, vom Gnädigen höchstpersönlich über Ausguck beobachtet zu werden, muß man wohl noch vorsichtiger sein.

»Komm herauf«, sagt die Stimme als nächstes.

Das Belvedere unter Knospen hat seinen Reiz und sicher noch mehr, wenn die Bäume voll belaubt sind. Über die starken Gabelungen eines Apfelbaumes breitet sich eine mit Fellen verkleidete Holztribüne aus, mit einer Bank und hüfthoher Balustrade. Man kann da liegen und sitzen oder, an den Stamm gelehnt, stehen. Lucius hat sich hier mit ein paar Büchern und einem Krug Wein verschanzt, fern von den Menschen.

Der junge Herr sieht nicht gut aus. Seine Augen sind rotgerändert, und sein Gesicht trägt einen fast stumpfsinnigen Ausdruck von Gleichmut zur Schau.

Erst einmal sagt er gar nichts. Dann: »Das ist schön, findest du nicht?« Er reibt sich die Nase. »Das dumme ist nur, daß mich immer so ein Schwindel überkommt hier oben. Ich denke dann, ich müßte mich eigentlich hinunterstürzen. Oder fliegen, vielleicht. – Möchtest du einen Becher Wein?«

Auletes lehnt höflich ab. Er steht noch immer am Eingang der Baumterrasse und weiß eigentlich nicht, was er soll. Der Herr ist in letzter Zeit nicht gerade begierig nach dem Umgang mit ihm.

»Komm doch näher«, sagt Lucius, und sein Sklave nähert sich vorsichtig über das knarrende Holz, während der Patron in träumerischem Tonfall weiterredet (sehr leise, obwohl hier oben ja sowieso keiner zuhören kann).

»Das ist eine ganz seltsame Welt hier auf dem Baum. Als ob man jemand anderes wäre. So schwebend. Das Denken geht ganz andere Bahnen, und man begreift Dinge, die man auf der flachen Erde nie verstehen würde und die man vergißt, wenn man hinuntersteigt. Die man vergessen muß. Aber jetzt sind wir erst einmal hier oben. Ist es nicht, als führe man auf einem kleinen Boot über das große Meer?«

Auletes schweigt. Was will er von mir? Worauf läuft das hinaus? Lucius, seinen Haarwirbel bis über die Augen, spricht schlafwandlerisch weiter: »Wir beide in einem kleinen Boot, im gleichen Boot. Merkst du, wie es schwankt? Das ist der Wind hier oben. (Auletes spürt beim besten Willen nichts, aber der Herr muß es ja wissen.) Ja, ich habe nachgedacht.« Lucius winkt ihn noch näher heran. »Bist du mit mir zufrieden?«

»Sie sind ein Schüler, domine, mit dem jeder Lehrer zufrieden sein dürfte«, entgegnet Auletes bedächtig, und der gerade verwundene Schrecken kriecht ihn wieder an. Was wird hieraus?

»Lehrer – Schüler!« Lucius lacht verächtlich auf. »Du weißt ganz genau, wovon ich spreche.«

Er ist an das Geländer getreten.

»Ich sagte dir doch, daß ich nachgedacht habe«, sagt er, ohne den anderen anzusehen. »Was ich tue, wider mein besseres Wissen – oder vielleicht hab ich gar kein Wissen mehr –, was ich tue, das Falsche und das Richtige; hier oben weiß ich es: Ich tue es deinetwegen.«

Er blickt abwärts in den Garten, schließt plötzlich die Augen und murmelt: »Mir wird schwindlig. Halt mich, Auletes.«

Und mit einer taumeligen Drehung wirft er sich seinem Sklaven an den Hals, wirft ihm die Arme um den Nacken, preßt den Kopf auf die fremde Schulter.

Von der Wucht der unerwarteten Attacke ist Auletes gegen den Stamm zurückgetaumelt. Man kann nicht ausweichen – im Rücken ist die rauhe Baumrinde, der Platz ist beschränkt – und noch weniger die Umklammerung mit Gewalt lösen. Schließlich ist dieser Kindskopf der Herr.

Wenigstens weiß man nun, woran man ist mit dem kleinen Lucius in den Bäumen. Auletes, indes er so stockstill dasteht wie das Holz, an dem er lehnt, mit seinem Herrn am Hals, kann nicht umhin, Mitleid mit ihm zu empfinden. Wie ungeschickt er ist, rührend ungeschickt, und wie deplaciert der Zeitpunkt (wann allerdings wäre er das nicht gewesen?)!

Ein heißes Flüstern an deinem Hals: »Nimm mich mit, Auletes. Ich weiß nicht, wohin du gehst, aber nimm mich mit.«

»Wohin sollte ich Sie mitnehmen, domine?« fragst du vorsichtig, und er, fast nicht mehr verständlich: »Wo ich dir dienen kann.« Und damit lösen sich die Arme um deinen Hals, und mit festgeschlossenen Augen, als gelte es, einen Traum festzuhalten, rutscht dein junger Gebieter an dir herab, vor dir zu Boden, die Fessel der Arme jetzt um deine Knie, den Kopf an deine Lenden gepreßt.

Keine einfache Situation. Man kann nicht vorsichtig genug sein, wenn man das hier wieder rückgängig machen will und den Gnädigen von einem schmachtenden Epheben in einen römischen pater familias zurückverwandeln will – in welcher Eigenschaft er mir immer noch lieber ist als so.

»Auf welche Weise sollten denn *Sie* Ihrem Sklaven dienen müssen?«

Keine Antwort von dort unten. Der verwirrte Kopf bleibt weiter fest gegen deinen Körper gedrückt. Statt dessen kommt nun eine Hand, eine sehr schüchterne Hand. Sie fährt zaghaft deinen Schenkel hinauf …

Auletes beißt sich auf die Lippe. »Domine …«

»Deine Haut ist kühl wie Seide.«

»Domine Luci, Sie verwechseln etwas. Nicht Sie wollen mir dienen, sondern ich soll dienen, wie es der Brauch ist …«

»Ich bitte dich …«

So geht das nicht, dies Geflüster, diese Hand, die nun schon sicherer wird. Dabei dauert er dich, wozu es leugnen.

Du beugst dich herab, hältst die Hand unter deiner Tunika fest und sagst sachlich: »Was wollen Sie von mir?«

Es verfehlt seine Wirkung nicht. Das erstemal hat die Flüsterstimme wieder etwas Aggressivität: »Habe ich es nicht um dich verdient, he?«

Damit läßt sich schon etwas anfangen, läßt sich die ganze Geschichte in eine andere Richtung lenken.

Mit einer raschen und brutalen Auswärtsdrehung befreist du deine Knie und trittst zwei Schritt beiseite. »Ich weiß nicht, was Sie damit sagen wollen. Im übrigen brauchen Sie mir nur zu befehlen, das bin ich so gewohnt. Bitte teilen Sie mir Ihre Wünsche mit.«

Lucius sitzt auf den Brettern und starrt vor sich hin. Dann lacht er auf. »Ja, diese Baumhäuser. Ich dachte, sie können uns alle verwandeln.« Wieder flüsternd: »Wie gemein du bist. Gemein und herzlos. Sklavenluder. Käufliches Flittchen. Und ich …« Er verbirgt sein Gesicht in den Händen.

Kann sein, er läßt mich jetzt peitschen, was sehr schlecht wäre, wenn ich mir die Stimmung der familia vorstelle dazu. Aber vielleicht auch nicht.

Auletes holt den halbvollen Weinbecher und kauert sich zu ihm. »Trinken Sie, dann wird Ihnen besser.« Sein Herr läßt sich das Gefäß an die Lippen setzen und schluckt gehorsam. Dann atmet er einmal tief und stockend auf, und da er nun seinen Kopf hebt, begegnen sich ihrer beider Augen. »Mir war schwindlig«, sagt Lucius. »Hier oben wird mir öfters schwindlig.« Er erhebt sich und wendet den Blick ab.

»Geht es Ihnen wieder gut?« erkundigt sich Auletes höflich. Sein Herr reibt sich die Nase. »Ausgezeichnet. Danke. Mach übrigens, daß du hier fortkommmst. Wie ich sehe, hast du hier nichts zu suchen, in meinem Baumhaus. Was wolltest du überhaupt?«

Auletes neigt tief und demütig den Kopf und murmelt eine Entschuldigung. Der Gnädige macht es geschickter, als zu erwarten war, alle Achtung.

Und während der Sklave abwärts steigt, hört er seinen Herrn über sich mit harter Stimme sagen: »Ich will allein sein. Ich bin allein.«

Du findest, daß das für ihn im Augenblick wohl auch das beste ist.

Der Herr orientalischen Namens

Ein Gast hat sich angesagt, ein Herr orientalischen Namens, ein Freund von Lucius, dem Vater. Er habe, so läßt er durch einen wuschelköpfigen Mohrenknaben, der ein farbig gewirktes Band um die Stirn trägt, vermelden, von der aufsehenerregenden Neuordnung innerhalb der Bibliothek von Lucius junior gehört und wünsche, Näheres darüber zu erfahren. Da Ascanius tot ist, muß der Herr den gewandten Auletes hinzuziehen, den nicht gerade erwünschten, aber aus Höflichkeitsgründen zu erduldenden Besuch zu bedienen.

Der Gast übertrifft das Orientalische seines Namens noch durch sein Aussehen, das man geneigt ist abenteuerlich zu nennen. Nicht nur daß er dicke Gebinde von

Goldmünzen in den Ohren trägt und überhaupt mit Schmuck behängt ist – er hat auch ein Seemannskopftuch um und im Gürtel ein Sortiment von drei oder vier Peitschen. Ein krauser Knebelbart ziert sein dunkles Gesicht mit den blitzenden, sehr gescheiten Augen. Daß sich solche Leute neuerdings auch für Büchereien interessieren, ist Lucius befremdlich (daß er ein Freund seines Vaters war, nimmt er ihm ab, dem war alles zuzutrauen). Nun zeigt der exotische Herr allerdings in seinem Geplauder nicht nur auserlesene Höflichkeit, sondern auch bedeutende Sachkenntnis, so daß Lucius fast den absonderlichen Aufputz des Gastes vergessen hätte, würde nicht Auletes' Kommen alles verdorben haben.

Während der Sklave die Augen sofort zu Boden schlägt und mit den Zähnen an der Lippe zerrt, bricht der Orientale in Lachen aus.

»Das ist doch nicht möglich! Du hier, und in dieser Stellung! Das ist schlechterdings das Komischste, was mir seit langem bekannt geworden ist!« Er will sich ausschütten vor Lachen.

Natürlich verlangt der Hausherr eine Erklärung, die ihm der Goldbehangene, sich vielmals entschuldigend, denn ja auch erteilt. Er bitte um Verzeihung, aber es hätte ihn einfach zerrissen, zerrissen – dabei stößt es ihn schon wieder von innen. Es ist ein dreistes Lachen, ein Lachen, das Lucius empört, kein gutes Lachen jedenfalls, und der Grund ist auch danach: »Ich war von Zeit zu Zeit, wenn ich in Rom war, der – nun, ich würde sagen – Geschäftspartner Ihres Bibliothekars, als er noch nicht Bibliothekar war, Sie verstehen, ich meine unter der Tiberbrücke … Nein, so ein Zufall!«

Die ganze Sache ist außerordentlich peinlich. Lucius, wild errötet, wechselt mit dem seltsamen Gast von da an kein Wort mehr. Auch Auletes sagt gar nichts, und so verabschiedet sich der taktlose Orientale unter wortreichen Entschuldigungen bald vom Hausherrn, der es seinem Sklaven überläßt, ihn hinauszubegleiten, und sich außerordentlich verstimmt in seine Gemächer zurückzieht.

Miteinander allein, sehen sich die beiden an, wobei es den Spitzbärtigen immer noch innerlich schüttelt.

»Sie sind sehr unvorsichtig«, sagt Auletes.

»Ich habe auch nicht nötig, vorsichtig zu sein. Ich mache meine Geschäfte. Vorsichtig solltet ihr sein. Und wie kann ich darauf gefaßt sein, daß jetzt die Strichjungen an Plänen gegen die Stadt Rom beteiligt sind ...«, er beginnt von neuem zu kichern. »Mir soll es nur recht sein. So werde ich dich eben auf zwei Arten zum Geschäftspartner haben.«

»Das glaub ich nicht«, sagt Auletes und zerrt an der Lippe.

»Aber ich«, der andere, »das weiß ich einzurichten, und darüber jetzt keinen Streit. Ich stell meine Forderungen zur gegebenen Zeit, und wir waren immer miteinander zufrieden. Jedenfalls wollte ich meinen neuen Geschäftspartner kennenlernen, und es war mir eine freudige Überraschung, dich hier wiederzufinden. Ich dachte schon, jemand hätte dich mal nächtens im Tiber ersäuft. Nun weiß ich Bescheid. Ansonsten interessiert mich nicht, was ihr treibt. Sondern nur mein Geld, und ein bißchen, daß es gegen Rom geht, aber das nur nebenbei. Der Aufstand der Huren. Etwas ganz Neues.«

Unterdessen sind sie an der Tür angelangt, und ein Papier wandert aus der Hand des Besuchers in Auletes' weiten Ärmel.

»Leb wohl, mein Schatz«, sagt der seltsame Herr, lächelt und geht, nicht ohne sich dem gütigen Hausherrn zu empfehlen.

Auletes, eine steile Falte zwischen den Brauen, geht zurück in die Bibliothek. Seinen Herrn jedenfalls sieht er ein paar Tage nicht. Als könne Auletes etwas für diesen Kerl, als habe er ihn hergezaubert – was zwar auf diesen Besuch fast zuträfe, aber nun ganz und gar nicht auf die Person des Besuchers, die man am liebsten zu den Antipoden verbannt sähe.

Handelspläne

Der Bote, der diesmal zu ihnen kommt, entspricht in keiner Weise der festen Vorstellung, die sie inzwischen haben: dunkel gewandete Männer mit kapuzenbedeckten Brandmalen. Das hier ist ein hübscher junger Kerl, der weiß, wie hübsch er ist, eine rote Blume hinterm Ohr. Seine braunen, weit auseinanderstehenden Augen blicken frech, vergnügt und voll unbezähmbarer Neugier. Als sie ihn, nach ihrer Gewohnheit, mit »Sklave« anreden, protestiert er lachend: er sei kein Sklave, sondern ein Bauernsohn aus Sirmio. Auch das ist neu für sie und erregt ihrer aller Erstaunen.

»Meint ihr, nur die Sklaven haben das Recht, später besser zu leben?« erklärt er. Er mustert alle Mädchen mit dreistem Interesse, breitbeinig sitzt er im dunklen Hintergrund der Küche, ißt das Brot, das sie ihm als Willkommen angeboten haben, und zieht die Frauen aus mit seinen kecken Augen.

Die schlechten Dinge, die er berichtet in Auletes' Zimmer, allein mit ihm, dem Koch und Chrysis, passen wenig zu seiner draufgängerischen Weise. Die Blüte hinterm Ohr, die Beine von sich gestreckt, die Augen in aggressivem Glanz leuchtend, erläutert er mit Grabesstimme die Geschäfte mit den »Banditen«.

Diese Geschäfte sind seit eh und je Verzweiflungstaten, denn die Partner sind unsichere Vögel ohne Treu und Glauben, stets bereit, zu ihrem Vorteil Verträge zu brechen; und der Gegenwert, den die Sklaven zu bieten haben, besteht mehr oder weniger aus Wechseln auf die Zukunft. Die Tatsache, daß die »Banditen« (ein Sammelname für die sehr differenzierten Zünfte von Waffenschmugglern, Piraten und Räubern, die die Länder um das Mittelmeer beherrschen) überhaupt bereit waren, in Verhandlung mit den Aufständischen einzutreten, flößte den Kämpfern viel Zuversicht ein. Nun aber zeigt sich, daß man die Absicht hat, seinen Mutwillen an den auf sie Angewiesenen auszulassen. Jedenfalls operieren die »Banditen« häufig mit Bedingungen von derart höhnisch demütigender Willkür, daß die Geschäfte gefährdet sind. Es ist klar: Man will uns nicht nur auspressen, sondern auch noch seinen Spott mit uns treiben, und, ginge es nicht gegen Rom, den großen gemeinsamen Feind, so wären wohl diesen Herren alle gebotenen Schätze (aus der zukünftigen Beute) und Sicherheiten (aus der zukünftigen Macht) nicht soviel wert wie unser Leib und Leben (und erleiden wir eine Niederlage, werden sie sich nicht zieren und uns allesamt auf die Galeeren und in die Bergwerke verkaufen).

Es geht, in dem einzelnen Fall, den der hübsche Kerl nun anspricht, um jenen von langer Hand vorbereiteten Waffenkauf, für den man als Versteck die Grotten im Garten des Mucius Niger, des Nachbarn von Herrn Lucius, vorgesehen hat. Von diesen Waffen hängt viel ab, zum Beispiel die Ausrüstung dieser familia und darüber hinaus die Versorgung verschiedener anderer Rebellennester der Umgebung, so daß man eigentlich sagen kann, der Aufstand in Roms unmittelbarer Nähe habe hier seine Wurzeln. Ihr Lieferant nun, ein gewisser Pirat, Waffenhändler und käuflicher Kundschafter mit dem exotischen Namen Ischullanu (hier springt Auletes auf, setzt sich aber unter den verständnislosen Blicken der anderen Augenpaare und nimmt eine unbeteiligte Miene an), Ischullanu also knüpfe an den Vertragsabschluß, der dies und noch anderes beinhalte, Bedingungen von so beleidigender Würdelosigkeit ...

Wieder unterbricht Auletes, ohne auf Chrysis und des Kochs Einwürfe zu achten, mit der Frage, was geschähe, wenn sie sich nicht bereit erklärten zu diesen Bedingungen?

Der Junge aus Sirmio zuckt die Achseln. Wir verlieren Zeit. Und Zeit ist jetzt alles, sicher. Aber was hilft das? Wir müssen einen anderen Partner ausfindig machen, vielleicht die Waffen auf weiten und gefahrvollen Wegen hierherbringen, es kann Blut kosten, Entdeckung ... Wir müssen es wagen.

Worauf das alles hinauslaufe, will der Koch wissen. Der Bote, seine herausfordernden Augen auf Auletes gerichtet, meint, ihr Führer wisse es. Er kenne doch wohl Ischullanu. – Ja, er kenne ihn allerdings, sagt Auletes. Ob es gelte, den Vertrag mit ihm allein abzuschließen? – Mit ihm und zwei oder drei Gleichgesinnten. »Ich verstehe«, sagt er. Und: »Du kannst die Sache meinen Freunden erklären.«

Das tut der Junge dann mit schöner Deutlichkeit.

Der Herr mit dem exotischen Namen, Hasardeur, Spion und Waffenschmuggler, pervers, aber gewöhnlich, ist eine der finstersten Erinnerungen des literatus und Rebellenhauptes im Hause des Lucius, man weiß es ja bereits. Dieser zwielichtige Handelsmann hat nun vor, seinen Vertragsabschluß nur unter den Bedingungen zu tätigen, die ihm von früher her vertraut sind. (Der nette Junge sagt es bedeutend direkter.) Das sind so die Spielchen der Herren Banditen. Darauf kann er nun eingehen oder nicht eingehen.

Zunächst einmal ist es empörend, und sie sind empört. Sie fluchen und toben. Nicht nur, daß man uns teuer wird bezahlen lassen in barer Münze. Das genügt eben nicht. Diese Hunde! Nein, Staub sollen wir fressen und tanzen nach ihrer Pfeife wie dressierte Viecher, damit sie nachher ja keine Schwierigkeiten haben in ihrer Händlerehre, uns zu verachten, verraten und verkaufen! Und wir?

Sie sind bleich, sie spucken aus vor Verachtung, nicht mehr nur die drei da im Zimmer, man hat sie, das halbe Dutzend der ehemaligen »Abendakademie«, die es sind hier im Haus, zusammengeholt, um zu beraten. Der Bote ist längst enteilt, er wird des Abends vorbeikommen, ihren Bescheid abzuholen; es liegt in der Natur der Sache, daß er noch anderes zu tun hat.

Ungeachtet ihrer Empörung, von der sich keiner ausschließt, gilt es zu entscheiden. Was ist zu tun? Stolz und sauber nein sagen und Zeit verlieren? Oder einmal mehr das Gesicht in den Staub treten lassen in der Hoffnung auf baldige und süße Vergeltung? Was ist hier, um Auletes' altes Wort hervorzuholen, was ist hier »zweckmäßig«? Das allerdings, wenn wir so herum an die Sache gehen, liegt auf der Hand.

Es ist der ägyptische Masseur, Auletes' Landsmann, der redet. »Brüder, wir wissen wohl, was für uns gut wäre, für unsere Freunde und uns. Aber das weiß jeder. Ich glaube, hier hat der Wille der Allgemeinheit zu schweigen. Die Frage geht an ihn allein. Wir müssen seinen Entschluß billigen, so oder so, und keiner, der ihn schelten wird für ein Nein zu der ungeheuren Zumutung. Aber er muß reden. Alles hängt von ihm ab.«

Ja, ich darf wieder einmal entscheiden, diesmal, wie apart, ob ich mich wegen einer Wagenladung Schwerter und dem und jenem blauschlagen laß von ein paar lüsternen Syrern unter der Tiberbrücke, denen das Spaß macht. Vielen Dank für die mir zugestandene Entscheidungsfreiheit. Meine Heldentaten spielen sich unterhalb des Nabels ab, ob Sklave oder Rebell. Warum ich mir immer etwas auf meinen Kopf zugute halte, ist mir langsam unerklärlich.

Und nun nimm dich zusammen, Sklave, und behalt deine Meinung für dich, die kümmert hier keinen und geht keinen was an, und sag endlich, daß du's tust.

»Sklaven! Das darf unmöglich geschehen!« Es ist

Flavilla, die es ruft. Sie steht in ihrer aller Mitte, nach vorn geschleudert, sie weiß nicht wie, reißt den Mund auf und sucht nach Worten, und als sie sieht, daß einige grinsen, bekommt sie Oberwasser und beginnt zu schimpfen: »Ihr geilen Tölpel! Denkt ihr, ich sag's, weil mir mein Liebhaber zu schade ist für den dreckigen Piraten, nicht wahr, das denkt ihr doch? Ihr Idioten! Ja, tausendmal ja, er ist mir zu schade, sich von diesen feigen Schweinen bedrecken zu lassen! Verlangt bloß nicht, ich soll's mit euren Augen sehen, das fehlte noch! Vielmehr ich fordere, ihr sollt es mit meinen Augen sehen, sie sind die einzig klaren. Die Ladung Eisen spukt in euren Köpfen, ich weiß! Aber was zahlen wir dafür? Was haben wir eigentlich vor? Wollen wir Waffen verteilen, oder wollen wir die Welt befreien? Ja, schönen Dank, wischt euch die Nase! Das sag ich euch, wenn ich die Welt wär, pfeifen würd ich auf solche Sorte Befreier, die um vierzehn Tage eher oder später mit bestem Dank den Hintern hinhalten. Wann, im Namen der Unterirdischen, wann wollen wir denn anfangen, das Reich der Sonne zu errichten? Immer ein paar Wochen später als geplant? Oder lieber gleich gar nicht? Meint ihr, die Gerechten waschen sich die Dreckpfoten ab am Tag der Entscheidung und stehen da als Kinder der Freiheit? Nein, nein und nein. Ich biete euch Trotz. Wer so anfängt, kann es auch gleich lassen. Gehudel! Unsauberkeit! Betrug! So kämpfen nicht die Bürger der neuen Welt.«

Sie steht und atmet keuchend, die Hände auf der Brust. Diese Verrückte! Man ist beeindruckt. Sie alle wissen, daß sie irgendwo recht hat, und Auletes am meisten. Sie hat recht von der Höhe ihres Ideals herunter. Ein Sklavenleben, leider, ist vielfältiger und nicht immer so sauber, wie dergleichen Propheten es gern sähen.

Aber solche Beredsamkeit hat zum Glück neben ihrer Wucht auch viel Lächerliches. Auletes handelt nicht sehr edel, als er nun hingeht, ihre Finger küßt und sagt: »Passercula, ich danke dir. Aber ich weiß für mich selbst zu kämpfen, falls es not tut.« Damit hat er ihren ganzen Protest dahin zurückgeführt, von wo wegzuholen sie so bemüht war. »Alle haben gleiche Stimme hier, und alle werden entscheiden. Was mich betrifft, so bin ich bereit zu gehen.«

Sie entscheiden.

Mit allen Stimmen gegen die Flavillas wird Auletes beauftragt, unter den bewußten Bedingungen den Vertrag mit Ischullanu abzuschließen.

Der Bote, der es am Abend erfährt, pfeift durch die Zähne. »Ich lobe deinen Entschluß«, sagt er. »Komm heil zurück und mit einem guten Kontrakt.« Er gibt ihm die notwendigen Bescheide, jene Dinge, die stets nur von Mund zu Mund weitergehen. Seine neugierigen Augen mustern Auletes von oben bis unten, bevor er über die Wiese davonläuft.

Auszug und Heimkehr

Man kann nicht sagen, daß die familia frohgemut ist über den Entschluß, den sie da gefaßt hat (natürlich weiß es jeder in Windeseile). Alles in allem befinden sie sich in der Lage von Leuten, die bereit waren, jemanden im Faustkampf niederzustrecken, und nun erfahren, daß der Gegner durch Gift fallen soll. In die nutzlos gewordene Tatkraft mischt sich Erleichterung, aber auch Ärger und eine Art verächtliche Ironie gegen den, der ihnen das Werk abnimmt – gemischt mit Schuldbewußtsein.

Man geht Auletes aus dem Weg; wo es aber nicht gelingt, ist man von beklommener Höflichkeit (die beste Art, jemanden als Abgesonderten erscheinen zu lassen, als erwähltes Opfertier, Märtyrer, Helden oder irgend so ein Monstrum). Erfreulich, daß es ja, immerhin, seine eigene freie Wahl war, es war sehr klug von dem Masseur, ihm die Entscheidung zuzuschanzen, man mag sich nun darauf hinausreden, er hätte ja auch nein sagen können. Trotzdem: Man fühlt sich unbehaglich, was gleich zur Folge hat, daß die vielgepriesene Eintracht der familia zu zerbrechen droht. Auletes wünscht, alles sei bald vorbei und der Karren mit Waffen schon abgeladen und in der Grotte verstaut.

Als dann die Nachricht kommt (durch einen Süßwarenhändler aus der Subura, der jene pemmata ins Haus bringt, die Lucius nicht selbst herstellen lassen kann), stellt sich heraus, daß sich das Programm beträchtlich erweitert hat. Von einem simplen Waffenkauf ist die Aufgabe angewachsen zur präzisen Aushandlung eines Transportplanes und zur Feststellung wichtiger Termine. Da geht es auf einmal um Proviant und Nachrichten, alles ist kompliziert und ineinander verschachtelt und lohnt wohl den Einsatz einer ganzen Person, warum auch nicht, wenn wir bisher auch das Wort so wörtlich nicht genommen haben.

Das Haus erwacht zu fieberhaftem ziellosem Leben an diesem Abend, und Auletes ist nicht in der Stimmung, Sinn und Verstand in das erregte Chaos zu bringen. Selbst Lucius scheint davon angesteckt, ihn ergreift Ruhelosigkeit und ein seltsames Gefühl, er weiß nicht, was, jedenfalls taucht er plötzlich in Auletes' Zimmer auf (der Süßwarenhändler ist noch gar nicht so lange draußen und ein Haufen Menschen versammelt, die hier nichts zu suchen haben, aber der Herr übersieht's), wo er angestarrt wird wie eine Erscheinung, und verlangt für den nächsten Vormittag nach einer Arithmetik-Stunde. Als wenn uns jetzt interessieren würde, was der dominus morgen früh will! Wenn es erst morgen früh ist, geht's uns allen besser, Herr!

Nach Verabschiedung dieses ungebetenen Besuchs, allein mit sich selbst, ausgestreckt auf dem Lager in Erwartung nächtlicher Mühen, die Arme hinter dem Kopf verschränkt, seinen Körper, dieses existierende Ding, sehr fühlend mit allen Knochen und Sehnen, die Bewegung der Rippen beim Atmen, den sanften unentwegten Wellenschlag des Blutes in Hals und Handgelenken, das selbstverständliche Wippen der Augendeckel, stets ein kurzer Weltuntergang: Sie hat recht in ihrer Klarheit, in der sie wohnt, sie, das Kind. Der Klügere gibt im Geringen nach, um im Großen vorzuschreiten, gewiß, gewiß. Aber es gibt Preise, die man nicht zahlt, auch nicht in diesem Feldzug der List. Weil man die Sache selbst damit verkauft, einleuchtenderweise – falls sie verkäuflich sein sollte. Trotzdem hat sie recht. Sie lebt in Wahrheit, wir aber in Wirklichkeit. Und außerdem: Was liegt an mir? Was habe ich zu verlieren? Mein Leben geht schon noch zu Ende. (Und auch das ist Betrug an dir selbst, du weißt das, du bist reicher geworden, unerwartet reich in einem Jahr – aber bitte, geh nur, tu's nur.)

Als es dämmert, geht er Chrysis an, ihm beim Zurechtmachen zu helfen. Sie ist unerschütterlich bereit und erbittet seine Angaben. Schminkzeug selbstverständlich, und eine vestis coa, ein Florkleid, durchsichtig, wie es Sitte ist in dem Viertel, was dachtest denn du, meinst du, ich will unangenehm auffallen? Chrysis ist durch nichts aus der Ruhe zu bringen, die nicht. Ob er Schuhe mit Absätzen wolle? Welch ein Unsinn. Gib du mir keine Hinweise, Chrysis, die habe ich ein für allemal vor zirka zwanzig Jahren bekommen von einem, der es wissen mußte, und nach dessen Rezepten, mit geringfügigen Abwandlungen, verfahren wir jetzt, Chrysis, einverstanden?

Er läßt sich von ihr und seinem Freund, dem Masseur, an Armen und Beinen mit der Öllampe epilieren, es stinkt gräßlich, aber dieser ganze Abend hat keinen besonders guten Geruch. Also weiter, im Sinne des goldbehängten Herrn Ischullanu.

Die Ratschläge des Lucius betreffs Kleidung und Benehmen, Ratschläge eines Mannes von Geschmack und Kennerschaft, sind auch heute noch anwendbar, allerdings muß man, der veränderten Kundschaft zuliebe, ein bißchen vergröbern.

Es war ein ganzes Kompendium von Wünschen damals: »Weiße Schuhe oder Sandalen, und nur um die Knöchel gebunden – es wäre eine Sünde, diese Beine durch Bänder zu verniedlichen. Weite Kleider bis zum Knie – mach keine festen Knoten. Deine Sachen müssen sich auf der Schulter leicht und bequem öffnen lassen und mit einemmal vom Körper zu streifen sein. Du kannst Ohrringe tragen, wenn du magst, aber benutze keinerlei Parfüm oder Schminke. In meiner Gegenwart, gleich, ob wir allein sind oder nicht, hast du niemals die Beine übereinanderzuschlagen oder mit geschlossenen Füßen zu stehen, denn ich muß die Gewißheit haben, daß du mir stets zugänglich bist.«

Erstaunlich, daß ich es noch so genau weiß, es muß einen großen, grausigen Eindruck auf die junge Seele des Knaben gemacht haben.

Dabei schminkt er sich, entgegen den Anweisungen des unter der Erde vermodernden Kenners, die Augen sachkundig mit Antimon (der veränderten Vorstadt-Kundschaft zuliebe), indes ihm Chrysis die Haare mit Öl bürstet.

In der Ecke drückt sich Flavilla herum und verfolgt die Zurüstungen still und feindselig.

Ganz sacht – Chrysis ist gegangen, etwas zu holen – erscheint ihr Bild hinter dem seinen im Spiegel, verschwommen, als habe man versucht, sie auszulöschen, blaß wie ein Wölkchen, ein Hintergrund für sein allzuscharf umrissenes Gesicht, das immer mehr sein Menschentum verliert und sich in eine Schminkmaske verwandelt, seine mit dem Pinsel nachgezeichneten Edelsteinaugen, die harten Konturen der rötlich gepuderten Backenknochen, die Grünstiftschatten an der Schläfe.

»Wenn du es tust«, sagt sie (ihre Stimme ist klein und atemlos), »kann ich dich nicht mehr lieben.« (Wohin gehst du, in was verwandelst du dich? Mein Hort, mein Schatz, warum verbirgst du dein Gesicht? Ich finde dich nirgends mehr.)

»Aber Kind«, entgegnet er, »du weißt so gut wie ich, daß es zu tun ist.« Seine Sprache ist auch entstellt, da er die Lippen still hält, die, mit bräunlicher Farbe getuscht, noch trocknen müssen. »Unsere Sache ...«

»Ich kann diese Reden nicht mehr hören«, flüstert sie, aber ihr Flüstern scheint lauter als seine Worte. Sie will davonlaufen, stolpert, aber fängt sich, tappt hinaus. Der Spiegel ist nun leer bis auf die farbige Maske, die sich vervollständigt durch ein paar schaukelnde Ohrringe.

Chrysis kommt zurück mit einer hauchdünnen Flortunika in Krokusfarbe, sie hat viel von einem Brautkleid. An den Zipfeln sind vergoldete Quasten, ein reiches Stück, durchaus vorstellbar, daß es Lucius, der Tote, seinem Liebling und schwarzen oder weißen Schwan bestimmt hatte.

»Dein kleines Mädchen weint«, murmelt Chrysis.

»Ich weiß. Es wird vorübergehen.«

»Ich hoffe es für dich«, erwidert die Frau ernst.

Habe ich jetzt, habe ich überhaupt das Recht, Gefühle anderer für mich in Anspruch zu nehmen, zu überlegen, ob meine Handlungen auf mein Glück, meinen Kummer wirken? Sicher nicht. Und hat sie das Recht? Wir können nicht alle Tage Saturnalien feiern, das ist doch einzusehen. Ich muß jetzt an anderes denken.

Er erhebt sich, die Flortunika angetan (»Keinen Knoten, Chrysis, nur eine lose Schleife«), ein lockendes Luder nach Vorstadtgeschmack, lasterhaft und anziehend. Chrysis betrachtet ihn mit schiefem Kopf, sie sagt kein Wort.

Offenbar überwältigt sie der Erfolg ihrer beiderseitigen Bemühungen. Er geht ein paar Schritte vor dem Spiegel. Die Schritte sind anders als sonst, sie werden mit widerlicher Selbstverständlichkeit ausgeführt. Ein Glück, daß Flavilla nicht mehr zugegen ist.

»Da siehst du«, sagt diese vergoldete Perversität mit der normalen Stimme des Auletes, »wie weit man es mit Übung bringen kann.« Aber Chrysis antwortet nicht darauf, sondern sorgt dafür, daß das Unding von Kopf bis Fuß in einen Mantel gehüllt wird, und aus den Falten sagt die gleiche sachliche Stimme: »Gib mir mein Schreibzeug, ich werd es brauchen.«

Sie tut, was er verlangt. Was soll sie sagen? Ihn segnen, ihm Glück wünschen, für ihn beten? Am besten, man hält den Mund, wendet ihm den Rücken und läßt ihn gehen.

Die familia, wohl irritiert, aber nicht irregemacht von den Handlungen ihres Hauptes (da muß es schon hoch hergehen, um sie irrezumachen), von Handlungen, die sie billigt, wenn auch nicht gutheißt, darf sich indes in Geduld fassen und in Vertrauen. Alles in allem hat ja Flava, der Spatz, irgendwo recht mit ihren wahnwitzigen Forderungen nach reinen Fingern und lauteren Köpfen. Aber was hilft das schönste Rechthaben? Wenn es nun einmal getan werden muß, und ohne Handschuhe. Ihr Freunde, wir kommen nicht drum herum, und es wird wohl noch ein bißchen gestohlen, gehurt und getötet werden müssen, damit das Reich der Sonne auf Erden anbricht, aber irgendwann muß es das letztemal sein, und hoffen wir, daß wir's erkennen, wenn's soweit ist. Der jedenfalls, der jetzt hinauszieht an die Tiberbrücke, weiß, was er macht, und allerdings wäre uns wohler, wenn wir klar sähen, ob das heldenhaft ist oder verächtlich oder lächerlich, was er da unternimmt.

Was uns aber weit mehr beschäftigt, ist, ob er Erfolg haben wird, denn davon hängt viel ab, ja alles, wir hängen also von ihm ab, es soll ihm glücken, mögen wir ihn heil wiedersehen. Also doch Segenswünsche.

Wie bei der Heimkehr aus Capua wird er auch diesmal wieder im Atrium erwartet – allerdings ohne einen Vorreiter, der sein Kommen meldet. Man ist einfach da seit dem Morgengrauen (zu einer Zeit, in der der Herr am festesten schläft), man ist da und wartet, so daß es ein Auftritt werden muß, es bleibt einem nichts erspart. Das Licht des frühen Morgens ist gnadenlos, und das Atrium liegt nach Osten.

Er hat keinen Grund, sich oder sie zu schonen. Ein Empfang ist ein Empfang. Wenn sie es schon nicht lassen konnten und nicht in ihren Betten blieben – bitte sehr. Er wirft den Mantel ab, sowieso ein unnötiges Requisit, wenn man um diese Stunde daherkommt. Sein Gesicht ist lustig anzusehen, es ist eine verworrene Farbpalette, alles ist vermischt und verschoben, nichts sitzt da, wo es hingehört; festzuhalten ist aber wohl jetzt schon, daß ihm ein Auge blau geschlagen wurde. Die schöne Flortunika aus der Kleiderkammer ist leider auch unbrauchbar geworden, sie hängt ihm in Fetzen um die Beine.

Sie sind alle still hier im Atrium des Herrn Lucius am frühen Morgen. Auletes greift schließlich an seinen Gürtel, zieht eine zusammengedrehte Papyrusrolle heraus und streckt sie, ohne jemanden anzusehen, vor sich hin (ein paar Münzen kullern dabei durch den Raum, aber befremdlicherweise hebt sie keiner auf). Seine Bewegung hat etwas ganz und gar Unbeteiligtes, als sei er nur der Träger dieses Papiers, wie eine Lampe ein Feuer trägt, als hätte er es nicht in einer sicher alles andere als angenehmen Nacht unter Einsatz aller unstrategischen Mittel und Empfang eines blauen Auges und, wie sich bei genauer Betrachtung herausstellt, anderen Spuren am Leibe erkämpft, oder wie man diese ja doch sehr engagierte Art des Erwerbs auch immer nennen mag. Schließlich nimmt es ihm Chrysis ab, sie ist resolut genug, und gibt es weiter an den Koch, fragt auch, ob etwas vorgefallen sei, aber er erklärt: Nein, es sei alles in Ordnung und ganz normal, und nun erst, da sich zeigt, er kann sprechen und nicht viel anders als sonst, bloß ein bißchen heiser, nun erst bieten sie ihm durch Zuruf dies und das an, Wein, Milch, Speisen, Süßigkeiten ... Aber er schüttelt, immer gleich unbeteiligt, den Kopf und sagt schließlich, er wolle ins Bad und dann schlafen, wogegen nichts einzuwenden ist außer, einen Vorwand für Herrn Lucius' Arithmetik-Lektion zu ersinnen. Das jedoch überläßt er nun wirklich ihnen, er ist zu müde, als daß ihm noch Vorwände einfielen, sollen sie sich ruhig einmal bemühen, etwas für ihn zu ersinnen (was du da denkst, ist nicht ganz ohne Hohn, aber wen er treffen soll, ob sie, dich oder Lucius, ist dir in dieser Morgenstunde nicht mehr bewußt).

Er geht also ins Bad wie ein Herr, das ist natürlich ein Risiko, das sie da für ihn eingehen. Er selbst spielt plötzlich mit einem unangemessenen Einsatz, man soll doch das Glück nicht versuchen, die Tragödienschreiber wüßten auch sehr viel über diesen Punkt zu berichten, Hybris heißt diese Krankheit. Der Sklave geruht also, das Bad seines Herrn zu benutzen, und natürlich widerspricht keiner, alle bemühen sich um ihn, als sei er ein Star-Gladiator nach dem Kampf oder ein Olympionike, den seine Mannschaft zu feiern hat. Und mit jener beklommenen Bewunderung, die (irrst du dich da?) möglicherweise auch in Verachtung umschlagen kann, rüsten sie alles für ihn, und er läßt sich bedienen.

(Mit gewisser Befriedigung stellt er im Vorübergehen fest, daß Flavilla an dieser morgendlichen Volksversammlung nicht teilgenommen hat; er ist zu müde, um sich Gedanken darüber zu machen, nur zunächst einmal befriedigt, daß sie Geschmack oder Verstand oder beides genug besessen hat, in ihrem Bett zu bleiben.)

Während er sich mit dem glücklichen Stumpfsinn der Schlafbedürftigkeit von den Spuren dieser Nacht befreien läßt, prüfen unsere Verschwörer das Papier und stellen fest, daß es Sinn und Verstand hat – die Vertragspartner haben sich gegenseitig in der Hand, was die Einhaltung aller Bedingungen sichert, und man besitzt nun, was man braucht, vorausgesetzt, alles um Capua geht weiter wie vorhergeplant; aber sonst sind wir sowieso verloren.

Alles in allem, das Dokument atmet den Geist ihres Führers, des Sklaven Auletes (rätselhaft, wie man dergleichen in einer Nacht unter der Tiberbrücke aushandeln, aufsetzen und verbürgen kann, aber das ist seine Sache und geht keinen was an).

»Das ist sehr gut, falls es wirklich so wird«, murmelte der Koch, der ihn mit Solitudo und Chrysis aufsucht nach dem Studium dieses Schriftstücks. Er liegt nackt und braun auf dem Tisch, hat die Augen geschlossen und läßt sich von seinem ägyptischen Landsmann massieren, indes sie um ihn herumstehen und hoffen, er lasse sich auf Diskussionen ein; aber weit gefehlt, er entgegnet nur einsilbig, es würde schon so, keine Sorge.

(Keine Sorge. Wo niemand mehr in diesem Haus in der Lage ist, eine Nacht ruhig zu schlafen, wo alles in einer Art Fieber dahergeht, wo Leben und Tod so leuchtend und bedrohlich erscheinen wie Monde, die auf die Erde zustürzen, um sie, je nachdem, zu erhellen oder zu erschlagen. Jetzt »keine Sorge« zu empfehlen hat einen gewissen Zynismus; überhaupt solltest du dich nicht so aufspielen wegen dieser Nacht, es scheint ja fast, als ob du deinen Freunden mit hämischem Achselzucken ein Nun-seht-ihr-zu hinwirfst, du bist doch wohl zu einsichtig für Ressentiments und überdies freiwillig gegangen. Eine Nacht dieser Art mehr oder weniger tut's nicht, und schieb die gezinkte Karte nicht ihnen unter, Auletes, das steht dir nicht an.)

So verlassen sie ihn denn wieder, achselzuckend, und er badet weiter, zeremoniös römisch, heiß, warm, Massage, kalt, lau ... (Seine Freunde beginnen nervös zu werden, denn bald wird, wenn nicht Lucius, so doch sein Herr Verwalter aufstehen und nach dem Rechten sehen oder der majordomus oder der Sekretär.)

Wenn sie so viel Zeit hatten, sich ins Atrium zu stellen und zwei Stunden zu warten, um seine Heimkehr zu begaffen, wird er auch Zeit haben, sich Zeit nehmen können jetzt, meint er, ohne es zu sagen, sehr lieblos und auch nicht sehr gerecht. Schließlich, in weiße Tücher gehüllt wie ein togatus, geht er in sein Zimmer, das man auf seine Bitte verdunkelt hat, verriegelt die Tür, legt sich zu Bett und läßt seine Brüder allein mit dem Problem, dem Herrn eine nette Lüge aufzutischen, die ihn für diesen Tag entschuldigt.

Sich verlieren

Einen Tag zu verschlafen – welch eine Verschwendung, welch ein Luxus, noch dazu in diesem Augenblick, jede Stunde ist kostbar! Haben wir Zeit zu einer so zweifelhaften Art der Heldenverehrung? Sie sind ungeduldig, es ist so viel zu bereden, sie zittern wie Läufer vorm Start, indessen dringt kein Laut aus dem verschlossenen Zimmer, welch Glück, daß die täglichen Arbeiten da sind, die die Gedanken ablenken (zuviel Gedanken für Menschen, dazu erzogen, sich das Denken von ihren Herren abnehmen zu lassen).

Endlich gegen Abend geht der Riegel, Auletes, unrasiert, blaugeschlagen und finster, versammelt seine Freunde um sich, die Lage zu besprechen, wobei er unachtsam und nebenbei irgendwelche Süßigkeiten ißt, aber sonst benimmt er sich normal, seine Rede ist von gleicher sachlicher Freundlichkeit, alles wird in Ruhe erklärt, und es sei nun nur noch wenig Zeit, eine Woche, ein Monat vielleicht, eben wenig.

Auch hierbei ist Flavilla nicht anzutreffen, so daß man sie denn schließlich suchen muß, zumal es gilt, ihren Anteil an dem Vorhaben zu bereden. Sie sei, so erfährt Auletes, diesen ganzen Tag beschäftigt gewesen, Wolle zu waschen, an der hinteren Quelle beim Weinberg, sei auch zum Abendessen nicht gekommen.

Er macht sich auf zu dieser Quelle.

Flavilla ist da, allerdings wäscht sie keine Wolle, damit scheint sie schon lange fertig zu sein, sie sitzt da, als erwarte sie jemanden (Beine angezogen, von den Armen umschlungen, darauf den Kopf, hält sie sich an sich selber fest). Aufblickend sieht sie ihn einmal von oben bis unten an; sein dunkel stoppliges Gesicht mit dem zugeschwollenen Auge scheint ihr eine Art grimmiger Befriedigung zu bereiten, sie nickt finster und verzieht den Mund – Lächeln oder Weinen? –, und dann wendet sie die Augen ab und beginnt, ihn leise und nach allen Regeln der Kunst zu verfluchen. Sie schimpft keineswegs. Sie speit mit verzweiflungsvoller Genauigkeit eine Folge von römischen Soldaten- und Fuhrknechtsflüchen aus wie unter Zwang, spuckt ihm die Bitternis ihrer Seele vor die Füße, leise, voller Ekel und Erstaunen. Es ist eine Art Ritual.

Als sie fertig ist, schöpft sie aus der Quelle Wasser mit der hohlen Hand und spült sich den Mund aus. Dann sagt sie noch: »Du Ungeheuer.« Und dann ist sie still und sieht vor sich hin.

Er legt vor sie eine Handvoll kandierte Orangenscheiben, die er mitgebracht hat, ins Gras (und denkt dabei an Opfergaben, mit denen man zürnende Götter versöhnt), kniet am Wasser und wäscht sich den Honig von der Hand. Bisher hat er kein Wort gesagt, was sollte er auch wohl sagen. Endlich versucht er's mit Herakleitos.

»Das Meerwasser ist das Reinste und Abscheulichste, für die Fische trinkbar und heilsam, für die Menschen untrinkbar und verderblich.«

»Dumm, daß ich ein Mensch bin«, sagt sie. »Verschon mich mit deinen Sprüchen.« Und ißt von den Orangen aus dem Gras. »Du ...«

»Ich bitte dich, fang nicht wieder an«, sagt er kläglich, »ich ertrage es nicht.«

»Aber ich ertrage es«, erwidert sie, »ich. Zu denken, daß ich mit einem Verräter wie dir geschlafen habe.« Und hebt die Augen und sieht ihn an, Augen voll solch finsterer Einsamkeit, daß er vor Liebe und Erbarmen nicht aus noch ein weiß und sich neben sie setzt, aber da kommt er schlecht an, sie springt auf: »Bleib mir vom Leibe!« und geht wahrhaftig durch den Bach und setzt sich auf die andere Seite.

So behandeln sie denn über das Rinnsal einer Quelle hinweg die Dinge des Aufruhrs, ihre nächsten Aufgaben (sie verlangt stürmisch, den Mund voller Orangen, bald, bald fortzukommen, und man kann es ja nun auch versprechen, eine Woche, ein Monat, bald). Sie reden sachlich und ohne die leiseste Beimischung irgendeines Gefühls, bis sie ihn lobt und bitter sagt, es sei eine ausgezeichnete Arbeit.

»Nur fang mir deshalb nicht wieder mit dem Meerwasser an« (sie sagt es ohne Versöhnlichkeit), und als er sie bittet, ihn wenigstens anzusehen, wenn sie mit ihm rede, erwidert sie, was sie gesehen habe, reiche ihr. Bei ihr daheim hat man sie gelehrt, Kräuter zu kauen und mit Zaubersprüchen auf zerschlagene Augen zu legen, aber die Kräuter wachsen nur jenseits der Alpen, und die Zaubersprüche sind vergessen, so kann sie ihn nicht heilen. »Dich nicht und mich nicht«, murmelt sie. Alles ist unheilbar. »Dann, wenn ich frei bin, werde ich eine Ärztin sein.« (Das ist ein Entschluß, er vernimmt's mit Erstaunen.)

Das nasse Wollbündel ist schwer, er erbietet sich, es zu tragen, aber sie schüttelt den Kopf und flucht wieder, traurig und ohne Kraft.

Sie hebt den Packen auf die schmale Schulter und geht – womit sich zum wiederholten Mal (aber bisher nie so schmerzhaft) seine Beobachtung bestätigt, daß Frauen, diese erstaunlichen Geschöpfe, entgegen der allgemeinen Ansicht durchaus nicht nur geschaffen sind, Kummer, Qual und physischen Schmerz zu ertragen und sonst nichts, sondern fähig, nein zu sagen im entscheidenden Moment und damit neue Dinge in die Welt zu bringen oder auch nur (und vielleicht ist das das Eigentliche) die Dinge durch ein Nein in ein anderes Verhältnis zueinander zu setzen. Durch ihr Wissen, daß man sich verweigern kann, verweigern muß.

Flava, habe ich dich verloren? Habe ich dich wirklich verloren? Hast du nicht mich verloren und bist nun wieder so allein wie eh und je? Ein armes Kind, einsam wie ein Stein – und doch eine andere. Verloren hat sie und gewonnen, heut hat sie eine dünne kalte Quelle voller Einsamkeit gewonnen und darin die Geburt von Flava, der Ärztin, einer bedeutenden Frau auf einer Insel im Meer, zu deren Kunst man pilgert von nah und fern und die lebt und blüht, tätig, wissend, wenn dieser Auletes längst tot und vermodert sein wird.

Sie hat verloren und gewonnen, Unverlierbares.

Aber du hast nur verloren, und es ist auch ein Teilchen deiner Hybris, wenn du glaubst, da sei für dich nichts zu verlieren. Die aufdringliche Süße der Orangen vermag nicht den dumpfen Schmerz in deiner Brust zu betäuben. Komm wieder, anima mea.

Nachrichten vom Vesuv

Wir haben Nachrichten, Nachrichten vom Vesuv. Nachrichten gleich von zwei Seiten. Einmal von unseren abendlichen verhüllten Gewährsmännern. Zum anderen, man denke, aus den acta diurna, den öffentlichen Mitteilungen Der Stadt. Es ist eine Schlacht geschlagen worden, und Die Stadt kann deren Ausgang nicht verheimlichen, was sich in ihrer Fassung so ausnimmt: Es gelang einigen der pflichtvergessenen Gladiatoren, unsere Umzingelung zu durchbrechen und sich den Weg nach Campanien zu erkämpfen, wo sie jetzt raubend und brandschatzend umherziehen.

Von den Männern im dunklen Mantel wissen wir, daß Campanien unser ist. Der große Heerzug beginnt.

Wir bekommen Arbeit. Die Grotten des Mucius Niger dienen von Nacht zu Nacht anderen Durchziehenden als Versteck. Und, welch ein Wunder, je mehr die acta diurna von verbrecherischen Gewalttaten im Süden und barbarischen Greueln entlaufener Sklaven zu berichten wissen, desto milder, ja geradezu menschenfreundlich wird unser Herr Verwalter. Obwohl es auf den Frühling zugeht, bekommt er plötzlich den Einfall, Decken auf die Schlafstellen zu beordern, und von den grauslichen Aufseherfiguren verschwinden zwei, die schlimmsten, ganz stillschweigend, sie sind auf einmal nicht mehr da. Das alles bewirken die Nachrichten vom Vesuv.

Freilich, sie bewirken auch, daß sich die Temperamente innerhalb der familia dieses Hauses immer schwieriger zügeln lassen. Da ist keinerlei Geduld mehr, und sie wird doch so dringend gebraucht. Der Koch, kühn, ehrgeizig, zu allem bereit – vielleicht auch wäre er ein viel besserer Führer des Hauses jetzt als der literatus? Er ist es, der die familia eigentlich von Grund auf kennt und sich ihnen verständlich machen kann, über ihn verhandeln die Weinberg-Arbeiter, wenn sie etwas von Auletes wollen.

Andererseits – wer hat hier überhaupt noch den Kopf oben? Chrysis, finster und rachedurstig, Flavilla, in ihrem Gequältsein ohne jedes Maß? Und dies fieberhafte Harren aller.

Man streitet sich. Man weint. Man kann sich nicht mehr beherrschen. Manchmal fahren wir ganz dicht am Abgrund entlang, so, wenn Chrysis in der Küche die Nerven verliert und einen Aufseher anschreit, er solle verschwinden. Sie hätten sich gegenübergestanden, erfährt Auletes, Auge in Auge, und der Koch trat dazu mit einem Messer in der Hand – da ging er denn, murrend wie ein gereizter Tiger.

Mit einem Messer! »Wie konntest du nur?«

Der Gefragte zuckt die Achseln. »Was willst du, es ist mein Handwerkszeug.« Und dann ausbrechend: »Und wenn schon! Was wäre, wenn ich es ihm in die Rippen gerannt hätte?«

Er weiß ganz genau, was wäre, das ist das Schlimme daran. Man kann nicht die gleichen Gründe immer und immer wiederholen. Alle wissen es ja. Wie soll er es weiterführen?

Nicht mehr warten müssen

»Die Grotten, diese Grotten! Ich frage mich, wie der Aufstand überhaupt vonstatten ginge, wenn nicht die Grotten in unserem Garten wären, ausgerechnet in unserem Garten«, sagt Kottalos, der Arzt von nebenan, verzweifelt. »Es wissen bei uns ohnehin schon genug Bescheid. Genug, daß es fürs Sterben reicht. Und nun auch noch das.« Man hat die Höhlen – wie könnte es anders sein – zum Versteck ausersehen für die hochbezahlten Waffen, wenn sie dann endlich kommen. »Ich fürchte mich, verstehst du? Ich fürchte mich«, sagt er zu Flavilla, der er die Grundkenntnisse der Arzneikunst beibringt. »Ich weiß ja. Es ist nur für kurze Zeit. Ich weiß alles. Aber ich fürchte mich.«

Selbstverständlich tut er trotz seiner Furcht alles, was getan werden muß. Die Banditen liefern ganz exakt (ihre Geschäftsmoral ist besser, als man glaubt, vor allem, seit wir in Campanien siegen, spotten sie geradezu ihres schlechten Rufes). In einer dunklen wolkigen Nacht werden die Bündel, strohverhüllt, umwickelt und verschnürt, in einer der hinteren Grottennischen verstaut (die Grotte ist unergründlich, sie hat Fledermäuse, nasse Stellen und Echos, und es besteht wohl keine Gefahr, daß ein Römer seinen Fuß jemals über den bekannten Teil hinaussetzt). Noch in der gleichen Nacht öffnen wir alle Bündel und durchwühlen sie gründlich, denn wir sind mißtrauisch. Aber alles hat seine Ordnung.

Bereits nach wenigen Tagen verschwindet ein Teil der kitzligen Ware wieder auf Ochsenkarren in Richtung Campanien, wie, wird zu hören sein. Uns bleiben ein paar Bündel, uns selbst zu bewaffnen, wenn es dann soweit ist, und der Fechtmeister erteilt Unterricht im Umgang mit diesen Gegenständen, so gut es eben geht.

Wenn es dann soweit ist … Wir sitzen hier und warten, und da draußen … Römische und aufständische Berichterstatter vermitteln uns in seltener Übereinstimmung das gleiche Bild, daß nämlich die Rebellen tiefer nach Campanien, in den Süden hinunter ziehen …

»Ich kann nicht mehr«, sagt der Fechtmeister. Er steht in Auletes' Zimmer, das Schwert an der Seite. »Es tut mir leid. Ich seh es ja. Sie werden das Land verlassen. Rom ist ihnen egal. Wartet ihr nur hier mit euren Waffen. Ich kann nicht mehr.«

Am nächsten Morgen ist er verschwunden.

Das ist sehr schlimm für uns und eine große, wenn auch naheliegende Dummheit. Der vilicus meldet es dem Patron just am gleichen Vormittag, als der schon in seinem Atrium auf einen kämpferisch gewandeten Bärtigen gestoßen war, der stutzte, ihn dann geistesgegenwärtig grüßte (eisenrasselnd) und verschwand (unsere Mittelsmänner, den Gewohnheiten und Zwängen der Sklaverei schon entwöhnt, sind manchmal von haarsträubender Unvorsichtigkeit).

Lucius nimmt die Eröffnung seines Verwalters träumerisch-müde zur Kenntnis. So, so, der Fechtmeister. Verschwunden. Das heißt also, entlaufen. Nun, wir brauchten ihn sowieso nicht. Vielleicht hat ihn das gekränkt. »Haben wir übrigens, vilice, Anlaß zum Umgang mit Militär, Bandenchefs, Gladiatorenhändlern, Kämpfern irgendwelcher Art? Nein? Da war so ein Gesicht heut früh, ich kenne sie ja nicht alle, aber der gehörte kaum hierher.«

Das käme darauf an, sagt der Verwalter, was man im Augenblick unter »wir« verstünde: die Gesamtheit dieses Hauses *mit* dem Herrn an der Spitze oder *ohne* ihn … »Aha«, sagt Lucius und reibt sich die Nase. Und ohne ihn, wer denn da das Haupt des Hauses sei, dem solche Besuche gelten könnten? »Domine …«, der Subalterne windet sich. Der dominus winkt ab. Er wisse schon. Man müsse dann also die Ädilen verständigen.

Zu seinem (gedämpften) Erstaunen rät der Verwalter von diesem Schritt ab. Es sei möglicherweise im Moment ratsamer, keinen Staub aufzuwirbeln. Ob der Herr schon die acta diurna von heute zur Kenntnis genommen habe? Bedauerlich. Nun, dessenungeachtet, meine er, der treue und ergebene Diener seines Herrn, es würde vorerst genügen, wenn man das Zimmer eines gewissen jemand eindeutig auf die Person dieses Jemand begrenze, damit alle im Hause sähen, man wisse Bescheid ...

Lucius nickt. Natürlich hat sein treuer und ergebener Diener darin freie Hand.

Als er allein ist, läßt er sich die Kopie der acta diurna bringen. Er liest, daß die Rotte aufständischer Sklaven dort unten gestern ihre Marschrichtung von Süden nach Norden verlegt habe.

Die familia versammelt sich künftig in den Grotten oder im Freien.

Diese Grotten!

Wann die Waffen abgeholt werden sollen (kurz nachdem sie angekommen sind), erfährt man von Chrysis über einen Fischverkäufer, der die Nachricht von einem Zwiebelhändler hat und der ... Trotz der verschlungenen Wege sind diese Botschaften immer zuverlässig.

»Es muß jemand«, sagt Kottalos, »in den Grotten bleiben, der das Versteck zeigt und alles ordnungsgemäß erledigt, und ich kann's nicht. An dem Abend hat mein Gebieter Gäste, und da muß ich zur Hand sein mit Pulvern und Mixturen, um ihnen die Mägen zu kurieren.«

Es ist keine verlockende Aussieht, die Nacht in den Grotten zuzubringen, vielleicht bis zum Morgengrauen. Es reizt keinen. Sie alle glauben fast ausnahmslos an Geister, und daß dort unten welche hausen, gilt als ausgemacht. Ihre Versammlungen halten sie nur im Notfall dort ab; selbst eine verregnete Wiese ist ihnen lieber als eine trockene Höhle. Von Herzen bedauern sie jene, die gezwungen sind, dort zu übernachten auf ihrer Flucht oder Durchreise, und die des Morgens die unterirdischen Behausungen verlassen mit der bleichen, aber gefaßten Miene von Menschen, die neben einem Spuk geschlafen haben.

»Es werden am besten zwei gehen«, schlägt Auletes vor, der sie ja kennt, »und der eine davon werde ich sein.«

Sie sitzen mit gesenkten Köpfen und nicken zu dem Vorschlag, nur: »Nein«, sagt Flavilla und nickt nicht, sie nicht. »Es werden nicht zwei gehen, wo nur einer vonnöten ist. Genug Nächte, die verwacht wurden. Und es soll auch nicht *er* sein. *Er* ist kein Grottenwächter und Mann für alles, sondern der Führer unseres Hauses. Ich werde es sein.«

Alle Köpfe haben sich gehoben, und man starrt sie an. Das ist ja nun wirklich wundersam. Jedermann hier weiß, daß Flava, die Germanin, sich im Dunkeln fürchtet, und nun gar in den verrufenen Grotten. Zudem ist niemandem unbekannt geblieben, daß sich die kleine Barbarin vom Haupt des Hauses, ihrem literatus, ausdrücklich getrennt hat (sie wohnt wieder in ihrer alten Behausung in den ergastula), und jeder kennt den Grund ihres Zerwürfnisses. Woher dieser plötzliche Opfermut kommt, ist ihnen nicht ganz begreiflich. Auch ihm, Auletes, nicht.

»Was redest du da«, murmelt er verstört. (Ja, das glaub ich, daß er mich nicht versteht, keiner versteht mich hier, aber das ist auch nicht notwendig. Hauptsache, ich versteh mich, wenn auch das keinesfalls klar ist.)

Sie fürchte sich doch? fragen sie ungläubig. Das, erwidert sie, gehe alle einen Dreck an und wäre ihre Sache ganz allein, und sie bestehe darauf. Hier sei ihr Angebot, ihre Bereitschaft, ihre Bitte und Forderung, in dieser Nacht in die Grotten geschickt zu werden. Ob man sie auch recht begreife? Sie stelle sich selbst diese Aufgabe. Ob man ihr das nicht zutraue?

»Ich möchte es nicht«, sagt Auletes, aber sie fährt ihm dazwischen: »Halt dich da raus, ich rat es dir.« Er schweigt. Wenn sie es sich als Aufgabe stellt, warum nicht? Sie muß wissen, was sie will ...

Man ist allgemein dafür, heilfroh, selbst der Nacht da drinnen zu entfliehen. Zudem, sie sind müde, alle sind sie müde und ausgedörrt, von dem beständigen Feuer, das sie in und um sich nähren und viele Nächte lang geschürt haben, ohne daß der Schlaf ihre brennenden Augen berühren konnte. Flavilla erbietet sich – bitte sehr. Man stimmt ihr zu, daß es nicht zwei zu sein brauchen, und sie will sich erproben. Gut also, soll sie es tun.

Auletes sucht sie überall, er streift durchs Haus, ohne aber jemanden zu fragen. In der Wäschekammer summt Solitudo Liedfetzen, mit offenem Mund, ein paar Worte Text dazwischen, und als sie ihn kommen sieht, geht sie hinaus. Er findet dies Kind, inmitten turmhoher Stöße Leinen hantierend, nunmehr allein. Als er eintritt, erstarrt sie und senkt streng die Augen: »Bleib mir fern, komm mir nicht näher.«

An den Pfosten gelehnt, gebeugt, den Arm an der anderen Seite der Türfüllung aufgestützt (so daß denn der Ausgang versperrt bleibt), fragt er sanft: »Warum sich selbst so kasteien, passercula?«

»Jeder, wie er mag«, entgegnet sie feindselig. »Ich weiß, daß du es vorziehst, dich von anderen kasteien zu lassen ...«

Er schweigt mit gesenktem Kopf, da hilft kein Widerspruch. Sein immer noch zugeschwollenes Auge ist sicher nicht dazu angetan, sie vom Gegenteil zu überzeugen. Mein strenges und geliebtes Kind. Ach, laß dich erweichen. »Was du da tun willst, ist nicht zweckmäßig, Mädchen. Hör auf mich. Laß mich für dich gehen. Du überstehst es nicht, glaub mir.« Und, indem er alles durcheinanderbringt, setzt er im gleichen

Atemzug hinzu: »Sei wieder gut, Flava mea, sei wieder gut.«

Sie hebt die Lider und starrt ihn an mit ihrem Blick voll abgründiger Trostlosigkeit, starrt auf sein trauriges Lächeln (durch sein schiefes Gesicht ist es ein Clownslächeln und hat seinen Zauber eingebüßt): »Ich kann das nicht mehr. Ich will nur noch fort, verstehst du?«

»Doch nicht so wie der Fechtmeister?» fragt er und erschrickt.

»Nein, nicht so, aber doch fort.« Ob er nicht einsehe, daß man so nicht leben könne?

»So gewiß nicht«, weiß er zu entgegnen, aber er sehe keinerlei Grund, weshalb man so leben müsse.

»Laß uns darüber schweigen«, flüstert sie müde. Ihre Augen sind trocken. Welche Qual.

Er gibt nach, sofort gibt er ihr nach, um sie nicht wieder zu erzürnen. »Ich will dich nicht drängen, Mädchen. Aber sieh mich bitten: Geh nicht in die Grotten. Du wirst dich selbst zu Tode verwunden. Keiner kann das von sich fordern, was du, aus welchen Gründen auch immer, da von dir fordern willst.«

»Jeder tut mit sich selbst, was er will. So hast du es gehalten, so will ich es auch tun«, flüstert sie böse.

Er hat nicht die Kraft, ihr Widerstand zu leisten, mit der Traurigkeit, die sein Herz überschwemmt, und der Liebe. »Wenn du denn gehst«, sagt er, »sollst du wissen, daß die ganze Nacht meine Lampe brennen wird: für dich, und daß ich meine Augen nicht schließen will, sondern auf dich warten. Du kannst kommen, du kannst jederzeit kommen, wann immer du glaubst, es nicht mehr ertragen zu können, oder wann immer du begreifst, daß dein Platz nicht dort ist. Und dann will ich an deiner Stelle gehen, aber vorher will ich deine Augen so sehr küssen, daß sie wieder weinen können. Komm zurück. Du bist nicht geschaffen, in Höhlen zu wohnen.«

Keiner ist geschaffen, in Höhlen zu wohnen. Keiner. Und doch sind wir alle gezwungen, es zu tun, bis zu dem nicht mehr fernen Tag, an dem wir hervorgehen werden aus dieser Höhle in unserer Herrlichkeit wie die junge Sonne aus der Nacht und das Korn aus dem Schoß der Erde. Und wenn wir dann die Höhle verlassen, werden wir da auch Verwandelte sein, er und ich, abstreifen alle Schlacken und makellos sein wie die Sonnen, er und ich und alle?

Warum tu ich's, warum? Um für mich allein, von ihm getrennt, auch zu leiden, wenn er leidet, durch mich? Auch. Um es zu erfahren, was es auf sich hat mit mir. Ob ich bestehe für mich allein. Um fortzukommen von hier. Um mit jemandem von den Boten zu sprechen. Um all dies, um viel mehr steig ich hinab in die Höhlen zu nächtlicher Stunde, die Waffen zu bewachen, mit einem Kienspan, den ich unten entzünden darf, wenn ich will, und allein.

Kein Vogel, den seine Eltern aus dem Nest gestoßen haben, kann einsamer sein als Flavilla, die Grottenwächterin.

Die Furcht, wenn sie einen bestimmten Punkt erreicht hat, ist gar keine mehr, sie wird zu einer Art dumpfen Müdigkeit, und man hat es satt, sich zu ängstigen, wenn einen die Geister bis zu diesem Punkt noch nicht überwältigt, gepeinigt oder gefressen haben; man merkt, daß die Kälte eine natürliche Erscheinung ist und nicht der Hauch des Nachtmahrs – und dann ist man nur noch einsam.

Nur! Was gibt es Schlimmeres. Keine hundert Schritt von hier, und mich empfängt eine Sturzflut von Zärtlichkeit. Habe ich nicht Arme und Lippen, Stimme und Schrei und schließlich sogar Haare wie jede andere Frau. Statt eine Göttin zu sein und eine kleine Spätzin, ein Seelchen im Wind und ein Blumenbusch (und dies alles zugleich), hocke ich hier in der Finsternis, und nichts ist mir gewiß außer dem Tod. Verflucht sei Rom, das auch dies verschuldet.

Vielleicht hilft es, alles, was mich schmerzt, ein wenig zu verfluchen.

Sie beginnt, vor sich hinzuflüstern, sie spuckt in die Dunkelheit, aber ohne Haß, außer gegen sich selbst, gegen *das* in ihr, dies sinnlos zum Überlaufen bereite Gefäß ihres Herzens. Unnützes Kraut am Wegrand, auszuraufen! (Vielleicht ist es doch die Angst. Vielleicht verkleidet sie sich nur so.)

Als das Fluchen versagt, verlegt sie sich aufs Beten. Sie betet wahllos hin zu allem, was in der Götterwelt thront, zu Mithras, den Olympiern, ihren wilden heimischen Riesen und der Bona Dea (irgendwie wird es sich schon lohnen). Wie kommt man davon los. Ich möchte weiter nichts als meinen gebannten Fuß heben, aufheben und zurückgehen oder vorwärts. So in der Schwebe zu hängen, das gibt es nur in üblen Träumen, wo man Lust verspürt, sich fallen zu lassen.

Warum sitzen wir in diesen Höhlen, in diesen verfluchten, kalten, finsteren Höhlen herum und wissen nicht aus noch ein? Oh, wie gewiß ist der Tod. Wir werden sterben und verderben, wir alle. Und unsere neue Welt? Ach dereinst, ach irgendwann ganz fern, wo unsere Augen nichts mehr sehn.

Und wir haben nichts getan als uns gequält. Wie sinnlos das alles ist. Götter, zu Hilfe. (Sie wäre jetzt reif zum Weglaufen, wenn sie sich nur trauen würde aufzustehen, aber sie ist ja gebannt, gebannt an Hand und Fuß.)

An diesem Punkt ihres Verharrens da im Feuchten und Kalten (schrecklicher als je von der Angst übermannt) findet Flavilla, die da zähneklappernd ihren Kienspan umklammert, daß es nun gleich genug sei, falls sie nicht durchdrehen sollte. Es ist eiskalt, und fern tropft es, das Licht wirft seltsame Schatten, besser, man löscht es aus, aber nun erst! Ich glaube, ich sterbe, na und wenn schon, ich scheiß auf das alles. Und sie sagt plötzlich laut: »Auletes, hilf mir doch«, aber niemand als das Echo hört sie.

Entweder ist sie dann ohnmächtig geworden oder eingeschlafen, jedenfalls kommt sie von Fackelschein und Stimmen zum Bewußtsein, irgendwer flüstert, und die verfrorene Grottenwächterin, am ganzen Körper steif und starr, würde jetzt sogar einem römischen Legionär um den Hals fallen. Sie hat's bestanden, geradeso zwar, aber doch bestanden, die Nacht in den Grotten ist vorbei, einfach vorbei. Sie läuft ihnen entgegen, es sind ihrer vier oder fünf, grüßt sie wie gewohnt, führt sie durch die Gänge, und sie folgen ihr mit großer Bewunderung, daß sie hier allein und im Dunkeln gesessen habe. Wenn die wüßten.

Unter ihnen ist ihr alter Bekannter, der Junge aus Sirmio, der sie am lautesten lobt. »Was für ein wundervolles, sommersprossiges, tapferes Mädchen du bist mit deinen Haaren!« So etwas bringt der heraus. Er ist irdisch und fröhlich und riecht nach Schweiß und Pferden, als trage er den Sommer mit sich herum.

Sie verladen schnell und geräuschlos ihren Anteil, denn, so erfährt Flavilla staunend, es geht auf den Morgen zu.

»Du hast geschlafen, Süße«, sagt einer und lacht. Geschlafen! In ihr erwacht ein Ingrimm über diese ahnungslosen Kampfhähne, diese waghalsigen Wickelkinder mit ihrem »du hast geschlafen«. Selbst Schlafen bedeutet hier unten eine Heldentat! Natürlich, wenn man zu fünft kommt, ist das eben bloß eine Höhle.

Aus dem Ärger erwächst der Mut. »Ich muß mit einem von euch sprechen«, sagt sie zitternd, aber entschlossen (hast du dies hier überstanden, schaffst du den Rest auch noch, Flavilla), »mit dem, der hier Kommandeur ist.« Nach einigen Witzeleien erfährt sie dann, es ist in der Tat der Junge aus Sirmio. Die Schwierigkeit ist, daß er sie nicht ernst nehmen will. Sie muß erst fluchen wie ein Fuhrknecht (was ihr zum Glück ja nicht schwerfällt), bis er denn endlich aufhorcht.

Es käme darauf an, was sie könne, wenn sie eher fort wolle. Rechnen und schreiben, gut, aber das können mehrere. Es geht hin und her, bis sie auf etwas kommen, worauf sie nie verfallen wäre: ihre Heimatsprache. »Wir brauchen dich nötiger als das Brot! Du bist ein Geschenk des Himmels!« ruft er fröhlich. »Kleine Mädchen wie dich übersieht man, sie schlüpfen überall durch, und das ist wichtig. Wärst du wohl imstande, einfach und verständlich zu reden über unsere Sache? Und vor vielen?« Gestern noch hätte sie sich's kaum zugetraut, aber heute sagt sie einfach ja. »Du hörst von uns, halte dich bereit.« Das will sie gern.

Die fünf brechen auf. Am Ausgang der Grotten umfaßt der Junge aus Sirmio sie mit beiden Armen. »Ach, es lebe das Leben! Ich wollte, ich wäre Herkules und könnte in einer Nacht fünfzig Weiber schwängern!« Und er küßt sie (während die anderen lachen) schallend auf den Mund.

Da sind sie nun fort, Flava steht da, es dämmert, und sie hat keine Ahnung, ob das alles ernst zu nehmen ist oder nicht. Jedenfalls hat sie ihr möglichstes getan. Sie klettert schwerfällig über die Mauer, zu müde, sich zu beeilen. Nun kehrt auch sie von ihrer Heldentat heim, mit dem Unterschied, daß ihr niemand einen grandiosen Empfang bereitet. Die Morgenkühle läßt sie zittern. Vom Palast des Mucius Niger dringt gedämpftes Stimmengewirr herüber, dort brechen sicher die letzten vom großen Gastmahl auf und besteigen ihre Sänften heimwärts, von ihren Sklaven gestützt, nachdem ihnen Kottalos zu einem angenehmen Kotzen verholfen hat.

Sie geht über die Wiese; die Margeriten blühen bald auf. An den Steinbrocken kann sie nicht mehr, ihre Waden tun ihr so sonderbar weh, sie muß sich ins Gras hocken. In dem Augenblick hört sie es: Ein großes fernes Sausen, heisere, fordernde Schreie dort oben, wilde

Rufe erfüllen die Luft, als käme das Geisterheer, um zu jagen; aber sie weiß: Es ist der Vogelzug.

Frühling – einst zogen sie fort in ein anderes Land, da war ich glücklich, heut kehren sie alle heim zu mir. Sie nimmt es zur Kenntnis.

Auf der Feldsteinmauer, die den Garten von der Wiese trennt, sitzt eine andere übernächtige Gestalt; bei ihrem Anblick strafft sich ihr Rücken. Sitzt und wartet auf sie. Soll er mich hier sehen, so sehen, wie? Sie geht auf ihn zu, vermeidet ihn anzusehen und sagt an ihm vorbei: »Es ist alles gutgegangen, mach dir nur keine Sorgen.« Er schweigt. Sie: »Die Vögel fliegen alle zu mir.« Er schweigt. Sie: »Ich werde fortgehen von hier, es ist besprochen. Du hindere mich nicht, versuch es nicht. Du kannst es nicht. Ich werde frei sein.« Auch dazu sagt er nichts. Sie stehen sich gegenüber, die kleine Wilde, frei geboren, und er, Kind und Enkel von Sklaven. Dann läuft sie an ihm vorbei, zu den ergastula.

Flavilla geht

Die Sache an sich ist gut erdacht, von der Durchführung einmal abgesehen. Sie hängt, genau errechnet, zusammen mit unserem Vormarsch auf Rom. Ein Gut – es heißt Teanum – auf halbem Wege zwischen uns und Der Stadt ist schnellstens zu besetzen. Es gehört, wie man erfährt, einem bedeutenden, aber auch schon sehr bedeutenden Mann im Senat, und dort findet ein geheimes Zusammentreffen mehrerer nicht minder bedeutsamer Männer statt, auf dem man nach Mitteln sinnt, die verderbliche und bedrohliche Lage durch diese verfluchten Rebellen zu wenden. (Hier öffnet der Bote, ein riesiger, rothaariger Gallier mit bandumwundenen

Zöpfen, seinen Mund und lacht so dröhnend, daß wir alle zusammenschrecken und ihn anflehen, leise zu sein.)

Wir nun wissen von dieser Konferenz, und eine schnelle und ausgezeichnete Truppe der Unseren ist schon auf dem Weg, um mit Hilfe der Haus- und Feldsklaven von Teanum die äußerst edlen Herrn einzufangen. (»Alles welche von den Schulen«, sagt der Gallier, »wie ich«, und macht damit voller Stolz klar, daß auch er zu den berühmten ehemaligen Gladiatoren, der Elite des Sklavenheers, zählt.)

Das wird zur Folge haben (ein Ausdruck, den Auletes besonders liebt), daß ein Teil der dort in der Gegend in Garnison liegenden römischen Truppen loszieht, um die hochmögenden Wolfssöhne herauszuhauen, und damit der nördliche Weg für unser Heer frei wird. Ein geschickter Plan.

»Die strategische Lage von Teanum ist ideal«, sagt der Gallier fachmännisch und entwirft auf der schnell ausgeliehenen Schreibtafel mit ein paar flüchtigen Strichen eine Skizze. »Sie ermöglicht uns, von drei Seiten umzingelt, dennoch den Rücken frei zu behalten, was etwas mit einem Flußlauf zu tun hat. Das wird uns gelingen, wenn wir die Haus- und Feldsklaven von Teanum bewaffnen, denn unsere Truppe, ›die von den Schulen‹, hat natürlich weder Zeit noch Gelegenheit, ein Arsenal mit sich zu schleppen. Die Waffen müssen an einem ganz bestimmten Tag der nächsten Woche dort sein, und zwar von euch. (Sie horchen auf, fiebrig und froh, in der nächsten Woche also.) Einer hier aus dem Haus wird einen schnellen Wagen, hochbeladen mit Schwertern und Schilden, zu den dann Eingeschlossenen von Teanum bringen. Am anderen Morgen ist unser Heer so nah an Der Stadt, daß ihr euch anschließen könnt, denn eures Bleibens ist hier nicht länger. Nehmt mit, wer sich euch anschließen will. Rom wird von unserem Zug nicht berührt. (Und da sie aufspringen und sich die Lungen vollpumpen zur Fragerei, schneidet er ihnen das Wort ab: vorerst nicht berührt.) All das soll ohne Aufsehen vonstatten gehen und möglichst spät entdeckt werden, wie, ist eure Sache. Die Waffen müssen sicher und unbemerkt nach Teanum gelangen, das Leben vieler hängt davon ab. Habt ihr verstanden?«

Sie haben es. Froh und beklommen zugleich, aufgewühlt stehen sie da und können ihre Fragen nicht loslassen, zum Beispiel warum Rom nicht, vorerst nicht, berührt wird. Aber zum Glück wird nicht viel Zeit zum Fragen bleiben.

Der große Gallier wendet sich an Auletes: »Wer nach Teanum fährt, und wie du's machst, ist deine Sache. Du bist uns haftbar. Wir erwarten euch mit den restlichen Waffen in euren Händen. Du giltst als Kommandeur.«

Hier muß Auletes lachen, er sieht sich an der Spitze einer bewaffneten Schar auf der Straße und schlägt vor, das Kommando lieber dem Koch zu geben, wird aber scharf zurechtgewiesen, das sei nicht statthaft.

Der Bote hat noch einen zweiten Auftrag: »Unter euch ist eine Germanin, die in der Höhle war.« Flava erhebt sich langsam. Der Gallier mustert sie: »Wo sind die wilden Haare, von denen man mir erzählt hat?« Sie ist wieder kahl. Zornig und haßerfüllt preßt sie die Lippen zusammen. Ich bin's, mit und ohne Haare. Der Bote fährt fort: »Wenn es irgend möglich ist, komm heute nacht zur dritten Stunde an das Wäldchen hinterm Weinberg. Ein Karren wartet. Du fährst mit mir nach Norden. Wir haben dort zu tun.« Und zu Auletes: »Was meinst du, wird es gehen? Wird eine fugitiva aus dem Haus eure Lage sehr erschweren?«

Auletes antwortet leise: »Es wird schon gehen.« Flava, sehr errötet, flüstert: »Ich bin bereit« (ohne einen Blick zu ihm zu tun, nein, beileibe keinen einzigen Blick).

Die Nacht ist heiß und feucht um sie wie eine Glocke, dieser Wind ist verfrüht für die Jahreszeit. Sie sind schon auf der Wiese, langsam beginnt sich ein Pfad zwischen den schäumenden Margeriten abzuzeichnen, man geht hier allzu häufig, es ist unser Eingang und Ausgang und unsere Heerstraße, das ist verräterisch, man muß es ihnen sagen, daß sie nicht gedankenlos diese Furt benutzen. Wir jedenfalls, Flavilla und Auletes, waten durch die kniehohen, wild schwankenden und nassen Blumen, zur Straße ist es nicht mehr weit, sicher wartet der Karren schon hinter dem Zypressenwäldchen.

Es ist viel zu mondhell, nicht für das Vorhaben, aber für uns hier; das Wohlwollen der familia, das den Liebenden ihren Abschied zugesteht, hat uns hinausgetrieben, was soll man machen? Wir gehen schweigend nebeneinander, unsere Schatten vor uns, groteske Zerrbilder unserer selbst: ein strichhaft schmaler Auletes, eine pyramidenförmige, von Flatterzipfeln umzuckte Flavilla in ihrem großen Mantel. Manchmal berühren sich diese Schatten, dann zucken wir zusammen, als hätten wir uns berührt.

Schließlich hält Auletes an und sagt, ohne hinzuschauen: »Von hier ab gehst du allein. Ich werde warten, bis ich den Wagen dort hinten zwischen den Hügeln sehe, damit ich weiß, alles ist gutgegangen.« Das brauche er nicht, sagt sie, aber er besteht darauf. Sie möge auch glücklich reisen.

»Wir werden uns nie wiedersehen«, sagt sie. Wir werden uns nie wiedersehen. Nichts in dieser unbeständigen Welt ist so gewiß wie, daß ich dich nie wiedersehen werde.

Als wir dies Wagnis begannen, wußten wir da nicht, wie es endet: tödlich im Glücksfall? Mein Kind, kleine Spätzin, anima mea, Geliebte. »Ich wünsche dir, daß du glücklich wirst. Ich wünsche dir einen Mann von deinem Stamm, der mit dir ist in jeder Stunde deines Lebens.«

»Auch ich wünsche mir das«, erwidert sie, aber es sei ihr jetzt gleich, ob er von ihrem Stamme sei oder nicht.

Noch immer steht er von ihr abgewandt. »Vergiß dies hier.«

Sie überlegt ernsthaft. »Ich glaube, das will ich nicht. Nein, ich habe nicht die Absicht, irgend etwas oder irgend jemanden zu vergessen. Auch nicht dich. Ich will dich behalten.«

Er sieht sie endlich an. Ihr reines und entschiedenes Kindergesicht ist ihm voll zugewendet, ihre Augen sind gesenkt, und von den Lidern bis zum Kinn ergießt sich die Flut ihrer Tränen.

»Um aller Götter willen, knie nicht vor mir. Geht es nicht ohne Verbrämungen ab? Knie nicht. Du sollst nie wieder vor einem Menschen knien, und schon gar nicht vor mir.«

An ihren Händen emporgezogen, auf einer windgeschüttelten Margeritenwiese, im Angesicht des Scheidens und des Todes (was ja dasselbe ist), weiß ich plötzlich, warum ich lebe. Warum ich gelebt habe. Flavillas Finger fahren über dies Gesicht, den Ansatz des Haares, verharren an der Narbe; längst schon liegen wir Brust an Brust, unsere nassen Gesichter aneinandergepreßt. Das Mädchen schluchzt so hemmungslos; als wolle es ihr die Brust zersprengen, sie klammert sich an dich, du selbst, unbekannte Monde wandern durch dich hindurch; weine ich denn? Welche Verschwendung.

Wir sind heute schon die von morgen. Uns bleibt ja keine Zeit. Hinter dem Wäldchen der Wagen, die Maultiere schnauben ungeduldig, wie sollen wir uns erst verpuppen, um Schmetterlinge zu werden. Wir müssen uns selbst mündig sprechen, ehe man uns das Wort abschneidet. Morgens wurde er geboren, mittags geweiht, abends zog er schon aus, die Tochter des Zauberers zu freien.

Küsse, unzählige, auf deine geschwungenen Augenlider, mein Hort, mein Schatz, mein Haus und Zauberspruch. Küsse auf deine zerrissene Braue, dies Mal der Wolfssöhne, aus deren Händen wir uns beide retten werden (ich nicht, du nicht, wer von uns wohl?), Küsse auf deine kluge und freundliche Stirn, auf deinen Mund, ihn zu versiegeln für mich, geduldiger Liebender, die Zähne in die Lippen vergraben (ach, wie ich dich kenne!), geduldiger Lehrer deiner Brüder. Geduldig, wissend, hochmütig und verderbt. Würdig der allerköniglichsten Namen. Verwandt mit Verrat. Ich vergebe dir. Niedriger Mensch. Ich vergebe dir.

»Nun wollen wir uns noch einmal küssen aus dem Grund unseres Herzens, als die Liebenden, die wir sind. Und dann muß ich fort.«

Sie lösen sich voneinander, ernsthaft und prüfend sehen sie sich an. Dann hebt er die Hand, streift die Kapuze von ihrem abgeschorenen Kopf und küßt sie fest und inbrünstig, seine Zunge auf dem glatten Elfenbein ihres Gaumens, ihre Arme um seinen Hals geschlungen.

(Daß den Liebenden keine Zeit bleibt, ihre Liebe zu genießen, weil der maultierbespannte Karren schon wartet! Der rötliche Sand der Uhr ist ohne Mitgefühl.)

Seine Hand, kühl und zärtlich wie ein Fisch, schiebt sich unter ihre Kleider, sie verliert das Gleichgewicht und sinkt beinahe hin in die Margeriten, aber zurücktaumelnd fängt sie sich und entfernt sich schnell ein paar Schritte von ihm. »Ich liebe dich«, sagt sie hastig und ohne Scheu. »Ich werde dich nicht vergessen, auch nicht, wenn ich bei einem anderen Mann bin. Leb wohl. Mit uns ist die Freiheit.«

Sie dreht sich um und läuft den Hang herunter, in ihrem schwarzen Mantel wie eine Fledermaus durch die Blumen segelnd. »Mit uns ist die Freiheit«, wiederholt er ihren Gruß fast unhörbar.

Er bleibt, getreu seinem Versprechen, bis der Wagen zwischen den Hügeln auftaucht. Aber es ist zu weit und zu dunkel, Flavilla etwa noch einmal zu sehen.

Die Kurve im Sand

Eine verheerende Seuche scheint ausgebrochen zu sein in der familia des Herrn Lucius – unmöglich, es länger nicht bemerken zu wollen. Die Krankheit, woher auch immer sie gekommen sein mag, hat zunächst Lalage ergriffen. Mit ihr fing alles an, vielmehr – das sieht Lucius klar, keiner macht ihm was vor –, mit ihr wurde es sichtbar. Ihr Tod ist nur die Erscheinungsform eines Übels, dessen Wurzeln tiefer liegen müssen. Nach Lalage fiel ihm Ascanius zum Opfer, Ascanius, dessen trübe Geständnisse vergessen wurden. Dann schlug es zwei in die Flucht, den Fechtmeister zunächst, nun noch eine junge Germanin.

Dein Hauswesen, Lucius, dezimiert sich mit erschreckender Geschwindigkeit, und du tust nichts dagegen, weil auch in dir schon der Keim der Krankheit steckt, erinnere dich an Lalage, du bist der Grund ihres Todes. Aber woher kam es? Und warum fühlst du dich so unfähig zu handeln? Diese Müdigkeit, immer noch, dieser dumpfe Druck über den Augen. Du wirst sie alle verlieren, sie werden von dir abfallen wie die Blätter vom Stamm, wenn der Herbst kommt. Man muß Rat einholen.

Auletes wird also zum Herrn befohlen, Auletes, einst Ratgeber, Herzenströster und philosophischer Hausapostel und noch viel mehr, er, der's ja wissen muß (abgesehen davon, daß sich nicht jeder nach seinen Ratschlägen richtet, und der dominus am allerwenigsten). Er erscheint gemessen, bedacht auf Abstand; Herr und Sklave haben sich seit geraumer Zeit nur noch wenig zu sagen. Seine arithmetischen Aufgaben löst Lucius allein, und für Klassiker bringt er geringes Interesse auf im Augenblick (ganz zu schweigen vom Sonnenstaat Heliopolis und derartigen meilenfern entlegenen Scherzen).

Der Patron schätzt mit einem schnellen Blick die Erscheinung vor ihm ein: Dieser Sklavenarmreif, kaum mehr abgelegt seit der fatalen Heimkehr aus Capua, diese verblichene grüne Arbeitstunika, wie sie jeder Gartenbursche trägt, das über den Ohren gestutzte Haar – ein römischer Senator, der als candidatus unters Volk geht, um Stimmen zu sammeln, lebt dir dergleichen Popularität vor. Nichts unbedingt Neues. Man gibt sich brüderlich schlicht, einfältig wie ein Straßenkehrer.

Soviel Sklaven, soviel Feinde. Der Spruch ist alt, aber er wird in diesen Tagen exemplarisch illustriert; man gibt sich gar keine Mühe, es zu vertuschen.

Der Herr (während der ganzen Zeit spielt er mit dem Zeichenstab im Sandkasten, malt Kringel, geometrische Figuren, Fratzen, löscht sie wieder aus, übermalt sie, kritzelt so vor sich hin) ist es diesmal also, der die Lider gesenkt hat, er schießt Seitenblicke, wie sie sonst seinem Sklaven vorbehalten waren, er guckt vor sich hin, als wäre er schuldbewußt. Was er ja in Wahrheit nicht ist.

Nach einer quälenden Pause, die der Begrüßung folgt, beginnt er denn: »Es ist schon wieder jemand von meinem Hausgesinde verschwunden.« Auletes erwidert gleichgültig, er habe davon gehört. »Das nehme ich an«, sagt der Herr sarkastisch, »daß du zumindest davon gehört hast. Ich erwarte eigentlich etwas anderes von dir, nämlich eine Erklärung.«

»Von mir? Eine Erklärung?« Er hat die Unverfrorenheit, nicht einmal Verwunderung zu heucheln, das hält er wohl für unnötig, er sagt es, wie es Lucius scheint, eher belustigt. Lucius konstatiert es fast befriedigt, da es zum Gesamtbild paßt.

»Lieber Auletes«, sagt der junge Herr und stochert im Sand, »von wem denn sonst? Du bist das Haupt der familia. Nicht ich. Diese Ehre würde ich auch zurückweisen. Ich darf euch bloß nähren und kleiden und eure unwilligen, aber immerhin noch geleisteten Dienste in Empfang nehmen. Aber wenn ich immer noch so freundlich bin und nicht die Ädilen ins Haus rufe, damit sie hier Ordnung machen und euch alle unsanft ins Verhör nehmen, so verlange ich zumindest eine Antwort auf meine ganz ruhig und bescheiden gestellte Frage: Was geht hier vor? Menschen meines Hauses verschwinden, andere kommen hinzu, ich sehe Gesichter, die mir noch nie begegnet sind, des Morgens in meinem Atrium und halte zu allem den Mund. Man sollte zehn von euch ans Kreuz hängen, und dich als ersten!« braust er plötzlich auf wie der Lucius von einst.

Darauf hat Auletes' nichts zu erwidern, und es war sicher taktisch unklug, sich so zu vergessen, damit ist die Hoffnung auf Antwort (soweit man sie je gehegt hat) vollends geschwunden. Verstockt krakelt Lucius im Sand, er zeichnet (keine Ahnung, ob er's sich bewußt macht) ein schönes großes deutliches Kreuz mit dem Querbalken im oberen Drittel und vertieft es immer weiter.

»Sie gestatten«, hört er auf einmal den Sklaven sagen, und dabei wird ihm bereits der Zeichenstab aus der Hand genommen, »daß ich etwas demonstriere.«

(Nun sind wir aber neugierig.)

Im Sand erscheint, von präziser und sicherer Hand gezogen, leicht wie ein Hauch, eine gebogene Linie innerhalb des Kreuzwinkels. Im Nu ist das Marterzeichen versachlicht, seiner Drohung entkleidet und nimmt die harmlose Form eines Koordinatensystems an, in dem eine Kurve eingetragen ist …

»Eine gewisse mathematische Genauigkeit«, doziert die gelassene Stimme, »dürfen wir nicht nur als der stummen Materie verhaftet ansehen, sondern wir sollten uns mit dem Gedanken befreunden, daß es möglich, ja wahrscheinlich ist, auch in den Erscheinungsformen menschlichen Zusammenlebens die Abläufe bestimmter Gesetzmäßigkeiten obwalten zu wissen, und daß wir sie zwar nicht immer erkennen, aber doch zu ihrer Erkenntnis streben sollten und danach unsere Planungen einrichten. Denn nicht nur die Planeten laufen in geordneten Bahnen, wohlabgestimmt in Harmonie, auch die Wesen der Erde gehorchen Bewegungslinien, deren Wissen uns nützlich sein könnte. So vermag uns beispielsweise die Frage nach Ursache und Wirkung weiterzuhelfen.«

»Du bist außerordentlich klug und gütig dazu«, sagt der Herr mit verwahrlostem Spott, »und deine Gemeinplätze trösten mich darüber, daß auch du nichts Genaues weißt mit deinen Abläufen und der Sphärenharmonie – was hat das aber zu tun mit dem Durchbrennen meiner Haussklaven? Was Ursache und Wirkung angeht, so sehe ich die Wirkung deiner Anwesenheit in meinem Haus handgreiflich vor Augen, kenne aber die Ursachen nicht so ganz, außer meiner Dummheit, daß ich dich kaufte an jenem gewittrigen Abend, statt dich da bei jenem Alten zu lassen in Hunger und Dreck und Prostitution. Eins aber sehe ich: Von der Krankheit, die mein Hauswesen befallen hat, bist du der Keim. Ich habe dich aufgenommen, wie der Hirt ein frierendes Schaf aufnimmt in seinen Stall, weil es ihn erbarmt, das Tier aber hat die Räude und vernichtet seine Herde ganz und gar. So habe ich mit dir das Gift der Gosse in meinen stillen und friedlichen Pferch geholt. Warum tust du das?«

»Ich weiß nicht, wovon Sie sprechen«, erklärt der so Gefragte höflich.

Der Herr: »Es hat keinen Zweck, ich sehe es. Du weißt es sehr wohl, und ich wüßte auch, wie ich es von dir erfahren könnte, du selber hast mit ja den Hinweis gegeben, daß man bei euresgleichen das meiste erreicht mit einem tüchtigen Bund Ruten. (Damit entreißt er Auletes den Zeichenstab, knickt ihn und wirft ihn in die Ecke.) Aber ich befürchte, meines Lebens nicht mehr sicher zu sein unter euch, wenn ich dir etwas antäte ...«, das wird sehr leise gesagt.

Der Sklave kühl: »Sie übertreiben, domine. Dazu besteht im Augenblick kein Grund.«

Der Herr: »›Im Augenblick‹, sagst du und wagst auch noch, mir zu drohen, indem du mich scheinbar besänftigst. Und ich frage mich immer wieder, warum ich nicht Schluß mache mit diesem Zustand, warum ich nicht wirklich die Ädilen hole, warum ich euch nicht alle in die Bergwerke verkaufe!«

Der Sklave schweigt weiter, er kennt seinen Schüler.

»Warum tretet ihr meinen guten Willen so mit Füßen? Warum wird mein Bestreben so verachtet, meine Willfährigkeit, ein Mensch unter Menschen zu sein, nicht angenommen? Was soll ich noch für euch tun? Ich kann mich unmöglich noch unrömischer verhalten als jetzt. Das weißt du. Ja, du weißt es. Es ist das Äußerste an Müdigkeit und Selbstaufgabe. Warum demütigst du mich so?«

»Davon kann keine Rede sein, Herr Lucius«, sagt der Sklave zugänglicher, offenbar gerührt von der Not seines hilflosen Schülers. »Es geht in Wahrheit an keiner Stelle um Sie oder Ihre Person. Ich weiß, daß Sie sich nicht sehr wohl fühlen in Ihrer Haut. Möglicherweise wird alles so kommen, daß es Ihnen erleichtert wird, Ihren Stuhl zu finden in diesem Haus ...«

»Mein Stuhl in diesem Haus«, unterbricht der Herr, »ist der des pater familias oder gar keiner. Ich hoffe, das wird sich klären.«

»Ich teile diese Hoffnung«, sagt der Sklave. Und geht.

Möglicherweise findet ein solches Gespräch wirklich statt, ein Gespräch, das von Ungeheuerlichkeiten strotzt, so daß man es sich gerade noch ausmalen kann im Halbdunkel eines abendlichen Zimmers, ehe die Lichter angezündet werden. Noch im Schweigen der Dämmerung stecken mehr Wahrheiten, als das Tageslicht verträgt.

Aber es kann auch sein, daß der Dialog sehr schnell in Unverbindlichkeiten mündet, denn Auletes hat ganz und gar die Lust verloren an Experimenten mit seinem Schüler; man ist höflich und bissig zueinander, und damit gut.

Was überhaupt nie, aber auch keineswegs erwähnt wird, ist das Heer, das da von Capua aus unterwegs ist – und doch ist es in jedem Wort greifbar da.

Die tiefsten, die allergeheimsten Träume des armen Lucius, diejenigen, die er sich selbst nicht einzugestehen wagt, sind jedoch ganz anderer Art. In ihnen überträgt er willig und freudig seine Herrschaft im Haus dem anderen, und dafür wird er wundervoll belohnt – der andere würdigt ihn seiner Freundschaft, sie liegen sich beide brüderlich in den Armen, vergessen sind alle Unterschiede, Menschen sind einfach Menschen, es lebe die ganze Welt, wir fangen von vorn an, es ist ganz leicht.

Armer Lucius.

Offensichtlich – die Seuche geht in dich über, du kannst ihr nichts entgegensetzen. Geboren aus dem dunklen glatthäutigen Körper dieses Alexandriners – jawohl, aus seinem Körper, nicht aus seinem Geist, das lasse ich mir nicht weismachen –, geht sie durch mich hindurch wie Gespenster durch Wände, und ich verschlimmere sie noch. Meine Krankheit, meine Lauheit, sie lassen dieses Hauswesen verrotten und zerfallen. Was für tödliche Süchte und Sehnsüchte, die in dir schwelen und deine Stirn umnebeln, Römer, Patrizier, die dich unwürdig machen Deiner Stadt und des gesamten Volkes, ja, so ist es, indegnus urbi et populo Romano. Und so kann ich unmöglich weiterleben.

Unsere schönen Pläne

Das sicherste, wir bringen den Herrn aus dem Haus, wenn unser Wagen fährt, bringen ihn zweckmäßig fort – und den Rest an unliebsamen Personen müssen wir eben ein bißchen einsperren. Einige plädieren auch für Totschlagen, aber die sind in der Minderzahl. Es kommt uns dabei sehr gelegen, daß der Herr für den bewußten Tag seine Braut eingeladen hat. Wir müssen ihn kurzfristig aus dem Hause locken, so daß er absagen muß bei der Schönen; und so weiß dann die ganze Stadt, daß er fort ist, und wir haben Ruhe. Die Frage ist, wohin wir ihn schicken.

Früher, Auletes, hattest du Einfälle. Jetzt aber bist du traurig. Du wachst auf, und die große gefährliche Traurigkeit überschwemmt dich zugleich mit dem Tageslicht, und hinter einem Schleier von Gleichgültigkeit erscheint dir der Morgen. Die andern sehen's und spüren's. Sie nennen es Liebeskummer. Wie so töricht wir sind.

Den Einfall also hat diesmal der Koch. Er fragt, wohin er, der Gnädige, ausgerückt sei, als Lalage tot war? Nun, Freunde?

Emilia, die mütterliche Bärin, natürlich, wo hatten wir unseren Kopf. Ein Pfiff von ihr, und er fliegt zu ihr. Und warum, fragen wir weiter, sollte sie rufen?

Nun, Sklavenunruhen gibt's heutzutage ja überall, warum eigentlich nicht auf Emilias Mustergut? Ein Brief von ihr, das ist sicher, wirkt Wunder.

Auletes kenne sie doch ein wenig? – Ja, so kann man es nennen. Ob er vielleicht ihren Stil nachahmen könne? Er nickt. Nicht nur ihren Stil, auch ihre Schrift könne er kopieren. Und bedeckt probeweise seine Tafel mit ein paar steilen, nach links kippenden Buchstaben. Sie jubeln. – Dann wissen wir nämlich, was wir tun.

Ein schöner Brief Emilias wird entworfen, geschrieben, gesiegelt und in Auletes' Schublade verwahrt, bis die richtige Stunde da ist. Möglicherweise hätte die kleine Germanin, die nicht mehr in unserer Mitte weilt, keine Freude an dergleichen. Aber das tut nichts mehr zur Sache. Und wir sind gerüstet und gepanzert mit klugen Plänen, eigentlich kann uns gar nichts mehr passieren. Wir haben unsere Waffen, und wir haben unsere Köpfe. Wir haben unseren Zorn und unsere Freude; beides läßt uns wenig Schlaf in den verbleibenden Nächten.

Der Herr wird zum wahren Römer

Die Gelegenheit, sich als römischer Bürger zu erweisen, zumindest gegen die Haussklaven, scheint noch nicht ganz verpaßt. Es ist gar nicht so, daß nur ein Menschenfreund in Lucius steckt, ein Sonnenstaatler, ein Specht und ein Arkadier, nein, er hat auch noch Platz für einen wahren Römer, und das will etwas heißen.

Die Geburt dieses neuen und, wie es scheinen mag, endgültigen Lucius ruft eine beiläufige Bemerkung des Verwalters hervor, daß man leider keine Spur gefunden habe von der fortgelaufenen Germanin, der Konkubine des Auletes. (Lucius inspiziert mit ihm die Vorbereitungen für das kleine Essen, zu dem er heute seine Verlobte, die süße Caelia, geladen hat.)

»Die *was*? Die *wessen*?« fragt Lucius verständnislos.

Der vilicus gibt sich bestürzt. Ob der Herr nicht gewußt habe? Das ausgerissene Mädchen sei die Hure des literatus Auletes gewesen, und es sei leicht möglich, daß ihre Flucht eben mit dieser Tatsache in Verbindung stünde. Übrigens ein knabenhaftes, spillriges, unhübsches Ding, nichts Weibliches gefiele solchen Typen. Er bitte den Herrn tausendmal um Verzeihung. Natürlich war er der Meinung, bei dem nahen Kontakt zwischen Gebieter und Sklaven, daß dergleichen Dinge bekannt gewesen seien, ebenso wie die nächtlichen Ausgänge des Betreffenden, vermutlich, um seinen Freunden von einst zu begegnen ...

Das hat zur Geburt des römischen Bürgers genügt. Lucius, weiß wie die Wand, flüstert tonlos: »Verschwinde! Und bring ihn her. Aber sofort. Sofort!«

Während er wartet, rührt er sich nicht von der Stelle. Es ist aus, es ist aus. Ich hasse ihn. Ich hasse sie alle. Sie sind wie Tiere. Sie sind nicht menschlich. Begreif doch endlich! Warum diese Erkenntnis nur so schmerzt. Er selbst. Er selbst hat diese betrügerischen Lehren in mich eingepflanzt. Diesen Lehren folgend, hab ich ihn geholt, und was kam: ein Sklave. Mein Vater hatte recht, immer. Mit Menschen haben sie nur die äußere Hülle gemein. Benutze sie und wirf sie weg. Aber nein, wir müssen sie in ein Baumhaus einladen ... Sprechende Werkzeuge. Gewiß, wir selbst haben sie dazu gemacht, weil wir sie so brauchten. Aber sie ließen es zu, und fühlen sie sich nicht wohl dabei? Diese Tiere. Nichts soll mir in Zukunft den Arm hemmen, wenn ich ihn hebe, um zu schlagen. Sie sind Tiere. Begreif doch endlich. Endlich.

Als Auletes kommt, ist die Sprachlosigkeit von seinem Herrn gewichen, und war er vorhin leise, ist er nun laut, ja, er brüllt, als seien der Geist seiner Mutter und seines Vaters zur gleichen Zeit in ihn gefahren (um einen wahren Römer aus ihm zu machen, versteht sich).

»Auf die Knie vor deinem Herrn, du Hund! Nein, das genügt mir nicht. In den Staub mit dieser Hochmutsstirn, hinter der die schmutzigen Gedanken wohnen, damit ich deine verlogenen Augen nicht mehr sehen muß! Das ist die Stellung, die dir zukommt.«

Die Befehle werden von ein paar gelinden Fußtritten begleitet, offenbar geht es ihm nicht schnell genug. Er ist außer Rand und Band. Auletes, den Kopf zwischen den Händen auf dem Estrich, überlegt schnell, was er erfahren haben könnte, und von wem. Zum Glück machen ihm die nächsten Beschimpfungen klar, daß es sich um etwas anderes handeln muß, etwas Persönliches, das den kleinen Lucius zutiefst gekränkt hat.

Ihrem Inhalt nach könnte auch Lucius, der Vater, sie aussprechen: »Du geiles Tier, du Schlampe, du verhurte Schlampe! Oh, Mann des Geistes, der nachts loszieht zu seinen Straßenfreundschaften! Hast du deine zwanzig As verdient, damit du sie deiner pathica schenken kannst? Der Verwalter hat mir alles erzählt! Siehst du, sie hat es trotzdem nicht ausgehalten bei dir und ist fortgelaufen!«

Der Herr vilicus hat sehr zur Unzeit geplaudert, das steht fest. Immerhin weiß ich nun, woher der Wind weht, obwohl auch das sehr schlecht ist. Es kann gefährlich werden für uns (auch für den Verwalter, allerdings).

Über ihm entlädt sich weiter der Zorn seines Herrn, der Zorn eines Römers. »Ein Stück Gosse bist du, und tausendmal recht hatte Emilia, tausendmal recht mein Vater, dich aus dem Haus zu entfernen. Hätte ich dich nur gelassen, wo du hingehörst, längst wärst du verreckt, und ich hätte Ruhe. Vor mir selbst muß ich mich schämen. Aber warte nur. Ich kenne ja dein Mittel zur Sklavenerziehung, das damals wegen Emilia hielt nicht lange vor. Warte nur. Und dann aus dem Haus mit dir, aufs Verkaufsgerüst und aus den Augen, gekauft, vertäut, ausgeladen und wieder verkauft. Und jetzt ziehst du dich aus, los. Auf der Stelle.«

Das geht nicht gut, das kann keinesfalls gutgehen. Natürlich gibt es keinen hier im Haus, der die Hand gegen mich erhebt. Und zwei von uns hantieren da hinten an dem Tisch für das kleine Essen mit Caelia – unser Herr kann nicht ahnen, wie dicht er davor steht, einen Teller oder einen metallenen Becher an den Kopf zu bekommen. Hoffentlich verliert niemand die Nerven, es reicht, wenn unser Herr tobt wie jetzt. »Soll ich dir vielleicht behilflich sein? Wenn es um Hurerei geht, kommst du schneller aus den Kleidern, wie? Du Schlampe, du Schlampe!«

Vom Tisch her kommt ein dumpfes Knurren wie das einer gereizten Raubkatze, so daß Auletes sich umdrehen muß, mit einer besänftigenden Geste, damit hier keine Dummheiten passieren (außer denen, die Lucius begeht), aber dadurch wird der Patron überhaupt erst aufmerksam, daß noch jemand da ist, und »Heda«, ruft er, »ihr da, einer von euch«, und schnippt mit den Fingern, »geh einer und hole Afer oder irgendwen. Ich ordne eine Züchtigung an. Oder nein, das werden wir uns zum Tisch aufheben, Caelia und ich, wir werden dich während des Essens schreien hören.«

Das ist nun wirklich Lucius der Ältere, wieder zum Leben erweckt, und der Gipfel der Geschmacklosigkeit dazu. Der Einfall beweist, daß aus dem kleinen Lucilius tatsächlich ein wahrer Römer geworden ist; echter geht's nicht mehr.

Selbstverständlich ist nun einer, ungeachtet des Widerrufs, gegangen, und selbstverständlich wissen jetzt Chrysis oder der Koch Bescheid. Hoffentlich begeht keiner etwas Unvorsichtiges. Es ist sehr kritisch, aber in diesem Fall müssen sie sich selbst helfen, und wer weiß, was dem Herrn noch alles einfällt, wenn man ihn weiter wüten läßt. (Das alles schätzt Auletes durch den Schleier herzzerreißender Gleichgültigkeit ein und weiß nicht, soll er sich nun ausziehen oder nicht.)

Bei alledem empfindet er so etwas wie ein erheitertes Mitleid mit seinem jungen Gebieter, der es ja wohl aller Voraussicht nach nicht mehr lange sein wird und der nun zuletzt noch so aus dem Rahmen fällt, und er überlegt beiläufig, wie man ihn beruhigen und ihm einen gefälligen Abgang verschaffen kann von der Bühne der Ereignisse. Auspeitschungen zum Essen, aber Luci mi!

Dazu kommen wir aber nicht, denn es beginnt nun, wundersam zu werden, und unsere Pläne schießen Kobolz durch den Raum und sagen guten Tag zur Wirklichkeit. Es ereignet sich nämlich, daß ein staubbedeckter, schweißnasser Bote, geführt vom vilicus, den Raum betritt und Lucius einen Brief bringt. Die Wirklichkeit lächelt freundlich und tückisch und sagt: Hattet ihr nicht einen Plan? Der Brief ist von Emilia. Es ist ein echter Brief, von der echten Emilia, geschrieben im Rasthaus an der via Flaminia, des Inhalts, daß ...

Es ist unglaublich, so unglaublich, wie nur die Wirklichkeit sein kann. Die Erde beginnt einem sacht unter den Füßen zu schwanken. Wozu eigentlich die ganze Mühe, wenn wir die Sache auch dem Zufall hätten überlassen können? Es gibt auch die andere Deutung, eine große, flammende Deutung, der Koch zieht sie vor und viele von uns; sie heißt: Wunder, die Götter sind mit uns. Auletes, wäre ihm nicht gar nicht nach Lachen, würde sich zweifellos sehr erheitern. Gut gemacht, Zufall, allerdings wärst du uns zwei, drei Stunden später noch lieber gewesen. Aber für den Anfang ganz gut. Bloß, was hat das noch mit Vernunft zu tun?

Lucius, in wilder Aufregung, fast schluchzend, läßt sein Pferd satteln. Seine Ursa, seine Mutter, die Säule der Welt, trotz alledem! Nur knapp den Messern ihrer pflichtvergessenen Knechte entkommen! Flüchtig in Richtung Rom! Ihr Landgut in Flammen! »Euch allen wird es heimgezahlt, wartet nur, wartet! Euch allen, wartet nur!« (Was wir nicht tun werden.)

In verschiedenen Überlegungen, zum Beispiel, ob man im Senat eine Strafexpedition gegen die Aufsässigen in Samnium verlangen soll oder für sich selber militärischen Schutz oder doch die Ädilen, entscheidet er sich schließlich, angeweht von einem Hauch Vernunft, zu keiner von diesen Möglichkeiten, denn sicher hat der Senat im Augenblick wichtigere Sorgen, und es brennen ringsum größere Latifundien als Emilias Musterwirtschaft. Also denn, auf und hin zu ihr!

Erstaunlicherweise erbieten sich nicht nur seine beiden Sekretäre, sondern auch der Herr Verwalter selbst, ihn auf dieser kleinen und eiligen Reise zur Einholung der Dame Ursa zu begleiten, ja der aalglatte vilicus wird geradezu hektisch, und Lucius ist es völlig egal, er erlaubt alles. Unsere Ursa, unsere Mutter! Wartet ihr, Gesindel, wenn wir zurück sind! Sein letzter Blick auf Auletes ist purer Haß. Dann verschwindet die kleine Kavalkade in aller Eile, und wir haben keine Zeit, ihr noch lange nachzublicken.

Es geht sehr schnell. Als Auletes das Speisezimmer verläßt, hat der Koch schon seine Befehle erteilt. Majordomus und Aufseher sind (ohne großen Widerstand zu leisten) gefesselt und in die ergastula gesperrt worden, es ging dabei nicht ganz ohne Blutvergießen ab, besonders einen unbeliebten Aufseher hat man übel zugerichtet, aber das ist nicht zu vermeiden. Wir laden die Waffen auf den Rennwagen unseres einstigen Herrn. Das Haus ist unser. Wir fassen uns an den Händen und tanzen, belachen oder bestaunen das göttliche Wunder des Zufalls und stehen teils auch ein bißchen herum mit hängenden Armen, ohne diesen neuen Zustand völlig zu begreifen. Die Erde dreht sich um. Ist das Freiheit?

»Stell dir vor«, sagt der Masseur, Auletes' Freund. Es schüttelt ihn, man weiß nicht genau, ob vor Lachen oder vor Weinen, er hängt an Auletes' Arm und sagt: »Stell dir vor. Wir waren drauf und dran, die Komödie, mit dem Brief aufzuführen, um dich da herauszuholen aus der Wut des Gnädigen. Stell dir vor. Wenn er plötzlich zwei Briefe bekommen hätte, einen von uns und einen von ihr … Stell dir nur vor.« Er muß sich auf die Erde setzen. Es zerreißt ihn.

Ja, stell dir vor. Wenn unsere Pläne immer so unnütz sind, hätte ich vielleicht lieber bei meinen Rechenbüchern bleiben sollen. Dort haben Aufgaben die Eigenschaft, lösbar zu sein.

Bei alledem haben wir genausowenig an das Persönchen, die Dame Caelia, gedacht wie ihr Verlobter selber, der sie und die Einladung ebenfalls völlig vergessen hatte. Sie fällt uns erst wieder ein, als wir (alle bewaffnet) ihre Sänfte vor der Tür hören.

Noch einmal die jungfräuliche Caelia

Das Persönchen zu überwältigen hat man sich verhängnisvollerweise zu leicht vorgestellt. Kaum ist sie zur Tür herein und sind ihre Sänftenträger eingeweiht, kaum versucht jemand sie zu berühren, gibt es Geschrei, Getümmel, Blut fließt; die Dame hatte einen Dolch (bei näherer Betrachtung erweist er sich als eine jener dünnen, dreikantig geschliffenen Nadeln, mit denen die Römerinnen ihre Friseusen malträtieren); er liegt da auf dem Estrich, ihrer kleinen Hand entwunden, und ist voller Blut.

Einige von uns sind nicht ungefährlich verletzt, so daß wir kostbare Zeit verlieren mit Wasserholen, Verbinden; überhaupt müssen wir uns beruhigen – im Gegensatz zu der sponsa, die ganz ruhig ist und uns ohne ihre Waffe widerstandslos folgt ins für sie festlich geschmückte Triclinium, die Tische inspiziert und schließlich Platz nimmt, die Beine auf dem nächsten Stuhl. Ihr langes, weites und züchtiges Kleid mit der Falbel am Saum fällt malerisch um ihre Knöchel, neben sich aber hat sie eine irdene Schüssel voller Oliven und ißt sie (sollte man lieber sagen: verschlingt sie?) heißhungrig, die Kerne spuckt sie in die linke Hand. Nicht einmal ihre rosafarbene Perücke ist derangiert, ihr geht es offensichtlich sehr gut, sie scheint die Erregung, den Kummer, die Hilflosigkeit um sie herum (deren Ursache sie schließlich ist) nicht zu bemerken.

Das Schlimmste: Thesauros, der Wagenlenker, der sich (unvorsichtig genug, aber wir alle waren unvorsichtig und arglos) in das Gemenge um die kleine Dame gemischt hat, ist gefährlich am Arm verletzt, unmöglich, daß er fährt. Die Pferde, durch die lange Ruhe wie toll, wagt aber keiner außer ihm zu führen. Das Unglück ist vollkommen. Sie sitzen, stehen da. Voll Zorn und Verzweiflung, hilflos. Sie werden ihren Auftrag nicht erfüllen können. Sie debattieren. Wunder, wenn es sie gäbe, Götter, wenn sie hülfen.

Die waffenbeladene Quadriga wird die Eingeschlossenen nicht erreichen. Das einzige: so schnell wie möglich einen berittenen Boten zur Streitmacht zu schicken ... Zeit vergeht.

Römische Feldherren haben es einfach, sie stürzen sich in solchen Fällen in ihr Schwert, womit die Sache für sie erledigt ist. Auletes kann sich dergleichen nicht erlauben. Aus der Wunde des stöhnenden Thesauros strömt das Blut in regelmäßigen Stößen. Kottalos und Chrysis sind bemüht, ihn zu verbinden. Wir sind verloren, die in Teanum sind verloren.

Indessen geschieht es, daß die römische Dame Caelia, die sponsa, den süß geschwungenen Mund auftut und sagt, nachdem, was sie so höre, seien die Herren Rebellen (dürfe man sie als solche ansprechen?) in Verlegenheit um einen Quadrigafahrer nach Teanum. Ob ihnen denn noch nie zu Ohren gekommen sei, daß sie, Caelia, auf dem Wagen ihren Mann stünde und daß sie nur deshalb nicht im Circus fahre, weil sie eben Caelia sei ...

Man starrt sie an wie die tönende Säule des Memnon. Guten Tag, Wunder. Man ruft es gerade herbei, und siehe, es steht vor ganz anderen Türen als erwartet.

Schließlich sagt einer: »Was meint die Hure da?«

Aber Caelias, dieses Persönchens, Erwiderung setzt sie erneut in helles Erstaunen: Sie sei (leider) keine Hure, sondern eine römische Jungfrau, falls ihnen klar sei, was das heiße, und sollte jemandem einfallen, jemandem der hier versammelten Herren Rebellen etwa, sie zu schänden, würde ihr lieber Bräutigam, Lucius, der Herr, sicher eher den Tod wählen, als sie zu ehelichen, ihre Familie würde sie verstoßen und ihr stünde endlich die hoffnungsvolle Karriere im Circus offen, die ihr als patrizischer Dame verwehrt sei, so daß sie ehrenhafterweise ihr Viergespann nur auf dem Marsfeld kutschieren könne, zum Augenverdrehen und Mäulchenverziehen der jungen Stutzer dortselbst …

Sie plaudert, als befände sie sich im Salon einer frivolen und weltoffenen Freundin, nicht in diesem Haus mit dem blutbespritzten Fußboden, wo der Mann stöhnt, den sie verwundet hat (dazwischen frißt sie Oliven). Ihnen allen ist es, als wäre die Welt, die sie ja heute ohnehin auf eine harte Probe gestellt haben, nun völlig auseinandergeborsten; die Beine sind oben, und man muß sich erst daran gewöhnen, daß bei dieser Jongleurnummer Tiere reden und Sphinxe Lieder singen. Andererseits – warum eigentlich nicht?

Wenn die Sklaven ihren Herren nichts nachfragen, warum sollen die römischen Weiber nicht Waffen gegen ihre Männer ins Feld fahren, um (das enthüllen nun ihre nächsten Fragen ganz genau) den Ruhm zu erlangen, eine schwierige Rennstrecke unter großer Belastung in kurzer Zeit bewältigt zu haben. Wie weit es sei? Wie der Weg beschaffen? In welcher Zeit es vorgesehen sei, diesen Weg zu machen? (»Zu machen«, sagt sie im Rennbahnjargon.)

Dann will sie den Wagen sehen. Eine ganze Prozession von Sklaven begibt sich zu den Stallungen am Hinterausgang, voran die junge Person, die im Vorbeigehen ihre Handvoll Olivenkerne in eine attische Vase fallen läßt.

Beim Anblick des waffenstarrenden Rennwagens bleibt sie stehen, und zu Auletes gewandt, die süße und hochmütige Unterlippe gewölbt, fragt sie, ob das denn irgend jemandes Ernst sein könne? Ein derart belasteter Wagen käme bei den Wegverhältnissen nie nach Teanum! und: »Meine Herren Rebellen, sicher beabsichtigt ja zumindest *einer* von Ihnen, mitzufahren!«

Also ist es nun so, daß sie ihnen auch noch sagt, was zu tun sei. Denn sie sind wie vor den Kopf geschlagen, stehen dahinter wie die Suite eines Feldherrn und betrachten ihren stolzen Rücken voll prangender, kunstvoll gelegter Flechten und Locken in rötlichem Weiß. Dieser Paradiesvogel fährt ihre Quadriga nach Teanum, von der Laune dieses unnatürlichen Geschöpfs aus falschen Haaren, schönen Kleidern und duftender Schminke also hängt Leben oder Tod unserer Brüder ab.

Nun müssen sie beraten. Sicher, daß einer mitfahren muß und wohl nicht nur einer. Die Dame verlangt jemanden, der die Pferde besorgen hilft. Die Hispanier aber kennen den Weg nicht und hätten insgesamt mit dem Auftrag Schwierigkeiten. Tausend unerwartete Situationen können eintreten, in denen man schnell und beherzt Entscheidungen treffen muß – bereits an dieser Stelle ihrer Überlegungen (indes die Zeit eilt) wissen sie, daß nur Auletes mitfahren kann. Thesauros, schwach und blaß, verflucht sich selbst und die »Hündin mit ihrem Messer«.

Du weißt es selbst. Also gut, ein Abschied mehr. Was ist hier noch zu tun. Trost, gebraucht zu werden zu irgend etwas, in den man sich mit geschlossenen Augen stürzt wie in ein Dampfbad. Das Kommando übernehmen Chrysis und der Koch. Sie werden morgen die Sklaven ruhig und geordnet, versehen mit den restlichen Waffen, zur Landstraße führen und mit dem Heer vereinen (falls wir durchkommen, sonst sind sie auch verloren). Sonst sind alle verloren.

Sachlich erklärt Auletes, daß er allein mit dieser Dame zu fahren gedenke. Ein Mann mehr bedeute noch weniger Waffen. Wenn sie eine so gute Lenkerin sei, werde sie ja wohl auch allein mit den Pferden fertig.

Zu ihrer aller Überraschung ist sie sofort einverstanden. Es folgen zähe und langwierige Verhandlungen über die Menge der mitzuführenden Ladung (indes die Zeit eilt, als hätte sie Flügel). Die junge Person fordert die Hälfte. Was, wenn unterwegs die Achsen brechen, he? Was Thesauros für möglich hält, ist ihr egal. Diese Sklaven sind und bleiben ein unverständiges Pack. Nach langem und zermürbendem Feilschen kann man fahren.

Die sponsa entledigt sich ungeniert ihrer falbelbesetzten Palla und ihrer Perücke (es schauen ja keine Menschen zu) und versieht sich mit den Requisiten der Rennfahrer, die für Thesauros bereitlagen: Die Lederkappe (unter der ihr Gesicht sich in das schmale und sinnliche Lärvchen eines schrägäugigen etruskischen Grabdämons verwandelt), lederne Armstulpen, der breite, festgeschnürte Gürtel, das sichelartige, krummgebogene, haarscharfe Messer, bei einem Sturz die verwirrten Stränge der Zügel zu durchschneiden und so sein Leben zu retten, die Peitsche – aber, allmächtige Götter, Sklaven, was tut ihr nun? Sie bewaffnet sich ja! Ein neues, von ihr offenbar vorausgesehenes Hindernis, denn sie lächelt und ergötzt sich an unserer Dummheit. Undenkbar für sie, sich von diesen Utensilien zu trennen! Wie sähe das aus! Und wie, bitte sehr, solle sie diese Fahrt machen, ohne ihr Gespann mit der Peitsche anzutreiben? Die Peitsche also, schön. Nicht aber das Messer. Sie sei nicht in der Arena, niemand beabsichtige, die Achse ihres Wagens zu rammen. Weiteres ausgedehntes Palaver um das Messer. Die Sonne sinkt. Die Dame, endlich bereit, das Messer in der Hand ihres Beifahrers Auletes zu lassen, erklärt nun, fertig zu sein –

falls man sie, wie sie es sich ja wohl schuldig sei, sich und der Ehre des Herrn Lucius, ihres Verlobten, falls man sie also mit vorgehaltenem Dolch zu dieser Reise zwingen würde. (Sie ahnt nicht, wie sehr sie die Wirklichkeit vorwegnimmt.)

Hier verliert der sachliche (oder teilnahmslose) Auletes unversehens die Geduld, er ist es müde, mit dieser jungen Person ein pikantes Spielchen zu spielen oder vielmehr sie mit ihnen, und er erklärt, es würde nun endgültig zu spät, man verzichte auf die Dienste der Dame Caelia. Die Hispanier beginnen, die Pferde abzuschirren – womit man es endlich erreicht hat und diesen Lächerlichkeiten ein Ende gesetzt ist. Caelia fährt natürlich. Sorgfältig vergleicht sie ihre grazile Taschen-Wasseruhr, ein Wunderwerk griechischer Kunstfertigkeit, mit der großen des Atriums (schließlich gilt es, einen Rekord aufzustellen!), schwingt sich in den Korb des waffengespickten Wagens und ergreift die Zügel, sie sich um den Leib zu wickeln. Die Hispanier halten die ungebärdigen Pferde.

Das alles ist kein vernünftiger Plan mehr, auch keine Notlösung. Es ist einfach ein ins Blaue hinein improvisiertes Abenteuer, eine Pfuscherei. Äußerst unwahrscheinlich, daß dieses patrizische Frätzchen vier feurige und ausgeruhte Renner weiter bringt als bis an die Gartenpforte – kein Fachmann an ihrer Seite, nur der Literat, Dialektiker und Philosoph aus Alexandria, dessen Arbeit die feinziselierten Pläne sind, aber nicht ihre vom Leben auf die barbarischste und absurdeste Weise durchkreuzte Ausführung (schon gar nicht in Verbindung mit einem Vierergespann und einer lüsternen römischen Jungfrau). Ein Pferdekenner nicht zu sein wird in dieser Minute schmerzhaft empfunden. Man hat eben irgendwo immer zuwenig gelernt.

Er nimmt hastigen Abschied. Alles wird ohne mich gehen, vielleicht sogar besser. Auf sie alle ist Verlaß. Ich habe sie gern gehabt, aber die große, böse Traurigkeit in mir überschwemmt mich, so daß ich nicht fähig bin, diese Trennung zu empfinden. Ich stelle sie fest. Zudem ist man bei diesen unwirklichen Geschehnissen vor sich und anderen entschuldbar, wenn man es an Rührung mangeln läßt. Und man hat ja nun zunächst auch alle Hände voll zu tun, einfach, um sich festzuhalten.

Es erweist sich als Glück, daß der Wagen die schwere Waffenladung hat, so wird das Temperament der Hengste ein bißchen gebremst. Leicht möglich, daß sonst das Fahrgestell wild schlenkernd am nächsten Stein zerschellt wäre.

»Setz dich auf den Boden«, schreit Caelia, innerhalb des kunstvollen Strahlenwerks von acht Zügeln verstrickt wie eine Spinne in ihrem Netz, und geht links ins Knie, um ihr Gespann in kühner Schleife rechts herum auf die Straße zu bringen – ein Manöver, das sie sachkundig und elegant ausführt. Die junge Person, Auletes stellt es mit gewisser Belustigung fest, versteht entgegen allen Prophezeiungen tatsächlich etwas vom Fahren. Wahrscheinlich ist sie sogar sehr gut, soweit ein nicht Fachkundiger das beurteilen kann. Auf der Straße gibt sie den Pferden die Köpfe frei. Das Gespann saust in den Abend hinein.

Nein sagen

Luna, die keusche, hat ein Einsehen – schließlich ist sie die Beschützerin der Jungfrauen, also auch Caelias, und ohne ihr Zutun hätte diese Fahrt wohl bald geendet (auch, wenn Thesauros führe, allerdings wären wir dann ein paar Stunden eher fort).

Aber ist das noch eine Nacht zu nennen? Der Mond, grün wie Wasser, macht sie zum Tage. Die junge Person hängt pfeifend in den Zügeln, sie lenkt kühn, schnell und umsichtig, indes ihr Gefährt einen Lärm vollführt, als käme der gepanzerte Achill in die Schlacht gezogen. Hinter ihr im Wagenkorb stehend, die Augen tränend vom Fahrtwind, wild geschüttelt, versuchst du nach vorn zu entfliehen, Hals über Kopf. Alles ist unklar. Alles ist neu.

Gegen Mitternacht auf einer Waldlichtung, bereits weitab von der via Appia, macht Caclia halt. Hier eine Quelle, hier eine Weide. Die Tiere brauchen Rast. Auch die Menschen, aber nicht gleich. Man muß nämlich die Pferde herumführen, damit sie sich nicht erkälten – Auletes wundert sich schon nicht mehr darüber, daß er in der Lage ist, Pferde am Halfter hin und her zu zerren. Vor zwei Stunden, auf der Straße, als die Manipel Soldaten ihnen entgegenkam, war er zu ganz anderen Dingen fähig. Er hat die Spitze des sichelförmigen Rennfahrermessers auf Caelias Rücken gerichtet (nun aber nicht, weil sie meinte, sie sei sich's schuldig) und sie gezwungen, seitwärts hinter ein Gebüsch zu lenken und dies Messer weiter zwischen ihren zuckenden Schulterblättern gelassen, damit sie nicht rufe, bis Roms Streitmacht vorbei war. Ein Mädchen mit einem Messer bedrohen! Alle neun Musen, was für ein Beginnen! In der ganzen Zeit mußte ich über mich selber lachen, da mit der Mordwaffe in der Hand, ich mußte mich vorsehen, nicht herauszuplatzen, es hätte meine Glaubwürdigkeit als bewaffneter Rebell gefährdet. Aber sie glaubte es. Sie schien es durchaus für möglich zu halten, daß ich ihr die Spitze dieser Sichel in den Rücken renne (beeindruckt und gehorsam lenkte sie seitwärts, ich konnte es kaum fassen).

Im Augenblick wirkt das Persönchen sehr menschlich. Ihr Gesicht ist von Staub gepudert, ihr Haar, durch den Druck der Lederkappe an ihren kleinen Kopf gepreßt, ist strähnig und verklebt, ihre Tunika zeigt große Schwitzflecke. Sie versorgt ihre Pferde ordentlich und ohne sich im geringsten zu schonen, so daß Auletes für Augenblicke vergißt, daß sie eine andere Gattung Mensch ist und sie für seinesgleichen hält – er wird allerdings schnell eines Besseren belehrt. Indes er sich auf den Wagenrand setzt, seine Schreibtafel hervorholt (der Mond scheint hell genug) und einmal versuchsweise Ordnung ins Chaos bringt, geht sie zur Quelle, sich zu waschen, und erscheint mit entblößtem Oberkörper vor ihm, bemerkend, es sei eine sehr warme Nacht – was nicht ganz stimmt. Sicher, es ist mild, die Lichtung ist geschützt und staut die Tageswärme, aber immerhin ist es Frühling und keinerlei Grund vorhanden, sich halbnackt auszuziehen.

Auletes, zu beschäftigt, auf das Benehmen der jungfräulichen Caelia zu achten, erwidert nichts und tut damit das Falscheste, da sich die Dame nun neben ihm niederläßt und ihn auf die ungenierteste und indiskrete Weise berührt.

Wir sind aber in der Zeit der Wunder. Du begreifst selbst nicht ganz, wie es möglich ist, aber es ist möglich: daß du sie derb mit der Kante deiner Schreibtafel auf die Hand schlägst. Ihr seid beide gleichermaßen verdutzt. Die junge Person beleckt ihre Hand und starrt dich böse, aber keinesfalls verlegen an, und du sagst verärgert und befreit: »Sind wir hier auf dem Sklavenmarkt, jungfräuliche Vestalin?«

»Keiner kann es lassen, mich mit meiner Jungfräulichkeit aufzuziehen, auf die ich wahrhaftig keinen Wert lege«, erwidert sie und schiebt die Unterlippe vor, »und ich habe auch keine Ahnung, was das damit zu tun hat, wenn ich in Erfahrung bringen will, ob einer so gleichgültig ist, wie er tut. Bei meinen Badesklaven mache ich es genauso. Schon immer. Natürlich hatte ich vergessen, daß du ein Herr Rebell bist. Entschuldige nur. Du bist doch der von Emilia, oder irre ich mich? Du gefällst mir nämlich, deine Augen und dein Gesicht, besonders so zwischen Nase und Kinn. Und wenn wir hier schon zusammen sind, hättest du ja auch was mit mir anstellen können. Würde es dich nicht reizen, die Braut deines Herrn ein bißchen zu vergewaltigen, aus Rache?«

Auletes hört nur mit halbem Ohr auf ihr Geschwätz. Er macht sich mit der Neuigkeit vertraut, daß er sich das erstemal in seinem Leben gewehrt hat. Daß es so einfach ist, erstens. Viel einfacher, als sich mißbrauchen zu lassen, was eine unglaubliche Menge an Energie verlangt. Dann aber, daß es so angenehm ist. Auf einmal ist diese ganze Traurigkeit, die unfruchtbare Traurigkeit seines Herzens, erträglicher geworden, sie wiegt leichter um der zweifellos lächerlichen, aber ganz neuen Wonne willen, einer begehrlichen kleinen Römerin auf die Finger zu klopfen mit der metallenen Kante der Schreibtafel.

Und um das zu erfahren, muß man vier Jahrzehnte leben und leiden – anstatt es gleich zu Anfang zu tun und sich dann vergnügt totschlagen zu lassen.

»Hören Sie einmal ...«, fängt er an, aber dann (warum rede ich sie eigentlich immer noch als Herrin an?) verbessert er sich: »Hör einmal, Caelia, mach dich damit vertraut, daß niemand von dir etwas anderes verlangt, als daß du einen Wagen mit Waffen nach Teanum fährst, was du ja ausgezeichnet machst. Es wäre sehr nett von dir, wenn du dich darauf beschränken würdest. Was mich betrifft, so habe ich andere Sorgen, wenn ich dir auch zugestehe, daß du gut gewachsen bist und auch ohne deine Perücken und deinen Schmuck bestehen kannst. Und nun laß mich in Ruhe, ich habe zu tun. Wir können nachher weiterreden.«

Nach dieser leichthin gesagten aufwieglerischen Rede, von der kleinen Dame gebührendermaßen offenen Mundes zur Kenntnis genommen, vertiefe ich mich in meine Schreibereien, und allerdings, ich bin sehr stolz auf mich, ja, geradezu fröhlich.

Die römische Bestie mit den freizügigen Manieren ist offenbar gezähmt, und es war ganz leicht. Sie kramt ein Bündel zwischen den Schwertern hervor – du erinnerst dich nicht, wie es dahin gekommen ist –, wie sich herausstellt, hat irgendwer weislich an Lebensmittel gedacht. Übrigens hält sie gehorsam den Mund und wartet, bis du deine Tafel fortsteckst, und plötzlich erscheint ihr die Nacht wohl auch nicht mehr ganz so warm, jedenfalls zieht sie ihre Tunika wieder über die Schultern.

Ob sie dem Herrn Rebellen von diesem Käse, diesen Oliven anbieten dürfe? Nebeneinander sitzend (diesmal spuckt sie die Kerne in weitem Bogen ins Gelände, auch sonst gefällt sie sich in Rennfahrermanieren, wie sie den Käse mit dem Messer ißt, wirkt fast schon ein bißchen outriert), wird sie ganz zutraulich; auch Auletes fühlt sich irgendwie vertraut, immerhin fahren sie schon ein paar Stunden gemeinsam in das seltsamste Abenteuer hinein und haben sich gegenseitig interessante Belehrungen erteilt, sie kommt ins Schwatzen, und befreit von dem Zwang, geistreich oder erotisch oder schick sein zu wollen, redet sie soweit ganz normal, einfache Dinge: daß sie hier nicht einschlafen dürften, wenn sie ihren Rekord halten wolle. Daß die Pferde sehr gut seien (sie sagt: »große Form«). Daß sie Glück hätten mit dem Mondschein.

Ob sie denn müde sei? fragt er schließlich, nach Beendigung ihrer gemeinsamen Mahlzeit. »Nee«, entgegnet sie und lehnt sich zurück, »ich war noch nie so wach. Ich bin überhaupt heute erst aufgewacht, scheint's. Das vergesse ich euch nie, Sklaven. Es ist nämlich herrlich. Und du besonders. Wie du mir auf die Finger gedroschen hast, einmalig!« Sie kichert, und dann wird sie nachdenklich. »Ich könnte bei euch bleiben, was meinst du?« Auletes betrachtet sie, nach seiner Art, schräg unter den Lidern hervor. Sie meint es ganz ehrlich, ihre Augen sind träumend in die Ferne gerichtet. »Ich könnte Kurier sein bei euch oder Streitwagenfahrer oder so was.«

»Du wärest bei uns nicht mehr Caelia vom mons Caelius.«

»Ich pfeif drauf, Caelia zu sein. Das ist vielleicht anstrengend – mehr als diese Fahrt! – und langweilig dazu. Warum, denkst du, faß ich den Männern sonstwohin? Ein Mittel gegen Langeweile. Aber ich sehe schon, du legst keinen besonderen Wert auf mich, und viel ist ja auch nicht an mir dran. Vergiß es. Ich heirate Lucius, und damit basta.«

Sie greift hinter sich, bringt erneut eine Handvoll Oliven zum Vorschein und beginnt sie zu verschlingen (nicht ohne ihm kollegial anzubieten). Sie meint das alles ganz ernst. So fragt sie denn auch: »Glaubst du, daß ihr siegen werdet?«

Somit ist die Reihe an dir, Farbe zu bekennen. Für dich selbst überraschend, sagst du: »Ja, ich glaube, wir werden siegen.« Sie nickt nachdenklich und spuckt Kerne.

»Da ich ausschließe, daß du mir imponieren willst, ist es wohl deine wahre Meinung. Es wäre einfacher zu sagen, du glaubst: nein, nicht wahr?«

Sie ist ziemlich gescheit. Ja, es wäre einfacher, aber unwahr. Weil wir einfach siegen müssen.

»Ich glaube es auch fast«, erklärt sie. »Vor allem, ich will es gern. Ich habe nichts für Sklaven übrig, aber ihr seid so verändert, das gefällt mir. Und wir! Du lieber Himmel, warum eigentlich immer Rom! Es ist nicht so gerecht, immer die gleichen. Und wir sind wirklich nicht so überwältigend, finde ich. Sieh mich an.« Sie seufzt und stülpt sich die Lederkappe auf, damit gleichzeitig den alten Ton, die holdselige Lippe, vorgewölbt wie eine offene Frucht: »Geruht es dem Herrn Rebellen, die Pferde mit mir einzuspannen? Es geht weiter. Mein Rekord« Sie kontrolliert die Zeit.

Diese grünmondige, wasserhaft unbestimmte Nacht, Zwischenstation zweier Welten, auf dem Rand eines

Wagens mit Waffen, an der Seite eines streunenden Kätzchens, ist vorbei. Es geht auf den frostigen Morgen zu.

(Morgens durch einen Pinienwald zu fahren. Bei geschlossenen Augen wechselt die Farbe von Schwarz nach Rot und so fort. Das Rote wird zu feurigen Bällen, die das Lid von innen färben. Bei geöffneten Augen gleiten dichte Schatten und streifiges Licht nacheinander über das Gefährt. Sind die Schatten dichter, nehmen Gerüche und Gesang der Vögel zu. Werden sie noch dichter, so bleibt beides aus, dafür erhebt sich ein leichter Wind. Nebel wirkt zuerst auf den Händen und der Haut des Halses. Am Haar wird er zu Nässe.)

Das gläserne Herz

»Ich sterbe vor Müdigkeit. Ich kann nicht mehr, verstehst du. Du sitzt da hinten und döst vor dich hin, du bist frisch. Aber die Pferde brauchen Ruhe und ich auch, sonst sind wir am Baum als nächstes.« Die junge Person bringt das alles vor, indes sie nervös ausschirrt.

»Dein Rekord ist nicht wichtig?« fragt Auletes (immerhin hilft er ihr bei der Arbeit, so gut er es versteht, denn ihre Gründe leuchten ein). »Du quatschst daher«, sagt sie aufgebracht, »aus dem Blickwinkel eines hirnlosen Viehs. Der Rekord, der Rekord! Kann ich ihn mit lahmen Gäulen aufstellen? Du bist schrecklich blöd. Wie weit ist es eigentlich noch? Nicht mehr weit, vermute ich. Kannst du dich nach einer Uhr richten? Ach so, ich vergaß, du bist ja ein Gescheiter. Ich lege mich jetzt hin, und wenn das Wasser so und so steht, weckst du mich. Wie, ist mir gleich.« Damit rollt sie sich im Wagenkorb zusammen, und ihre letzten Worte sind schon Gemurmel. Sie schläft sofort, wobei sie offenen Mundes schnarcht und es fertigbringt, dabei noch süß und lustig auszusehen, und ich steh hier mit einer Uhr, vier Pferden, vor denen ich mich fürchte, und einer Waffenladung, auf der eine römische Patrizierin schläft. Und das alles nennt sich Freiheit.

Das Kunststück ist nur, nicht einzuschlafen. Es gibt diesen Punkt, wo weder der Gedanke an die in Teanum noch der Schmerz, der Flavilla heißt, oder irgend etwas sonst in der Welt den Schlaf von den Lidern halten kann. Im Hin- und Hergehen, den Blick starr auf die Wasseruhr in seiner Hand gerichtet, versucht es Auletes mit den Versen, die er damals der Sklavenschaft des Lucius raunte – wie lange mag das her sein?

Sollen wir den ganzen Tag
Korn und weißen Spelt tragen?
Die Speicher sind voll,
und das Korn flutet über.
Die Breitschiffe sind voll,
und die Garben quellen über ihren Rand.
Und doch treibt man uns an zu gehen.
Wahrlich, unsere Herzen sind von Erz.

Ach, daß sie's wären! Sie sind vielmehr bewegliche, zerbrechliche, allzu empfindsame und unberechenbare Dinger wie diese kleine Wasseruhr, die hier in der Frühsonne funkelt, einem Edelstein vergleichbar, gehalten in der Hand, vorsichtig, damit sie nicht zerbreche, und wird ihr noch mehr zugemutet werden, Unzumutbares. Trägt man so sein Herz spazieren, frühmorgens? Um des Himmels willen, das sollte man nicht tun, man sollte sich so wenig wie möglich damit befassen, es bringt nichts ein.

Wie es zappelt und glitzert in der Sonne, zu nichts

nütze. Lebst du noch, anima mea, deliciae meae, Spätzin, Seelchen im Wind? Lebst du wohl noch?

Einmal flogen Vögel über den Garten, ein großer schwarzer Zug, eine rauschende Wolke, sie flogen von Norden nach Süden, da standen wir, »erzähl mir von deiner Heimat«, das konnt ich nicht, ich weiß nichts. Ein zweites Mal: »sie fliegen alle zu mir, nach Norden. Bald werde ich wieder zu Haus sein.« Wenig fehlte, sie hätte Grüße aufgetragen. Und ein drittes Mal werden wir sie nicht mehr sehen. Schmerz der Verwandlung: nicht mehr der alte, noch nicht der neue zu sein. Gläsernes, sprödes, hüpfendes Herz.

»Wach auf, Caelia vom mons Caelius.«

Sie ist eher wach, als er sich's vermutet, ein bißchen Rütteln an der Schulter genügt. Gähnt ungeniert, reckt sich, springt auf ihre Füße.

Sie schirren die Pferde an, plötzlich lehnt sie sich weich gegen ihn – sie kann's nicht lassen: »Wir haben noch Zeit. Ich verlang nur einen Wegzoll. He? Ein solcher Fetzen wie du, mit diesen Augen, und solltest nicht Mittel und Wege kennen, dir mit einem Mädchen wie mir die Zeit zu vertreiben, ohne ihrer Virginität gleich nahezutreten? Ach, hol dich der Teufel. Gib mir wenigstens einen Kuß.«

»Ich denke gar nicht dran«, erwidert er müde. Der Wagen ist fertig. Sie steigt auf. »Ich werde meinen Kuß schon noch kriegen, da kannst du sicher sein«, murmelt sie eigensinnig. Sie fahren.

Das war aber nun die letzte Rast, nun gibt es keinerlei Atempause mehr. Sie fahren.

Er erwacht von einem dumpfen Schlag: sein Kopf ist beim Bremsen an die Wagenkante geschlagen. »Guten Tag, Herr Rebell. Bitte sehr.« Das Dämchen weist mit dem Peitschenstiel nach vorn. Sie stehen am Waldrand, das dampfende Gespann ist eingerahmt von den letzten Bäumen. Vor ihnen, inmitten sanfter Wiesen, liegt das Gut Teanum, weiß wie eine junge Taube in der Morgensonne, umgeben von einem glitzernden Gürtel, und das sind römische Waffen, mit denen das Licht sein Spiel treibt. Teanum scheint eingekreist, wenn man es nicht besser wüßte.

In dieser neuen Welt

»Wir müssen«, sagt Auletes, »links abbiegen hier im Wald und durch einen Hohlweg, der bringt uns hinter das Haus und hinter die römische Armee. Da muß ein Flüßchen sein, von da an sind dann wir, ich meine, die Sklaven.«

»Du bist ein glänzender Stratege«, höhnt sie. »Das ist Teanum, oder nicht? Habe ich dich hierhergefahren mitsamt diesen verdammten Eisengeschirren, ja oder nein? Damit ist die Sache für mich erledigt. Hohlweg? Was habt ihr nur im Kopf! Stroh wahrscheinlich. Hast du schon einmal einen Hohlweg von Quadriga-Breite gesehen? Seit wann sind Hohlwege mit Vieren quer befahrbar? Oh, euch sollte man ... So gewinnt ihr euren Krieg nie, das prophezeie ich dir, mein Freund, aber das nur nebenbei. Also, was ist? Wir laden ab, und ich fahre heim nach Rom ...«

Auletes glaubt seinen Ohren nicht zu trauen. »Meinst du im Ernst, Römerin, daß du den Wagen wieder treu und brav mit zu Lucius nimmst?«

»Meinst du im Ernst, Sklave, daß ich zu Fuß nach Hause pilgere?«

»Mädchen«, sagt Auletes, und seine Hand nestelt an der sica im Gürtel (diesmal ist ihm gar nicht lächerlich dabei), »mir scheint, du verkennst die Lage. Wir sind hier nicht gegenseitig in einem Handel, sondern, wenn du's denn genau wissen willst, du bist eine Gefangene, und falls man dich laufenläßt, wird das sehr großzügig sein. Von etwas anderem kann keine Rede sein, und du wirst, so oder so, diesen Wagen in die Hände meiner Freunde liefern ...«

»Droh mir nicht mit deinem Messer«, sagt sie spöttisch. »*Du* bringst das Gespann nie und nimmer nach Teanum, wenn du mich umlegst.« Immerhin lenkt sie nach links, wobei sie räsoniert: »Aber ich finde das ein bißchen viel, daß ihr nun nicht nur die Waffen klaut und eure eigenen werten Personen, sondern dazu auch noch diese wunderbare Rennkutsche samt Pferden mitgehen heißt – habe ich es nicht gesagt?«

Letzterer Ausruf auf den Hohlweg gemünzt, den sie nun erreicht haben und der tatsächlich zu eng für das Fuhrwerk ist. Unter ständigen Beschimpfungen der Hirnlosigkeit dieser *Drecksklaven* verringert sie das Gespann um die Beipferde, die hinten an den Wagen gebunden werden.

Auletes, sehr auf der Hut, läßt sie allein arbeiten, immer hinter ihr mit der Hand am Messer. (Wie wir uns wandeln, wie sehr! Morgens wurde er geboren, mittags geweiht, abends zog er schon aus ..., wie war das doch?) Schneller, schneller! Sie quittiert's mit Lächeln und spöttischen Bemerkungen.

Dann sausen sie klirrend durch den Hohlweg, wild überflogen von Licht und Schatten. Es geht bergab. Die schäumenden, großäugigen Köpfe der hinten angebundenen Tiere sind uns drohend nahe. Caelia fährt mit höllischer Geschwindigkeit; nicht auszumachen, ob sie überhaupt noch Gewalt über den Wagen hat – was sie nach hinten ruft, ist bei dem Lärm nicht zu verstehen. So rollen Lawinen ihrem Ziel zu, so der Felsbrocken des Sysiphos, der lang gewälzte. Abwärts denn, abwärts! Berauschend – beängstigende Reise in die Unterwelt, die wir selbst anzuhalten gar nicht mehr in der Lage sind.

In die Zügel muß man uns fallen, sich an die Seite der

keuchenden, von Schweißflocken überflogenen Rosse hängen, sich erhobenen Armes vor das Gespann stellen, aufspringen auf die noch laufenden Tiere, und endlich, indes sich die Pferdeleiber hinter uns wiehernd bäumen und mit Mühe zurückgerissen werden, endlich stehen wir, Mensch und Tier mit fliegendem Atem, wie erwachend, umringt von abgerissenen, bärtigen Gestalten mit geflochtenen Schilden, Messern, Stöcken, Pfeil und Bogen, hier und da ein Schwert. Wir sind angelangt.

Auletes springt vom Wagenkorb, die Knie knicken ihm ein.

»Endlich, Bruder, endlich! Im letzten Augenblick, sieh nur!«

Er blickt sich um. Sie stehen auf einer Lichtung hinter einem Flüßchen, dem bewußten Flüßchen, von dem die Rede war, da sind Bäume, Befestigungen, irgendwo das Gut. Auf dem freien Feld aber, zu Trompetensignalen, formiert sich der römische Angriff.

Caelia sitzt auf dem Wagenrand, sie hat die Lederkappe abgenommen und läßt sich von drei, vier Bärtigen herzen und küssen. »Die Amazone!« rufen sie. »Das gute Mädchen! Die kleine Heldin!« Sie streicheln sie, küssen ihr Hände und Füße. Ihr Gesicht ist schwarz von Staub und Schweiß. (Caeliola, und sie hat sich nicht geschont.) In fiebriger Hast wird der Wagen entladen, werden die Waffen verteilt und weiterverteilt, die Beipferde abgeschnitten und fortgeführt. Man bringt zu trinken; Caelia gießt sich den Rest des Kruges einfach über den Kopf, und alle lachen, sie lachen trotz der Eile, der Gefahr, dem bevorstehenden Kampf, der Angst des Wartens, die sie ausgestanden.

Als der Wagen leer ist, will man auch diese Tiere ausschirren, aber Caelia weigert sich, sie wolle, sagt sie, selbst das Gespann herumführen, damit es abkühle, sie verstünde es am besten.

Auletes sagt nichts dazu. Und während sie den

Wagen langsam in kleinen Kreisen auf der Lichtung bewegt, versucht er, sich zurechtzufinden in der neuen Welt, in der er jetzt leben soll, leben will. Um ihn herum verliert sich die wimmelnde Fülle von verwegenen Gestalten, man hat Wichtigeres zu tun in diesem Moment, als sich um die beiden Boten hier zu kümmern. Pfeifen schrillen, Waffen klirren, es wird gerufen, bis auf fünf, sechs Bärtige ist alles nach links gelaufen, wo es nun sicher bald ernst wird. Die übrigen nehmen ihre Stellungen am Rand des Flüßchens ein. Sie lachen, winken, selig über die Waffen.

Ein junger Bursche, den Kopf voller Locken, ein pilum, den römischen Wurfspieß, über der Schulter wie ein Ackergerät, eine Hacke etwa, bleibt noch bei ihm stehen und redet zutraulich auf ihn ein. »Ein braves Mädchen«, sagt er, mit dem Kopf eine kleine Bewegung zur kreisenden Caelia machend. »Und du, was bist du, Kämpfer oder Kommandeur?«

Eine knifflige Frage, die aber ungeachtet ihrer Schwierigkeit eindeutig beantwortet werden muß, da hilft nichts. Da ich wahrscheinlich keinen besonderen Kämpfer abgeben werde, bleibt mir nichts übrig. Ich muß wohl Befehle geben oder zumindest das ausrechnen, nach dem andere dann befehlen können. »Ich glaube«, will er ansetzen, besinnt sich aber, daß es sicher nicht gut ist, diesen jungen Burschen mit Wenn und Aber zu verwirren, die nur ihn allein etwas angehen, schluckt und sagt: »Kommandeur.«

»Du sahst mir gleich so aus«, nickt der Junge kennerisch und tritt etwas zurück, denn jetzt kommt Caelia angefahren und zieht, da sie neben dir ist, die Zügel an. »Du glaubst doch sicher nicht, verehrter Rebell, daß ich nun hier bleibe bei deinen küssenden, knoblauchstinkenden Bartmenschen von Gladiatoren und mit euch in die Kampfhandlungen eintrete«, sagt sie auf griechisch von der Höhe ihres Wagenkorbs herab. Auletes schweigt. Der junge Sklave mit dem Speer steht, gegen die Sonne blinzelnd, und lächelt ihr zu. Er versteht nichts. »Und auch nicht, daß ich zu Fuß nach Hause gehe.« Schweigen. »Du bist mir noch einen Kuß schuldig, ich habe es mir in den Kopf gesetzt. Aber ich sehe schon, daß du mich nicht küssen willst, das überläßt du diesen Stinktieren. So werde ich das jetzt gleich übernehmen, auf meine Art. Im übrigen wünsche ich dir Glück. Dir und deinem Dreckhaufen hier. Ich wünsch euch sogar Sieg, denn *dich* säh ich sehr ungern am Kreuz baumeln. Leb wohl.«

Sie schwingt die Peitsche um ihren Kopf, und eh du dich's versiehst, trifft dich ein sausender Hieb quer übers Gesicht. Du schreist auf vor Überraschung und Schmerz und hebst – jahrzehntelange Sklavengewohnheit – den Arm vor die Augen, obwohl du weißt, daß es vorbei ist, während die Römerin mit gellendem Schrei ihr Gespann antreibt und davonrast, hinein in den Hohlweg.

»Nein, nicht«, sagst du zu dem Jungen, »laß sie fahren.«

Es erweist sich als sehr gut, sich vorhin zu der Antwort »Kommandeur« durchgerungen zu haben, so bleibt das pilum ungeworfen, Caelias schöner Rücken, aus dem jetzt die meterlange und fingerdicke Stange ragen würde, unverletzt.

Durch den Schleier der Tränen, die dir der Schlag in die Augen trieb, siehst du den wild schlenkernden Wagen, der, seines Ballasts entledigt, von einem Rad auf das andere hüpft, in der Biegung des Weges verschwinden.

»Das Luder!« ruft der Lockenkopf entgeistert. »Wohin fährt sie?«

»Zur Stadt Rom, falls sie es nämlich schafft«, sagt Auletes mit gepreßter Stimme. »Sie war eine Herrin.«

»Und darum hat sie dich geschlagen?«

Das beste ist, man sagt ja; kaum anzunehmen, daß dieser nette Feldarbeiter für solche Art von Zärtlichkeiten Verständnis hätte.

Die Strieme brennt wie Feuer. Immerhin ist zu vermuten, daß es nun vorbei sein wird mit den Schlägen, zumindest für längere Zeit dürfte das der letzte gewesen sein. Das ist etwas tröstlich.

Mit langsam trocknenden Augen blickst du um dich. Der römische Angriff nähert sich dort links. Wie es scheint, freuen sich einige sogar auf den Kampf. Man sollte es auch versuchen.

Marguerite Yourcenar: Ich zähmte die Wölfin

Die Erinnerungen des Kaisers Hadrian

Fasziniert von der Persönlichkeit des römischen Kaisers Hadrian faßte Marguerite Yourcenar bereits als Zwanzigjährige den Plan, eine Biographie dieses Mannes zu schreiben. Sie verlor ihr Ziel nie aus den Augen, studierte jahrelang historische Quellen, fuhr den Reiserouten nach, die Hadrian einst kreuz und quer durch sein Imperium geführt hatten; doch erst in den Jahren 1948 bis 1950 sollte in Amerika die endgültige Fassung der Lebensgeschichte dieses Mannes entstehen, der, in Spanien 76 nach Christus geboren, als Statthalter von Syrien 117 zum Kaiser proklamiert wurde, dessen ganze Liebe Griechenland galt und der sich neben den Staatsgeschäften mit allen Erkenntnissen, Kulturen und Kulten des Abendlandes und des angrenzenden Orients auseinandersetzte. (dtv 1394 / dtv großdruck 25017)

Sylvie Germain:

Das Buch der Nächte

»Es beschäftigt mich nicht nur die Gewalt des Krieges, Gewalt gibt es auch in der Liebe, im Besitzdenken, bei der Eifersucht. Eine Form der Gewalt, die ich in meinem neuesten Buch nochmals aufgegriffen habe, ist der Inzest. Jeder weiß, daß dies passiert, aber die Gesellschaft will nicht, daß man darüber spricht. Diese Gewalt, finde ich, ist das Abscheulichste, was es gibt...« (Sylvie Germain in RIAS, Berlin)

»Vitalie Péniel hatte sieben Kinder zur Welt gebracht, aber die Welt erwählte nur eines von ihnen – das letzte. Alle anderen waren am Tag ihrer Geburt gestorben, ohne sich auch nur die Zeit genommen zu haben, einen Schrei auszustoßen. Das siebente indes schrie schon vor seiner Geburt.« Der Junge, der da zur Welt kommt, wird Flußschiffer auf der Schelde wie seine Vorfahren – ein friedliebender Mensch, den der Krieg von 1870/71 zum Ungeheuer werden läßt. Seinen Sohn Victor-Flandrin verschlägt es nach dem Tod des Vaters ins abgelegene Vorland der Ardennen. Er wird Landwirt und eine Art moderner Hiob. Drei Frauen sterben ihm, die vierte, die österreichische Jüdin Ruth, wird seine große Liebe, aber sie überlebt den Nazi-Terror nicht. Vor dem Hintergrund der europäischen Geschichte bis zum Ende des Zweiten Weltkrieges erfüllt sich ein Schicksal von biblischer Wucht.

dtv 11770

»Eine Familiensaga verschlungener Schicksale, verwurzelt im unergründlichen, ja unheimlichen Mythos der Generationen. Mit geradezu unerschöpflicher Phantasie erfindet die Autorin Lebenswege individueller Einmaligkeit und Symbolkraft.« (Waltraud Jänichen in der ›Berliner Zeitung‹)

Irmgard Keun im dtv

Foto: Isolde Ohlbaum

Das kunstseidene Mädchen
Doris will weg aus der Provinz, die große Welt erobern. In Berlin stürzt sie sich in das Leben der Tanzhallen, Bars und Literatencafés – und bleibt doch allein.
dtv 11033

Das Mädchen, mit dem die Kinder nicht verkehren durften
Von den Streichen und Abenteuern eines Mädchens, das nicht bereit ist, die Welt einfach so zu akzeptieren, wie sie angeblich ist.
dtv 11034 / dtv großdruck 25050

Gilgi – eine von uns
Gilgi ist einundzwanzig und hat einiges satt: die Bevormundung durch ihre (Pflege-)Eltern, die »sich ehrbar bis zur silbernen Hochzeit durchgelangweilt« haben, die »barock-merkantile« Zudringlichkeit ihres Chefs und den Büroalltag sowieso. Da trifft es sich gut, daß sie sich in Martin verliebt. Doch als sie bei ihm eingezogen ist, kommen ihr Zweifel...
dtv 11050

Nach Mitternacht
Deutschland in den dreißiger Jahren. Ein Konkurrent hat Susannes Freund denunziert. Als er aus der »Schutzhaft« entlassen wird, rächt er sich bitter, und Susanne muß sich entscheiden...
dtv 11118

D-Zug dritter Klasse
In der Zeit des Nationalsozialismus treffen in einem Zug von Berlin nach Paris zufällig sieben Menschen aus unterschiedlichsten Gesellschaftsschichten und mit unterschiedlichsten Reisemotiven zusammen...
dtv 11176

Ich lebe in einem wilden Wirbel
Briefe an Arnold Strauss 1933 bis 1947
dtv 11229

Marlen Haushofer im dtv

Begegnung mit dem Fremden
Erzählungen
dtv 11205

Dic Frau mit den interessanten Träumen
Erzählungen
dtv 11206

Bartls Abenteuer
Kater Bartl, Held der Katzenwelt und unumstrittener Liebling von Eltern und Kindern.
dtv 11235

Wir töten Stella und andere Erzählungen
»Marlen Haushofer schreibt über die abgeschatteten Seiten unseres Ichs, aber sie tut es ohne Anklage, Schadenfreude und Moralisierung.« (Hessische Allgemeine)
dtv 11293

Schreckliche Treue
Erzählungen
»... Sie beschreibt nicht nur Frauenschicksale im Sinne des heutigen Feminismus, sie nimmt sich auch der oft übersehenen Emanzipation der Männer an...« (Geno Hartlaub)
dtv 11294

Die Tapetentür
Eine berufstätige junge Frau lebt allein in der Großstadt. Die Distanz zur Umwelt wächst, begleitet von einem Gefühl der Leere und Verlorenheit. Als sie sich verliebt, scheint die Flucht in ein »normales« Leben gelungen...
dtv 11361

Foto: Peter J. Kahrl Etscheid

Die Wand
Eines Morgens wacht eine Frau in einer Hütte in den Bergen auf und findet sich, allein mit ein paar Tieren, in einem Stück Natur eingeschlossen von einer unüberwindlichen gläsernen Wand, hinter der offenbar kein Leben mehr existiert.
dtv 11403

Eine Handvoll Leben
Eine Frau stellt sich ihrer Vergangenheit.
dtv 11474

Müssen Tiere draußen bleiben?
Wie es vier Jungen gelingt, einen Bernhardiner zum Internatshund und eine strenge Heimleiterin zur Tierfreundin zu machen und trotzdem das Klassenziel zu erreichen.
dtv großdruck 25082

Waltraud Anna Mitgutsch im dtv

»Hier ist eine Autorin am Werk, die in puncto psychologischer Kompetenz nicht so leicht ihresgleichen hat.«
(Dietmar Grieser in ›Die Welt‹)

Die Züchtigung
Roman · dtv 10798

Eine Mutter, die als Kind geschlagen und ausgebeutet wurde, kann ihre eigene Tochter nur durch Schläge zu dem erziehen, was sie für ein »besseres Leben« hält. Ein literarisches Debüt, das fassungslos macht.

Das andere Gesicht
Roman · dtv 10975

Sonja und Jana verbindet von Kindheit an eine fragile, sich auf einem schmalen Grat bewegende Freundschaft. Später gibt es Achim, den beide lieben, der beide begehrt, der sich – ein abenteuernder, egozentrischer Künstler – nicht einlassen will auf die Liebe…

Ausgrenzung
Roman · dtv 11487

Die Geschichte einer Mutter und ihres verhaltensgestörten, wie die Ärzte sagen: autistischen Sohnes. Die Geschichte einer starken Frau und eines zarten Kindes, die sich selbst eine Welt erschaffen, weil sie in die Welt der anderen nicht zugelassen werden.

In fremden Städten
Roman · dtv 11863

Eine Amerikanerin in Europa – zwischen zwei Welten und keiner ganz zugehörig. Sie verläßt ihre Familie in Österreich, wo sie sich nie zu Hause gefühlt hat, und kehrt zurück nach Massachusetts. Dort versucht sie an ihr früheres Leben und ihre Herkunft anzuknüpfen. Doch ihre Erwartungen wollen sich auch hier nicht erfüllen…

Eveline Hasler im dtv

Anna Göldin
Letzte Hexe
Roman · dtv 10457

Die erschütternde Geschichte des letzten Hexenprozesses in der Schweiz im Jahre 1782. Die eigenwillige und schöne Anna Göldin, die als Frau und als Dienstmagd am untersten Ende der sozialen Stufenleiter steht, wird zum Opfer des bornierten, frauenverachtenden Justizapparats und der bürgerlichen Selbstherrlichkeit in der Provinz.

Novemberinsel
Erzählung · dtv 10667

Eine junge Frau zieht sich mit ihrem jüngsten Kind ausgerechnet im November auf eine Mittelmeerinsel zurück in der Hoffnung, aus einer psychischen Krise herauszufinden.

Ibicaba
Das Paradies in den Köpfen
Roman · dtv 10891

Im 19. Jahrhundert sind Hunger und Elend in einigen Kantonen der Schweiz so groß, daß es zu einer riesigen Auswanderungswelle ins »gelobte Land« Brasilien kommt. Doch das vermeintliche Paradies entpuppt sich für die meisten als finstere Hölle.

Der Riese im Baum
Roman · dtv 11555

Die Geschichte Melchior Thuts (1736–1784), des *größten* Schweizers aller Zeiten. Ein historischer Roman, der das 18. Jahrhundert in seiner ganzen Gegensätzlichkeit zeigt: als Epoche, in der die Wurzeln unseres modernen Denkens, aber auch der modernen Fehlentwicklungen liegen.

Die Wachsflügelfrau
Roman · dtv 12087

1899 bewirbt sich Emily Kempin-Spyri, die erste Juristin im deutschsprachigen Raum, um eine Stelle als Magd. Vorausgegangen ist ihr einzigartiger Aufstieg als Kämpferin für die Frauenrechte in der Schweiz und in New York, ihre Ehe mit dem Pfarrer Walter Kempin, Geldnöte, Auseinandersetzungen, schließlich der Ruin.

Christa Wolf im dtv

Foto: Isolde Ohlbaum

Der geteilte Himmel
Liebesgeschichte zur Zeit des Mauerbaus in Berlin
dtv 915

Nachdenken über Christa T.
Frauenleben im Osten Deutschlands
dtv 11834

Kassandra
Deutung der antiken mythologischen Frauengestalt in ihrer Suche nach den Ursachen von Gewalt und deren Überwindung
dtv 11870

Voraussetzungen einer Erzählung: Kassandra Frankfurter Poetik-Vorlesungen
Bericht über eine Griechenlandreise, Nachdenken über Kassandra, über weibliches Schreiben
dtv 11871

Kindheitsmuster
Auf den Spuren der Kindheit im Nationalsozialismus
dtv 11927

Kein Ort. Nirgends
Fiktive Begegnung zwischen Karoline von Günderrode und Heinrich von Kleist
dtv 11928

Was bleibt
Erzählung um die psychischen Folgen von Bespitzelung
dtv 11929

Störfall
Tschernobyl, April 1986. Eine Reaktion auf die unfaßbare Nachricht
dtv 11930

Till Eulenspiegel
»Eine Wut in sich, die er nicht los wird.« Till Eulenspiegel zur Zeit Luthers und Karls V.
dtv 11931

Im Dialog
Reden, offene Briefe, Aufsätze und Gespräche während der Wende
dtv 11932